KB145190

UX 리서치

UX 리서치

관찰에서 출발하는 디자인 접근법

데이비드 트래비스·필립 호지슨 지음 심규대 옮김

i!i
에이콘

에이콘출판의 기틀을 마련하신 故 정완재 선생님 (1935-2004)

지은이 소개

데이비드 트래비스 David Travis

1989년부터 에스노그래픽 현장 리서치를 수행하고, 제품의 사용성 테스트를 진행해왔다. 사용자 경험에 관한 3권의 책을 출간했으며, 3만 명 이상의 학생이 그의 대면 및 온라인 교육 과정을 수강했다. 실험 심리학 박사다.

필립 호지슨 Philip Hodgson

25년 동안 사용자 경험 연구원이자 멘토로 활동했다. 그의 UX 작업은 미국, 유럽, 아시아 시장을 겨냥한 금융 및 의료 소프트웨어부터 매장 디스플레이, 포장, 심지어 아기 기저귀에 이르는 모든 제품의 디자인에 영향을 미쳤다. 실험 심리학 박사다.

감사의 말

많은 동료가 이 책의 에세이에 대한 인사이트, 아이디어 및 의견을 제공했다. 알파벳 순으로 감사의 말을 전하고 싶다. 나이젤 베번Nigel Bevan, 데이비드 해밀David Hamill, 마일스 헌터Miles Hunter, 캐롤라인 자렛Caroline Jarrett, 존 나이트John Knight, 베스 매딕스Beth Maddix, 롤프 몰리치Rolf Mohlich, 알리 배사이Ali Vassigh, 토드 자젤렌축Todd Zazelenchuk. 에세이 교정과 구상에서 그렛 히긴스Gret Higgins와 린 탠Lynne Tan의 도움을 받았다. 아직 오탈자가 남아있다면 당연히 우리의 잘못이다.

또한 uxresearchbook.com에 가입하고, 책의 컨텐트부터 표지 디자인에 이르는 모든 것에 대한 결정을 내리는 데 도움을 준 수백 명의 UX 연구원에게도 감사를 전한다. 여러분의 의견과 지적은 책을 더 좋게 만드는 데 도움이 됐으며, 여러분도 우리만큼 최종 결과물을 자랑스러워했으면 좋겠다.

마지막으로, 수년간 어려운 질문을 던져온 많은 학생과 클라이언트에게 감사를 표하고 싶다. 그러한 질문들은 우리를 UX 연구원처럼 생각하게 했고, 이 책의 많은 에세이로 이어졌다.

옮긴이 소개

심규대(kewday.shim@gmail.com)

탁월한 사용자 경험이 시장 경쟁력의 핵심이라고 믿는 사용자 경험(UX) 설계 전문가다.

KAIST 산업디자인학과를 졸업하고 같은 대학원에서 인터랙션 디자인 전공으로 공학석사 학위를 받았다. LG전자 단말연구소에서 디자인 리서치부터 모바일 UX 설계, 사용성 테스트에 이르는 폭넓은 경험을 쌓았다. 이후 SK텔레콤에서 다양한 서비스의 모바일/웹 UX 설계를 담당하는 매니저로 활동했다. 앞서 모바일 분야에서 쌓은 다년간의 경험을 바탕으로 현대자동차 연구소에서 새로운 자동차 인포테인먼트 UX를 연구했다. 이어서 삼성화재에서는 전사 디지털 전환을 제안하고, 온라인 채널(삼성화재 다이렉트)에서의 UX 혁신(전환율 최적화)을 주도했다. 현재는 신한금융그룹에서 디지털 금융 서비스 경험 설계를 리딩하고 있다.

활발한 지식 교류를 목표로 다양한 콘퍼런스에서 UX 전략에 관한 강연을 진행하고 있으며, 에이콘출판사에서 출간한 『UX 원칙』(2019), 『모바일 UX 디자인』(2018), 『누구나 쉽게 쓰는 앱 디자인의 비결』(2013), 『Designing the iPhone User Experience 한국어판』(2011), 『심리를 꿰뚫는 UX 디자인』(2010)을 번역했다.

옮긴이의 말

모든 일이 그러하듯 기존 서비스를 개선하거나 새로운 서비스를 개발하는 경우에도 일의 시작은 문제 정의입니다. 해결해야 하는 문제가 잘못 정의된다면 그 이후의 모든 노력은 무의미합니다. 이처럼 중요한 문제 정의에서는 사용자 경험UX 리서치가 매우 효과적이지만, 아쉽게도 이를 정확히 이해하고 제대로 진행하는 사례를 찾아보기는 어렵습니다. 대부분의 프로젝트가 더 좋은 사용자 경험 제공을 목표로 내세우지만, 정작 사용자는 프로세스에서 철저히 배제돼 있습니다.

출시 일정을 먼저 정한 후에 개발 기간을 빼고 나면 문제를 발견하고 이에 대한 해결안을 고민할 시간은 얼마 남지 않습니다. 그나마 주어진 시간을 쪼개서 간단한 UX 리서치를 실시하면 좋으련만, 누구보다 사용자에 대해 박식하다고 자부하는 기획자와 개발자는 출처 모를 온라인 설문조사 보고서만 달랑 손에 쥐고 현재의 문제를 정의해버립니다. 모두가 UX의 중요성을 말하는 시대에 왜 이런 일이 반복해서 일어나는 걸까요? 관계자의 이해 부족, 일정 및 예산의 제약, 조직 내 파워 게임에서 UXer의 불리한 위치와 같은 다양한 원인이 있을 테고, 이들 중 일부는 단기간 내에 해결하기 어려울 수도 있습니다. 반복되는 악순환을 끊고 더 나은 결과물을 만들기 위해서는 UXer의 더 큰 노력이 요구됩니다. 정규 교육 과정에서 UX 리서치를 학습했다면 다행이지만, 그렇지 않은 경우에는 체계적으로 정리된 별도의 학습 과정이나 책이 필요합니다.

이 책은 UX 리서치 계획 수립부터 리서치 결과 해석, 개발팀을 비롯한 이해관계자 설득 방법에 이르는 다양한 주제들을 다룹니다. 언제 어떤 리서치 기법을 사용해야 하는지, 참가자는 어떤 기준으로 선별해야 하는지, 사용자의 말이 아닌 행동에 왜 집중해야 하는지, UX 리서치 결과를 어떻게 분석해야 하는지 그리고 당신이 찾아낸 인사이트를 실제 액션으로 이끌어 내기 위해 어떻게 설득해야 하는지에 대한 현실적인 팁을 아낌없이 제공합니다. 마지막 장에 소개된 UX 팀을 구성하고 UX 분야에서 성공적인 경력을 쌓는 방법에 대한 조언은 관련된 고민을 가진 UXer에게 큰 도움을 줄 것입니다. UXer 뿐만 아니라 프로젝트 관리자, 비즈니스 분석가, 마케터, 개발자에게도 UX에 대한 보다 넓은 시야를 선사할 것으로 기대됩니다.

이 책을 통해 더 많은 사람이 UX 리서치의 중요성과 유의점을 정확히 이해하고 실무에 적용할 수 있는 더 나은 개발 환경이 만들어지길 바랍니다.

번역을 진행하는 동안 많은 도움을 준 에이콘출판사의 모든 관계자분에게 고마움을 표합니다. 한결같은 믿음으로 지지해주는 부모님과 형님, 항상 힘이 되어주는 아내와 귀여운 딸에게 감사와 사랑을 전합니다.

2021년 1월

차례

3. 사용자 경험 리서치 수행하기

4. 사용자 경험 리서치 분석하기

5. 사용자 경험 리서치 결과에 대한 조치를 취하도록 사람들을 설득하기

6. 사용자 경험 분야에서 경력 쌓기

들어가며

현재, 사용자 경험UX연구원은 부러운 상황에 놓여있다. 공급보다 수요가 많고 실무자는 일에 치이고 있다. 이는 명백한 이점이 있지만, 그 나름의 문제도 안고 있다.

이러한 문제 중 가장 심각한 것은 우수 사례와 새로운 아이디어에 대한 최신 정보를 얻는 것을 통해 자신의 전문성을 유지하기 어렵다는 것이다.

UX 연구원에게 제공하는 교육 과정을 통해 많은 사람이 사용자 경험의 모든 것을 망라한 입문자 대상의 글을 읽기에는 너무 바쁘다는 것을 알고 있다(그리고 그것보다는 많이 알고 있다고 느낄 수도 있다). 여러분이 우리와 같다면 아마도 다 읽지 못한 UX 책이 몇 권 책장에 꽂혀 있을 것이다.

그것이 바로 UX 연구원이 지식을 최신으로 유지하기 위해 간단한 기사와 블로그 게시물에 의존하는 이유다. 하지만 블로그 게시글은 구조화되지 않았다. 책에서 찾을 수 있는 구조가 결여돼 있기 때문에 서로 잘 맞물릴지가 명확치 않다. 그리고 컨텐트와 글의 품질이 제각각이다.

인쇄된 책은 너무 부담스럽게 느껴지고 블로그 게시글의 품질은 지나치게 제멋대로라서, UX 연구원이 최신 동향에 발맞추기 위해서 어떻게 해야 하는지는 분명하지 않다.

이 책은 권위가 있는 동시에 쉽게 이해할 수 있는 사용자 경험 컨텐트를 제공해 그 간극을 메우는 것을 목표로 한다. 책에는 UX 리서치에 대한 일련의 에세이가 담겨 있다. 책을 처음부터 끝까지 읽을 수도 있지만, 침대 옆에 두거나 휴식 시간에 읽는 책처럼 수시로 들춰볼 것이라는 가정하에 이 책을 계획했다. 이 책을 UX 리서치 아이디어를 위한 도약대라고 생각하라. 하지만 순차적으로 읽는 것을 선호하는 사람을 고려해서 서로 연관성을 갖도록 장으로 구성했다.

이 책은 UX 연구원만을 위한 것이 아니다

누가 이 책을 읽어야 할까?

- 기술의 다양한 측면에서 영감과 자극을 얻고자 하는 UX 연구원: 이에 해당한다면 어디든 펼쳐봐도 좋다. 특히 1장에서 4장까지를 추천한다.
- 개발팀과 UX 리서치에 대해 활발하게 논의하길 원하는 프로젝트 책임자Project owners* 및 스크럼 마스터Scrum masters†: 이에 해당한다면 에세이를 보고 토론 질문을 뽑아라(모든 에세이의 끝부분에 'UX 연구원처럼 생각하라'라는 제목의 절에서 이를 찾을 수 있다).
- 새로운 제품 아이디어 또는 프로토타입에 대한 사용자 피드백을 얻고자 하는 디자이너: 이에 해당한다면 UX 리서치에서 일어나는 많은 일반적인 실수를 피할 수 있도록 3장의 에세이를 참고하라.
- 개발팀, 고위 관리자 및 이해관계자를 설득하고 싶은 비즈니스 분석가와 마케팅 관리자: 이에 해당한다면 5장의 에세이를 살펴보라.
- 사용자 경험 분야에서 경력을 쌓고자 하는 모든 사람: 바로 당신을 위해 6장의 에세이를 썼다.

---

* 제품 가치를 최대화하는 책임을 가짐 – 옮긴이

† 개발팀의 성과를 향상시키기 위한 지원을 담당 – 옮긴이

요약

이 책은 6장으로 구성된다. 1장은 이 책의 후반부에 필요한 기본 지식을 제공하기 위한 몇 가지 입문용 에세이를 담고 있다. 에세이에서는 UX 리서치로 응수할 수 있는 질문, 실무자의 흔한 실수, 그리고 UX 리서치에 심리학을 적용하는 방법 등의 주제를 다룬다.

2장에서는 UX 리서치 계획 및 준비 단계를 다룬다. 이 장의 에세이는 프로젝트에서 UX 리서치가 필요한지, 필요하다면 어떤 종류의 리서치를 해야 하는지를 결정하는 데 도움을 줄 것이다. 예를 들어, 어떤 참가자를 참여시킬지 결정하는 것과 같이 리서치의 첫발을 내딛는 것을 거들어줄 것이다.

3장은 UX 리서치 수행에 초점을 맞춘다. 여기서 사용자와 관계를 쌓고, 그들이 자연스럽거나 통제된 환경에서 작업하는 것을 관찰한다. 데이터를 수집하는 리서치 단계다. 이 장의 에세이는 리서치 참가자에게 사전 동의를 얻고, 에스노그래픽 인터뷰ethnographic interview를 수행하고, 일반적인 사용성 테스트 실수를 피하도록 도울 것이다.

4장은 미가공 데이터를 스토리로 바꾸는 데이터 분석을 논한다. 발견의 의미, 인사이트 및 "아하!"의 순간이 여기서 나타나기 시작한다. 이는 UX 리서치 연구의 "그래서 뭐?"에 해당한다.

5장은 UX 리서치 결과에 대해 사람들이 조치를 취하도록 설득하는 방법을 설명한다. 이 장은 UX 리서치에 비판적인 개발 팀원들에게 맞서 자신 있게 당신의 입장을 고수하는 데 도움을 줄 것이다. 이 장은 개발팀을 설득하는 것과 고위 관리자 및 이해관계자를 설득하는 것 모두를 다룬다.

이 책의 마지막 장은 조직이 사용자 경험팀을 만들고, 당신이 사용자 경험 분야에서 경력을 쌓을 수 있도록 돕는 것을 목표로 한다. 에세이는 신규 UX 연구원과 한동안 실무를 담당해온 사람들 모두를 위한 안내와 함께 당신의 기술을 평가하고, 개선하고, 보여주는 데 도움을 줄 것이다.

이 책은 각각의 에세이가 Userfocus 웹사이트의 글에서 출발했기 때문에 만들어지는 데 몇 년이 걸렸다. 이것의 한 가지 이점은 책을 쓰는 동안 다른 UX 연구원들을 만나면서 무엇이 효과적인지, 무엇이 혼란스럽고, 어떤 컨텐트가 초기 버전에서 누락돼 있는지를 확인할 수 있었다는 것이다. 진정한 의미에서 이 책의 에세이들은 디자인 팀에게 준수하기를 권장하는 것과 동일한 개발-측정-학습 사이클을 거쳤다.

UX 연구원처럼 생각하는 방법

에세이를 다시 쓰고 이 책에 맞춰 구성하는 것 외에, 각 에세이 끝에 'UX 연구원처럼 생각하라'라는 제목의 절을 추가했다. 이 절은 5개의 질문을 포함하며 그 목표는 에세이의 생각, 이슈 및 아이디어를 현재 사용자 경험 역할에 어떻게 적용할 수 있을지 곰곰이 생각해보게 만드는 것이다. 이와 같은 생각 유도 중 일부는 팀이 더 사용자 중심적이 될 수 있도록 돕기 위해 실행 가능한 워크숍 주제의 윤곽을 포함한다.

에세이의 주제에 대해 숙고하는 것을 도울 뿐만 아니라, 이러한 질문들이 역량 기반의 취업 면접을 준비하는 데 도움이 된다는 것을 알게 될 것이다.

우리가 생각하는 "UX 리서치"의 의미

사용자 경험이 신생 분야라서 그런지, 다양한 실무자는 동일한 것을 설명하는 데 각기 다른 용어를 사용한다.

UX 리서치도 그러한 용어 중 하나다. UX 연구원뿐만 아니라 개발 팀의 모든 이가 사용자 경험을 책임져야 한다는 주장을 내세우면서 **사용자 리서치**라는 용어를 선호하는 실무자가 있다는 것도 알고 있다.

사용자 경험은 모든 사람의 책임이라는 철학에는 동의하지만, 여전히 이 책 전반에 걸쳐 UX 리서치라는 용어를 사용하기로 결정했다. 사용자 리서치는 사용자에게만 초점을 맞춘다는 것을 의미한다. 반면에 UX 리서치는 실무자와 이해관계자가 보다 전략적인 관점을 갖고 실제로 중요한 사용자 경험에 초점을 맞추도록 장려한다. 이 용어는 또한 작업의 실상을 반영한다. 최고의 실무자는 사용자를 연구하는 것은 물론 사용자의 목표, 사용자의 환경, 제품의 비즈니스 맥락, 제품이나 서비스에 대한 사용자의 경험에 영향을 미치는 모든 것을 리서치한다.

1

준비하기

UX 리서치의 7대 죄악

대부분의 회사는 사용하기 쉬운 제품과 서비스를 디자인한다고 주장할 것이다.
그러나 제품과 서비스를 사용하는 고객에게 물어본다면
고객은 사용법이 간단치 않다고 대답하기 마련이다. 조직이 생각하는 "간단함"과
실제 사용자의 경험 사이의 단절은 왜 발생하는가?

회사가 충분한 사용자 리서치를 수행하지 않아서 사용성이 형편없이 낮다고 생각하기 쉽다. 표면상으로는 바로 이것이 나쁜 사용성의 원인처럼 보인다. 회사에서 리서치를 했다면 제품이 실패작이라는 것을 알아챘을 것이다. 하지만 당연하게도 그 생각은 틀렸다.

사실, UX 리서치 툴을 전달하기에 적절한 시기란 없다. 모든 조직은 고객의 "온도를 측정"하길 원한다. 지난달 설문조사 응답을 요청받은 횟수를 이메일 정크 폴더에서 확인해보라. 아마 두 자릿수에 이를 것이다.

문제는 UX 리서치의 양이 아니라 품질에 있다. 조직은 좋은 UX 리서치와 나쁜 UX 리서치를 구별하기 위해 노력한다.

클라이언트와의 작업에서 발견한 형편없는 UX 리서치 실행의 7가지 사례와 몇 가지 개선 아이디어는 아래와 같다.

- 맹신
- 독단
- 편향
- 반계몽주의

- 게으름
- 모호함
- 오만

맹신

사전에서는 맹신을 확실한 근거 없이 무언가를 믿고자 하는 의지의 상태로 정의한다. 이것이 UX 리서치에서 나타난 모습은 사용자에게 무엇을 원하는지를 묻고 대답을 믿는 것이다.

몇 달 전, 데이비드David는 클라이언트를 대신해서 사용성 연구에 참석 중이었다. 클라이언트는 사용성 테스트에서 크게 영양가 있는 내용이 나오지 않을 것으로 생각했기 때문에 데이비드가 갔다. 클라이언트는 적합한 사람이 모집되지 않았거나 분석이 정확하지 않을 수 있다고 우려했다.

데이비드는 관찰실에 앉아서 진행자가 참가자에게 사용자 인터페이스의 3가지 디자인 대안을 보여주고 묻는 것을 지켜봤다.

"다음 3가지 중에 어떤 것이 마음에 드세요? 그 이유는요?"

사람들에게 무엇을 원하느냐고 묻는 것은 매우 솔깃한 일이다. 이는 명백한 표면적 타당성을 가지며 그럴듯해 보인다.

하지만 이는 틀렸다.

그 이유는 다음과 같다. 40년 전에[1] 심리학자인 리처드 니스벳Richard Nisbett과 티모시 윌슨Timothy Wilson은 미시간주 앤아버에 위치한 할인 매장 앞에서 몇 가지 리서치를 진행했다.

연구진은 매장 앞에 탁자 하나를 설치했다. 그 위에는 "소비자 평가 조사 – 어느 것의 품질이 가장 좋은가요?"라고 적힌 표지판과 함께 왼쪽부터 차례로 A, B, C, D로 표시된 4켤레의 여성용 스타킹이 놓여 있었다.

대부분(40%)은 D를 선호했고, 가장 적은 수(12%)가 A를 택했다.

언뜻 보기에 이는 데이비드가 관찰한 사용성 테스트와 동일해 보인다.

하지만 반전이 있다. 스타킹은 모두 같은 제품이었다. 대다수가 D를 선호한 이유는 단순히 위치 효과였다. 연구진은 사람들이 우측에 놓인 제품에 대해 뚜렷한 선호를 보인다는 사실을 알고 있었다.

하지만 사람들에게 그들이 선택한 스타킹을 왜 선호하는지를 물어봤을 때, 아무도 위치 효과를 언급하지 않았다. 선택한 스타킹이 더 튼튼하다거나 더 얇고 탄력이 좋다고 말했다. 사람들에게 혹시 제품의 순서에 영향을 받지 않았는지 물어봤으나, 그들은 연구진을 정신 나간 사람처럼 쳐다봤다. 그 대신 사람들은 이야기를 만들어내 자신의 선택에 대한 그럴듯한 이유를 마련했다.

니스벳과 윌슨의 연구, 그리고 앞서 소개한 사용성 테스트를 연결하는 보이지 않는 실이 있다. 이 실을 "보이지 않는"이라고 부른 이유는 전망 이론Prospect Theory[2]이라고 부르는 심리학의 세부 분야가 존재하며 다니엘 카네만Daniel Kahneman이 그 효과를 탐구한 공로로 노벨상을 수상했음에도 불구하고 이를 알고 있는 사용자 경험 연구원이 거의 없기 때문이다.

사람들은 자신의 정신 작용에 대해 신뢰할 만한 인사이트를 가지고 있지 않기 때문에 그들에게 무엇을 원하는지 묻는 것은 무의미하다.

롭 피츠패트릭Rob Fitzpatrick[3]이 했던 말은 이를 완벽하게 담고 있다. "고객의 대화에서 무언가를 알아내려고 하는 것은 쉽게 부서지는 고고학적 유적지를 발굴하는 것과 같다. 진실은 저 아래 어딘가에 있지만, 그것은 깨지기 쉽다. 삽으로 팔 때마다 진실에 가까워지지만, 너무 무딘 기구를 사용하면 수백만 개의 작은 조각들로 박살 내기 쉽다."

어떻게 하면 이 문제를 해결할 수 있을까?

우리가 생각하는 성공적인 UX 리서치는 이를 통해 사용자의 니즈에 대해 실행할 수 있고 검증 가능한 인사이트를 얻는 것이다. 사람들에게 무엇을 좋아하거나 싫어하는지 물어보거나, 앞으로 무엇을 할 거라고 생각하는지, 남들이 어떻게 할지를 말해달라고 요청하는 것은 아무 소용이 없다.

실행할 수 있고 검증 가능한 인사이트를 얻는 가장 좋은 방법은 묻는 것이 아니라 관찰하는 것이다. 어떻게 되고 있는지를 제대로 알아맞힐 수 있을 만큼 충분히 오랫동안 관찰하는 것이 당신의 목표다. 직접적인 질문은 사람들이 실제로 벌어지는 일을 말해주지 않고 이야기를 지어내게 만든다.

관찰에는 2가지 방법이 있다. 사람들이 지금 문제를 어떻게 해결하는지 관찰하거나, 그들을 미래로 이동시켜서 우리가 준비한 솔루션(프로토타입)을 사용하게 하면서 어디에서 이슈가 발생하는지 살펴볼 수 있다.

요점은 사람들이 말하는 것이 그들의 행동만큼 유용하지 않다는 것이다. 그들은 믿을 만한 증인이 아니기 때문이다.

독단

독단은 증거나 다른 이들의 의견을 고려치 않고 원칙들을 틀림없이 참된 것으로 규정하려는 성향이다. 이것이 UX 리서치에서 나타난 모습은 리서치 진행에 있어서 "참된" 방법은 단 한 가지뿐이라고 믿는 것이다.

분명 서베이survey가 고객의 니즈를 이해하는 "올바른 방법"이라고 생각하는 사람들과 일해봤을 것이다. 매일같이 뉴스에서 서베이라는 말을 듣기 때문에 사람들이 서베이를 믿음직하고 유용하다고 생각하는 경향이 있다. 현장 방문이나 사용자 인터뷰와 같은 대체 방법을 사용하는 생각은 표본 크기가 상대적으로 작기 때문에 동일한 표면적 타당성을 갖지 못한다.

하지만 애석하게도, 적절한 질문을 알지 못한다면 서베이에서 많은 응답자를 갖춘 것이 전혀 도움이 되지 않을 것이다. 바로 이 부분 때문에 현장 방문과 사용자 인터뷰가 시행된다.

현장 방문과 사용자 인터뷰는 사용자의 니즈, 목표, 행동에 대한 인사이트를 얻을 수 있는 좋은 방법이다. 하지만 이것이 유일한 솔루션인 것은 아니다.

최근에 사용자 인터뷰 외에는 아무런 리서치 방법도 염두에 두지 않는 UX 연구원과 일한 적이 있다. 퍼소나persona를 입증하기 위해 더 많은 사용자 인터뷰를 실시하라. 주요 태스크를 확인하기 위해 더 많은 사용자 인터뷰를 진행하라. 2가지 랜딩 페이지를 비교하기 위해 더 많은 사용자 인터뷰를 진행하라.

이런 식의 독단은 아무런 도움이 되지 않는다.

현장 방문과 사용자 인터뷰는 확실한 답이 아닌 이정표를 제공한다. 마치 일기예보와 같은 개괄적인 정보다. 데이터에 일부 패턴이 있을 수 있겠지만, 사용자와 나눈 대화와 직접 관찰한 행동만큼 유용하지는 않다. 사람들이 말하는 것과 실제 행동하는 것 사이의 차이를 알아볼 수 있게 도와주는 것이 바로 그러한 대화들이다. 그리고 이것이 디자인 기회가 되곤 한다.

하지만 현장 방문과 사용자 인터뷰에서 발견한 것들을 삼각 측량triangulation, 즉 동일한 현상을 연구하는 방법론들의 조합을 통해 검증하고 싶은 시점이 온다. 정량적 데이터는 사람들이 **무엇**을 하는지를 알려준다. 정성적 데이터는 사람들이 **왜** 그렇게 행동하는지를 말해준다. 최상의 리서치에서는 2가지 종류의 데이터를 모두 갖춘다. 예를 들어, 현장 방문을 통해 개발한 퍼소나를 검증하기 위해 서베이를 선택할 수 있다. 또는 사용성 테스트를 통해 개발한 랜딩 페이지를 상세 조정하기 위해 다변량 A/B 테스트를 택할 수 있다.

삼각 측량은 영화에서 각각 다른 다른 카메라 앵글을 잡는 것과 마찬가지다. 모든 프레임을 클로즈업으로 찍으면 영화의 진행 상황에 대한 전체 그림을 이해하기 힘들 것이다. 마찬가지로 모든 이미지를 광각 뷰로 찍는다면 등장 인물들의 입장을 이해하기 어려울 것이다. 당신은 영화에서처럼 리서치에서도 클로즈업은 물론 전체 그림도 보여주길 원한다.

편향

편향은 특히 부당하다고 여겨지는 방식으로 누군가의 생각을 지배하는 특별한 영향력을 의미한다.

UX 리서치는 편향에 대한 지속적인 투쟁이다. UX 리서치에 영향을 미치는 몇 가지 종류의 편향이 있으나, 여기에서 다루고자 하는 것은 반응 편향response bias이다. 이것은 데이터를 수집하는 방식에서 유발된다.

때로는 편향이 명백하다. 예를 들어, 적절치 않은 질문을 던지면 참가자로부터 당신이 원하는 대답을 듣게 될 확률이 높아진다. 사람들에게 제대로 된 질문을 하도록 가르침으로써 이러한 편향을 바로잡을 수 있다. 하지만 더 유해한 유형의 반응 편향이 존재하며 바로잡기가 훨씬 힘들다. 개발팀이 리서치를 통해 제품 혹은 서비스에 대한 사람들의 니즈가 크지 않다는 것을 알게 될 때 이러한 편향이 발생한다. 아무도 나쁜 뉴스를 전달하고 싶어 하지 않기 때문에 고위 관리자에게 이를 감추고픈 유혹이 든다. 하지만 제품에 대한 니즈가 없다면 고위 관리자를 설득하려고 애쓰는 것은 아무 의미가 없다. 결국엔 다 밝혀질 것이다. 고위 관리자가 듣고 싶어 하는 말을 뒷받침하기 위해 결과를 선별하는 것은 좋지 않은 생각이다.

편파적인 이해관계를 갖고 인터뷰에 접근해서는 안 된다. UX 연구원의 일은 사람들에게 서비스를 써 보라고 설득하거나 경영진이 원하는 결과를 마련하는 것이 아니라, 진실을 파헤치는 것이다. 자신의 관점을 갖지 말아야 한다는 뜻은 아니다. 관점은 필요하다. 당신의 관점은 개발팀이 데이터를 이해하도록 돕는 것이어야지, 그저 그들이 듣고 싶어 하는 말을 해줘서는 안 된다.

반계몽주의

반계몽주의obscurantism는 무언가에 대한 상세 정보가 알려지는 것을 의도적으로 막는 관습이다. 이러한 죄악이 UX 리서치에 적용된 모습은 연구 결과를 한 사람의 머릿속에 담아두는 것이다.

UX 연구는 종종 팀에서 한 사람에게 할당된다. 그 사람은 사용자 니즈의 대변인이 되며, 사용자에 관해서 팀의 "전문가" 역할을 맡게 된다. 이러한 접근법은 리서치 진행에 좋지 않은 방법이다. UX 연구원이 모든 답을 알지 못하기 때문만은 아니다. 실패하는 이유는 개발팀이 사용자 이해에 대한 모든 책임을 한 사람에게 위임하도록 장려하기 때문이다.

이러한 죄악을 프로젝트에서 방지할 수 있는 한 가지 방법은 모든 팀원이 "노출 시간"을 갖도록 장려하는 것이다. 연구에 따르면[4] 가장 효과적인 개발팀은 6주마다 최소 2시간을 사용자 관찰에 보낸다고 한다(예: 현장 방문이나 사용성 테스트).

여기서 목표로 하는 것은 사용자 중심의 문화를 구축하는 것이다. 개발팀 전체가 사용자와 연관되도록 장려함으로써 이를 달성할 수 있다. 하지만 반복적으로 디자인할 필요도 있다. 그리고 이것은 다음 죄악으로 이어진다.

게으름

게으름은 노력하고자 하는 의지가 없는 상태다. UX 리서치에서는 오래된 리서치 데이터를 마치 새 프로젝트에 잘라서 붙여넣을 수 있는 표준 문안인 것처럼 재활용하는 모습으로 나타난다.

가장 마음에 드는 예제는 퍼소나 세상에서 나온다.

클라이언트가 종종 퍼소나를 개발하는 과정을 일회성 활동으로 접근하는 것을 목격한다. 그들은 필요한 수의 사용자를 대상으로 현장 리서치를 수행할 외부 업체를 고용할 것이다. 그 업체는 데이터를 분석하고 보기 좋은 퍼소나 세트를 만들어 낼 것이다. 반계몽주의라는 죄아 때문에 이것이 잘못된 생각이라는 것을 이미 알고 있다. 외부 업체가 아니라 개발팀이 리서치를 수행하길 원한다.

하지만 잠시 그 이슈는 덮어두자. 여기서 퍼소나를 예시로 드는 이유는 종종 클라이언트로부터 그들의 퍼소나를 다시 사용할 수 있냐는 질문을 받기 때문이다. 지금 새로운 프로젝트를 진행하고 있는데, 작년에 개발했던 퍼소나와 매우 흡사하다. 고객이 기본적으로 동일하므로 기존의 퍼소나를 재활용해도 되지 않을까?

이러한 생각은 UX 리서치가 무엇에 관한 것인지에 대한 요점을 놓치는 좋은 예다.

많은 사람이 알지 못하는 비밀이 여기 있다. **퍼소나를 꼭 사용자 중심으로 만들 필요는 없다.** 사용자 중심 디자인은 퍼소나에 관한 것이 아니다. 사실, 퍼소나는 크게 중요치 않다. 퍼소나를 창조하는 것이 목표가 돼서는 안 된다. 사용자의 니즈, 목표, 동기를 이해하는 것을 목표로 해야 한다. 어떤 면에서 잘 구성된 퍼소나는 유명인과 같은 레스토랑에 있었다는 것을 증명하기 위해 셀카를 찍는 것과 마찬가지로 사용자를 만났다는 것을 보여주는 증거일 뿐이다.

들어가고자 하는 세상은 개발팀이 사용자를 너무도 잘 알아서 퍼소나가 필요치 않은 곳이다. 오래전의 리서치를 재활용해서는 이 세상에 접근하지 못한다. UX 리서치를 문화의 일부로 만드는 것을 통해 접근한다.

반복을 통해 사용자 중심 디자인을 달성한다는 것을 오랫동안 알고 있었다. 무언가를 만들고, 그것의 사용성을 측정하고, 이를 통해 학습하고 재설계한다. 오래된 데이터를 재사용하는 것은 퍼소나, 사용성 테스트 혹은 현장 방문과 같은 형태와 관계없이 반복이라 볼 수 없으며, 아무것도 배울 수 없다.

모호함

모호함은 명확하거나 명시적으로 언급되거나 표현되지 않는 것을 의미한다. UX 리서치에서는 팀이 하나의 핵심 리서치 질문에 집중하지 못하고 여러 개의 질문을 동시에 답하려고 애를 쓸 때 이를 목격한다.

이 죄악은 게으름에서 일부 기인한다. 리서치를 아주 가끔 실행한다면 많은 질문에 대답해야 한다. 이렇게 되면 결국 많은 것에 대해 아주 일부만 알게 된다. 사실, 식기세척기에서 UX 리서치에 대한 중요한 교훈을 배울 수 있다. 너무 많이 밀어 넣으면 아무것도 깨끗해지지 않는다.

실제로 UX 리서치를 통해서 적은 것에 대해 많은 것을 알아내길 원한다. 그 "적은" 질문은 당신이 밤샘하게 만드는 구체적인 질문이다. 이 질문을 알아내기 위해, 개발팀에 가장 유용하고 실행 가능한 리서치 결과를 최대한 상상해보도록 요청한다. 그들이 무엇을 말해줄까? 그것들을 어떻게 사용할까?

답하고자 하는 질문과 테스트하고자 하는 가정에 모든 팀원이 동의해야 한다. 이러한 주요 질문들은 모든 리서치 활동의 원동력이 돼야 한다.

이는 리서치 질문이 매우 구체적이어야 하는 것을 뜻한다. 몇 장의 작은 포스트잇 종이에 리서치 질문을 명확하게 적을 수 있어야 한다.

사실, 그 덕분에 리서치 질문을 찾기 위한 흥미로운 활동을 할 수 있다.

개발팀을 회의실에 모으고 포스트잇을 나눠줘라. 팀원이 던질 어떤 질문에도 진실하게 대답해줄 아는 것 많고, 통찰력 있는 사용자가 회의실 밖에 있다고 상상해보라고 말해라.

팀원들은 어떤 질문을 할까?

포스트잇 한 장에 질문을 하나씩 적게 한다. 5분 후, 다 같이 포스트잇을 관련성에 따라 분류한다. 그러고 나서 가장 시급한 질문을 선정하기 위한 스티커 투표를 한다. 이 아이디어는 상위 레벨의 테마를 확인할 뿐만 아니라 답변을 얻어야 하는 구체적인 질문의 목록도 얻을 수 있기 때문에 효과적이다.

오만

마지막이지만 앞서 언급한 것들과 마찬가지로 중요한 것은 오만이다. 오만은 극단적인 자만심이나 자신감을 의미한다.

UX 리서치에서는 자신의 보고서에 대해 과도한 자부심을 느끼는 형태를 띤다. 모든 UX 연구원은 이 때문에 어느 정도 고통을 겪지만, 박사학위자들은 최악이다. 그래서 우리는 자랑스러운 박사학위 수상자라고 말한다.[5]

UX 연구원은 데이터를 사랑하고 무언가를 사랑하게 되면 그것을 사람들과 나누고 싶어진다. 그래서 그래프와 인용문, 스크린샷과 주석들로 채워진 상세 보고서를 만든다. 내 데이터를 좀 봐! 얼마나 아름다운지 봐!

아쉽게도 우리만큼 데이터에 매료된 사람은 거의 없다. 우리의 과제는 데이터를 정보로 바꾸고, 정보를 인사이트로 바꾸는 것이다.

지나친 상세화에는 2가지 문제가 있다.

사람들은 보고서를 읽지 않는다. 그들은 페이지를 넘기고, 더 많은 데이터를 보고, 당신이 얼마나 똑똑한지를 인정하고, 싫증을 내고, 다른 것으로 넘어간다.

지나치게 상세한 보고서는 디자인 프로세스를 지연시킨다. 주요 문제점을 찾기 위해 스프레드시트에서 광범위한 분석을 수행할 필요는 없다. 그 분석은 나중에 세부사항을 파헤치고 싶을 때 유용하겠지만, 핵심적인 발견 점은 신속하게 전달돼야 한다. 이는 디자인을 수정하고, 개발-측정-학습build-measure-learn 사이클을 지속하기 위함이다.

그 대신, 팀이 데이터를 이해하고 그에 대한 조치를 취할 수 있도록 정보 라디에이터information radiator(사용성 대시보드, 한 페이지짜리 테스트 계획과 같은)를 만들 필요가 있다. 정보 라디에이터는 기본적으로 결과에 대한 팀의 이해도를 점진적으로 높이는 광고판이다. 대체로 사람들이 페이지를 넘겨보기에 당신의 보고서는 너무 두껍다. 그러니 자신에게 물어봐라. 어떻게 하면 결과를 한눈에 들어오게 정리해야 할까?

이는 사용자 여정 지도, 퍼소나 혹은 사용성 테스트 결과 대시보드와 같은 리서치 데이터를 보여주는 간결한 시각적 표현이 될 수 있다.

좋은 UX 리서치는 어떤 모습일까?

앞서 죄악들을 살펴보고 나서, 그들 중 다수가 공통된 원인을 가지고 있다는 것을 알아챘을 수도 있다. 근본적인 원인은 좋은 UX 리서치와 나쁜 UX 리서치를 구별할 수 없는 조직 문화다.

기업들은 훌륭한 디자인을 중시한다고 말하지만 뛰어난 디자인을 위해서 스타 디자이너가 필요하다고 생각한다. 하지만 뛰어난 디자인은 디자이너 내부에 살지 않는다. 그것은 사용자의 머릿속에 산다. 당신은 좋은 UX 리서치 수행을 통해 사용자의 머리 속에 들어간다. 좋은 UX 리서치는 사용자 니즈에 관한 실행 가능하며 검증할 수 있는 인사이트를 제공한다.

훌륭한 디자인은 사용자 중심 디자인을 중시하는 문화의 한 증상이다. 마찬가지로 나쁜 디자인도 증상이다. 좋은 UX 리서치와 나쁜 UX 리서치를 구분하지 못하는 조직의 증상이다.

그리고 아마도 이것이 모든 것 중에서 가장 치명적인 죄악이다.

UX 연구원처럼 생각하라

- UX 리서치가 기대했던 사업적 이득을 가져오는 데 실패한 최근 프로젝트를 떠올려보라. "7가지 죄악" 중에 원인이 될만한 것이 있었는가? 프로젝트의 시작으로 돌아갈 수 있다면 어떤 것을 다르게 진행할 것인가?

- 이번 에세이에서 UX 리서치 결과를 한눈에 요약한 "정보 라디에이터"의 개념을 소개했다. 당신이 수행한 최근의 UX 리서치를 떠올려 보면 그 결과를 종이 한 장에 어떻게 표현할 것인가?
- 나쁜 뉴스를 고위 관리자에게 전달하는 것의 어려움에 관해 이야기했다. 당신의 조직에서 나쁜 뉴스의 전달을 막는 것은 무엇인가? 조직이 실패로부터 배울 수 있도록 어떻게 도울 것인가?
- 모든 UX 연구원은 현장 방문, 사용성 테스트 혹은 서베이 등 자신만의 선호하는 UX 리서치 방법이 있다. 모든 리서치 질문에 동일한 도구를 사용한다면 이러한 선호가 문제가 된다. 당신이 가장 선호하고 가장 꺼리는 UX 리서치 방법들을 찾아보고, 이러한 "편애"가 업무에 영향을 미치는지 의문을 가져라.
- 성공적인 UX 리서치 연구는 사용자 니즈에 관한 실행 가능하며 검증할 수 있는 인사이트를 제공하는 연구라고 정의한다. 인사이트를 "검증 가능"하게 만드는 것은 무엇인가?

탐정처럼 생각하라

이번 에세이에서는 탐정이 사용하는 조사 기법에서 UX 연구원이 무엇을 배울 수 있는지 자세히 살펴본다. 그리고 유명 탐정 소설의 정신에 입각해서 중요한 결론에 도달한다. 더 좋은 연구원이 되고 싶다면 탐정처럼 생각해야 한다.

좋은 연구원과 좋은 탐정 사이의 유사성은 매우 두드러진다. 두 분야 모두 조사를 수반하고, 증거의 자취를 찾으려 하고, 증거를 이용해서 문제에 대한 솔루션에 도달하는 것은 놀랄 일이 아닐 것이다. 하지만 이게 다가 아니다. 필요한 지식, 기술과 경험, 사용된 방법 및 기법 또한 많은 공통점을 지닌다. 사실, 탐정의 일은 실제로 리서치이고, 리서치는 실제로 탐정의 일이라는 것은 전혀 과장이 아니다.

그렇다면 가장 위대한 탐정인 셜록 홈스Sherlock Holmes에게서 UX 리서치 실행에 대해 배울 수 있는 것은 무엇일까?

홈스는 뛰어난 수사관이었지만, 슈퍼 영웅은 아니었다(그에게는 초능력이 없다). 그 대신 숙달된 기술과 몇 가지 분야에 대한 전문적인 지식을 갖췄고 매우 체계적이었다. 그의 방법은 다음의 5단계로 구성됐다.

- 해결해야 하는 문제 이해하기
- 사실 수집하기
- 사실을 설명하기 위한 가설 개발하기
- 솔루션에 도달할 가능성이 가장 낮은 가설 제거하기
- 솔루션에 따라 행동하기

UX 연구원에게 이 단계들이 이미 친숙할 것이다. 따라서 홈스의 각 단계에서 좋은 UX 리서치 실행에 대해 무엇을 배울 수 있는지 살펴보면서 홈스의 모자와 UX 연구원 모자를 번갈아 쓸 것이다.

해결해야 하는 문제 이해하기

> "짐작도 못 했네. 그건 논리적인 사고 능력을 파괴하는 아주 형편없는 습관이네."
>
> –『셜록 홈스: 네 사람의 서명』(1890)중에서

이상한 질문처럼 보이겠지만, 조금만 기다려보라. 무엇이 당신을 가장 흥분시키는가? 그리고 당신이 가장 흥미롭다고 생각하는 질문이나 대답은 무엇인가?

물론, UX 연구원은 대부분의 분야에서 답을 얻고자 노력하며 무언가를 찾아낼 거라는 기대를 받는다. 하지만 사실 이건 시합이 아니다. 연구원에게 질문은 대답보다 본질적으로 훨씬 더 흥미롭다. 질문은 신비로움과 가능성으로 가득 차 있으며 생각을 새롭고 예상치 못한 방향으로 이끌 수 있다. 대답은 놀라운 마술이 실제로 어떻게 작동하는지를 밝혀내서 흥미를 사라지게 만드는 것과 같은 방식으로 모든 것을 멈춰 세우는 습성이 있다. 대답은 중요하지만, 뛰어난 연구원은 이미 다음 질문을 궁금해한다. 홈스는 질문이 충분히 흥미로운 문제를 제시하는지를 근거로 사건 수임 여부를 결정했다.

제품 개발의 세계에서는 대답과 솔루션의 중요성이 부각되면서 그 반대가 종종 유효하다. 실제로 기업 세계에서 "솔루션"은 몹시 남용되는 유행어가 되면서 사실상 모든 의미를 상실했다. 솔루션이 연구의 시작점이 돼서는 안 된다. 다수의 개발팀에서 하듯이 지나치게 일찍 제품 솔루션에 집중하는 것의 대가는 해결하고자 하는 문제를 금세 잊어버리는 것이다. 셜록 홈스는 "데이터를 얻기 전에 이론을 세우는 것은 큰 실수다. 사람들은 사실에 맞춰 이론을 수정하는 것이 아니라 이론에 맞게 사실을 왜곡하기 시작한다."[6]라고 주장하면서 솔루션으로 성급히 넘어가는 것을 거부했다.

홈스는 항상 문제에 집중하면서 사건을 시작했다. 그 문제는 어떤 때는 편지의 형태로, 또 어떤 때는 신문 기사로 도착했지만, 대개의 경우에는 문을 노크하는 것으로 자신을 드러내곤 했다. 의뢰인은 홈스에게 미스터리를 제시하고, 홈스는 의뢰인에게 중요한 정보를 캐내곤 했다. 그는 해당 주제에 관한 자신의 방대한 지식을 쏟고, 이전의 사건들을 소환하고, 유력한 용의자에 대해 할 수 있는 모든 것을 찾아내곤 했다. 홈스는 결코 추측이나 가정에 의존하지 않았다. 홈스에게는 모든 신규 사건이 특별했으며, 중요한 것은 사건과 관련된 신뢰할 수 있고 증명 가능한 사실이었다. 사실은 수사의 초점과 방향을 제공했다.

다음은 UX 리서치 사고에 도움을 줄 수 있는 홈스의 접근법에서 배울 수 있는 몇 가지 사항이다.

- 솔루션이 아니라 문제에 집중하라.
- 명쾌한 리서치 질문을 만들어라(실제로 마지막에 물음표를 넣어 작성하라).
- 질문을 만들기 전까지는 어떤 리서치도 시작하지 마라.
- 앞서 이 질문을 한 번도 던진 적이 없다고 가정하지 마라.
- 동료와 회사가 이미 알고 있는 것을 파악하라.
- 기록을 검색하라. 이전 리서치 보고서를 읽는 것부터 시작하라.
- 팀원과 이해관계자를 인터뷰하라.
- 체크리스트를 사용해서 배경 정보를 체계적으로 수집하라.
- 아무것도 추측하지 마라.

사실 수집하기

"나는 모든 정보를 좋아한다 … 관련이 있든 없든."

– 『셜록 홈스: 너도밤나무 숲』(1892년)중에서

홈스에게는 범죄 현장에서 외관상 중요하지 않아 보이는 측면과 사건의 세부 사항이 필수적이었다. 작은 단서에서 큰 추론을 이끌어낼 수 있는 경우가 많다.

홈스는 질문을 능숙하게 활용하긴 했으나, 사람들이 보거나 들은 것, 혹은 알고 생각하는 것을 정확하게 보고하기 위해서 그들에게 의존하는 것은 조사에 있어서 신뢰할 수 없는 접근법이라는 것을 알고 있었다. 의견은 사실이 아니며 추측도 증거가 아니다. 대신, 그의 주된 사실 수집 방법은 신중한 관찰이었다. "왓슨, 자네는 내 방법을 알 거야. 그건 사소한 것들에 대한 관찰에 기초를 두고 있어."[7]

관찰은 UX 리서치에 필수적이다. 현장 방문에 사용하면 관찰은 사람들이 어떻게 일하는지에 대한 "복잡한 현실"을 이해하는 데 도움을 줄 수 있다. 그것은 사람들이 스스로를 바라볼 수 없는 방식으로 업무의 자질구레한 점과 작업 흐름의 세부사항을 살펴보는 방법이다. 이는 충족되지 못한 사용자 니즈를 파악하는 핵심이다. 사람들은 그들의 행동이 습관적이고 자동적이 돼버렸고, 디자인 제약에 적응했고 다른 대안이 있을 수도 있다는 것을 알지 못하기 때문에 니즈가 무엇인지 제대로 설명할 수 없다.

관찰 세션 중에 좋은 방법은 수집하고 있는 정보의 관련성에 대해 고민하지 않는 것이다. 이전의 기대, 가정, 혹은 지론에 근거한 어떤 종류의 필터도 적용하지 마라. 이 단계에서는 정보를 판단하거나 경중을 매기지 마라. 관찰한 것을 해석하거나 이를 계획이나 솔루션에 끼워 맞추려 하지 마라. 다 나중에 할 때가 있다. 성공적인 사례를 떠올리며 홈스는 왓슨에게 다시 한번 말한다. "자네도 기억하듯이 우린 마음을 비우고 사건에 다가갔네. 그리고 이건 언제나 도움이 됐지. 우린 이론을 만들지 않고 그저 관찰만 했어."[8]

지금 당장은 빠짐없이 모든 것을 수집하고 있는지 확인할 필요가 있다. 나중에 버릴 수는 있지만, 현장을 다시 방문해서 놓쳤던 정보를 수집하는 것은 불가능할 수 있다.

변장하거나 돋보기를 들고 카펫 위를 엉금엉금 기어 다닐 수 없을지도 모르지만, 다음은 관찰력을 향상하기 위해 홈스로부터 배울 수 있는 몇 가지 것들이다.

- 설명만 듣지 말고 사람들이 실제로 일하는 것을 관찰하라.
- 참가자는 전문가고, 당신은 "초보"라는 사실을 기억하라.
- 가장 일반적인 태스크, 가장 바쁜 날, 일상적인 날과 중요한 사건에 집중하라.
- 관찰 중인 태스크의 전후 활동을 파악하라.
- 불편함, 지연, 불만을 찾아보라.
- 사람들을 그림자처럼 따라다녀라. 그들이 어딜 가든 따라가라.
- 물건들을 가리키고 그것이 어디에 쓰이는지 확인하라.
- 제품, 샘플, 양식 및 문서의 사본 혹은 사진을 챙겨라.
- 업무 현장을 다이어그램으로 그려라.
- 사람들이 사용하는 도구의 목록을 작성하라.
- 사람들의 역학 관계와 인터랙션에 주목하라.
- 동시에 발생하는 일에 주의하라.
- 관찰 현장에서 특이 사항은 모두 기록하라.
- 누락된 것이 있는지 확인하라.
- 아주 세심하게 행동을 관찰하라. 사람들이 무엇을 만지고 무엇을 보는지 살펴보라.
- 이벤트 및 행동의 순서와 타이밍에 유의하라.
- 방해하지 마라.
- 사소한 것에 관심을 기울여라.

사실을 설명하기 위한 가설 개발하기

"왓슨, 자넨 모든 걸 볼 수 있다네. 하지만 자신이 본 것을 바탕으로 추론하는 것엔 실패하고 있어. 너무 소심해서 추론을 못 하는 걸세."

– 『셜록 홈스: 푸른 카벙클』(1892년)중에서

홈스는 상당한 지식과 경험에 비추어 사실을 해석하고 가설을 세웠다. "나는 사건의 경과에 대한 약간의 징후만 들어도, 기억 속에 떠오르는 수천 가지의 다른 유사 사례에 이끌려 움직이게 된다네."[9]

그의 지식은 매우 깊었지만, 또한 편협하기도 했다. 그는 화학, 발자국, 핏자국과 다양한 독초(일반적인 원예는 아니지만)에 아주 높은 이해도를 가졌으며, 뛰어난 바이올린 연주자였다. 반면, 그는 지구가 태양 주위를 돈다는 것을 전혀 몰랐다("대체 뭔 소릴 하는 거야? 우리가 태양 주위를 돈다고 말하는 건가. 태양이 아니라 달을 돈다고 해도 나 또는 내 일은 조금도 달라질 게 없어."). 그가 가진 지식의 편협함은 140가지의 다양한 형태의 시가, 파이프, 담배 간의 차이점을 다룬 논문에서 증명된다.

UX 연구원의 지식은 그렇게 좁거나 괴팍하지 않을지 모르지만, 여전히 인간의 행동, 기술적 진보, 시장 트렌드 및 회사의 사업적 목표에 대한 지식을 활용해서 UX 리서치에서 수집한 사실들에 가장 잘 맞는 가설을 세워야 한다. 가설은 사람들이 일하는 방식의 차이를 식별하는 데 도움을 준다. 그리고 그 차이는 현재의 방식과 미래에는 가능할지도 모르는 개선된 방식을 비교할 때 나타나는 기회가 된다. 혁신 및 개발팀이 이러한 차이를 발견하도록 돕기 위해서 이 단계에서 사용자, 태스크 및 사용 환경에 대한 질문들에 대한 상세한 답을 제공해야 한다(누가? 무엇을 하는가? 어떤 상황에서?).

모델, 퍼소나, 시나리오 및 스토리에는 다음이 포함돼야 한다.

- 사람들이 갖는 주요 목표
- 사람들이 수행하는 태스크의 작업 흐름
- 사람들이 만들어 낸 멘탈 모델
- 사람들이 사용하는 도구
- 사람들이 일하는 환경
- 자신이 하는 일을 설명하기 위해 사람들이 사용하는 용어

분석이 완료되면 모든 중요한 사실이 설명되고 차이와 기회가 드러나기 시작해야 하며, 마침내 솔루션에 착수할 수 있다.

솔루션에 도달할 가능성이 가장 낮은 가설 제거하기

> "불가능한 것을 지우고 나면 무엇이 남든지 아무리 비현실적이라 해도 반드시 진실이라는 것이 나의 오랜 격언일세."
>
> – 『셜록 홈스: 녹주석 보관』(1892년)중에서

이 시점에서 탐정은 대개 몇 명의 용의자와 마주 보게 되며, UX 연구원은 맡은 일을 잘 마쳤다면 몇 가지 가설과 잠재적인 디자인 솔루션, 제품 아이디어 및 개선사항에 직면하게 된다. 이 단계에서는 성공 가능성이 희박한 솔루션과 아이디어를 제거하기 시작한다. 탐정은 "이론이 사실에 부합하는가?"라고 묻고, UX 연구원은 "가설적 솔루션이 조사 결과에 부합하는가?"라고 묻는다. 관찰한 모든 것을 제대로 설명하지 못하는 부실한 솔루션을 제거하는 것에서 시작한다. 그리고 지나치게 복잡하거나 부자연스러운 방식으로만 데이터에 들어맞거나 문제를 일으키는 솔루션을 탈락시킨다.

잠재적 솔루션을 제거하는 것은 큰 도박이다. 솔루션을 선별하는 근거는 설득력을 갖춰야 한다. 이는 탐정의 업무에서는 새로운 것이 아니지만, "근거의 강도"가 UX 리서치에서는 고려되지 않은 것 같다. 솔루션 찬반에 대한 근거는 타당하며 편향이 없어야 한다. 모든 근거

가 이러한 측면에서 동일하지는 않다(4장의 'UX 리서치와 근거의 강도'라는 에세이 참조).

하지만 홈스는 과학에 관심이 많은 사람이었다. 그는 실험의 중요성을 알고 있었다. 가설, 아이디어 및 솔루션의 강도를 테스트할 수 있는 한 가지 방법은 실험을 실시하는 것이다. 개발 사이클에 접어들면서, 통제된 테스트는 반복되는 프로세스로 계속돼야 하며 팀의 프로토타이핑은 성공을 향해 나아가야 한다. 직감이나 희망만을 근거로 하는 원샷 접근법으로 목표 달성을 기대해서는 안 된다.

솔루션에 따라 행동하기

"다른 사람에게 말해주는 것만큼 사건을 말끔하게 정리하는 방법은 없다."

– 『셜록 홈스: 실버 블레이즈』(1892년)중에서

홈스는 사건을 해결하고 나면 그 결과를 "청중"에게 발표하고, 의뢰인과 왓슨, 경찰에게 그가 어떻게 범죄를 해결했는지를 설명하곤 했다. 그러고 나서 런던경찰국의 레스트레이드 경감에게 필요한 체포를 맡기고 사건은 종결됐다. 홈스는 그 경험을 자신의 머릿속 창고에 보관하고 다음 모험을 향해 나아갔다. 우리의 개발팀에서 조사 결과에 대한 조치를 취하는 데 도움이 될만한 몇 가지 권고사항은 다음과 같다.

- 하루짜리 UX 리서치 및 디자인 워크숍을 실시해서 "무엇을 발견했는지 그리고 어떻게 발견했는지를 설명"하고 사용자 경험 발견 점과 솔루션을 개발팀에 전달하라.
- 개발팀에 구체적이고 실행 가능한 디자인 권장 사항을 제공하라.
- 사용자 경험 권장 사항 구현을 위한 책임에 합의하라.
- 프로토타입의 여러 가지 버전을 테스트하는 계획을 수립해 반복적 디자인을 촉진하라.

- 전술적이면서 전략적인 사용자 경험의 다음 단계들을 명확하게 구성하고 제시하라.
- 팀 전체에 UX 리서치 방법에 대한 교육을 해라.
- 디자인 회의에 참석하는 것에 그치지 말고 의장을 맡아라.

탐정처럼 생각하는 방법

한 가지가 더 있다...

셜록 홈스를 존경하더라도, 그는 대다수의 탐정이 최소한 불편하다고 여길만한 한 가지 특징을 가지고 있었다. 그는 실존 인물이 아니다. 셜록 홈스로부터 많은 것을 배울 수 있긴 하지만, 조사에 대한 최종 발언은 진짜 탐정에게 남겨두자.

실생활의 관점을 얻기 위해 필립은 실제 탐정과 이야기하기로 했다. 그는 옛 학교 친구면서 최근 웨스트 요크셔 범죄수사부에 근무하는 피터 스탓Peter Stott에게 연락해 "새로운 연구원에게 해줄 조언이 하나 있다면 그게 무엇일까?"라고 물었다. 피터는 망설임 없이 "절대로 가정에 따라 행동해선 안 돼. 사실을 찾아내고 그에 따라 행동해야만 해."라고 답했다.

홈스도 이보다 좋은 말은 찾지 못할 것이다.

추측과 가정이 아닌 사실과 증거. 이것이 탐정처럼 생각하는 방법이다.

UX 연구원처럼 생각하라

- 아서 코난 도일(Arthur Conan Doyle)경은 홈스에 관해 4편의 소설과 56편의 단편을 썼다. 그중에 하나를 골라 읽어 보고, 홈스를 범죄 수사관이 아니라 UX 연구원이라고 생각해보라. 어떤 것이 눈에 먼저 들어오는가? 그의 특징이나 능력 중에 어떤 것이 UX 연구원에게 가장 유용하다고 생각하는가?
- 좋아하는 소설 속 탐정이 있는가? 미스 마플(Miss Marple)? 에르퀼 푸아로(Hercule Poirot)? 제시카 플레처(Jessica Fletcher)? 라모츠웨(Precious

Ramotswe)? 모스(Morse)? 콜롬보(Columbo)? 그들의 수사 방법 중에 특이한 점은 무엇인가? 어떤 기법을 UX 리서치에 적용할 수 있는가?

- 당신은 "하찮은 것들 관찰하기"를 얼마나 잘하는가? 10센트 뒷면에는 누구의 얼굴이 나오는가? 그는 어느 쪽을 보고 있는가?
- 관찰 기술을 향상할 수 있는 3가지 방법을 찾아서 나열하라. 그러고 나서 출퇴근 길이나 사무실 안팎에서 사용해보라.
- 과학 수사의 선구자인 에드몽 로카르(Edmond Locard)박사는 교환 원칙(Exchange Principle)[10]에서 범죄자는 항상 범죄 현장에 자신의 흔적을 남길 것이며 범죄 현장의 흔적을 스스로 치우기도 할 것이라고 말했다. "모든 접촉은 흔적을 남긴다." 로카르의 교환 원칙은 UX 리서치, 예를 들면 현장 조사에서도 유효한가? 이에 대한 몇 가지 예는 무엇인가?

UX 리서치로 답변하는 2가지 질문

기본적으로 모든 UX 리서치는 2가지 질문 중 하나에 대응한다.
(a)우리의 사용자는 누구이며 그들은 무엇을 하려고 하는가?
(b)우리가 문제 해결을 위해 디자인한 것을 사람들이 사용할 수 있는가?
첫 번째 질문은 현장 방문으로 답하고, 두 번째 질문은 사용성 테스트로 답한다.

현장 리서치는 "사용자는 누구이며 무엇을 하려 하는가?" 라는 질문에 답한다

현장 연구는 현재 사람들이 문제를 어떻게 해결하느냐는 큰 그림에 초점을 맞춘다. 현장 리서치를 통해 여러 채널에 걸친 작업 흐름을 살펴보고 사용자 행동, 니즈, 목표 및 고충을 관찰한다. 현장 리서치는 근본적으로 외부 지향적이다. 당신의 목표는 현실 세계에서 무슨 일이 벌어지는지 알아내는 것이다.

대표적인 리서치 장소는 참가자의 집이나 직장이다. 시스템을 개발하거나 발명하기 전에 사람들이 목표를 현재 어떤 식으로 달성하는지를 알아낼 것이라 기대한다. 사용자는 어떤 문제점에 직면하는가? 어떤 니즈를 갖고 있나? 그들의 기술과 동기는 무엇인가?

린Lean 스타트업[11] 연구원은 이 활동을 "건물 밖으로 나가기"라고 특징짓지만, 건물 밖으로 나가는 것만으로는 충분치 않다. 현장 방문은 커피숍에서 갑작스레 진행되는 사용자 인터뷰 이상의 것이다. 동물의 행동에 비유하자면 인터뷰가 동물원 방문이라면 현장 리서치는 사파리에 들어가는 것과 같다(다음 에세이에서 또 사용할 비유다). 현장 리서치를 통해 실제 행동을 관찰한다. 사람들이 자신의 행동에 대해 말해주는 것을 듣기만 하는 것이 아니라 그들의 행동을 실제로 관찰한다. 요컨대, 실제 행동이 벌어지는 곳에 가는 것이다.

현장 리서치가 없다면 암흑 속에서 디자인을 하는 것이다. 현장 리서치는 누군가가 방에 조명을 켜주는 것과 같다.

다시 린 스타트업의 언어를 사용하면 현장 리서치는 **문제 가설**에 대한 검증을 돕는다. 사용자를 위해 해결하고자 하는 문제가 실제로 문제인가? 개발팀은 종종 실제 사용자 니즈를 해결한다고 믿는 일종의 집단 사고를 경험하지만, 사실 그 문제로 짜증 내는 사람은 거의 없기 때문에 이 질문은 중요하다.[12]

현장 방문으로 확인하게 될 또 다른 이슈는 문제의 심각성이다. 어떤 문제는 사람들이 그 해결을 위해 기꺼이 시간이나 비용을 지불하려고 할 만큼 심각하지 않다. 가려운 곳을 발견했을 수도 있지만, 현장 방문은 고객이 현재의 해결 방식에 만족하고 있는지를 보여줄 것이다.

사용성 테스트는 "문제 해결을 위해 디자인한 것을 사람들이 사용할 수 있는가?"라는 질문에 답한다

사용성 테스트는 사람들이 특정 태스크를 수행하는 방법과 특정 시스템을 사용하는 중에 겪는 문제에 초점을 맞춘다. 전통적으로 실험실에서 이뤄지지만, 실제로는 어디에서든 진행될 수 있다(현장 포함). 일반적인 리서치 장소에는 다음이 포함된다.

- 참가자의 집이나 일터
- 커피숍, 도서관 같은 공공장소("팝업 리서치"라고 부름)
- 연구실 혹은 실험실
- 회의실
- 책상(원격 리서치로 노트북 또는 전화기 사용)

사용성 테스트는 본래 내부를 들여다보는 것이다. 사용자에게 프로토타입과 태스크 세트를 제공하고, 태스크를 완료할 수 있는지 관찰하라.

사용성 테스트와 현장 방문 간의 주요 차이점은 사용성 테스트에서는 구체적인 디자인 아이디어를 사용자와 함께 평가한다는 것이다. 현장 방문이 조명을 켜는 것과 같다면 사용성 테스트는 현미경 밑에 대고 보는 것과 같다. 현장 방문은 큰 그림을 보여주는 반면에 사용성 테스트는 구체적인 솔루션을 평가할 수 있게 해준다.

린 스타트업의 언어를 사용하자면 사용성 테스트는 **솔루션 가설**에 대한 검증을 돕는다. 제안한 솔루션이 작동하는가?

현장 방문 혹은 사용성 테스트를 진행해야 하는가?

현장 방문과 사용성 테스트는 상호 보완적 리서치 기법이므로 둘 다 실시해야 한다. 현장 방문은 **적절한 것을 디자인하고 있는지** 알려준다. 사용성 테스트는 당신이 제대로 디자인하고 있는지 알려준다. 예를 들어 제품이 사용성 테스트에서는 좋은 성능을 보이지만, 수행 완료를 요청했던 태스크에 사람들이 실제로는 신경 쓰지 않는다면 그 제품은 시장에서 실패할 것이다.

리서치 방법 선택은 개발 라이프사이클의 위치에 따라 달라진다.

발견 단계에 있다면 여러분은 조명을 켜기 위해 현장 방문을 실시해야 한다. "사용자는 누구이고 그들은 무엇을 하려고 하는가?"라는 질문에 대답하길 원하기 때문이다.

개발 라이프사이클의 후반부에서는 현미경을 꺼내서 디자인 솔루션에 대한 사용성 테스트를 진행할 시간이다. 이는 "우리가 문제 해결을 위해 디자인한 것을 사람들이 사용할 수 있는가?"라는 질문에 답하기 위함이다.

요약하면 다음과 같은 2가지 질문을 하면 된다.

- 해결해야 하는 사용자 문제가 있는가?(확실치 않다면 현장 리서치를 수행하라)
- 문제를 해결하였는가?(확실치 않다면 사용성 테스트를 실시하라)

UX 연구원처럼 생각하라

- 이 책의 몇 가지 사례에서 볼 수 있듯이, 개발팀에서는 유용한 제품을 디자인하고 있다고 믿지만 실제로 그에 대한 사용자 니즈는 전혀 없는 경우가 적지 않다. 현재 작업 중인 제품을 생각해 보면 그 제품이 사용자 니즈를 해결하고 있다는 증거가 있는가? 선의의 비판자 노릇을 하게 된다면 그 증거를 어떻게 비판하겠는가?
- 고위 경영진이나 마케팅이 솔루션을 제시하고 이를 개발팀에서 개발하라는 지시를 내리는 것은 드문 일이 아니다. 이 경우 문제 가설에 대한 검증 과정은 생략된다. 이런 일이 당신의 조직에서도 벌어지는가? 어떻게 이를 대처하는가?
- 세상은 폐자재와 폐품들로 넘쳐난다. 최종적으로는 실패해 더 많은 낭비를 야기할 수 있는 제품을 개발하기에 앞서 조직이 제품 가설을 먼저 검증해야 한다고 주장할 윤리적 책임을 갖고 있는가?
- 조직이 스크럼(Scrum)과 같은 애자일(Agile)개발 프로세스를 따를 경우, 제품 가설을 검증하기에 충분한 시간을 초기 스프린트에 포함시키는가? "발견"에 충분한 시간이 할당되도록 하기 위해 프로세스를 어떻게 조정할 것인가?
- 제품에 대한 참가자의 니즈에 관한 질문이 사용성 테스트에 포함되도록 조정하기는 얼마나 쉽거나 어려운가? 이 책의 첫 번째 에세이('UX 리서치의 7가지 죄악')에서 단순히 사람들에게 제품이 필요한지 묻는 것에는 결함이 있다고 지적했다. 그렇다면 사용성 테스트의 맥락에서 사용자가 당신의 솔루션을 진정으로 필요로 하는지를 어떻게 확인하겠는가?

리서치 질문의 구조

놀랍게도 많은 UX 리서치 연구는 사려 깊은 리서치 질문을 갖추고 시작하지 않는다.
그 대신 "리서치 좀 해라", "인사이트를 좀 얻어라", "고객의 목소리를 들어라",
혹은 "사용자 니즈를 좀 찾아라"와 같이 재미없고 피상적인 목표에 따라 시작된다.
모든 리서치 시도의 첫 번째 단계는 어떤 조사, 방법론 및 데이터 분석이
개발 가능한지에 대한 주축을 제공하는 리서치 질문 개발이 돼야 한다.

"리서치 질문"은 무엇을 뜻하는가? 당신이 만들어 내고 응답자가 인터뷰 또는 설문지에서 명쾌하게 대답해 줄 것이라 기대하는 질문의 목록에 대해 말하는 것이 아니다. 그 대신에 리서치의 목적을 설명하고, 연구의 설계와 초점을 보여주는 근본적인 질문을 말하는 것이다.

예를 들어, 응답자에게 "커피를 좋아하십니까?" 혹은 "하루에 커피를 몇 잔이나 드십니까?", "좋아하는 커피 브랜드는 무엇인가요?"라고 질문할 수 있지만, 근본적인 리서치 질문은 "커피 섭취가 직원의 생산성에 영향을 미치는가?"이다. 이것은 누군가에게 바로 물어보고 유용한 답을 얻을 수 있는 질문이 아니라, 조사의 초점이자 원동력이다.

구체적인 리서치 질문이 없다면 연구는 문제를 꿰뚫어 볼 능력이 부족하다. 겉만 대충 훑어보고 순전히 방법 중심적으로 흐를 위험에 놓인다. 새로운 영역을 개척하는 대신, 낡아빠진 똑같은 길을 되짚어 가고, 늘 똑같은 사용자 반응을 수집하고, 개발팀을 잠들게 만드는 지루한 연구 발표로 막을 내린다. 그에 반해서 효과적인 리서치 질문은 다음과 같다.

- 흥미롭다.
- 중요한 것을 묻는다.
- 집중력이 높고 구체적이다.
- 테스트 가능한 가설로 이어진다.
- 측정 가능한 데이터에 기반한 예측을 가능하게 한다.
- 뻔한 것을 넘어서 회사의 지식을 발전시킨다.

"뻔한 것을 뛰어넘기"는 한계를 밀어붙이고, 새로운 질문을 날리고, 새로운 영역으로 과감히 진출하거나, 앞서 시험적으로 방문해봤을 영역으로 더 깊이 들어가는 것을 말한다. 지난 에세이에서 탐정처럼 생각하는 것에 대해 다뤘지만, 이번 연구 기획 단계에서는 탐험가처럼 생각해야 한다. 탐험가로서 우리는 새로운 분야를 개척해야 한다. 그렇지 않다면 잘못하고 있는 것이다.

대답과 솔루션이 너무도 간절한 나머지 강력한 리서치 질문의 중요성을 간과하곤 한다. 하지만 리서치에서 가장 중요한 부분은 대답이 아니라 질문이다. 조너스 소크Jonas Salk는 "사람들이 발견의 순간이라 생각하는 것은 사실 질문을 발견한 것이다."라고 말했다.

생각의 출발점을 바꾸기만 해도 늘 똑같은 질문을 재활용하는 것을 피할 수 있다. 한 가지 방법을 알려주겠다.

사파리에서

앞선 에세이에서 현장 방문과 전통적인 인터뷰를 구분하기 위해 비유를 사용했다. 사용자 인터뷰는 동물원 방문과 같은 반면 현장 리서치는 사파리에 가는 것과 같다고 지적했다.

이 비유는 우리의 리서치 사고방식을 바꾸게 만드는 흥미로운 방법이다. 동물원에서의 관찰을 통해 특정 동물에 대해 새롭고 흥미로운 무언가를 찾고자 한다고 상상해보자. 그 동물은 생존을 위해 싸우거나 먹이를 사냥할 필요가 없기 때문에 철장 안에서 서성이거나 몇 시간 동안 움직이지 않고 앉아있거나 구석에서 자고 있을 것이다. 더욱 심각한 문제는 "주코시스zoochosis*"라고 불리는 비정상적인 행동이 생겨났을 수 있는데, 이는 명확한 목표나 기능이 없는 반복적이고 변함없는 행동 패턴이다. 동물의 자연환경이 없어서 자연스러운 행동을 관찰할 기회도 없는 것이다. 이 때문에 동물원에서는 네발로 기어 다니면서 동물을 관찰하는 데이비드 아텐버러David Attenborough경의 모습을 볼 수 없는 것이다.

인터뷰도 마찬가지다. 동물원에서처럼 응답자를 실제 환경으로부터 배제하고, 비전형적인 "지어낸" 행동을 멀리서 관찰할 수 있는 방에 데려다 놓는다.

반대로 사파리에서는 동물들에게 아무런 제약도 가하지 않고 야생에서 뛰어다니게 둔다. 모든 압박과 위험이 있는 자연 환경에 놓여있으며, 모든 종류의 상황에 대한 동물들의 자연스러운 행동과 반응이 고스란히 보인다. 이는 UX 리서치를 진행하고 사람들의 실제 활동을 관찰할 때에도 마찬가지다.

동물원 대 사파리의 비유는 흥미로운 의문을 제기한다. 이 비유에서 조금 더 깊이 들어가면 어떨까? 모든 UX 리서치가 실제로는 동물의 행동에 관한 연구라는 자명한 사실을 인정하면 어떻게 될까?

눈살을 찌푸리는 사람들이 있다. 하지만, 이러한 생각이 적어도 새로운 해석을 가져왔다는 점은 인정하자. 이제 어디로 이어질지 두고 보자…

틴베르겐의 4가지 질문

1963년 노벨상 수상자인 동물학자 니코 틴베르겐Niko Tinbergen은 4가지 질문(틴베르겐의 4가지 문제라고도 알려진)을 간략하게 언급한 『On the aims and methods of ethology』[13]을 출간했다. 그는 단순히 특

* 감금된 동물이 겪는 신체적, 정신적 질환 – 옮긴이

정 행동을 기록하고 액면 그대로 받아들이는 대신에, 동물(인간 포함)의 행동을 4가지 질문에 답하는 형식으로 특징지을 수 있다고 주장했다. 폴 마틴Paul Martin과 패트릭 베이트슨Patrick Bateson교수는 틴베르겐의 4가지 질문을 그들의 책인 『Measuring Behavior』[14](UX 연구원에게 필독서)에서 요약했다. 요약이 뛰어난 관계로 여기에서는 이해를 더 쉽게 하기 위해 다른 말로 바꿔 표현할 것이다.

행동의 목적은 무엇인가?

이 질문은 행동의 기능에 관한 것이다. 행동은 현재 무엇을 위해 사용되며 그 생존 가치는 무엇인가? 그 행동은 현재 환경에서 어떻게 개인의 생존과 번식에 도움을 주는가?

행동은 어떻게 작용하는가?

이 질문은 인과 관계 또는 통제에 관한 것이다. 인과 요인은 행동을 어떻게 통제하는가? 어떤 종류의 자극이 행동 반응을 이끌어내는가? 행동에 영향을 주는 신경학적, 심리학적, 생리학적 메커니즘은 무엇인가?

행동이 어떻게 발달했는가?

이 질문은 개인의 행동 발달, 즉 개체 발생론에 관한 것이다. 개인의 일생 동안 어떻게 행동이 유발됐는가? 행동 발달에 영향을 미친 내부 혹은 외부적 요인은 무엇인가? 발달 프로세스는 어떻게 작동하는가? 발달하는 과정에서 개인과 환경 사이에 일어나는 인터랙션의 본질은 무엇인가?

행동은 어떻게 진화했는가?

이 질문은 특정 종의 진화적 발달을 말하는 계통 발생론에 관한 것이다. 어떤 요인이 진화의 역사 동안에 그 행동을 형성할 수 있었는가?

이러한 질문은 매우 좋은 질문처럼 보이며, 쉽고 신속하고 피상적인 설명을 피해서 특정 행동에 대해 철저하고 통찰력 있으며, 상세한 이해로 이끌어 줄 것이 분명하다. 하지만, 이러한 질문들을 UX 리서치에 어떻게 사용할지 고려하기에 앞서 마틴과 베이트슨 박사가 4가지 질문이 어떻게 서로 다른 4개의 대답으로 이어지는지를 보여주고자 사용한 예를 살펴보자.

왜 사람들은 빨간 신호등에서 멈추는가?

그것이 법이기 때문이다. 대답은 명확하며 그다지 흥미롭지 않다. 하지만 이러한 행동을 틴베르겐의 4가지 질문의 관점에서 설명한다면 그 답은 무엇일까?

기능

사고를 일으키고, 부상을 당하거나 다른 사람을 다치게 하는 것을 피하고자 한다. 또한 경찰에게 걸려서 딱지를 떼는 것을 원치 않는다.

인과 관계

색상 수용기를 활성화시키는 시각 자극을 감지하고 이 정보를 중추신경계에서 처리하는데, 이는 특정한 반응을 유발한다. 이 반응으로 가속 페달에서 발을 떼고 브레이크 페달을 밟게 된다.

개체 발생론

운전 강사에게 도로의 규칙을 배우고, TV나 영화를 포함해서 빨간 불에는 다른 차들도 멈춘다는 것을 알아채면서 이 원칙을 학습했다.

계통 발생론

역사적으로 빨간 불은 교차로의 교통 통제에서 거의 보편적으로 사용되는 신호가 됐다. 1868년 런던에서 처음 사용됐고 가스 조명과 철도

까치발 신호기에도 포함됐다. 최초의 전기 신호등은 1912년 솔트레이크시티에서 도입된 것으로 보인다.

이 대답은 모두 적절하고, 유효하지만 모두 상이하다. 이어지는 설명은 서로를 보완하며, 놓쳤을지도 모르는 특정 행동의 측면을 드러낸다. 4가지 질문은 논리적으로 구별되며, 이것들을 새로운 방향에서 주제에 접근하는 데 사용 가능한 4개의 새로운 도구(조사 도구, 검토를 위한 렌즈)세트로 생각할 수 있다.

행동은 복잡하다. 단순하고, 진부하고, 상상력이 부족한 질문은 명확한 해답을 얻기에 부족하다. 틴베르겐의 4가지 질문은 놓쳤을지도 모르는 인사이트를 밝혀낼 방법을 제공할 수 있다.

뻔한 것을 뛰어넘기

이 4가지 질문은 현장 리서치 도구 상자에 잘 들어맞는다. 이제 행동을 관찰하고 기록하는 것에만 초점을 맞추는 대신, 더 집중해서 특정한 행동이나 사용자 인터랙션을 "분석"하기 시작하고 앞의 "무딘" 질문에서 알아낼 수 없었던 데이터를 수집할 수 있다.

4가지 질문 각각을 다시 살펴보자. 하지만 이번에는 흥미로운 행동이 특정 제품이나 시스템의 인터랙션을 포함하는 현장 방문의 맥락에서 보자.

"기능" 질문(행동의 목적은 무엇인가?)

이것은 일반적으로 묻는 암시적 질문에 가깝다.

- 이 솔루션 또는 인터랙션은 무엇에 관한 것인가?
- 제품 또는 시스템, 기능의 용도는?
- 사용자가 이를 사용해서 달성하고자 하는 것은?
- 어떤 사용자 목표가 충족되고 있는가?

- 이러한 행동 또는 인터랙션은 사용자(작업 환경을 관찰 중이라면 회사)의 목표 달성에 어떤 도움을 주는가?
- 이 행동을 수행하지 않을 때(혹은 제품이나 시스템을 사용하지 않을 때)와 비교하면 사용자는 경쟁자 혹은 다른 사용자에 비해 어떤 이점을 갖는가?

"인과 관계" 질문(행동은 어떻게 작용하는가?)

이 질문은 다음과 같은 질문들을 하게 만든다.

- 무엇이 그 행동이나 인터랙션을 유발하는가?
- 인터랙션은 어떻게 제어되는가?
- 이에 이르는 단계 또는 이벤트는 무엇인가?
- 행동이나 인터랙션은 무엇에 대한 반응인가?
- 이 행동에 영향을 주는 다른 활동이나 기능은 무엇인가?
- 지금 시스템에 무슨 일이 일어나고 있는가?
- 사용자의 마음속에 어떤 일이 일어나고 있는가?
- 행동을 지원하기 위해 어떤 메커니즘이 작동하고 있으며 어떤 것들이 방해가 되는가?
- 사용자가 통제하고 있는가?

"개체 발생론" 질문(행동이 어떻게 발달했는가?)

이 질문은 행동이 어떻게 일어났는지에 대한 이해를 요구한다.

- 사용자가 특정 행동 혹은 단계를 어떻게 학습했는가?
- 어떤 교육이 필요했는가?
- 그 행동을 학습하기가 얼마나 쉽거나 어려웠는가?
- 어느 정도의 기술이 필요한가?
- 사용자의 기술 수준이 시간이 지남에 따라 향상되는가?

- 사용자를 위한 초기 학습 단계는 무엇이었나?
- 처음 사용 시 불안해하거나 자신감이 있었나?
- 회사 차원에서 어떤 지원이 있는가?
- 교육 과정을 활용 가능한가?
- 교육 자료는 어떤 모습인가?

"계통 발생론" 질문(행동은 어떻게 진화했는가?)

종종 처음으로 되돌아가는 것을 통해 이해도를 높일 수 있으며, 이 질문은 바로 그렇게 하도록 만든다. 고맙게도 지질 연대에 대해 고민할 필요는 없지만, 필요하다면 수십 년 전으로 돌아가서 제품 혹은 시스템의 역사와 행동의 기원을 발견할 수 있다.

- 행동/인터랙션/인터페이스/제품의 기원은 무엇인가?
- 원래 해결하고자 했던 것은 무엇인가?
- 어떤 이전 버전이 존재하는가?
- 문제가 처음 등장한 것은 언제인가?
- 솔루션 이전에 어떤 행동이 존재했나?
- 그 당시 태스크는 어떻게 수행됐는가?
- 수년간 디자인 혹은 기술의 변화를 촉발한 것은 무엇인가?
- 원래의 문제를 다르게 해결했는가?
- 그랬다면 원래 (가정에 근거한) 솔루션의 점진적 반복이 오늘날 사람들을 어디로 이끌었을까?

다음번 현장 리서치를 할 때 4가지 질문을 해보라. 발견한 사용자 행동의 각 사례에 그 질문을 던져봐라. 이 질문을 연구 설계의 프레임워크으로 사용해서 진부한 답을 가져오는 재미없고 "건성으로 떠올린" 질문을 던지는 것을 피하고, 통찰력 없는 인사이트와 멍하게 만드는 지루한 프리젠테이션을 방지하라.

UX 연구원처럼 생각하라

- 이미 완료한 UX 리서치 연구, 특히 엉성하다고 느껴지거나 채택되지 않은, 연구 결과가 너무 당연하게 생각되는 연구를 예로 들어서 이 기법을 실습하라. 그리고 틴베르겐의 4가지 질문을 소급해서 적용해보라. 이 새로운 관점이 연구 설계를 어떻게 변화시킬 것인가?
- 발견의 순간이 실제로는 문제의 발견이라는 조너스 소크의 관찰은 새로운 문제를 발견하는 것이 리서치의 **존재 이유**라는 것을 일깨워준다. 예전에 수행했던 UX 리서치를 떠올려보라. 그 과정에서 새롭고 흥미로운 질문을 던지고 있는 자신을 발견할 것이다. 어떻게 처음 시작 때보다 더 많은 질문을 이해관계자에게 던지도록 준비할 수 있는가?
- 동물원 대 사파리 비유는 자연스러운 환경에서 자연스러운 행동을 탐구하는 것에 전적으로 의존한다. 이는 현장 연구에는 적합하지만, 사용성 테스트는 보통 통제된 실험실 세션으로 진행된다. 이 4가지 질문을 실험실 연구에 동기를 부여하는 데 사용할 수 있는가? 어떤 제약을 마주하게 되며, 이를 어떻게 극복할 것인가?
- 틴베르겐의 4가지 질문 밑에 나열한 몇 가지 질문 예를 생각해 보라. 이에 대한 답을 찾으려면 UX 리서치 연구를 어떻게 설계해야 하는가? 답을 얻기 위해 어떤 기법을 사용하겠는가?
- 아무리 예리한 질문이라도 그에 대한 답변이 형편없게 전달된다면 효력을 잃을 수 있다. 틴베르겐의 질문에서 출발하는 것이 결과 보고 방식을 어떻게 변화시킬 것인가?

UX 리서치에 심리학 적용하기

UX 리서치 연구 계획을 세울 때, UX 연구원이 반드시 알아야 할 심리학의 4가지 기본 원칙이 있다. 사용자는 당신처럼 생각하지 않는다. 사용자는 자신의 행동에 대한 이유를 잘 알지 못한다. 사용자의 미래 행동을 가장 잘 예측하는 것은 그들의 과거 행동이다. 사용자의 행동은 상황에 따라 달라진다.

대부분의 UX 리서치 직무에 대한 요구사항을 살펴보면 대개 심리학 혹은 행동 과학 전공을 찾는 것을 보게 된다. 상호주의reciprocation, 사회적 증거social proof 및 프레이밍framing과 같이 사람들을 조종하는 데 사용 가능한 심리 비법을 심리학자가 알고 있다고 생각하기 때문이다.

사실, (a)심리학자는 알고 있고, (b)대다수의 사람들은 모르고, (c) UX 연구원과 관련이 있는 몇 가지 기본 원칙이 있다.

가장 중요한 4가지는 다음과 같다.

- 사용자는 당신처럼 생각하지 않는다.
- 사용자는 자신의 행동에 대한 이유를 잘 알지 못한다.
- 사용자의 미래 행동을 가장 잘 예측하는 것은 그들의 과거 행동이다.
- 사용자의 행동은 상황에 따라 다르다.

사용자는 당신처럼 생각하지 않는다

UX 연구원과 관련된 심리학의 원리 중에서 이것은 이지적으로 이해하기에 가장 쉽지만, 직관적으로는 인식하기 가장 어렵다. 사실, 개발팀의 대다수가 이 원리를 이해하지 못할 뿐만 아니라 대부분의 성인도 이 원리를 받아들이지 못한다. 이것은 새로운 프로젝트를 할 때마다 의식적으로 떠올려야 하는 원칙이다. UX 연구원 모두는 이따금 그 사실을 잊어버리기 때문이다.

이 원칙은 사용자들이 우리처럼 생각하지 않는다는 것을 말해준다.

- **사용자는 우리가 중요하게 생각하는 것을 높이 평가하지 않는다.** 제품의 스플래시 화면을 최적화하는 것은 우리에게 중요할 수 있지만, 사용자에게는 더 큰 폰트 크기를 지원하는 것만큼 중요하지 않다.
- **우리는 사용자처럼 보지 못한다.** 사용자는 입력 필드 내의 회색 플레이스홀더placeholder*가 입력 전에 사라져야 한다고 생각한다.
- **우리는 사용자가 알고 있는 것을 모른다.** 그들은 앱에서 완전히 누락된 작업 흐름 단축키, 두문자어, 은어를 사용한다.

이 원칙이 가장 명백한 영역은 사용자의 기술 능력이다. 개발팀은 항상 사용자의 기술적 숙련도를 과대평가한다.

사용자는 당신을 놀라게 하는 것을 멈추지 않을 것이므로 이에 대한 솔루션은 딱 한 가지뿐이다. 기회가 생길 때마다 개발팀(그리고 당신)을 사용자 앞에 세워두는 것이다. 이 방법은 사용자에 대한 공감을 얻고 그들의 눈으로 세상을 볼 수 있게 도와줄 것이다.

사용자는 자신의 행동에 대한 이유를 잘 알지 못한다

우리는 자신의 결정이 합리적이며 심사숙고 끝에 이뤄졌다고 생각하고 싶어 한다. 그 때문에 참가자가 그들이 한 행동에 대한 이유를 말할 때 그 말을 믿고 싶은 유혹이 든다. 하지만 사람들은 행동의 이유를 마음속으로 분석하는 데 서투르다. 사실, 사람들은 자신의 삶에 대

* 사용자의 입력을 돕기 위한 일종의 안내 문구 – 옮긴이

해 좋은 이야기, 즉 "내러티브"를 말하고 싶어 하며 자신이 누구인지, 그리고 누구에게 말하고 있는지에 대한 관점에 맞게 말을 바꿀 것이다.

이를 증명하는 많은 연구 중 하나는 선택맹choice blindness* 분야에서 나온 것이다. 이 연구에서 연구원은 참가자에게 서로 다른 남자 혹은 여자 사진 2장을 보여주고 더 매력적인 사진을 가리켜 달라고 요청했다. 당신이 이 연구에 참가했다면 진행자는 당신이 선택한 사진을 건네주고, 다른 사진은 버린 후에 선택의 이유를 물어볼 것이다.

참가자는 몰랐지만, 파트타임 마술사였던 진행자는 교묘한 손기술을 사용해서 실제로는 참가자가 **덜** 매력적이라고 생각한 사진을 보여줬다. 그리고는 참가자에게 그 사진을 선택한 이유를 물었다.

놀랍게도 사진들이 서로 그다지 비슷하지 않은 경우에도 대다수의 참가자는 자신이 덜 매력적이라고 생각한 사람을 보고 있다는 사실을 알아채지 못했다. 더욱 의아한 것은 참가자가 자신의 선택에 대한 "설명"을 늘어놓았다는 것이다. 예를 들어, 실제로는 짙은 갈색 머리(지금은 앞면이 바닥을 향한 사진)를 선택했지만 "글쎄, 난 금발을 좋아해서 이 사진을 선택했어요."라고 말할 수도 있다. 사람들은 자신의 선택을 정당화하기 위한 이유를 만들어냈다.[15]

실제로 이 원칙은 사람들에게 그들의 행동에 대한 이유를 분석해 달라고 요청하는 것이 쓸모없다는 것을 의미한다. 사람들의 행동을 관찰할 수 있는 실험을 설계하는 편이 더 낫다. 다음 원칙으로 넘어가자.

사용자의 미래 행동을 가장 잘 예측하는 것은 그들의 과거 행동이다

여론 조사와 출구 조사가 이 원칙을 잘 설명한다.

여론 조사는 사람들에게 그들의 미래 행동(의도)을 예측해보라고 한다. 출구 조사는 사람들에게 과거에 무엇을 했는지(행동)를 묻는다.

의도 리서치intention research는 시장 조사원의 영역이며 선택된 도구는

* 인지 능력이 혼동을 겪으며 자신의 선택을 합리화하는 현상 – 옮긴이

일반적으로 서베이와 포커스 그룹이다. 그 도구들은 "우리 회사를 추천할 가능성이 얼마나 되나요?", "다음 버전의 시스템에서 이 기능을 사용할 것인가요?", "이 제품에 얼마를 지불할 것인가요?"와 같은 질문을 던지기 위해 고안됐다. 당연하게도, 표본 크기가 대체로 크다는 사실에도 불구하고 그 결과는 변동이 심하고 예상치가 거의 없다.

예를 들어, 여론 조사원은 영국과 미국의 최근 정치 선거 결과는 물론 2016년 영국의 EU 국민투표에서의 탈퇴 찬성표를 예측하지 못했다. 이와는 대조적으로 투표자에게 그들의 선택을 복기해달라고 요청하는 출구 조사 결과는 정확했다.

행동 리서치action research는 UX 연구원의 분야다. 행동 리서치를 통해 사용자가 과거에 어떻게 행동했는지를 인터뷰하고, 현재 어떻게 행동하고 있는지를 관찰하는 데 시간을 보낸다. 사람들은 이 문제를 지금 어떻게 해결하고 있는가? 여러 채널을 넘나드는 작업 흐름은 무엇인가? 사람들은 어떤 시스템, 도구 혹은 프로세스를 사용하는가? 사람들은 어떻게 협력하는가?

실제 행동을 관찰하기 때문에 행동 리서치는 그 표본 크기가 작음에도 불구하고 강력한 예측치를 갖는다. 미래 행동을 가장 잘 예측하는 것은 과거 행동이기 때문이다.

사용자의 행동은 맥락에 따라 다르다

1930년대에 심리학자 쿠르트 레빈Kurt Lewin[16]은 B = f(P, E)라는 공식을 제안했다. 이 공식은 행동(B)이 사람(P)과 환경(E)의 "함수"라고 설명한다. 레빈의 방정식은 동일한 사람(사용자와 같은)이라도 환경이 바뀌면 다르게 행동한다는 것을 알려준다. 사용자가 시스템을 어떻게 사용할지 예측하는 가장 좋은 방법이란 자연스러운 실제 환경에서 그들을 관찰하는 것이다. 맥락은 사용자 니즈를 푸는 만능열쇠와 같은 것으로, 새로운 기능과 제품 아이디어로 이어진다.

맥락 속에서의 현장 리서치를 통해 실제 행동을 관찰할 수 있다.

그들이 말하는 것을 듣고 어떻게 행동을 취하는지 보는 것뿐만 아니라 특정 상황에서 실제로 무엇을 하는지 살펴볼 수 있다. 요컨대 행동이 일어나는 곳에 가는 것이다. 그렇다고 해서 맥락에서 벗어난 리서치가 아무런 가치가 없다는 것은 아니다. 그저 사용자의 맥락을 포함하는 방법을 찾는 것이다. 맥락과 분리된 인터뷰를 통해 이를 달성할 수 있는 한 가지 방법은 인지적 인터뷰다. 이 기법에서는 사용자에게 맥락을 다시 설명하게 함으로써 그들을 그 상황으로 데려가게 된다. 리서치는 이 기법이 기억 복구에 도움이 되는 것을 보여준다.

사용성 테스트의 경우, 실제 태스크 시나리오를 사용해서 맥락을 재현할 수 있다. 자동차 보험에 가입하는 "척"을 하는 것과 "실제" 가입하는 것 사이에는 큰 차이가 있다. 아무리 실제처럼 한다 해도 참가자는 자신이 실수를 하더라도 치명적인 문제가 생기지 않는다는 걸 안다. 참가자에게 태스크 수행에 필요한 실제 비용을 제공함으로써 이러한 위험을 경감시킬 수 있다. 3장("효과적인 사용성 테스트 태스크 작성하기" 에세이 참조)에서 이를 "성취를 위한 개인적인 투자[skin in the game]" 태스크라고 부른다. 이와는 반대로 사용성 테스트에서 사용자에게 "그냥 척"만 하라고 요청한다면 실제 행동을 관찰할 수 있으리라 기대하지 마라.

원칙을 현장에 적용하기

이러한 원칙은 지적으로 이해하긴 쉽지만, 직관에는 다소 어긋난다. 머릿속에 있는 무언가를 아는 것과 직감 속의 무언가를 믿는 것은 다르다. 이는 원칙이 자신의 행동을 바꾸기까지는 시간이 다소 필요할 수 있다는 것을 의미한다. 하지만 좋은 UX 연구 계획의 배후에는 4가지 원칙에 대한 직관적인 이해가 깔려있기 때문에 이 원칙을 심사숙고할 가치가 있다.

UX 연구원처럼 생각하라

- UX 연구원, 디자이너, 일반인에게 가장 힘든 일 중 하나는 다른 사람의 관점에서 사물을 보는 것이다. 하지만 선생님, 의사, 간병인, 상담전문가, 탐정, 마술사, 사기꾼과 같은 일부 사람들은 이걸 아주 잘 해낸다. 배우 역시, 마치 다른 누군가가 된 것처럼 상황을 볼 수 있어야 한다. 메소드 연기는 "역할에 빠져들기"를 도와준다. 개발팀이 사용자에 "감정이입"하는 것을 돕기 위해서는 다른 직업의 사람들로부터 무엇을 배울 수 있는가?
- 시장 리서치 세상은 사람들에게 무엇을 생각하는지, 무엇을 원하는지 혹은 무언가에 대한 의견은 무엇인지를 묻는 것에 여전히 전적으로 의존하며, 대체로 행동 데이터보다 문자 그대로의 "고객의 목소리" 데이터를 우선한다. 이 이슈에 대한 회사의 입장은 무엇인가? 회사가 의견 기반의 방법에 얼마나 의존하는지 알아보고, 동료들이 객관적인 행동 데이터 쪽으로 무게 중심을 기울이도록 설득할 수 있는 두세 개의 논의를 생각해보라.
- 사람들에게 과거에 그 일을 어떻게 했는지를 인터뷰하는 것은 UX 연구원이 사용하는 한 가지 방법이지만, 사람들의 기억력은 대개 신뢰하기 어렵다. 사람들의 과거 경험을 확실하게 활용할 수 있는 어떤 기법이 떠오르는가?
- 현재 만드는 앱의 사용 환경에 대해 얼마나 잘 알고 있는가? 일반적인 사용 환경에 대해 최대한 많이 적어둬라. 그러고 나서 이해한 것 중에 몇 개가 입증 가능한 증거에 기반한 것이고 몇 개가 가정에 기초한 것인지 확인하라. 모든 가정에 의문을 제기하고, 필요한 곳에 증거를 보강하기 위한 실행 계획의 초안을 작성하라.
- 인간 행동에 관한 과학으로서 심리학은 인지, 감각 및 지각, 감정과 동기, 학습, 인간 발달, 언어와 사고, 사회적 행동, 성격 및 다른 많은 것을 포함하는 광범위한 분야를 다룬다. 이러한 분야 중 다수는 사용자 인터랙션 및 사용자 경험 디자인에 영향을 미칠 수 있다. 입문자를 위한 심리학 도서 혹은 웹사이트에 들어가서, 관심이 가는 주제를 하나 선택하고 사용자를 더 잘 이해하기 위해서 이를 어떻게 사용할 수 있을지 생각해 보라.

혁신 제품을 만들기에 반복적 디자인만으로는 충분치 않은 이유

반복적 디자인은 제품 혹은 서비스의 사용성을 최적화하는 데 검증된 접근 방식이다. 팀에서는 프로토타입을 제작하고, 사용자와 테스트하고, 문제를 찾고, 이를 수정한다. 하지만 반복적 디자인이 혁신을 약속하지는 않는다. 혁신적인 디자인을 개발하려면 문제를 규정해왔던 방식에 의문을 제기하고, 그 대신에 사용자의 근본적인 니즈에 집중할 필요가 있다.

21세기 조직은 혁신적이고, 창의적이며 고객 중심이어야 한다고 들었다. 고위 중역들은 직원에게 건물 밖으로 나가달라고 애원한다. 인사과에서는 회의실에서 책상을 치우고 푹신한 의자와 테이블 축구 게임기와 게임기로 교체한다. 팀은 화이트보드를 설치하고 포스트잇과 플로우 다이어그램으로 이를 가득 채운다.

그러고 나면 일이 시작된다. 리서치를 위해 사용자를 모집하고 고객 대화를 분석, 해석하고 이를 절대적 진실로 제시한다. 반복적인 디자인과 사용성 테스트는 새로운 만트라mantra*가 된다. 팀은 스크럼Scrum과 같은 반복적 개발 방법론을 채택한다. 그리고 혜택은 즉각적이다. 매주 제품이 좋아지므로 효과가 있는 것처럼 보인다.

하지만 그 후 스타트업이 등장하고, 산업을 분열시키고 게임의 법칙을 바꾼다.

반복적 디자인은 사람을 현혹하고 점진적인 개선을 전달하는 데

* 진리의 말 – 옮긴이

큰 역할을 한다. 이러한 개선은 반복이 될 때마다 서로를 기반으로 이뤄진다.

하지만 반복적 디자인으로는 충분치 않다. 결국에는 점차 더 좋아진 버전의 제품을 갖게 된다. 하지만, 완전히 다른 제품이 필요한 것이라면? 어떻게 진정한 혁신을 이룰까?

2가지 종류의 리서치

2005년 영국의 디자인 위원회는 더블 다이아몬드Double Diamond[17]라고 알려진 디자인 프로세스를 내놓았다. 4단계(발견Discover, 정의Define, 개발Develop, 전달Deliver)로 나눠진 모델은 디자인 프로세스의 확산과 수렴 단계를 나타내며, 디자이너가 사용하는 다양한 사고방식을 보여준다.

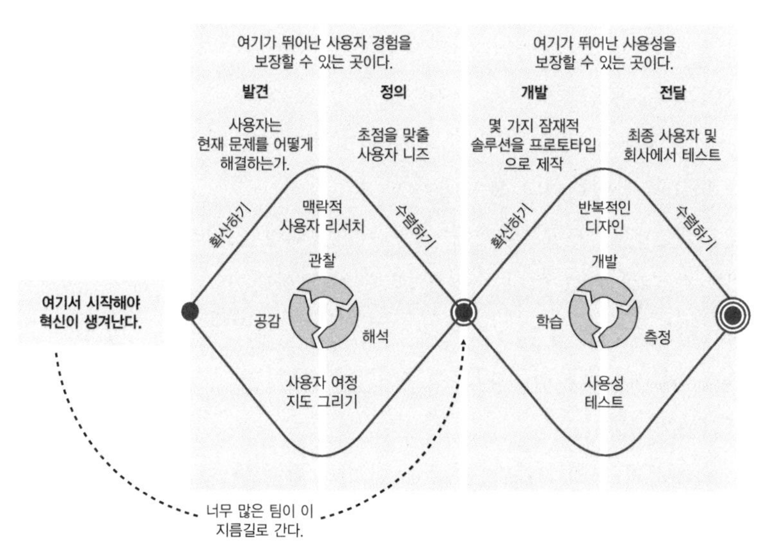

그림 1.1 디자인 위원회의 더블 다이아몬드 모델(주석 포함). 많은 팀이 사용자 니즈에 대한 선입견을 갖고 있기 때문에 "발견"과 "정의" 단계를 건너뛴다.

다음과 같이 도표를 수정하고 몇 가지 추가 생각을 주석으로 달았다(그림 1.1).

얼핏 보면 친숙한 프로세스처럼 느껴질 수 있다. 그러나 개발팀과의 경험상 그들은 "발견" 단계(사용자는 현재 문제를 어떻게 해결하는지를 이해할 수 있는 곳)혹은 "정의" 단계(도움을 줄 사용자 니즈를 결정하는 곳)에 그리 많은 시간을 투입하지 않는다는 것을 알 수 있다. 하지만 팀에서 혁신을 이뤄내고 뛰어난 사용자 경험을 만들어 낼 수 있는 가장 좋은 기회를 가질 수 있는 것이 바로 이 두 가지 영역이다.

그 대신 팀은 사용자 목표, 니즈 및 동기를 적절히 탐구하기에 앞서, 선입견에 기초한 솔루션의 사용성을 최적화하기 위해 서두른다. 이는 스크럼을 사용하는 조직에서 흔히 목격되는 문제인데, 관리자들은 개발자가 개발 중인 모습을 보길 원하기 때문이다.

그러나 탐구 단계는 혁신에 매우 중요하다. 변형된 솔루션을 목표로 반복할 일은 없을 것이기 때문이다. 웹사이트에서 시작해서 반복하면 웹사이트로 끝난다. 최상의 웹사이트일 수도 있지만, 여전히 웹사이트다. 진정으로 혁신적이려면 발견 및 정의 단계에 만만찮은 시간을 할애해서 개발 및 전달 단계에서 혁신적인 솔루션을 만들기 위해 필요한 아이디어를 뽑아내야 한다.

팀은 이후 "개발" 단계에서는 다양한 대안을 탐색하기 때문에 이 같은 실수를 하고 있다는 것을 잘 알지 못한다. 이 단계에서 팀은 프로토타입의 사용성 테스트를 진행하고 그 결과에 따라 디자인을 수정한다. 이러한 반복적인 디자인 작업을 "발견" 및 "정의" 단계로 잘못 생각하기 쉽다.

오해하지 마라. 사용성 테스트는 아주 뛰어난 도구라고 생각한다. 그러나 사용성 테스트는 내부 지향적이다. 디자인한 제품의 세부사항에 초점을 맞춘다. 하지만 사용성 테스트의 목적은 사람들이 특정 태스크를 제품으로 어떻게 수행하는지 그리고 제품 사용 중에 어떤 문제를 겪게 되는지를 알아내는 것이다. 제품이 지원하는 태스크만 수행하도록 요청할 것이기 때문에 생각과 크게 다른 점을 찾긴 어렵다.

반면 현장 연구는 외부 지향적이다. 사람들이 지금 문제점을 어떻게 해결하고 있는지 하는 큰 그림에 집중한다. 현장 리서치의 목적은 여러 채널에 걸친 작업 흐름, 사용자 행동, 니즈, 목표와 어려움을 찾는 것이다. 현장 리서치에서는 당신이 모르는 것이 무엇인지 당신은 알지 못한다. 여기서 진정한 혁신이 발생한다.

잘못하고 있는지 어떻게 알 수 있는가? 세스 고딘Seth Godin은 다음과 같은 유명한 말을 남겼다.[18] "제품을 위한 고객을 찾지 마라. 고객을 위한 제품을 찾아라." 따라서 "개발/전달" 단계가 아닌 "발견/정의" 단계에 있는지 확인하려면 "사용자에게 프로토타입을 보여주고 있는가?"라고 물어보라. 대답이 '그렇다'라면 이미 솔루션의 관점에서 생각하고 있기 때문에 실제로 "개발" 단계에 있는 것이다. 이렇게 한다고 혁신적이 되는 것은 아니다. 혁신은 팀에서 무엇을 디자인하고 있는지에 대한 근본적인 의문을 제기할 때에만 발생한다. 그리고 이러한 질문을 끄집어내는 최선의 방법은 사용자의 니즈, 목표 및 동기를 이해하는 것이다.

현장 리서치에서 혁신까지

따라서 진정으로 혁신적이 되려면 리서치 영역의 경계와 디자인하고 있는 경험의 대략적인 형태를 확인해야 한다. UX 연구원은 사용 맥락에 대한 가정을 세워서 진전을 이루며, 그 가정을 테스트해서 무슨 일이 일어나는지를 이해한다.

현장 리서치와 관련된 흥미로운 문제 중 하나는 당신이 고객에 대해 예측하지 않다는 것이다. 혁신적이면서 발견적인 리서치를 통해 경험에 대해 예측할 수 있다. 이는 사용자가 누구인지 이미 알고 있다고 믿는 개발팀을 곤란하게 만들 수 있다. 개발팀에서는 당신이 대표적인 사용자와 대화를 나누길 기대할지도 모르지만, 그렇게 한다면 엉뚱한 곳에 빠져들 것이다. 발견 단계의 리서치에서 혁신을 가져오고 새로운 제품 아이디어를 떠올리려고 할 때, UX 연구원은 고객을 알지 못한다.

예를 들어, 헤드폰 제품 분야에서 혁신을 원하기 때문에 사람들이 헤드폰을 사용하는 방법을 이해하고 싶다고 해보자. 어딘가에서 시작해야 하니, 기차에서 헤드폰을 착용하는 통근자부터 시작하자. 그러고 나서 묻는다. "누가 이 사용자와 가장 다른가? 누가 그 "반대"가 될 것인가?" 그 질문은 집에서만 헤드폰을 사용하는 오디오 애호가처럼 완전히 다른 맥락을 가진 사람으로 우리를 데려갈 것이다. 하지만 아직 이 영역을 깊숙이 탐구하지 못했다. 전문 음악가, 사운드 녹음 기사, 10대와 같이 개성이 강한 사용층을 살펴보자.

이러한 유형의 사용자는 아마도 개발팀이 사용자에 대해 가진 선입견으로 넘어갈 것이다. 하지만 이제 좀 더 멀리 내다보자. 해결 과제jobs-to-be-done라는 용어를 사용하기 위해서 헤드폰이 어떤 "과제"를 수행하고 있는지를 물어볼 수도 있다. 사람들이 직장에서 동료들의 소음을 차단하기 위해서 헤드폰을 사용한다면 방음 장치를 착용하는 사람들의 경험을 이해해야 할 것이다. 통근 중에 새로운 언어를 배우기 위해 헤드폰을 사용한다면 사람들이 외국어를 배우는 방식을 알고 싶을 것이다. 이처럼 덜 명백한 분야로 확장하는 것을 통해 리서치 영역의 경계를 확립하기 시작한다.

스타트업을 멈춰 세우는 방법

큰 조직에서 일하고 있다면 다음의 접근법에 문제를 제기할 수 있는 기존의 작업 방식이 존재할 것이다.

- 아마도 고위 관리자를 폭포수형 개발 방법론에서 더 반복적인 애자일 접근법으로 바꿔보려고 이미 애쓰고 있을 것이다. 이 경우, 자신이 혁신적이지도 반복적이지도 않다는 생각이 들 수도 있다.
- 스크럼과 같은 애자일 접근법을 이미 사용 중이라면 다른 종류의 문제가 있을 수 있다. 팀에서 반복에 너무 집착한 나머지 발

견 단계에 적절한 시간을 투입하기도 전에 개발 1일 차에 돌입할 수도 있다.

하지만 밥그릇을 뺏기 위해 바짝 뒤쫓는 스타트업이 있다. 아무리 많은 반복적인 디자인도 그들을 막을 수는 없다. 반복은 충분치 않다. 필요한 건 아이디에이션ideation* 이다. 그러니 반복 디자인으로 가능한 최고의 것을 그저 만들어내지 마라. 사용자가 실제로 필요로 하는 것을 밝혀내서 최상의 것을 만들어라.

UX 연구원처럼 생각하라

- 개발팀은 발견 단계를 건너뛰고 팀 회의에서 브레인스토밍을 통해 신제품을 구상했다. 사용성 테스트 참가자는 새로운 컨셉을 주어진 태스크에서 절대 사용하지 않을 것이라고 말하고 있다. 분명 팀의 비전은 목표를 벗어났다. 상사는 현장 리서치를 소급으로 실시하고, 팀의 디자인을 뒷받침할 확실한 증거를 찾아내길 원한다. 어떻게 할 것인가? 일을 다시 궤도에 올려놓기 위해 무엇을 할 수 있는가?
- 앞선 에세이('탐정처럼 생각하라')에서 UX 연구원을 탐정에 비유했다. 이번에는 UX 리서치를 탐험가에 비유할 것이다. 3명의 탐험가를 생각해보라. 역사적이거나 동시대의 인물일 수 있다. 무엇이 그들에게 동기를 부여했는지 그리고 목표, 도전, 발견이 무엇이었는지 파악하기 위해 그들에 관해 철저히 조사하라. 사용자 경험 발견 리서치에 적용 가능한 무언가를 배울 수 있었는가?
- 모르는 것이 무엇인지 알지 못한다면 현장 리서치가 목적 없이 방황하지 않는다고 어떻게 확신할 수 있는가? 집중력을 유지하기 위해 무엇을 할 수 있는가? 아니면 미리 초점을 맞추는 것이 탐구의 목적을 방해하는가?
- 혁신에 관해서라면 대표적인 사용자에게만 말을 거는 것이 왜 "엉뚱한 곳을 헤집기"에 해당하는지 설명하라. 참가자 모집에서 이로 인한 결과는 무엇인가?

* 아이디에이션: 아이디어 떠올리기 – 옮긴이

- 타깃 사용자의 반대는 누구인가? 제품의 불명확한 사용자는 누구이며, 그들은 어떻게 사용하는가? 개발팀이 전혀 의도하지 않은 방식으로 제품(혹은 동일 분야의 경쟁사 제품)이 사용되고 있는 사례를 목록으로 만들어라. 이를 통해 알 수 있는 사용자 니즈는 무엇인가?

당신의 회사는 뛰어난 고객 경험을 제공하는가?

많은 회사는 자신들이 사용자 중심적이라 생각하지만, 이러한 판단은 대개 입증되지 않았거나 편향된 데이터에 근거한다. 우월한 고객 경험을 제공하기 위해서 회사는 성숙의 4단계를 거치며 발전해야 하며, 최종적으로는 피드백을 단순히 환영하거나 간청하는 것이 아니라 요구하는 단계에 도달하게 된다.

얼마 전 베인앤컴퍼니Bain & Company는 350여 개 기업을 대상으로 서베이를 실시해 그들이 좋은 고객 경험을 제공하고 있다고 생각하는지를 물었다.[19]

서베이에서 흥미로웠던 점은 몇몇 회사가 자신들은 단순히 좋은 경험이 아니라 "우수한 경험"을 제공하고 있다고 주장했다는 것이다. 이러한 회사는 대단히 흥미롭다. 사용자 경험을 맹목적일 정도로 받들어 모시는 몇 안 되는 회사다. 사용자 경험 영웅이며, 사용자 경험 분야의 리더 역할을 하는 회사다.

이 회사들은 어디인가? 희귀한 집단인가? 조사 대상 기업 중에 대략 5~10% 정도인가?

당신을 위한 질문이 여기 있다. 몇 퍼센트의 회사가 이러리라 생각하는가? 베인앤컴퍼니 서베이에서 몇 퍼센트의 회사가 고객에게 "우수한 경험"을 제공한다고 주장했을 것으로 생각하는가?

정답은? 무려 80%다.

이것은 베인앤컴퍼니의 연구원이 초과달성자에 치우친 표본을 선택했기 때문이 아니다. 담당 연구원이 회사의 고객에게도 동일한 질문을 던지는 이례적인 과정을 거쳤기 때문에 그렇지 않다는 것을 알고 있다.

연구원이 고객에게 견해를 물었을 때, 다른 이야기를 들었다. 고객은 8%의 회사들만이 실제로 우수한 경험을 제공하고 있다고 말했다.

이것은 대다수의 사람이 자신을 평균 이상이라고 평가하는 기만적 우월성 편향[20]을 연상시킨다. 예를 들어, 미국 운전자의 93%는 자신이 평균보다 뛰어난 운전자라고 말하며 88%는 평균 이상으로 안전한 운전자라고 말한다.[21]

오늘날 거의 모든 회사가 사용자 경험에 대해 말만 앞세우고 있지만, 그들 중 다수는 동떨어져 있는 것이 사실이다. 다양한 브랜드와의 인터랙션을 잠시 떠올려보면 베인앤컴퍼니의 조사 결과를 수긍하게 될 것이다. 실제로는 극소수의 회사만이 우수한 사용자 경험이라는 약속을 지키고 있다.

고객 피드백에서 이러한 단절의 원인은 무엇이고, 이를 어떻게 해결할 수 있는가?

다양한 회사와 일해본 경험을 통해 나는 고객 피드백 프로그램이 4단계를 거치는 경향이 있다는 것을 발견했다. 이를 고객 피드백 성숙도 모델이라 생각해보자.

1단계: 비판 거부

이 단계는 스타트업과 기존 기업 모두를 찾을 수 있는 영역이다. 이런 회사는 고객 자신이 무엇을 원하는지 알지 못한다고 믿기 때문에 고객을 참여시키지 않는다. 고위 임원은 자신들이 고객들보다 더 잘 안다고 믿는 사실 왜곡 지역에서 산다. 실제로 이 사람들은 스티브 잡스Steve Jobs의 이 말을 들먹인다. "포커스 그룹을 통해 제품을 디자인하는 것은 정말 어렵다. 많은 경우, 사람들은 보여주기 전까지는 자신이 무엇을 원하는지 알지 못한다."

이들은 하다못해 자신이 스티브 잡스가 아니라는 중요한 사실도 무시하는 경향이 있다. 스티브 잡스는 디자인을 우선시하는 선견지명이 있었고, 업계 최고의 디자이너가 주변에 가득했다. 조나단 이브 Jonathan Ive뿐만 아니라 애플Apple의 초기 디자인 팀 멤버(브루스 토냐치니 Bruce Tognazzini, 제프 라스킨Jef Raskin, 돈 노만Don Norman, 빌 버플렝크Bill Verplank)가 사용자 경험 분야를 계속해서 정의해 나갔다.

2단계: 비판 환영

이 단계에서 회사는 고객으로부터 피드백을 수집하고 분석하기 위한 공식적인 계획을 갖고 있지 않다. 그럼에도 불구하고 비공식적인 피드백은 편지, 이메일, 신문 보고서, 트윗 혹은 포럼 게시글 형태로 배달된다. 회사가 피드백을 환영한다고 자부하기 때문에 이를 무시하진 않는다. 실제로, 요약본으로 취합돼 "비난과 칭찬"과 같은 가식적인 제목을 달고 최고 경영자에게 전달될 수도 있다.

이런 피드백의 문제점은 제품에 만족하거나 혹은 극도로 싫어하는 고객만 이걸 보내는 경향이 있다는 것이다.

이들은 전체 고객 기반 중 일부에 해당하며, 가장 크게 소리를 지르는 고객에 맞춰 디자인을 조정하는 것은 절대로 바람직한 비즈니스 사례가 될 수 없다.

이것은 베인앤컴퍼니의 조사 대상이었던 회사 고객과 너무도 동떨어져 있는 원인의 일부가 될 수 있다.

상황이 나아지고는 있지만, 우리에겐 가야 할 길이 있다.

3단계: 비판 간청

이 단계에서 조직은 피드백을 환영할 뿐만 아니라 간청하는 회사라고 자부한다. 서베이를 구체적인 비즈니스 질문에 답하기 위해 구성하며, 이를 회사 웹사이트에 게시한다. 신제품에는 구매 경험을 묻는 우편요금이 미리 지불된 우편 카드를 동봉한다. 구체적인 이슈에 대응하기 위해 회사에서는 외부 업체에 포커스 그룹 운영을 요청할 수도 있다. 회사 내 누군가가 피드백을 취합하고 요약본을 만들어 경영층에 제공하는 책임을 맡을 것이다.

이 접근법의 가장 명백한 문제는 역시 응답자의 편향된 표본이다. 대부분의 사람은 브랜드에 대한 호감이 이미 있는 경우에 서베이를 완료하는 경향이 있다. "오케이. 당신이니까 서베이에 5분을 투자할게요." 다시 말하지만 이런 조사는 많은 고객을 놓치며, 당신이 듣는 비판은 약화되기 쉽다.

하지만 또 다른 미묘한 문제가 있다. 이러한 기법들(포커스 그룹 포함)을 사용하면 참가자에게 자신의 행동을 떠올리도록 요청하게 된다. 기억은 불완전하며 때때로 진실을 말하지 않는다. 사람들이 말과 다르게 행동하는 경향이 있다는 것을 알고 있다. 진실은 우리가 행동 이면에 있는 "이유"에 대해 잘 설명하지 못한다는 것이다.

4단계: 비판 요구

베인앤컴퍼니 조사에서 대략 8%에 해당할 가장 성숙한 회사는 다른 접근법을 취한다.

이 회사들은 비판을 요구한다.

개인적인 진술을 요구하는 것이 아니라, 경험을 관찰함으로써 이것을 달성한다.

연구원은 제품이 사용되는 장소로 현장 방문을 실시한다. 사람들이 시스템을 사용하는 것을 앉아서 관찰한다. 사람들이 시스템에서 경험하지만 묘사하거나 표현할 수 없을지도 모르는 더 깊은 문제들을 발견한다. 사용성 테스트를 실시하며, 여기에서 대표적인 사용자는 실제 태스크를 도움 없이 수행하고 연구원은 사람들이 어디에서 실패하는지를 관찰한다. 이것은 **즉석**에서 마련된 의견이 아닌, 디자인 결정을 이끌어내는 데 사용 가능한 실제 데이터를 제공한다.

이 기법은 사람들이 말하는 것과 실제 행동하는 것 사이의 차이를 연구원이 자세히 들여다볼 수 있게 해준다. 그리고 가장 좋은 디자인 아이디어가 여기 숨어있다.

나쁜 데이터에 대한 중독을 해결하는 것은 다른 것에 대한 중독 치료와 동일하다. 첫 번째 단계는 자신에게 문제가 있다는 것을 인정하는 것이다. 이것은 성숙도 모델에서 자신의 현재 위치를 파악하고 끈질기게 앞으로 나아가는 것을 의미한다.

UX 연구원처럼 생각하라

- 성숙도 모델에서 회사 위치를 파악하라. 스스로 고객 중심이라고 생각하는가? 고객에게 물어본다면 뭐라고 답할 것 같은가? 제품을 사랑하거나, 싫어하거나 혹은 그냥 참아주는가?
- 회사가 고객 피드백을 어떻게 사용하고 있는지 확인하라. 사용자 경험 및 디자인 팀에 피드백이 전달된 적이 있는가? 이 중요한 정보 출처를 활용하려면 어떻게 해야 하는가?
- 고객 지원 통화를 청취하는 데 매주 한 시간을 할애하라. 개발팀도 같은 일을 하도록 독려하라. 당신이 들은 피드백에 관해 토론하라.
- 가장 일반적인 고객 또는 사용자 불만 사항은 무엇인지 알아보라. 그게 놀라움으로 다가오는가? 디자인에 영향을 미치는가? 다음번 사용자 경험 현장 리서치에서 그 부분에 초점을 맞출 수 있는가?
- 비판을 요구하는 4단계에서 사용자 경험 담당자가 책임을 지고 제품을 사용하는 실사용자 관찰을 통해 적극적으로 고객 피드백을 수집하게 하라. 마케팅 동료에게 이 계획을 알리고 현장에 데려가라.

2

사용자 경험 리서치 계획 세우기

UX 리서치 문제 정의하기

리서치 문제에 대한 명확한 이해 없이는 UX 리서치가 유용한 조사 결과를 제공할 것이라고 기대할 수 없다. 리서치 문제를 더 잘 정의하고, 리서치 질문을 날카롭게 만드는 데 도움을 줄 4가지 기법이 여기 있다.

알버트 아인슈타인Albert Einstein은 기업계 일각에 충격으로 다가올 수도 있는 리서치에 대한 접근법을 명확히 하면서 이렇게 말했다. "문제 해결에 20일이 주어진다면 문제 정의에 19일을 쓰겠네."

솔루션에 사로잡힌 문화 속에서 리서치 문제에 대해 숙고하는 아이디어는 일부 사람들에게는 이단으로 보일지도 모른다. 물론 논리와 상식은 문제를 이해하지 못한다면 솔루션에 도달할 수 없다고 말해준다. 그리고 기업은 고객 및 UX 리서치에 많은 돈을 쓰고 있기 때문에 이는 다소 걱정스러운 생각이며, 무언가를 해결하고 있다고 생각하는 편이 좋을 것이다.

미국 서베이 리서치 협회CASRO[1]에 따르면 매해 미국에서 67억 달러, 영국에서 20억 달러, 전 세계적으로는 189억 달러가 서베이 리서치(모집단의 의견, 태도, 인식 및 행동 측정에 관한 리서치)라는 한 가지 방법에 투입되고 있다.

애석하게도 대부분의 리서치는 지식을 발전시키지 않기 때문에 충분치 않다. 사실, 하버드 경영대학원 교수이자 마케팅 과학 연구소의 전직 이사였던 로히트 데쉬판데Rohit Deshpande[2]는 전체 고객 리서치의 80%가 새로운 가능성을 테스트하거나 개발하기보다는 기업이 이미 알고 있는 것을 강화하기 위해 실시된다고 추산한다.

미흡한 리서치를 알아볼 수 있을까? 그럼, 할 수 있다. 마음 단단히 먹고 준비해라, 아마 친숙하게 느껴질 것이다. 윌리엄 바드케William Badke[3]는 그의 저서인 『Research Strategies』에서 미흡한 리서치를 다음과 같이 설명한다.

- 그저 데이터를 반복 수집한다.
- 깊이와 분석은 피하고, 일반적인 내용과 피상적인 서베이만 다룬다.
- 분석적인 질문을 하지 않는다.
- 지식을 발전시키지 않고, 이미 알고 있는 것을 요약하며 행복해한다.
- 지루하다.

고개를 끄덕이는 것이 느껴진다. 대부분은 이러한 특징 몇 가지를 리서치 발표나 보고서를 경험한 적이 있다. 진행자가 마지못해 낡은 방법을 사용하고, 늘 똑같은 질문을 던지고, 뻔한 "인사이트"를 뽑아내고, 작가 더글라스 아담스Douglas Adams가 무관심 병이라고 불렀을 것을 고취시키고 있을 때 한쪽에서만 보이는 거울 뒤에서 따분함과 싸우며 앉아있다.

하지만 때때로 몹시 감동적인 리서치를 경험하게 된다. 그 리서치는 날카롭고 예리하며, 흥미진진하며 모두에게 말하고 다니고 싶게 만든다.

그렇다면 왜 어떤 리서치 연구는 그리도 지겨운 반면 다른 연구는 그렇게 인상적인가? 위의 목록을 보면 불충분한 리서치에는 명확하게 정의된 흥미로운 리서치 질문이 결여돼 있다는 것이 명백하다. UX 리서치에서 이러한 일이 벌어지는 이유는 크게 2가지다.

- 사람들이 X를 어떻게 생각하는지, 또는 X, Y 혹은 Z를 선호하는지를 듣고자 하는 피상적인 의욕은 흥미로운 무언가를 다룰 수 없긴 하지만 "리서치를 좀 해라"라는 내부 요구사항을 만족시키기에는 충분하다. "문제"가 존재한다고 가정할 수는 있지만, 화이트보드에 리서치 질문을 실제로 적고 그 끝에 물음표를 붙일 수 있는 누군가를 찾는 것은 사실상 불가능하다.
- 실제 리서치 질문 대신에 UX 리서치는 "방법 주도적" 혹은 "기술 주도적"으로 끝나는 경우가 많다. 즉, 서베이나 카드 소팅을 하는 것이 일이기 때문에 그저 그 일을 수행한다. 시선 추적 장비를 보유하고 있으니 시선 추적을 한다. 망치가 있으니 못을 박는다.

하지만 아인슈타인은 리서치 수행을 어느 정도 알고 있었다. 그의 이름이 천재와 동의어처럼 여겨지는 데는 충분한 이유가 있다. 그는 리서치 질문이 리서치 방법과 연구 설계를 좌우하며, 조사의 모든 측면은 거기서부터 전개된다는 것을 알았다. 그의 접근법을 좀 더 자세히 살펴보자.

리서치 문제 정의에 19일을 쓸 수 있다면? 어떻게 할 것인가?

다음은 리서치 문제를 더 잘 이해하고, 명확한 목표를 확정하고, 리서치 질문을 예리하게 만드는 데 사용 가능한 4가지 기법이다.

- 다른 이해관계자가 알아야 하는 것을 찾아내라.
- 구조를 해체하라.
- 측정하라.
- 이슈를 해결하라.

다른 이해관계자가 알아야 하는 것을 찾아내라

특히 일정이 짧은 경우라면 최초 킥오프 미팅이나 제안요청서RFP에서 개요를 살펴보고 프로젝트와 관련해 알아야 할 모든 것을 이해한 척 하고픈 유혹이 더 강하게 들기 마련이다. 사실 최초 개요는 상당히 부실할 수 있다. 공식적인 RFP를 얻을 수 없는 내부 연구원의 경우는 더욱더 그러하다. 아마도 스폰서는 실제로 무언가를 준비할 기회가 없었거나 지금이 리서치를 해야 할 시간이라는 것 말고는 아는 것이 없을 것이다. 하지만, 추측하거나 가정하지 않고 UX 연구원이 리서치 문제를 정의하는 데 도움을 줌으로써 초기에 실제 가치를 더할 기회가 있다.

일을 의뢰하고 초기 개요를 제공하는 사람은 더 큰 개발팀을 대표하고 있으며, 그 팀은 당신이 활용할 수 있고, 또 그래야만 하는 많은 지식과 경험을 보유하고 있다는 점을 명심하라. 팀 내 다양한 분야에서는 비즈니스, 디자인 혹은 공학적인 결정을 내리기 위해서 리서치 데이터가 필요할 가능성이 높기 때문에 이해관계자가 무엇을 알고 싶은지, 그리고 리서치 질문에 대해 어떻게 생각하는지를 알아내야 한다.

우선 이해관계자 목록을 작성한 후에 미팅 일정을 잡아라. 목록에는 마케터, 시장 조사원, 엔지니어, 디자이너, 고객 지원 담당자, 기타 사용자 경험 전문가, 기술 문서 작성자, 비즈니스 분석가, 심지어 법률 전문가까지 포함될 수 있다. 그들이 리서치 문제에 대해 무엇을 알고 있는지, 어떤 것을 경험해왔는지, 이미 어떤 것을 시도했는지, 아무 조치도 없다면 어떤 일이 생길 것인지, 왜 이 문제인지, 왜 지금인지, 성공은 어떤 모습일지, 각각의 니즈, 소망과 관심사는 무엇인지 알아내라. 문제가 생길 수 있는 상황이 무엇인지 찾아보고, 제약사항을 확인하고, 일정 및 예산을 찾고, 배경과 이력을 파악하라. 무엇 때문에 도움이 필요한지 알기 위해서 층층이 벗겨내라. 이러한 주요 참여자의 눈을 통해 리서치 요구사항을 확인하는 것은 필요한 리서치의 종류를 파악하는 데 도움이 될 것이다.

UX 리서치 활동이 개발팀 모르게 진행되는 것은 흔한 일인데, 이는 아무도 계획을 공유하거나 다른 이해관계자에게 도움을 요청하지 않았기 때문이다. 경험상 개발팀 구성원은 의견을 묻는 것을 좋아하고, 기여할 기회를 소중히 여긴다. 결국 상황이 정리되고 나면 당신의 디자인 권장 사항을 실행에 옮길 사람들이기 때문에 처음부터 포함할 필요가 있다. 이것은 문제를 새로운 시각으로 보는 방법일 뿐만 아니라 팀과 관계를 쌓고 조기에 승인을 얻을 수 있는 좋은 방법이다.

여기에서의 목표는 초기 리서치 문제를 더 잘 이해하는 것이다. 그러나 예외 없이 다른 리서치 욕구와 니즈가 적힌 쇼핑 목록을 수집할 것이다. 목록을 프로젝트 관리자나 클라이언트에게 전해주고 우선순위를 함께 정해라. 하지만, 한 가지 연구에서 모든 니즈를 해결하려는 유혹은 무슨 수를 써서라도 물리쳐라. 그것은 재앙의 시작이다.

구조를 해체하라

리서치 문제를 정의하는 또 다른 방법은 조사 중인 현상을 해체하는 것이다.

UX 연구원이 연구할 법한 현상 대부분은 구조다. 다시 말해서 현상은 물리적으로 존재하지 않으며 직접적으로 관찰될 수 없다는 것이다. 사용성은 구조의 한 예다. 무게를 재거나 연필이나 잼 통처럼 박스에 담을 수 없다. 품질도 하나의 구조다. 감정, 욕망, 지성, 태도, 선호 및 구매 성향도 마찬가지다. 위에 언급한 것을 리서치하거나 측정할 수 없다는 뜻은 아니지만, 그렇게 하기 위해서는 분해해서 구성 요소를 밝혀내고 그 요소를 운용할 방법을 찾아야 한다. 이는 리서치 설계의 필수적인 단계일 뿐만 아니라, 문제를 "드릴 다운drilling down"한다는 것이 의미하는 바의 핵심이다.

"품질"이라는 구조는 좋은 예시를 제공한다. 품질이 무엇이고 어떻게 판단해야 하는지 알고 있지만, 이를 정의하거나 다른 사람에게 설명하려고 한 적이 있는가? 물론 사용자에게 제품의 품질이 무엇이라고 생각하는지 물어볼 수도 있지만, 그들이 실제로는 어떤 것에 반응하고 있는지 또는 품질에 대한 개념이 당신이 말하는 개념과 동일한 것인지는 전혀 알 수 없다. 몇 번의 매우 유용한 시도(조셉 쥬란Joseph Juran의 "사용 적합성fitness for use"을 가장 좋아한다[4])가 있었지만, 전문가들조차 품질의 정의에 대해 합의를 이루지 못한다. 품질이 복잡하지 않다고 생각한다면 로버트 피어시그Robert Pirsig가 저술한 『선과 모터사이클 관리술』(문학과지성사, 2010)[5]를 살펴보라. 다행스럽게도 제품 개발 및 시스템 설계 분야에서는 피어시그(이해를 위해 자신을 신경 쇠약까지 몰고 간 사람)처럼 깊이 탐구할 필요가 없지만, 연구를 설계하고자 한다면 그 구조를 분석해야 한다.

분석해보면 품질은 균질한 물질이 아니라는 것을 알게 된다. 그것은(적어도 제품이라는 맥락 안에서는)성능, 기능, 신뢰성, 표준 준수, 내구성, 유용성, 심미성과 같은 하위 성분으로 구성된 구조다. 갑자기 리서치 문제가 더 명확하게 보이기 시작하고, 구성요소를 측정할 방법을 즉시 찾을 수 있다. 이는 사용성에도 동일하게 적용된다. 개념을 시스템 효과, 효율성 및 사용자 만족도(ISO 9241-11[6]에 따름)와 같은 요소로 분해하면 리서치 문제는 테스트 설계로 바로 이어진다.

조사를 진행 중인 구조에 대해 읽는 것부터 시작하라. 구성 요소를 지어내거나 추측하지 마라. UX 리서치에서 접하는 대부분의 개념과 구조는 심리학자와 표준 협회에서 수십 년간 진행한 작업의 결과다. 구성 요소와 측정 방법은 대체로 기록이 잘 돼 있다.

측정하라

어떤 종류의 UX 리서치를 수행하든 간에, 사람 행동의 일부 측면을 측정하게 된다. 문제를 이해하는 것과 무엇이 측정 가능한지를 이해하는 것은 너무도 불가분하게 연결돼서 하고자 하는 측정에 초점을 맞추는 것이 문제의 본질을 명확히 하는 방법이 되는 셈이다. 따라서 다음과 같은 질문을 던져라.

- 구체적으로 무엇을 측정해야 하는가?
- 어떤 종류의 측정 지표가 특정 개념이나 다양한 수준의 변수를 구별할 수 있는가?
- 차이점을 감지하기 위해서는 종속 변수가 무엇이며 어떤 것을 처리해야 하는가?
- 어떤 변수를 제어해야 하는가?
- 이러한 종류의 데이터가 개발팀을 설득할 것인가?
- 주관적 평가 척도를 사용해도 되는가? 혹은 사용 가능한 객관적인 행동 척도가 있는가?
- 데이터를 어떻게 분석할 것인가?
- 측정 지표를 비즈니스로 어떻게 다시 연결할 수 있는가?

미가공 데이터를 아무 생각 없이 반복하거나 뻔한 기술 통계량을 보고하지 마라. 데이터를 적절하게 분석하라. 숨겨진 보석이 있다. 데이터를 얻어내고 효과적으로 활용하라.

이슈를 해결하라

UX 리서치는 시간과 비용 측면에서 상당한 투자가 필요할 수 있다. 리서치 결과가 프로젝트 방향을 좌우하고 프로젝트 성공에 영향을 미치기 때문에 리서치 중에 일어나는 사고나 오해를 감수하기에는 너무 많은 것이 위태롭다. 기업체에서 이 단계를 건너뛰는 것이 점차 보편화하고 있는 것처럼 보이지만, 전체 리서치 프로젝트 착수에 앞서 파일럿 연구를 항상 실시해야 한다.

"파일럿pilot"이라는 용어는 그리스 단어인 방향타rudder에서 유래했으며, 무언가의 진로를 조종하고 변경하는 것을 말한다. TV 쇼는 시청자의 초기 반응을 알고자 파일럿을 진행한다. 엔지니어는 항공기를 띄우기 전에 지상에서 제트엔진을 테스트한다. 군 지도자는 대규모 작전에 앞서 형세를 확인하기 위해 정예 정찰대를 파견하는데 이는 필요시 계획을 수정하기 위함이다. 리서치 실행도 마찬가지다. 사실, 먼저 모든 것을 철저히 확인하지 않고 "무대 제작" 연구로 바로 뛰어들었다면 클라이언트 혹은 개발팀과의 의무에 태만한 것이다.

일반적으로 리서치 파일럿 테스트는 준비 단계에서 비교적 후반부에 실시되며, 연극배우들이가 할 듯한 복장을 다 갖춘 리허설과 유사하다. 일반적으로 파일럿 테스트는 테스트 설계가 유효한 데이터를 돌려보내고, 테스트 관리자와 데이터 기록 장치가 연습할 기회를 제공하고, 시기 선택과 실행 계획이 순서대로인지 확인하고, 테스트나 기록 장비에 잠재적인 결함이 있는지 점검하는 데 사용된다.

하지만 리서치 문제를 더 잘 이해하기 위해 훨씬 더 초기에 형식을 덜 갖춘 파일럿을 실시할 수도 있다. 이러한 "사전 파일럿"은 배우들이 초기에 대본 리딩을 하는 것과 유사하다. 의상이나 무대 소품이 필요치 않다. 사실상 예산도 필요 없고 녹음 장비나 실험실도 필요치 않다. 실제 데이터를 수집하는 것이 아니라, 단지 리서치 문제를 알리고 이를 일부 사용자 앞에 꺼내서 더 나아가기 전에 이슈를 제거하는 데 도움이 되게 하는 것이다.

중국에는 "풀을 때려서 뱀을 놀라게 하기."라는 말이 있다. 이것도 마찬가지다. 이것은 무엇이 튀어나오는지 알아보기 위해 문제를 "맞추는" 것으로, 테스트 설계 단계로 넘어가기에 앞서 당신이 가졌을지도 모르는 가정을 테스트하고 이전에 알 수 없었던 문제의 측면을 발견하는 데 유용한 방법이 될 수 있다.

이것은 당신이 놓쳤을지도 모르는 이해관계자를 찾는 좋은 방법이기도 하다. 예를 들어, 앞서 필립은 퍼소나를 제작하고자 매장 방문이 필요한 회사를 위한 UX 리서치 연구를 수행했다. 계획 단계에서 그는 고위 관리자가 리서치를 인지하게 했다. 당시 그 회사는 합병이 진행 중이었다. 사전 파일럿을 준비하기 시작했을 때, 직원들이 필립의 연구팀을 비용 절감을 모색하는 경영 컨설턴트로 볼 수 있다는 점을 매장 관리자가 우려했기 때문에 매장 방문을 연기해야 한다는 말이 다시 돌기 시작했다. 직원들이 시간 동작 연구를 인원 축소 활동의 일환으로 생각한다면 이는 혼란과 불안을 야기할 것이고, 좋은 데이터를 얻기 힘들 수 있다. 초기 사전 파일럿을 계획함으로써 잠재적으로 피해를 줄 수 있는 이슈를 밝혀낼 기회를 마련했다.

파일럿 테스트 혹은 사전 파일럿을 계획 중이라면 개발팀의 구성원을 포함시키고 그들이 피드백을 제공하고 최종 테스트 설계 구체화에 도움을 줄 수 있도록 초대하는 것을 잊지 마라.

UX 연구원처럼 생각하라

- 알버트 아인슈타인의 말을 문자 그대로 인용한다면 그는 전체 시간의 95%를 프로젝트 계획에 쓰고 나머지 5%는 계획을 실행하는 데 사용할 것이다. 그처럼 극적인 분할을 추천하지는 않겠지만, 시간에서 어느 정도의 비율을 프로젝트 계획에 투입해야 하는지에 대한 의문이 제기된다. 현재 진행 중인 프로젝트를 생각해보면 계획 단계에 시간의 몇 퍼센트를 쓰고 있거나, 쓸 예정이거나, 사용했는가? 그걸로 충분하다고 생각하는가? 이상적인 프로젝트에서는 어떻게 분할하고 싶은가? 어떤 프로젝트에서는 계획과 실행 간에 비율을 달리할 필요가 있다. 그런 경우라면 어떤 프로젝트인가?
- 윌리엄 바드케가 정의한 불충분한 리서치의 5가지 지표를 열거한다. 프로젝트 진단을 통해 UX 리서치의 품질을 평가해달라는 요청을 받았다고 가정해 보자. 지표 중 하나를 선택하고 리서치 품질이 좋거나 나쁘다는 것을 나타내는 2가지 평가 기준을 확인하라.
- 개발팀은 사용자와 마찬가지로 중요한 이해관계자라는 점에 주목하라. 프로젝트 이해관계자의 범위를 보여주는 다이어그램을 스케치하라. 원을 사용해서 각각의 이해관계자를 표시하고, 그들의 상대적 중요도를 반영해서 원의 크기를 다르게 하라. 이러한 시각화가 리서치 문제 정의에 누구를 포함해야 하는지 고려하는 데 도움을 주는가?
- 구조("품질"과 같은)를 개별적으로 평가 가능한 하위 구성요소(성능, 기능 및 신뢰성과 같은)의 집합으로 분해하는 개념에 대해 논의한다. 이 아이디어를 현재 프로젝트의 리서치 질문에 적용해 보라(예: "우리의 모바일 앱은 사용하기 쉬운가?"). 평가 가능하고 리서치 질문에 답할 수 있는 5개의 하위 구성요소를 알아내라.

- 사전 파일럿이 "풀을 때려서 뱀을 놀라게 하기"와 유사하다는 걸 기억한다면 현재 프로젝트에서 사전 파일럿은 어떤 모습인가?

데스크 리서치 접근법

데스크 리서치는 2차 리서치의 또 다른 이름이다. 대략 리서치 활동에는 2가지 유형이 있다. 1차 리서치(밖으로 나가서 직접 발견)와 2차 리서치(다른 사람이 한 것을 리뷰)다. 데스크 리서치는 데이터 수집이 아니다. 대신, 데스크 리서치를 수행하는 UX 연구원으로의 역할은 리서치 질문에 대한 폭넓은 이해를 얻기 위해 이전의 리서치 결과를 검토하는 것이다.

현장 방문 실시, 프로토타입 개발, 사용성 테스트 실행, 또는 사용자 중심 프로젝트 착수에 앞서 제품 분야와 관련돼 앞서 다른 사람들이 무엇을 했는지를 살펴보는 것이 타당하다. 계획 중인 리서치 활동과 동일한 것을 수행한 사람은 없겠지만, 분명 누군가는 관련 질문에 답하기 위해 노력했을 것이다. 그 연구를 검토하는 것은 해당 분야를 이해하는 가장 빠르고 저렴한 방법이다.

데스크 리서치를 수행하는 것은 중요한 첫 번째 단계인데, 이유로는 최소 3가지가 있다.

- 앞서 어떤 일이 있었는지 모른다면 언제 새로운 무언가를 발견했는지 알 수 없을 것이다.
- 사용자 및 이해관계자와 대면하게 되면 확신을 얻게될 것이다. 이 같은 "실사"를 하지 않았다면 어리석거나 무관한 질문을 할 것이고, 참가자가 세션을 빨리 끝내고 싶어 하는 것을 발견할 수도 있다.

- 사전 리서치를 하지 않는 것은 참가자의 시간을 무시하는 것이다. 아마도 사용자와 함께 할 수 있는 시간은 한 시간 미만일 것이다. 다른 데에서 얻을 수 있는 이슈를 이해하는 데 그 시간의 절반을 낭비하고 싶은가?

데스크 리서치에 어떻게 접근하는가?

이 시점에서, 많은 UX 연구원이 자신은 최첨단의 디자인 프로젝트를 수행 중이라서 어떤 데스크 리서치도 실행할 수 없다고 말하는 것을 봐왔다. 리서치가 존재할 수 없다는 흔한 오해가 있다.

경험한 바에 따르면 기반으로 삼을 수 있는 무언가는 항상 존재한다. 그것을 찾기 위해 취하는 접근법이 있다. 그 접근법은 집중할 수 있도록 도울 뿐만 아니라 관련 리서치 결과가 숨어있을 수 있는 구석구석을 확인하는 것을 잊지 않게 해준다.

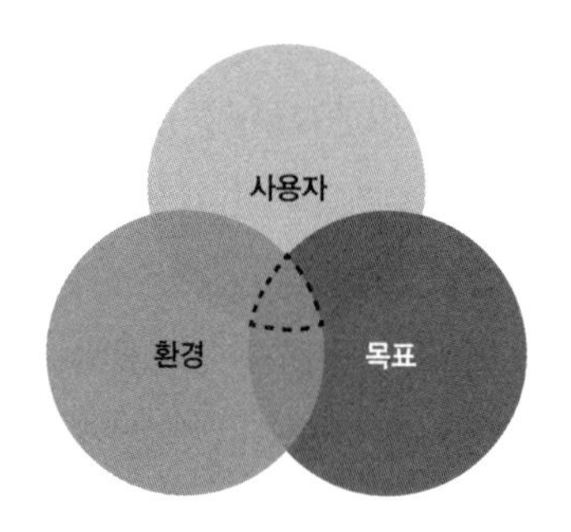

그림 2.1 사용자, 목표 및 환경을 보여주는 도표. 이 3가지가 겹치는 곳이 UX 연구에 가장 적합한 지점이다.

도표(그림 2.1)는 사용자, 그들의 목표와 행동이 벌어지는 환경을 포함하는 사용 맥락을 설명한다. 최상의 리서치는 3가지 관점이 모두 겹치는 지점이다. 현장 방문은 사용자가 맥락 속에서 목표 달성을 위해 노력하는 것에 초점을 맞춘다. 이러한 종류의 리서치는 매우 구체적이고 프로젝트와 관련이 있기 때문에 발견하기 어려울 수도 있다. 그러니 이 영역에서 아무것도 찾지 못했다고 해서 낙담하지 마라.

도표에서 겹치는 다른 영역(그림 2.2)에는 잠재적으로 유용한 리서치가 존재한다. 이는 3개의 영역으로 나뉜다.

- 사용자 및 그들의 목표에 관한 리서치, 하지만 맥락 속에서 진행되지는 않았다. 이런 유형의 리서치는 서베이, 사용자 인터뷰 및 포커스 그룹의 형태를 취하게 된다.
- 시스템이 지원할 목표 및 사용 환경을 다루는 리서치, 하지만 사용자에 대해서는 자세히 알 수 없다. 콜 센터 혹은 웹 분석이 그 예다.
- 사용 환경 속에 놓인 사용자에 대한 정보를 알아내는 리서치, 하지만 시스템이 지원할 목표는 다루지 않을 수 있다. 사용자 유형은 동일하지만, 충족시키고자 하는 니즈는 상이한 제품을 디자인하는 팀에서 진행하는 현장 리서치가 그 예다.

고객 및 사용자 리서치를 발견할 가능성이 가장 높은 곳은 바로 회사 내부다. 하지만 깊이 파고들 준비가 필요하다. 이는 리서치 결과가 특정 프로젝트에만 적용되는 일회용품처럼 취급되는 경우가 많기 때문이다. 특히 애자일 프로젝트에서는 더욱 그러하다. 리서치 결과는 개발팀 외부로 공유되지 않으며, 한쪽 벽에 잠시 등장하거나 누군가의 이메일 받은 편지함에 묻혀 버린다. 리서치 결과가 기록되고, 심지어 보고서가 어딘가에 보관되는 경우에도 사람들은 그걸 가지고 어떻게 해야 할지 모른다. 조직들은 일반적으로 지식의 공유 저장소를 만드는 데 서투르며, 직원들에게 인트라넷 사용법이나 과거 보고서가 어디에 있는지 가르치는 법이 거의 없다. 이러한 걸림돌의 결과로 기업은 이미 존재하는 리서치를 진행하거나 잘못된 리서치 질문을 하는 데 시간과 돈을 낭비한다.

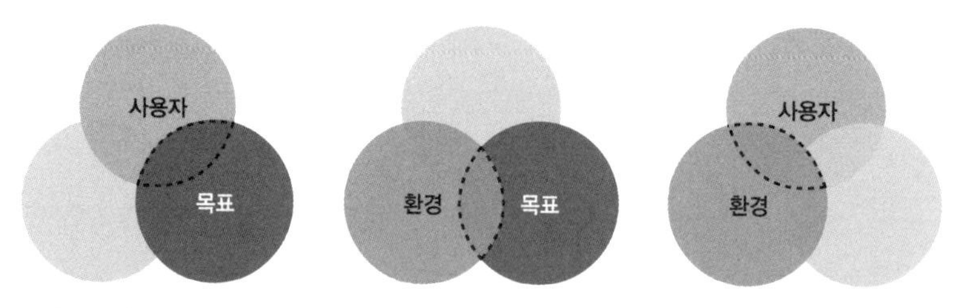

그림 2.2 이 도표 세트는 사용자와 목표, 환경과 목표, 사용자와 환경의 공통부분에 대한 리서치도 유용한 인사이트를 제공할 수 있다는 것을 보여준다.

따라서, 조직 내에서 이렇게 해야 한다.

- 이해관계자와 대화하라. 제품 소유자를 알아내고 그들의 목표, 비전 및 걱정을 이해하라.
- 콜 센터 분석 또는 웹 분석을 조사하라(기존 서비스가 존재하는 경우).
- 현재 사용자와 상호작용을 하는 고객 대면 담당자와 이야기를 나눠라.

중복 영역을 다뤘다면 다음 단계는 사용자, 시스템을 사용하는 환경, 그리고 시스템이 지원하는 목표에 대한 보다 일반적인 정보를 찾는 것이다(그림 2.3).

- 시스템을 사용할 때의 사용자 목표와 직접 관련이 없다고 하더라도 어떤 리서치가 실행됐는가?
- 사용자 그룹이 다를지라도 시스템이 지원할 목표에 관해 어떤 리서치가 실행됐는가?
- 시스템이 사용될 것으로 예상되는 환경(환경은 하드웨어, 소프트웨어, 그리고 시스템이 사용될 물리적이고 사회적인 환경을 뜻한다)과 관련해 어떤 리서치가 존재하는가?

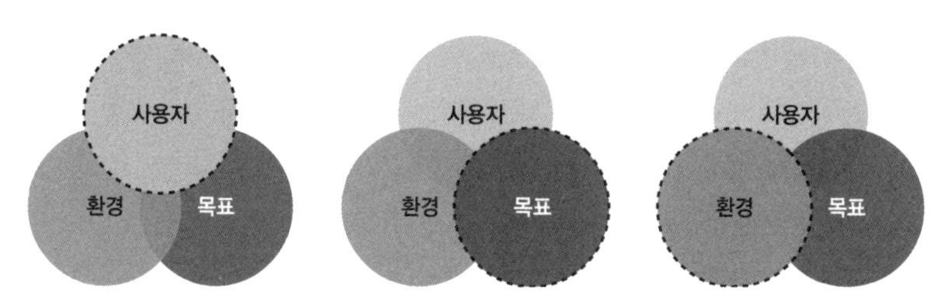

그림 2.3 거의 모든 프로젝트에서 사용자, 목표 및 환경에 관한 리서치를 찾을 수 있다. 특정한 리서치 질문과 직접적인 관련이 없을 수도 있지만, 이것은 그 분야에 대한 이해도를 높이는 데 도움을 줄 것이다.

이 단계에서는 이렇게 행동하는 것이 유용하다.

- 정부 기관에서 수행한 기존 리서치를 검토하라. 예를 들어, 미국에는 인구조사 및 통계자료를 가진 수많은 정부 웹사이트가 있다(www.usa.gov/statistics은 다른 많은 미국 및 국제 정보원으로 연결되는 좋은 출발점이다). 영국에서는 국가 통계청(www.ons.gov.uk)에서 인터넷 사용자에 대한 인구통계, 소비자 트렌드 및 온라인 소매 판매에 대한 수치와 같이 사용자를 이해하는 데 유용한 시민들에 대한 풍부한 정보를 보유하고 있다.
- 관련 자선단체에서 수행한 리서치를 검토하라. 예를 들어, 당뇨병 환자가 자신의 당 수치를 측정하는 데 도움을 주는 새로운 종류의 도구를 개발 중이라면 당뇨병 자선단체에서 수행한 리서치를 즐겨찾기에 추가해야 한다. 아메리카 채러티America's Charities, US, 채러티 초이스Charity Choice, UK와 같은 웹사이트에서 수백 개의 자선단체를 훑어보고 찾을 수 있기 때문에 적어도 하나 이상의 관련 단체를 찾아낼 수 있을 것이다.
- 대학교에서 수행한 관련 리서치를 구글 학술검색Google Scholar에서 검색하라. 일부 학문적 논쟁의 뉘앙스를 이해하려고 애쓸 수도 있겠지만, 이 경로를 사용해서 연구원의 상세 연락처를 확인하고 연락할 수 있다.

- 시스템이 업무 맥락에서 사용된다면 직업 웹사이트에서 인터뷰 내용을 조사하라. 예를 들어 가디언Guardian의 「How do I become…」 섹션[7]에는 문신 예술가, 법의학자, 심지어 왕실 집사로 일한 사람들과의 인터뷰가 실려있다. 따라서 시스템이 목표로 하는 직책에 대한 일부 맥락을 확인하는 것이 가능하다. 가디언의 「What I'm Really Thinking」[8] 시리즈도 체크해봐야 한다.

당신이 찾은 리서치의 품질 판단하기

리서치가 몇 년 전에 수행됐다는 이유만으로 무시하지 않도록 조심하라. 리서치 초보는 리서치 보고서를 냉장고에 있는 유통기한이 지난 요구르트처럼 바라보는 경우가 많다. 단지 리서치가 몇 년 전에 진행됐다고 해서 더는 관련이 없다고 생각하지 마라. 가장 좋은 연구는 인간 행동에 초점을 맞추는 경향이 있으며, 그러한 경향은 매우 느리게 변한다.

UX 연구원처럼 생각하라

- 구글 검색을 제외하고, 지금 리서치 중인 시스템의 사용자에 대해 더 자세히 알아보기 위해 할 수 있는 5가지 종류의 데스크 리서치 목록을 작성하라(아이디어가 필요하다면 이 에세이의 도표를 참고해라).
- 과거 또는 학계와 같은 제삼자가 수행한 리서치를 검증하는 것은 얼마나 중요한가? 무조건 받아들이거나 거부할 만한 종류의 데스크 리서치가 있는가?
- 사용자를 대상으로 잘 실행된 대규모 표본의 서베이를 데스크 리서치 중에 발견했다고 가정해보라. 프로젝트 관리자가 "좋아! UX 리서치를 지금 할 필요는 없겠어."라고 말한다면 맥락적 리서치가 추가로 필요하다는 것을 어떻게 주장할 것인가?
- 리서치 결과가 종종 일회용품처럼 취급된다는 점을 지적한다. 미래 연구원이 당신의 수고를 반복하지 않게 하려면 데스크 리서치와 UX 리서치 결과를 어떻게 저장하고 요약할 수 있을까?

- 이전 에세이("UX 리서치 문제 정의하기")에서 불충분한 리서치를 말해주는 윌리엄 바드케의 지표를 논했다. 한 가지 지표는 깊이 및 분석을 피하고, 일반적인 내용과 피상적인 서베이만 다룬다는 것이다. 데스크 리서치의 결과물을 평가하기 위해 "깊이"와 "분석"을 어떻게 정의할 것인가? 결과물 평가를 위해 바드케의 다른 기준들을 어떻게 사용할 것인가?

효과적인 이해관계자 인터뷰 수행하기

형편없이 진행된 이해관계자와의 킥오프 미팅보다 디자인 프로젝트를 어렵게 만들 가능성이 높은 것은 거의 없다. 몇 가지 간단한 기법에 맞춰 이해관계자 인터뷰를 구조화하면 순조롭게 시작하고 성공을 향해 나아갈 수 있다.

2시간가량이 걸리고 말이 많은 사람들이 포함되고 파워포인트를 수도 없이 보겠지만, 가장 기본적인 것만 뽑아내면 이해관계자 미팅은 보통 이렇게 진행된다.

> 클라이언트: "위블(wibble)을 새롭게 디자인해주세요."
> 개발팀: "알겠습니다."

이 시나리오에서 개발팀은 회사 내부 혹은 외부와 관계없이 요청받은 것을 단순히 설계하거나, 흔히 하는 "널리 적용되는" 사용성 테스트를 시작하는 것에 그친다. 프로젝트 요구사항은 상부의 결정에 따르며 이의 없이 진행된다. 잠재 사용자에게 디자인되는 것과 관련된 데이터와 의사 결정의 흔적은 빈약하거나 전혀 존재하지 않는다.

디자이너와 UX 연구원은 이 접근법이 그들을 하찮게 여기기 때문에 불만스럽고 실망스럽다고 생각한다. 상상 가능한 최고의 위블을 만들 수도 있고, 최고의 사용성 테스트도 수행할 수 있다는 것을 알고 있다. 다만 새로운 위블이나 사용성 테스트가 정말로 필요한 것인지를 확신할 수 없다.

더 나은 방법이 있다.

진지하게 해보자 아니면 속이지 말자

이번 에세이에서 설명할 구조화된 기법은 이해관계자의 니즈를 적절히 진단하고 그들의 성공을 돕는 데 필요한 정보를 확실히 끄집어낸다. 이것은 널리 인정받는 비즈니스 개발 컨설턴트인 마한 칼사Mahan Khalsa가 저술한 『Let's Get Real or Let's Not Play』[9] 라는 비즈니스 도서에 근거한 접근법이다. 이 책에서 그는 새로운 프로젝트 기회를 제공하기 위해 고안된 몇 가지 간단한 단계를 소개한다.

칼샤의 프레임워크와 유도 질문을 가이드로 사용할 것이며, 각 단계를 차례로 살펴보고 이해관계자와 클라이언트의 성공을 돕는 방법에 대한 그의 능숙한 해석에서 무엇을 배울 수 있는지 확인할 것이다. 그러나 먼저 칼샤는 이 단계들이 근거를 두고 있는 중요한 규칙에 대해 경고한다. **추측하지 마라!**

실제로 무언가를 정확히 이해하지 못했는데도 이해관계자의 니즈를 제대로 이해했다고 믿는 경우가 흔하다. 특히 같은 회사에서 일할 때는 더욱 그렇다. 가정일 뿐이라는 것을 망각한 채 추측을 한다. 디자인 혹은 리서치 요구사항이 신뢰할 수 있는 정보와 신중한 의사 결정을 통해 도출됐다고 가정할지도 모른다. 이러한 가정 때문에 무엇을 하고 있는지 모르는 것처럼 보인다면, 적절한 질문을 하는 것을 망설이게 될 것이다.

하지만 추측하거나 질문에 대한 답이 중요치 않다고 생각하지 않는 것이 중요하다. 프로젝트 중에 어느 시점에서는 그것이 문제가 될 것이다. 알지 못하는 것은 잘못된 디자인 또는 리서치 결정을 야기할 수 있으며, 그때쯤에는 너무 늦을 수 있다. 이해관계자 미팅에서 무언가를 이해하지 못한다면 다른 사람도 이해하지 못할 가능성이 있다. 그러니 추측을 피하라. "추측은 좋지만, 찾아내는 것이 더 좋다."라고 마크 트웨인Mark Twain이 조언했다.

솔루션에서 벗어나라

칼샤가 충고하는 바는 다음과 같다. 솔루션에서 벗어나라.

이해관계자는 솔루션에 대해 논의하고 싶어 한다. "X를 위한 신규 디자인이 필요해요." 또는 "Y를 테스트할 수 있나요?"는 솔루션을 요청하는 것이다. 대부분의 이해관계자는 이미 자신의 니즈를 자가진단했기 때문에 빠른 해결책이나 특효약을 찾는다. 형식적인 "RFP"는 이런 식으로 작동한다. 일반적인 RFP는 클라이언트의 니즈에 대한 실질적인 인사이트를 거의 제공하지 않으며 대개 아무도 질문하지 않을 것으로 가정한다. 대면 논의는 일어나지 않는다. 클라이언트는 이미 해야 하는 일을 결정했고, 솔루션을 적어 놓았으며, 이제 누군가가 가져다주길 원할 뿐이다. "1파운드의 UX 리서치와 2봉지의 디자인으로 부탁드립니다. 감사합니다."

물론 이해관계자가 정확한 진단을 거쳤을 수도 있지만, 실제 난관은 디자인 또는 사용자 경험 프로세스가 어떻게 작동하는지 모르기 때문에 솔루션 설계에 대한 고민에 앞서 무엇을 알아야만 하는지 그들이 모른다는 데 있다. 솔루션의 성공 가능성에 휩쓸리게 둔다면 곤경에 빠질 수 있다. 결국 우리는 할 수 있는 것에 관해 이야기하는 것을 좋아한다. 그게 쉽다. 게다가, 그것이 이해관계자가 기대하는 미팅의 모습이다.

그렇다면 왜 솔루션에 대해 이야기하는 것을 피해야 하는가?

아직 문제가 무엇인지 알지 못하기 때문이다. 솔루션에는 고유한 가치가 없다. 문제와 따로 떨어져서 존재할 수 없다. 이해관계자가 자신이 할 수 있다고 생각하는 이유는 "솔루션"이라는 단어가 아무 의미가 없는 비즈니스 전문용어의 어휘 목록에 들어갔기 때문이다. 하지만 진정한 솔루션을 만들 생각이라면 반드시 해결해야 하는 것이 있다. 칼샤의 말에 따르면 솔루션은 이해관계자 또는 회사가 겪고 있는 "고통을 완화"하거나 이해관계자 또는 회사가 열망하는 "이익을 발생"시켜야 한다.

한 가지 확신할 수 있는 것은 이해관계자가 솔루션(새로운 X를 디자인하기)을 회의 테이블로 가져온다는 것이다. 초점을 바꿔서 대응하라. 대화의 방향을 솔루션에서 멀어지게 바꾸고, 미묘하게 대화의 주도권을 잡아라. 칼샤는 아래와 같은 질문을 던지는 것을 제안한다.

- "새로운 X를 설계하는 것은 가능한데, 새로운 X가 어떤 이슈를 해결하길 원하나요?"
- "X가 없다면 사용자(혹은 회사)가 어떤 어려움을 겪게 되나요?"
- "상상할 수 있는 최고의 X를 설계한다면 어떤 문제가 해결될까요?"
- "세계 최고의 X를 만든다고 해봅시다. 지금은 얻지 못하는 어떤 결과를 얻게 될까요?"

이해관계자는 문제 목록을 주는 것으로 반응할 수도 있고, 아니면 애매한 말만 하면서 무의미한 횡설수설로 빠질 수도 있다. 그들에게 질문을 상기시켜라.

- "일반적인 상황을 설명해줘서 고마워요. 좀 더 구체적으로 들어가 봅시다. 새로운 X가 사용자를 위해 해결해주리라 생각한 구체적인 문제는 무엇인가요?"

솔루션에 관해 논의하는 함정에 빠지지 마라.

모든 이슈를 꺼내라

다음으로 이해관계자에게 이슈 목록 작성을 요청하라. 화이트보드에 적는 항목은 구체적인 문제 또는 희망하는 결과나 산출물을 기술해야 한다. 이 시점에서는 아직 어떤 이슈가 중요한지 알지 못하므로 한 가지 이슈에 대해 오래 고민하지 마라. 그리고 이해관계자가 이슈에 대해 논의할 때 대화가 당신에게서 멀어지지 않게 하라. 목록 작성에 집중하라. 이해관계자 그룹과 작업 중이라면 각자가 자신이 생각하는 주요 이슈를 포스트잇에 적어서 화이트보드에 붙이게 해라. 이렇게 하면 난상토론으로 번지는 것을 막을 수 있다.

목록을 펼칠 때마다, 가능한 모든 것이 포함된 목록이 되도록 밀어붙여라.

"X가 달성했으면 하는 것은 더 없나요?"

아직 어떤 이슈도 논의를 시작하지 마라. 이해관계자가 의견을 모두 냈을 때, 당신의 전문 지식에 비추어봐 무언가 빠진 것 같다면 다음과 같이 유도할 수 있다.

"아직 아무도 무언가(예: 학습 편의성 개선)에 대해 말하지 않은 것 같습니다. 그게 문제가 되진 않나요?"

다음으로, 어떤 이슈가 가장 중요한지 알아야 한다. 가끔은 이해관계자가 주요 이슈를 쉽게 찾을 것이다. 다른 경우에 "모든 이슈가 중요해요."라고 말할지도 모른다. 모든 이슈를 이해하길 원한다고 밝히면서 이렇게 질문하라.

"어떤 이슈를 가장 먼저 이야기하고 싶으세요?"

마지막으로, 중복 확인하라.

"이 목록에 있는 이슈에 대해서만 개선할 수 있다면 니즈를 정확히 충족하는 솔루션이 있을까요?"

대답이 '아니오'라면 듣지 못한 것이 여전히 남아있다. 그것이 무엇인지 찾아서 목록에 추가하라.

증거와 영향을 발전시켜라

이제 이해관계자를 놀래게 할 수 있는 질문을 던질 준비가 됐으므로, 목록을 살펴보고 아래와 같이 질문할 때 우물쭈물함, 불안 또는 매우 긴 침묵에 대비하라.

"이것들이 문제라는 것을 어떻게 아시나요?"

망설임과 불안, 그리고 긴 침묵의 시작.

- "이러한 문제가 실제로 존재한다는 어떤 증거를 갖고 있나요?"
- "조직(혹은 사용자)은 이 문제를 어떻게 겪고 있나요?"
- "현재 너무 적은 (매출, 수익, 고객 등) 혹은 너무 많은 (불만, 반품, 서비스 관련 통화)가 있나요?"
- "솔루션이 원하는 결과를 제공할 것을 증명하는 데이터가 있나요?"

증거에 관한 질문은 칼샤가 말했던 4가지 결과 중 하나로 귀결될 가능성이 있다.

- **증거가 없다**: 문제가 실제로 존재하거나 노력이 원하는 결과를 가져올 것을 입증하는 것이 없다.
- **미약한 증거가 있다**: 포커스 그룹 또는 소규모 표본 서베이에 참여한 고객으로부터 수집된 개인 진술 혹은 구두 피드백의 단어 형태가 될 수 있다.

- **사실로 추정되는 증거가 있다**: 이것은 출판 또는 다른 미디어의 기사 형태가 될 수 있다. 일반적으로는 사실이지만 현재 경우에는 적용 여부가 모호한 데이터가 될 수 있다.
- **명백한 증거가 있다**: 회사에서 신뢰할만한 리서치를 진행했으며, 문제를 설명하거나 현재 및 원하는 상태에 대해 검증 가능한 수치를 제공하는 데이터가 존재한다.

확실한 증거를 보고 싶다는 것은 말할 필요도 없다. 그러나 증거가 없거나, 미약하거나 또는 믿을 수 없다고 해서 모든 것이 사라지는 것은 아니다. 이런 경우, 증거 수집을 지원할 수 있다. 디자인 리서치 방법을 알고 있으므로, 현장에 가서 실제 고객 행동에 기반한 증거를 수집할 수 있다. 아니면 회사 내부에서 기존 증거 검색을 도울 수 있다. 문제를 무시하고 "즉흥적으로 행동"하는 것은 할 수 없는 일이다. 추측은 금물이라는 것을 명심해라.

그 문제가 **사실**이라는 증거를 원할 뿐만 아니라 문제가 얼마나 **중요한지**, 그리고 문제 해결 시 얼마나 큰 영향을 미칠 수 있는지 알고 싶다.

- "문제를 어떻게 측정하는가?"
- "현재 측정치는 얼마인가?"
- "어떻게 되길 원하는가?"
- "차이 값은 얼마인가?"
- "시간에 따른 차이 값은 얼마인가?"

이런 종류의 논의를 시작하고 나서 문제가 중요하고 그 영향이 큰 경우, 다음과 같은 대략적인 추산을 제시할 수 있다. "음, 대략 반품 비용이 1년에 1,200만 달러에 이릅니다. 하지만 반품된 제품 중 25%만이 실제로 결함이 있습니다. 나머지는 단지 사용하기 어렵다는 이유만으로 반품된 것입니다. 사용자 경험 작업이 반품을 초래하는 사용성 문제를 제거할 것입니다. 이렇게 하면 1년에 900만 달러, 앞으로 5년간 4,500만 달러를 절약할 것입니다. 시작합시다."

솔루션을 제거하라

문제가 대단히 중요치 않거나 영향이 적다면 어떻게 해야 하나? 칼샤는 솔루션 제거라는 현명한 기술을 갖고 있다.

아무것도 안 했다면? 잠시 뒤로 물러서서 이해관계자가 프로젝트가 중요하다는 것을 스스로 깨닫게 두면 된다. 사람들은 사는 것을 좋아하지 파는 것은 좋아하지 않는다는 것을 명심하라. 다음과 같이 논의가 진행되도록 도움을 줄 수 있다.

- "문제를 해결하는 것보다 문제를 안고 사는 편이 더 비용이 적게 들 것 같습니다."
- "이것보다 우선할 수 있는 다른 문제가 있는 것 같습니다."
- "이 일은 직접 하실 수 있는 것 같습니다. 우리가 어떻게 가치를 더할 수 있을까요?"

이것은 튕기는 것처럼 보이거나 직관에 반하는 것처럼 느껴질 수도 있다. 하지만 그 기회가 이해관계자에게 그다지 중요치 않다면 준비한 최고의 솔루션도 실패할 것이고, 한 걸음 물러나서 나중에 그 기회를 다시 논의하는 것이 양쪽 모두에게 최선의 이익일 수 있다.

맥락과 제약을 탐색하라

문제에 대한 명확한 이해, 그것이 사실이라는 증거, 그리고 어느 정도의 중요도를 갖게 되면 배경과 역사, 그리고 일단 시작하게 되면 마주하게 될 수도 있는 제약과 장애물을 밝혀낼 수 있다. 다음과 같이 질문하라.

- "설명해주신 건 분명 중요한 문제입니다. 언제부터 그랬나요?"
- "이 문제를 해결하기 위해 앞서 무언가를 시도해본 적이 있나요?"
- "과거에 무언가가 성공을 방해했나요?"

이 시점에서 다음과 같은 답변을 얻을 수 있다.

- "문제를 스스로 해결할만한 기술이 없었어요."
- "시기가 적절치 않았어요."
- "그때는 우선순위가 낮았지만, 지금은 진짜 피해가 커요."

칼샤는 이를 "좋은 제약사항"이라고 부른다. 과거엔 존재했지만 더는 존재하지 않기 때문에 좋다. 또는 다음과 같은 대답을 들을 수 있다.

- "예산이 없었어요."
- "고위 경영진을 설득할 수 없었어요."
- "우린 노력했지만 다른 조직에서 그 프로젝트를 반대했어요."
- "사내 정치가 늘 방해했어요."
- "중요하게 고려되지 않았어요."

이러한 반응을 듣는다면 다음과 같이 물어봐야 한다.

- "그렇다면 지금은 뭐가 다른가요? 뭐가 바뀌었나요?"
- "지금 다시 시도한다면 여전히 동일한 장애물에 부딪히게 되나요?"

그리고 "말씀하신 것으로 봐서는 장애물 중 일부는 여전히 존재하는 것처럼 들립니다. 우리가 무엇을 해야 한다고 생각하나요?"라고 묻는 것도 괜찮다.

목표는 이해관계자가 솔루션까지 나아가는 길을 찾고 성공할 수 있도록 도와주는 것이라는 점을 잊지 마라. 여기에는 방해가 되는 모든 장애물을 해결하도록 돕는 것이 포함될 수 있다.

경고: 이해관계자의 약점을 공격하지 마라

초기 이해관계자 인터뷰에 대한 이러한 접근법은 미팅을 주관하고, 필요한 정보를 얻는 데 도움을 줄 것이다. 하지만 주의사항이 있다. **이해관계자의 허를 찌르지 마라**. 목적은 정보를 얻는 것이지 그들이 일을 허술하게 해왔다는 것을 폭로하는 것이 아니다.

나는 항상 클라이언트에게 실시 예정인 미팅의 종류와 묻고자 하는 질문을 미리 알려주기 때문에 필요하다면 그들은 어느 정도의 준비를 할 수 있다. 여기에는 2가지 목적이 있다. 첫째, 이해관계자가 질문에 답할 수 없다면 미팅은 의미가 없을 것이다. 둘째, 적합한 사람들과 미팅하는 것을 보장해준다. 이들은 프로젝트의 성공에 책임이 있으며, 의사 결정을 내리고 예산을 관리하는 권한을 지닌 의사결정권자가 될 것이다.

이해관계자 미팅에서 이 기법을 시도해 보았으며, 이 기법은 제 역할을 하고 생산적인 미팅을 만들었을 뿐만 아니라 문제 해결을 돕는 우리의 능력에 대한 강한 첫인상을 만들어낸다. 이로 인해 이해관계자는 우리가 진행 상황을 잘 알고 있으며 안심해도 된다는 확신을 하게 된다.

UX 연구원처럼 생각하라

- 이해관계자 인터뷰에 대한 이러한 접근방식은 마한 칼샤의 책, 『Let's Get Real or Let's Not Play』에서 많은 부분을 가져왔다. 내부 컨설턴트로 일하면서 회사 규정이 구닥다리처럼 느껴진다면 이를 따르는 것을 거부할 수 있는가?

- 이 에세이는 이해관계자가 솔루션을 생각하는 것에서 문제에 대해 생각하는 것으로 전환하도록 돕는 몇 가지 구절을 포함한다. 그것 중에 하나를 선택해서 외우거나 이해관계자에게 효과적일 당신만의 단어를 사용해서 구절을 다시 작성하라.
- 클라이언트와 개발팀은 대개 "방법 주도적인" 요청(예: "포커스 그룹을 열어주세요.")을 하고 UX 연구원에게 접근한다. 적절치 않다고 생각하는 UX 리서치 방법을 실시하도록 요청을 받았는데, "그것이 가용 일정 및 예산 내에서 할 수 있는 전부입니다."라는 말을 들었다고 상상해보라. 어떤 것이 더 윤리적인 접근인가? 요청받은 리서치 방법을 수행하는 것인가? 아니면 리서치 진행을 거부하는 것인가? 그 이유는 무엇인가?
- 사용성 테스트는 가치 있는 방법이긴 하지만, 그것이 유일하게 수행된 UX 리서치 방법일 때는 개발팀의 사용자 경험 성숙도가 낮다는 것을 보여주는 지표인 셈이다. 기존 제품이 가진 주된 사용자 경험 이슈는 무엇이라고 생각하는가? 사용성 테스트가 이러한 문제를 해결하는 데 가장 적합한 UX 리서치 방법이라고 생각하는가? 개발팀에 어떤 대안을 제시할 수 있는가?
- 자주 사용하고, 사용자 경험 이슈로 어려움을 겪고 있다고 생각되는 제품 혹은 소프트웨어 앱을 떠올려 보라. 당신의 관점을 뒷받침하는 어떤 증거가 존재하는가? 그 증거는 "미약한가", "사실로 추정되는가", 또는 "명백한가"? 사용자 경험 이슈가 비즈니스에 미치는 영향을 설명하기 위해서 그 증거를 어떻게 사용할 수 있는가?

UX 리서치를 위한 사용자 그룹 찾기

UX 리서치가 처음인 팀이 접하게 되는 한 가지 난제는 착수다. 팀은 어디서 시작해야 할지 모르기 때문에 열정은 금세 좌절감으로 바뀐다. 특히 제품이 "모두"를 대상으로 할 때 더욱 그러하다. 실질적인 솔루션은 쉽게 접근할 수 있고, 유효 학습(validated learning)에 좋은 기회를 제공하는 사용자 그룹을 찾는 것이다.

데이비드는 제품 관리자에게 제품 사용자에 대한 설명을 요청한 적이 있다. "그건 아주 쉬워요."라고 그가 답했다. "모두를 겨냥한 제품이죠." 이 대답은 "목표 고객은 0세 이상의 남녀"라고 적힌 반어적인 인터넷 밈meme*을 떠올리게 한다.

고객을 "모두"라고 생각하는 것은 제품 실패로 가는 가장 좋은 방법이다. 한 가지 이유는 모두를 위한 설계는 모든 제약사항을 제거하기 때문이다. 집중이 불가능해진다. 제품이 모두를 대상으로 하면 모든 기능, 모든 플랫폼과 모든 맥락에 유효한 주장을 펼 수 있게 된다.

팀이 고객을 그렇게 생각하고 있다면, 도움이 될만한 아이디어가 있다. 세계 정복의 꿈을 꺾고 싶진 않다. 다만 거기로 가는 가장 좋은 방법은 낯선 곳으로 갑작스레 뛰어드는 것보다 검증된 작은 단계들을 거치는 것이라는 점을 납득시키고자 한다.

* 밈: 재미를 주는 것을 목적으로 하는 콘텐츠 – 옮긴이

모두를 위해 디자인하는 방법

예를 들어, 거의 모든 사람들이 사용하는 성공적인 웹사이트인 페이스북Facebook에 대한 사례 연구를 살펴보자. 페이스북의 역사를 살펴보면 마크 저커버그Mark Zuckerberg와 그의 팀은 모두를 위한 디자인을 시작하지 않았다. 페이스북은 처음에 하버드 학생을 대상으로 했다. 그 후 다른 아이비리그 대학생로 확대됐다. 이어서 미국 밖으로 확장됐으나 첫 2년간 여전히 타깃 고객은 대학생이었다. 타깃 시장에 합리적으로 집중하는 것을 통해 페이스북은 어떤 것이 효과적이고, 어떤 것이 그렇지 않은지를 테스트할 수 있었다. 페이스북은 유효한 이메일 계정이 있는 13세 이상의 모두에게 서비스를 개방하기에 앞서 마지막으로 애플과 마이크로소프트Microsoft와 같은 회사의 직원에게 멤버십을 오픈했다.

또 다른 예로, 아마존Amazon은 주로 웹에 익숙한 사용자를 겨냥한 제품을 갖춘 웹 기반의 서점으로 출발했다. 그 후 2가지 방식으로 다각화했다. 첫째, 다른 세그먼트에도 동일한 기능을 제공했다(웹 브라우저를 사용할 수 있는 모든 이에게 책을 팔았다). 그다음에 동일한 세그먼트에 조금 다른 기능을 제공했다. 예를 들어, 아마존은 소프트웨어와 CD를 갖추기 시작했다. 그 이후의 이야기는 모두가 다 아는 역사다.

이 2가지 예에서 최종 목표는 "모든 사람, 모든 곳"이었을지 모르지만, 제품의 시작점은 아니었다.

그렇다면 어디에서 출발해야 할까?

집중하는 연습

개발팀을 모아서 30분간의 연습을 하라. 각자에게 포스트잇 뭉치를 주고, 제품을 사용하는 각기 다른 사용자 그룹을 적어도 5개 이상 적게 하라(포스트잇 한 장에 한 그룹씩).

예를 들어, 여권 서비스에는 "비즈니스 여행객", "고정 주소가 없는 사람", "은퇴자"가 있을 수 있다. 사진 앱에는 "일상 여행자", "음식 애호가", "인스타그래머"가 있을 수 있다. 스포츠 웹사이트에는 "축구 팬", "럭비 팬", "올림픽만 보는 사람"이 있을 수 있다.

팀이 한두 개의 포스트잇을 힘겹게 적고 있다면 더 많은 사용자 그룹 생성을 위해 사용 가능한 몇 가지 구체적인 질문은 다음과 같다.

- 어떤 사람을 제품의 "대표적인" 사용자로 간주하나요?
- 어떤 사용자가 대표적인 사용자와 상반되나요("반대"는)?
- 누가 다른 사람들보다 먼저 제품을 사용할 얼리어답터early adopter인가요?
- 누가 제품을 가장 자주 사용할 파워유저power user인가요?
- 누가 제품을 사용하는 데 어려움을 겪을 것인가?
- "강제로" 써야 하는 경우에만 제품을 사용하게 되는 사람은 누구인가요?
- 얼마나 다양한 부류의 사람들이 제품을 사용하나요? 그들의 니즈와 행동은 얼마나 다를까요?
- 탐구해야 하는 행동의 범위와 환경의 유형은 무엇인가요?
- 제품의 비즈니스 목표는 무엇인가요? 그 목표가 어떤 사용자에게 집중해야 하는지 알려주나요?
- 어떤 사용자를 제일 모르나요?
- 어떤 사용자가 접근하기 쉬운가요?
- 어떤 인터뷰가 준비하기 쉬운가요?
- 어떤 사용자가 이야기를 나누고 의견을 내고 싶어 하나요?

그리드 사용하기

포스트잇을 만들고 나면 중복된 내용을 제거하고 남아 있는 포스트잇을 다음의 그리드(그림 2.4)에 정리하라.

그리드의 수직축에는 "이 사용자 그룹으로부터 배울 것으로 예상되는 양"이라는 레이블이 붙어있다. 이는 UX 리서치의 목적이 유효 학습, 즉 가장 위험한 가정을 찾아서 테스트하는 프로세스이기 때문이다. 일부 사용자 그룹은 다른 그룹보다 위험한 가정에 대한 더 좋은 테스트 결과를 제공할 것이다. 포스트잇을 2개의 그룹으로 나눠라. 하나는 더 많이 배울 것으로 기대하는 그룹, 또 다른 하나는 더 적게 배울 것으로 기대하는 그룹이다.

수평축에는 "접근 용이성"이라는 레이블이 붙어있다. 이것은 다양한 사용자 그룹에 접근하기가 얼마나 쉬운지를 의미한다. 예를 들어, 일부 사용자 그룹은 다른 나라에 있거나 야간 근무를 하거나, 혹은 너무 바빠서 만나기 힘들 수 있다. 그러한 그룹은 당신의 동네서 살거나 자유 시간이 많은 사용자 그룹보다 접근하기 어렵다. 당신의 일은 사용자 그룹을 이와 같은 카테고리로 다시 나누고, 포스트잇을 그리드의 적절한 부분에 붙이는 것이다.

이때, 한 걸음 물러서서 당신의 작업을 검토하라. 이 그리드는 리서치를 신속하게 시작할 수 있는 실용적인 방법을 제공한다.

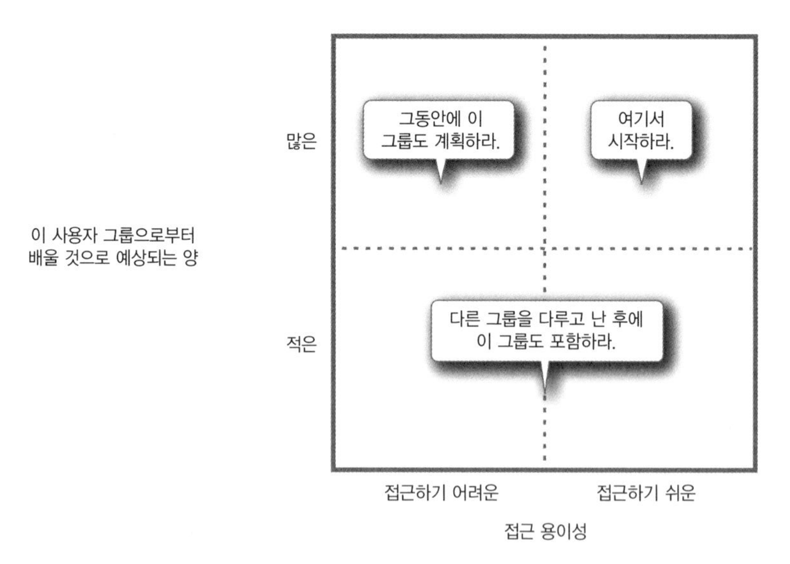

그림 2.4 리서치를 먼저 진행해야 하는 사용자 그룹 선택에 도움을 주는 2x2 그리드

당신은 그리드의 우측 상단에 있는 사용자 그룹부터 시작할 것이다. 제품의 사용자 니즈에 대해 가장 많이 가르쳐주고, 만나기도 쉬운 사용자이기 때문에 이들을 "금gold" 사용자 그룹이라 생각하라. 앞으로 며칠 이내에 이러한 사용자 그룹과의 세션을 준비할 수 있어야 한다. 이들과 대화를 시작하고 나면, 몇 가지 가정이 틀렸다는 것을 알게 될 것이다. 제품 사용과 관련된 새로운 사실들도 배우기 시작할 것이다. 새로운 가정을 만들기 시작할 것이다. 이것이 바로 유효 학습이 작동하는 모습이다.

다른 중요한 사분면을 잊지는 말자. 많은 것을 배울 것으로 기대하지만 접근하기 어려운 사용자이다. 이들을 "은silver" 사용자 그룹이라 생각하라. 이 그룹을 UX 리서치 산더미에 추가해야 한다. 기존 리서치가 진행 중인 동안에 이 사용자 그룹을 방문하는 계획을 세우는 데 시간을 투입하라. 이렇게 하면 더 많은 가정을 테스트할 기회를 얻을 것이다.

우측 하단 사분면에 놓인 사용자 그룹을 "동bronze" 사용자 그룹으로 묘사할 수 있다. "금"과 "은" 사용자 그룹을 모두 소진한 후에만 "동" 사용자 그룹을 고려하라.

마지막 사분면, 접근하기 어렵고 많은 것을 알려주기도 힘들 것 같은 사용자는 어떨까? 모든 사람을 리서치하기에 충분한 시간이나 예산이 항상 없다는 점을 고려하면, 이 사용자 그룹을 완전히 건너뛰는 것에 실망하지 않아도 된다.

마지막 말

팀에서 UX 리서치를 수행하지 않는 공통된 이유는 사용자가 중요치 않다고 생각해서가 아니라 어디서부터 시작해야 할지 모르기 때문이다. 행동을 막는 분석 마비가 있다. 이러한 접근법은 간단하지만, 당신이 혼란스러운 상황을 뚫고 나가서 UX 리서치를 즉시 시작하도록 도울 것이다.

UX 연구원처럼 생각하라

- "유효 학습"이라는 개념은 에릭 리스(Eric Ries)의 책, 『린 스타트업』(인사이트, 2012년)[10]을 통해 대중화됐다. 그 아이디어는 실제 관찰된 행동에 기초한 사용자 피드백을 받은 다음에, 고객이 원하는 것에 정확히 도달할 때까지 그 피드백을 바탕으로 제품 및 시장 전략 수정을 계속해서 반복하는 것이다. 이로 인해 재미난 결론에 이르게 된다. 이 말은 가장 빨리 **출하**하는 팀이 최고의 개발팀이 아니라는 것을 의미한다. 최고의 개발팀은 가장 빨리 **학습**하는 팀이다. 제품 개발 접근법에서 "유효 학습"을 사용한다고 말한 개발팀에 합류한다면, 그 팀이 어떤 행동을 보여줄 것으로 예상하는가?
- 현재 개발팀을 생각해 보면, 그들은 어떤 레이블을 사용해서 사용자를 묘사하는가? 직함(예: "금융 분석가"), 사용자 세그먼트(예: "게이머"), 퍼소나 이름(예: "캐롤라인")또는 모두를 위한 디자인을 하고 있지 않다는 것을 명확히 하기 위한 다른 용어를 사용하는가? 아니면 "사용자" 혹은 "고객"과 같이 일반적인 용어를 사용하는가? 일반적인 용어를 사용한다면, 어떻게 생각을 바꿔서 특정한 사용자 그룹에 집중하게 만들 수 있는가?
- 이번 에세이에 소개된 2x2 도표의 유용성을 알아보는 가장 좋은 방법 중 하나는 직접 써보는 것이다. 혼자서 실습해보거나, 더 좋은 건 팀을 모아서 핵심 사용자 그룹을 파악하고 "금", "은", "동" 사용자 그룹으로 분류하는 것이다.
- 여러 개의 "금" 사용자 그룹(접근하기 쉽고 많이 배울 것으로 기대되는 사용자 그룹)을 가진 시나리오를 상상해보라. UX 리서치 전체 예산을 이 단일 사분면에 있는 사용자에 집중해서 사용하는 것은 전적으로 가능하다. "은" 사용자를 완전히 무시하는 것의 위험은 무엇인가? "접근하기 쉬운" 사용자 그룹으로부터 배울 수 없지만 "접근하기 어려운" 사용자 그룹이 말해줄 수 있는 것은 무엇인가?
- 2x2 도표의 한 가지 장점은 1차원적으로 생각하는 것을 멈추게 해준다는 것이다. 예를 들어, 개발팀은 대다수의 사용자가 두 가지 극단 사이의 어딘가에 있다는 사실을 무시한 채 "전문가"와 "초보자"라는 측면에서 생각한다. 2x2 도표의 축에 붙은 레이블 중 하나 또는 두 개를 어떻게 변경하면 팀이 사용자에 대해 더욱 섬세한 방식으로 생각하도록 도울 수 있을까?

완벽한 참가자 스크리너 작성하기

"사용자를 알아라"는 사용성의 첫 번째 원칙이므로, 사용성 연구에 적합한 사람을 참여시키는 것이 중요하다. 참가자를 선별하기 위한 다음의 8가지 실무 지침은 리서치를 위해 명확하고, 대표적인 참가자를 모집하는 방법을 알려주고, 원치 않는 사람은 신속하게 걸러내고, 그리고 무서운 "노 쇼(no shows)*"를 피할 수 있도록 도와줄 것이다.

몇 년 전 BBC는 가이 고마Guy Goma와 애플 컴퓨터 소송 건에 대한 인터뷰를 진행했다. 고마는 IT 전문가로 소개됐으나 실제로는 면접을 보기 위해 BBC를 방문했다. 연구원은 접수처에 실제 IT 전문가인 가이 큐니Guy Kewney를 남겨둔 채 실수로 그를 데려왔다. 생방송이라는 것을 깨닫고 음악 다운로드와 관련된 질문을 받게 됐을 때 고마의 표정은 아주 인상적이다(유튜브[11]에서 확인할 수 있다).

이 경우, "가이"라는 이름을 가진 것은 인터뷰 참가에 필요조건이지만 충분조건은 아니었다. "참가자 심사"는 가장 적합한 참가자를 찾아내기 위해 모든 후보자를 꼼꼼히 살펴보는 곳이다. 가이 고마는 제외하고 가이 큐니는 통과시키는 곳이다.

훌륭한 참가자 스크리너screener를 위한 8가지 실무 지침은 다음과 같다.

- 인구 통계가 아닌 행동을 심사하라.
- 정확한 질문을 던져라.

* 갑작스런러운 불참 – 옮긴이

- 부적합한 후보자를 초반에 찾아내라.
- 비용 대비 가치가 높은 참가자를 선발하라.
- 참가자 각자의 기대치를 관리하라.
- 스크리너에 대한 파일럿 테스트를 실시하라.
- 노 쇼를 방지하라.
- 모집 회사에 내용을 알려줘라.

인구 통계가 아닌 행동을 심사하라

새로운 제품이나 웹사이트를 접할 때, 사용자의 과거 행동이 인구통계학적 프로필보다 더 정확하게 조작 능숙도를 예측할 것이다.

성별과 같은 인구통계학적 요인은 마케터에게는 중요한 세분화 변수일 수 있지만, 실제 제품을 사용하는 방식에는 거의 영향을 주지 않는다. 마케팅 관리자와 함께 일 하면서 타깃 사용자를 확실히 이해하면서 동시에 마케팅 관리자가 사용자 소득 수준이 아닌 행동 관점에서 사용자를 설명하도록 권장하는 것이 중요하다.

마케팅 담당자가 모호해 보이거나 혹은 사용자를 고차원적인 용어("노트북을 사용하는 사람과 데스크톱을 사용하는 사람, 2가지 고객 그룹이 있습니다")로만 설명한다면 경고 신호를 보내고 현장 리서치를 필수로 제안해야 한다.

어떤 변수를 사용해야 하는가? 웹 프로젝트의 경우, 모든 UX 연구원이 사용하는 2가지 행동 변수는 디지털 기술(내비게이션, 양식 채우기, 검색과 같은 웹 관용구에 대한 사용자의 경험)과 태스크 지식(사진, 주식거래 또는 계보학과 같은 특정 분야에 대한 사용자의 지식)이다. 이 두 가지 요인에 대해 "높음" 또는 "낮음"으로 후보자의 능력을 분류할 수 있도록 스크리너를 디자인하고, 그것에 맞게 사람들을 모집하라.

스크리너에 인구통계학적 질문을 전혀 포함하지 않고 제품 또는 마케팅팀을 통과하는 것은 어려울 수 있다. 이 경우, 인구통계학적 질문을 서베이 마지막에 배치하고 적절한 혼합을 목표로 하라.

정확한 질문을 던져라

디지털 기술의 "높음"과 "낮음"을 구별하고 싶다면 온라인에서 시간을 얼마나 소비하는지만 묻지 마라. 누군가의 "자주"는 다른 사람에겐 "가끔"이다. 대신, 온라인에서 무엇을 하고 있는지, 스스로 하는지 아니면 다른 이의 도움을 받는지를 물어보라. 높은 디지털 기술을 지닌 사람은 아마도 신용카드를 사용해서 물건을 온라인으로 구매하고, 소프트웨어를 다운로드해서 설치하고, 소셜 네트워킹 사이트에 가입하고, 사진을 온라인에서 관리하고, 적극적으로 사생활을 관리하고, 블로그에 의견을 올릴 것이다. 낮은 디지털 기술을 지닌 사람은 이보다 적은 활동을 하거나 친구 혹은 가족 구성원에게 도움을 구할 것이다.

부적합한 후보자를 초반에 찾아내라

대체로 스크리너는 2가지 종류의 질문을 포함한다. 배제 질문("경쟁 회사에서 일하고 계십니까?" 와 같은 질문에 "네"라고 답하는 것처럼 하나의 답변으로 후보를 배제하는 경우)과 균형 질문("높음"과 "낮음" 디지털 기술의 균형처럼, 서로 다른 카테고리에서 균등한 수의 사용자를 모으고 싶은 경우)이다. 이 때문에 스크리너를 일종의 깔때기funnel로 생각하는 것이 도움이 된다. 부적합한 후보를 가능한 한 빨리 걸러내기 위해 배제 질문을 초반에 던져라.

"경쟁 회사에서 일하고 계십니까?"라는 질문에 대한 여담으로, 다음과 형태의 질문으로 시작하는 스크리너를 종종 보아왔다. "당신, 혹은 가족 누군가가 다음의 회사에서 일하고 있나요?" 이 질문을 접하는 모든 후보는 "올바른" 답을 알고, 선발되기 위해 거짓말을 할 수도 있다("긍정적 응답 왜곡"이라고 알려진 프로세스). "어디에서 일하세요?" 혹은 "직장에 대해 말해주세요."와 같이 열린 질문을 던져서 이를 피해라.

종종 후보자가 모든 스크리닝 질문을 통과했지만, 원하는 사람은 아닌 경우가 있다. 예를 들어, 동료 중 한 명은 안경을 파는 웹사이트를 테스트 중이었다. 제품 선택 부분 전까지 사용성 테스트는 원활하게 진행됐다. 알고 보니 실제로 그 참가자는 안경을 고르기 위해 그의 파트너를 안경점에 데리고 갔다고 말했다. 따라서 B2C 웹사이트를 테스트하는 경우에는 참가자가 구매 결정을 내리는지 반드시 확인하라(또는 대안으로, 영향을 미치는 파트너를 테스트에 데려오게 하라).

비용 대비 가치가 높은 참가자를 선발하라

생각말하기think aloud연구를 위한 참가자를 모집 중이라면 수줍어하거나 어눌한 후보자를 걸러내야 한다. 예를 들어, "온라인에서 제품을 구매하는 방법에 대해 말해주세요."와 같은 열린 질문을 스크리너에 포함해서 이를 판단할 수 있다. 하지만 이 요구사항 때문에 너무 많은 예비 후보자, 예를 들어 10대 청소년을 걸러내고 있다면 방법론을 다시 생각해볼 필요가 있을 것이다.

또한 시선 추적 연구를 위해 모집 중이라면 다초점 렌즈, 무테안경, 또는 마스카라 과다 사용자를 제외할 필요가 있을 것이다. 참가자가 마스카라를 많이 바르는지를 묻는 절묘한 방법을 아직 찾지 못했다. 아마도 테스트 당일에는 마스카라를 바르지 말아 달라고 요청하는 것이 가장 쉬운 방법일 것이다.

참가자 각자의 기대치를 관리하라

스크리닝 세션을 시작할 때, 참가자에게 스크리닝 질문에 답하는 것이 리서치 자체가 아니라 리서치 참가를 위한 전제 조건임을 주지시켜라. 스크리너는 실제 거래가 아님을 명확히 하라. 인센티브는 세션을 참가한 뒤에 현금으로 지급된다는 점을 설명하라.

참가자를 모집한 후 세션에 대한 기대치를 관리하라. 소비자 리서치에 대한 대다수의 예상은 포커스 그룹이므로, 일반적인 사용성 세션을 실시할 거라면 개별적으로 인터뷰가 진행될 것임을 분명히 알려라. 또한 세션이 비디오로 녹화될 것이며 동의서와 비밀유지 서약서에 서명이 필요하다는 것을 참가자에게 알려주기에 좋은 시간이다. 이 중 하나라도 걸림돌이 된다면 지금이 그것을 확인하기에 좋은 때다.

동시에 참가자가 테스트에 앞서 미리 준비할 경우에 대비해서 너무 많은 정보를 제공하지 마라. 예를 들어, 빅코BigCo의 웹사이트를 평가할 거라고 말해준다면 그들이 일종의 "연습"을 하기 위해 테스트에 앞서 그 웹사이트에 방문해서 써볼 기회를 제공하는 셈이다. 참가자가 연구의 성격에 대해 안심할 수 있도록 정보를 제공하되 너무 구체적일 필요는 없다.

스크리너에 대한 파일럿 테스트를 실시하라

원치 않는 몇 명의 사람들과 원하는 몇몇을 대상으로 스크리너를 테스트해서 그들이 적절한 "그릇"에 담기는지 확인하라. 그리고, 내부 이해관계자가 나중에 잘못된 참가자를 모집했다고 말하면서 연구의 가치를 무시하지 못하도록 스크리너에 서명하게 해야 한다. 불만스러운 동료가 사용성 연구를 보면서 "어디서 이런 멍청한 사용자를 데려왔어?"라고 묻는다면 빈틈없는 화답을 하고 싶을 것이다.

노 쇼를 방지하라

나타나지 않는 참가자는 연구원 인생의 골칫거리다. 불만스럽고 시간 낭비일 뿐만 아니라 비용이 많이 들고 당혹스럽다. 특히 고위 관리자 몇 명이 관찰실에서 엄지손가락을 만지작거리고 있는 경우에 더욱 그러하다. 어떤 대가를 치르더라도 참가자 노 쇼는 피해야 한다.

다음의 제안을 시도해보라.

- 참가자 모집을 마친 뒤에 그들이 리서치에 얼마나 중요한지를 강조하라. 이런 말이 유용하다. "이 제품은 특히 당신 같은 사람을 위해 설계됐습니다.", "이 리서치에 꼭 필요한 사람이 바로 당신입니다."

- 참가자에게 테스트 장소 지도 및 찾아오는 방법을 안내하라. 테스트 실시가 더 현실적으로 느껴지도록 적절한 편지를 우편으로 송부하라. 그리고 편지가 분실되는 경우를 대비해 동일 정보가 담긴 웹 페이지로 연결되는 링크가 포함된 이메일을 보내라.
- 참가자가 장소를 못 찾거나 늦는 경우를 고려해 전화번호를 제공하라.
- 모든 편지 및 이메일은 "사용성/UX/웹/IT 팀"처럼 얼굴 없는 그룹이 아니라 담당자 명의로 보내게 하라.
- 직접 연락이 가능하도록 참가자의 휴대폰 번호를 받아라. 세션 전날 참가자에게 전화를 걸어서 이슈가 없는지 확인하고 이메일로 안내 사항을 다시 보내라. 테스트 당일에는 세션 시작 시각을 알려주는 문자 메시지를 보내라.

상기 제안을 따르는 것은 도움이 되지만, 보장하는 것은 없다. 따라서 대비책을 준비해 볼 만하다. 첫 번째 참가자가 도착할 때에 맞춰 테스트 장소에 등장해서 마지막 참가자가 도착할 때까지 머무르는 데 동의하는 사람을 뜻하는 "플로터floater"를 모집하라. 플로터 역할은 지루하지만, 보수가 좋다. 일반 참가자의 2배에서 4배까지 지불하게 된다(그들이 읽을만한 잡지와 신문을 넉넉히 준비하라).

중요 프로젝트의 경우, 개별 세션마다 2명의 참가자를 뽑는 중복 모집도 고려해야 한다. 두 명 모두 나타날 경우, 관찰자가 참가자 각각의 스크리너를 검토하고 원하는 사람을 선택하게 하라. 선택된 참가자가 만족스러운지 확인하기 위해 다른 참가자는 시설에 15분가량 머물게 하라. 그러고 나서 대기하던 참가자에게 인센티브를 주고 돌려보내면 된다.

모집 회사에게 내용을 알려줘라

외부 업체를 써서 모집하는 경우, 모집인과 스크리너를 꼼꼼하게 살펴보고 모호한 점이 없도록 하라. 반드시 실제 모집인과 이야기해야 한다. 대다수의 모집 업체는 발품을 많이 팔아야 하는 일을 처리하는 다수의 하청업체를 거느리고 있으므로 관리자가 아닌 실제 담당자를 만나야 한다. 연구에 잘못된 사람을 데려오는 것은 심각한 문제라는 점을 모집인에게 설명하라. 또한, 융통성이 허용되는 질문과 그렇지 않은 질문을 구분해줘야 한다. 이렇게 하면 모집인의 업무를 훨씬 쉽게 만들 것이다.

대표적이지 않은 참가자와의 UX 리서치는 시간과 돈의 낭비다. 절차나 원칙을 무시하는 것은 이치에 맞지 않는다. 이 가이드라인을 사용해서 참가자 모집 프로그램을 준비하고 관리하면 크게 잘못되지 않을 것이다.

UX 연구원처럼 생각하라

- 인구 통계가 아닌 행동에 기초해 모집해야 한다. 사람들은 나이(인구통계학적 특성)가 중요한 모집 기준이라고 생각하는데, 그 이유는 나이가 많은 사용자는 기술에 능숙치 못하고, 그것을 사용할 신체적 능력이 부족하거나 일반적으로 역량이 떨어진다고 믿기 때문이다. 충고를 받아들여 나이를 무시한다면 참가자를 적절히 섞기 위해서 어떤 행동을 대신 사용할 수 있는가?(그런데, 나이와 디지털 역량에 대한 일반적인 가정은 대체로 부정확하다[12]).
- 운전면허를 신청할 예정인 사람을 모집해야 한다고 가정하자. 스크리너에서 어떤 질문을 할 수 있는가? "앞으로 12개월 내로 운전면허를 지원할 생각인가요?" 이것은 행동에 초점을 맞춘 좋은 질문이지만, 기대하는 것을 너무 명확히 드러낸다. 어떻게 하면 이런 질문을 던지는 동시에 예비 후보자가 "그런 척"하지 못하게 연구 목적을 감출 수 있는가?
- 모집 회사는 자체 참가자 패널 중에서 모집하는 경향이 있다. 새로운 사람을 모집하고 더 참여를 원치 않는 사람을 제외해 패널을 최신으로 관리한다. 모집 회사는 소셜 미디어 광고와 같은 채널을 사용해서 사람들을 온라인 등록

양식으로 유도하고, 그 양식을 채워달라고 요청해서 패널을 구축한다. 어떤 편향이 나타나게 되는가? 디지털 기술이 낮은 사람을 특별히 모집하길 원한다면 어떤 어려움이 발생하는가? 소셜 미디어를 아예 쓰지 않거나 온라인 광고 차단 기술을 사용하는 참가자를 어떻게 참여시킬 수 있는가?

- "노 쇼" 방지를 위한 5가지 제안을 제공한다. 사용자에게 효과적일 것 같은 측면에서 순위를 매겨라.
- 어떤 이유에서든 참가자가 부정확하게 모집된 상황을 생각해 보자. 참가자가 모집 요건과 너무 다른 관계로 사용성 테스트에서 활용하는 것은 아무 의미가 없다. 프로젝트 스폰서가 그 참가자를 돌려보내고 더 적합한 다른 참가자를 위해 인센티브를 주지 말고 갖고 있자고 한다면 어떻게 하겠는가? 어떻게 하면 애초에 이런 상황이 생기지 않게 할 수 있는가?

대표 표본에 대한 반론

UX 리서치 참가자의 대표 표본을 참여시키는 것은 좋은 아이디어처럼 들리지만 결함이 있다. 많은 참가자가 필요하고, 애자일 개발 환경에서는 작동하지 않으며, 혁신을 억누르고 소규모 사용성 테스트에서 문제를 발견할 가능성을 감소시킨다. 반복적 디자인과 결합하면, 이론적 샘플링(theoretical sampling)(이론과 데이터 수집이 밀접하게 작동하는 곳)이 좀 더 실용적인 대안을 제공한다.

디자인 리서치 결과를 발표할 때, 누군가가 표본의 인구통계학적 대표성에 대한 의문을 제기할 것이다. "겨우 5명, 많아야 25명의 사람과 이야기해보고 어떻게 수천 명의 고객을 이해할 수 있습니까?"라는 질문을 받게 될 것이다. "그렇게 작은 표본이 더 큰 전체를 대표한다고 어떻게 확신할 수 있습니까?"

이 질문은 인구통계학적 대표성이 디자인 리서치의 중요한 특징이라는 가정에 근거하지만 이 가정은 4가지 이유로 틀렸다. 처음 2가지 이유는 실용적이다.

- 대표 표본은 많은 참가자를 필요로 한다.
- 애자일 개발 환경에서는 대표 표본을 얻기 힘들다.

그리고 남은 2가지 이유는 방법론적이다.

- 대표 표본이 혁신을 억누른다.
- 대표 표본은 소수의 사용자에게 영향을 미치는 사용성 문제를 발견할 가능성을 감소시킨다.

이를 차례로 살펴보자.

대표 표본은 많은 참가자를 필요로 한다

인구통계학적 대표성에 대항하는 명백한 논거는 대부분의 디자인 리서치에서 지나치게 큰 표본 크기를 야기한다는 점이다. 예를 들어, 인구통계학을 대표하는 표본을 준비하려면 성별(남성과 여성), 분야 지식(전문가와 초보자), 기술 지식(디지털 능숙자와 디지털 초보자), 사용 기기 유형(데스크톱과 모바일), 지리적 위치(도시와 교외), 나이(X세대와 밀레니얼)및 제품에 중요한 추가적인 특징에 대한 균형을 목표로 할 것이다. 이러한 특징을 기본적으로 다루기 위해서는 큰 표본 크기가 필요할 것이다.

예를 들어, 앞에서 열거한 특징을 고려하면 목표 인구통계를 대표하는 한 사람을 얻으려면 64개의 표본이 필요할 것이다.

- 대표적인 인구통계학적 샘플을 얻기 위한 64명의 참가자는 32명의 남성과 32명의 여성으로 구성된다.
- 32명의 남성은 16명의 분야 전문가와 16명의 분야 초보자로 구성된다.
- 16명이 남성, 분야 전문가는 8명의 디지털 능숙자와 8명의 디지털 초보자로 구성된다.
- 8명의 남성, 분야 전문가, 디지털 능숙자는 4명의 데스크톱 참가자와 4명의 모바일 참가자로 구성된다.
- 4명의 남성, 분야 전문가, 디지털 능숙자, 데스크톱 참가자는 2명의 도시 참가자와 2명의 교외 참가자로 구성된다.
- 2명의 남성, 분야 전문가, 디지털 능숙자, 데스크톱, 도시 참가자는 1명의 X세대와 1명의 밀레니얼 참가자로 구성된다.

그리고 그 한 참가자가 어딘가 다르고, 대표적이지 않은 방식으로 특이하다면? 한 참가자가 하나의 세그먼트를 대표할 수 있는가? 모든 것이 "대표성" 이슈를 종결시킨 것처럼 보인다. 각 세그먼트의 표본 크기를 1명에서(예를 들어)5명으로 키우는 것(보다 대표성을 갖추기 위해)은 이제 320명의 표본 크기가 필요하다는 뜻이다. "대표성"을 더 강화하면 표본 크기는 아주 빨리, 급격하게 증가한다.

이는 디자인 리서치에 알맞지 않다.

대표 표본은 애자일과 잘 맞지 않는다

대표 표본이 비실용적인 두 번째 이유는 애자일 개발과 함께 작동하지 않기 때문이다. 이전 절에서 본 64명의 표본 크기를 떠올려라. 이는 리서치 문제를 미리 정의하고 솔루션 도달 방법을 정확하게 계획하는 세상에 속한다. 현대적인 소프트웨어 개발팀에서는 요구사항이 고정될 수 없기 때문에 이렇게 일할 수 없다. 대신에 개발팀은 반복에 의존하는데, 이는 UX 연구원으로서 채택해야 하는 것과 동일한 접근법이다.

도움을 주기 위해 정성적qualitative 연구원이 사용하는 참가자 모집에 대한 다른 접근법을 시도해 볼 수도 있다. 이 접근법은 통계학적 샘플링을 위해 연구원이 사용하는 기준과는 매우 다르다. 특히 정성적 연구원은 참가자를 무작위로 선발하지 않는다. 그 대신 이론과 데이터 수집이 밀접하게 움직인다. 정성적 연구원은 데이터를 수집하고 분석하는 동시에 다음에 수집할 데이터와 포함할 참가자를 결정한다. 다시 말해서, 데이터 수집 과정은 전체 스토리에 대한 연구원의 새로운 이해에 따라 제어된다. 이 샘플링 기법은 "이론적 샘플링"이라고 알려져 있다.

이것은 UX 연구원이 새로운 인사이트의 기대 수준에 따라 개인, 그룹 등을 선택해야 한다는 것을 의미한다. 이미 수집한 데이터의 맥락에서 볼 때, 가장 큰 인사이트를 제공할 참가자를 찾길 원한다.

애자일 팀과 작업하는 스프린트에 이 접근법을 어떻게 적용할 수 있는지는 쉽게 알 수 있다. 모든 리서치를 미리 수행하기보다는, 팀의 진전을 돕는 데 필요한 만큼의 리서치만 수행한다. 표본 크기와 그것의 대표성은 프로젝트의 성장에 맞춰 증가한다.

대규모 표본 크기가 필요하고 애자일 작업 방식과 맞지 않는다는 대표성과 관련한 2가지 실질적 이슈는 중요하다. 하지만, 비평가가 말하는 포인트를 충분히 다루지 않는다. 실용적인 리서치 방법이 좋긴 하지만, 조잡한 리서치에 대한 방어책으로 현실성이 없는 일을 사용할 수 없다.

하지만 이슈는 이게 다가 아니다.

방법론적인 이슈도 있다. UX 리서치에서 "대표" 표본을 목표로 하는 것은 혁신을 억누르고 소규모 사용성 테스트에서 문제를 발견할 가능성을 감소시킨다. 이제 그 이슈로 넘어가자.

대표 표본이 혁신을 억누른다

대표 표본의 3번째 문제는 혁신을 억누른다는 것이다. 발견 단계의 리서치에서 혁신하고 새로운 제품 아이디어를 떠올리려고 할 때, UX 연구원은 목표 고객을 알지 못한다.

잠시 멈춰서 이 말을 충분히 생각해보라. 목표 고객을 알지 못한다. 아니면 기껏해야 어렴풋이 알고 있다. 아무런 고객도 없기 때문에 선택 가능한 사람들의 목록도 없다. 어쩌면 제품도 없을 수 있다. 실제로 발견 단계에서 UX 연구원의 역할 중 일부는 팀에서 "제품"이라고 생각하는 것에 의문을 제기하는 것이다. UX 연구원의 역할은 개발팀이 제품을 넘어서 사용자의 맥락을 보고, 사용자의 충족되지 않은 니즈와 목표, 동기를 이해하도록 돕는 것이다.

최종 고객이 누가 될지 모르기 때문에 어떤 식으로든 표본 조사는 불가능하다. 마치 15년 뒤에 전기차를 운전할 사람을 표본 조사하려는 것과 같다. 기존 제품을 사용하는 고객 목록을 갖고 있다고 해도,

그들에겐 이미 변화가 생겼기 때문에 발견 리서치에서 이 사람들**만** 사용할 수는 없다. 이미 니즈가 충족된 사람들과 이야기 나누는 것이므로 혁신 가능성을 감소시킨다.

대신, 진정으로 혁신적으로 되기 위해서는 디자인하는 경험의 경계와 대략적인 모습을 알아내야 한다. **고객**에 대한 예측보다는 혁신적인 발견 리서치를 통해 **경험**을 예측하려고 노력하라. 무슨 일이 일어나고 있는지 이해하기 위해 테스트와 가설을 만들고 있다.

내가 좋아하는 사례 중 하나는 IDEO에서 나온 것이다. IDEO에서는 새로운 샌들을 디자인하고 있었다. IDEO는 발 치료사, 발 페티시스트와 같이 특이한 사람을 특별히 표본에 포함해서 이들로부터 무엇을 배울 수 있는지 알아보고자 했다. 이것이 내가 말한 리서치 영역의 경계를 이해하는 것이다.

대표 표본은 소수의 사용자에게 영향을 미치는 사용성 문제를 발견할 가능성을 감소시킨다

사용성 테스트와 관련해 동일한 방어 논리를 사용할 수 없다. 이제 고객의 대략적인 모습을 알고 있다. 전문 음악가를 겨냥한 헤드폰의 사용성 테스트에 10대 음악 팬을 참여시키는 것은 어리석은 일일 것이다. 참가자를 그들이 수행하는 태스크와 일치시킬 필요가 있다.

하지만 사용성 테스트에는 일반적으로 소수의 참가자가 포함된다는 점을 기억하라(5명이 업계 표준[13]이 됐다). 그 이유는 5명의 참가자로 사용자 세 명 중 한 명에게 영향을 미치는 문제를 찾아낼 확률이 85%에 이르기 때문이다. 그러나 몇 가지 중요한 사용성 문제는 소수의 사용자에게만 영향을 미친다. 일부 시스템에서는 5명의 참가자로 테스트하는 것이 전체 문제의 10%만 발견할 수 있다. 나머지 90%의 문제가 사용자 전체의 1/3 미만에 영향을 미치기 때문이다(이 부분은 다음 에세이에서 더 자세히 다루겠다).

사용성 테스트를 최대한 활용하기 위해서는 제품에서 문제를 겪을 가능성이 더 높은 참가자를 포함해 표본을 편향되게 만드는 것이 타당하다. 이러한 유형의 사람은 보통 사람보다 디지털 친숙도가 낮고 해당 분야에 대한 전문성이 떨어질 수 있다.

이는 사용성 테스트 표본 중에 기술적으로 숙련된 사람이 너무 많아지는 것을 피하길 원한다는 것을 의미한다(그들이 고객을 대표한다고 하더라도). 이러한 유형의 참가자는 당신이 던지는 대부분의 기술적 수수께끼를 해결할 수 있기 때문이다. 오히려 디지털 기술과 분야에 대한 전문지식이 부족한 사람들에게 표본을 **적극적으로 편향**시켜야 한다. 이러한 사람들을 표본에 포함하면 낮은 비율의 사용자에게 영향을 주는 문제를 발견할 가능성이 크게 높아질 것이다. 이렇게 하면 5명의 참가자를 최대한 활용할 수 있다.

확실히 하자면 제품을 완전 초보자와 테스트해야 한다고 말하는 것이 아니다. 사용성 테스트 참가자는 테스트 중인 제품의(잠재적)사용자여야 한다. 제품이 항공 관제사를 목표로 한다면 거기서 참가자 표본을 구해야 한다. 하지만 작은 표본을 최대한 활용하려면 평균보다 분야 지식이 적거나 디지털 기술이 떨어지는 항공 관제사를 모집하라. 즉, 벨 곡선bell curve에서 좌측으로 표본을 편향시켜라.

비대표성에 대한 방어 수단은 반복 디자인이다

리서치 라운드에 참석한 모든 사람이 중요한 부분에서 대표적이지 않을 가능성은 언제나 있다(없을 것 같지만 통계적으로 가능하다). 이로 인해 개발팀은 옆길로 새고 프로젝트가 궤도를 벗어날 위험에 직면할 것이다. 예를 들어, 사용성 테스트에 평균보다 디지털 친숙도가 낮은 참가자를 모집하는 것은 실제로 존재하지 않는 사용성 문제를 실수로 보고하는 거짓 양성false positives으로 이어질 수 있다. 왜 이것은 더 큰 문제가 되지 않는가?

이것이 심각한 이슈가 아닌 이유는 반복적인 디자인의 힘 때문이다. 리서치에 작은 표본의 참가자를 포함하고 그 결과에 기반해 디자인 결정을 내린다. 결정 중 일부는 맞고, 일부는 틀릴 것이다(거짓 양성). 하지만 반복적인 디자인을 사용해서 거기서 멈추지 않는다. 이러한 결정은 현장 방문 혹은 프로토타입 제작을 통해 테스트하는 새로운 가설로 이어진다. 이번 2차 리서치 라운드에서는 또 다른 소규모 참가자 표본을 포함하는데, 이전과는 분명 다른 표본이다. 이것은 앞선 리서치 세션에서 했던 좋지 못한 결정을 식별하고, 좋은 판단은 강화하는 데 도움을 준다. 반복하고 다시 리서치한다. 이렇듯 반복적인 디자인은 리서치 결과를 바탕으로 심각한 실수를 저지르는 것을 방지하는 방법론이다. 이는 실험 방법의 힘을 활용해서 UX 리서치 오류를 제거하기 때문이다.

UX 연구원으로서의 목표는 대표 **표본**을 전달하는 것이 아니라 대표 **리서치**를 전달하는 것이다. UX 연구원은 반복적인 디자인을 이론적 샘플링과 결합해 이를 달성할 수 있다.

UX 연구원처럼 생각하라

- 조언을 따라 리서치 라운드에 모든 참가자가 명백한 인구통계학적 편향을 갖고 있다고 가정해보라(예: 모든 참가자가 동일한 성별이거나 나이가 40세 이상이다). 이러한 편향이 중요치 않다고 개발팀을 설득하는 데 이 에세이의 어떤 논의가 가장 효과적인가?
- 인구통계학적 대표성이 UX 리서치 결과에는 중요치 않다는 점을 받아들인다면 리서치 결과에 개발팀이 더 귀를 기울이게 만든다는 이유로 균형을 잡기 위해 노력해야 한다는 주장이 여전히 존재하는가? 이러한 인정은 이후 리서치 라운드에서 어떤 문제로 이어지는가?
- 이 접근법의 핵심 방어 논리는 반복적인 디자인과 테스트가 리서치 오류를 제거하리라는 것이다. 참가자가 5명인 한 차례의 리서치는 분명 반복적이지 않다. 그렇다면 몇 차례의 리서치가 충분한가? 어떻게 일하는 방식을 바꿔야 리서치 라운드 횟수를 2배 혹은 4배로 늘릴 수 있는가?
- 예를 들어 표준보다 낮은 분야 지식을 가진 참가자를 포함하는 것처럼 벨 곡선의 좌측으로 표본을 편향시키길 원한다면 참가자를 찾는 방법은 무엇인

가? 이런 유형의 후보자를 선별하기 위해서 스크리너에서 어떤 질문을 던질 수 있는가?

- 인구통계학적인 균형을 추구하는 것이 표본 크기를 디자인 리서치에 필요한 것 이상으로 얼마나 빨리 증가시킬 수 있는지를 보여주는 예제를 제공했다. 이것을 화이트보드에 스케치하는 것은 개발팀이 균형 잡힌 표본에 대한 요구를 재고하게 만드는 설득력 있는 방법이다. 제품을 위해 예제를 재현하고자 한다면 개발팀이 참가자 표본에서 균형 잡길 기대하는 인구통계학적 요인은 무엇인가?

더 적은 참가자로 더 많은 사용성 문제를 찾는 방법

사용성 테스트에서 일반적인 믿음은 다음과 같다.
"5명의 참가자만 있으면 사용성 문제의 85%를 찾을 수 있다."
이 말이 왜 근거 없는 믿음인지를 이해하면 사용성 테스트에서 발견하는
문제의 수를 늘리는 데 도움이 되는 아이디어를 내는 것이 더 수월해진다.

데이비드는 초중반 경력의 UX 연구원과 일하는 데 많은 시간을 보낸다. 그는 여러 기술 중에서 사용성 테스트 수행 방법에 관해 지도한다. 그들의 지식수준을 확인하기 위해 초반에 던지는 질문이 있다. "사용성 테스트에 몇 명의 참가자를 필요하나요?"

아니나 다를까, 그들은 5가 마법의 숫자라는 것을 들어봤다. 좀 더 경력이 많은 사람 중 일부는 더 나아가 이렇게 말한다. "5명의 참가자만 있으면 사용성 문제의 85%를 찾을 수 있어요." 모두가 85%라고 말하진 않는다. 80%라고 하는 사람도 있고, "거의 다."라고 말하는 사람도 있다.

이 믿음이 널리 퍼져 있긴 하지만, 근거 없는 믿음이다. 5명의 참가자로 테스트하면 시스템의 사용성 문제의 85%를 찾지 못할 것이다. 5명의 참가자로 테스트하는 것은 전체 사용성 문제의 극히 일부만 찾아낼 가능성이 매우 높다.

마법의 숫자 5라는 근거 없는 믿음

근거 없는 믿음은 원래 리서치와 관련된 문제가 아니라 리서치가 해석된 방식에 기인한다. 그 표현에는 중요한 단서가 필요하다. 올바른 공식은 "5명의 참가자는 사용자 3명 중 1명에게 영향을 주는 사용성 문제의 85%를 찾기에 충분하다."

처음 읽으면 이 말은 현학적인 것처럼 들릴 수 있다. 그러나 사실 참가자의 수를 늘리거나 또는 늘리지 않고 테스트에서 더 많은 사용성 문제를 찾을 수 있는 방법을 이해하는 것은 대단히 중요하다.

이것이 사실이라는 것을 설명하기 위해 인터페이스에는 하나의 사용성 문제가 있다고 가정하라. 사람들이 양식에 숫자를 입력하기 위해 사용하는 신기한 유형의 슬라이더slider가 있다고 해보자. 슬라이더는 숫자 입력에 좋은 방식이 아니며, 어떤 사람은 힘겹게 그걸 사용할 것이다. 이 문제를 발견하기 위해 테스트에 필요한 참가자 수는 몇 명인가?

답은 상황에 따라 다르다. 얼마나 많은 참가자에게 영향을 미치는가에 달려 있다. 어떤 사람들에게는 사용성 문제가 이슈가 되지 않을 수 있다. 그들은 기술에 정통하고, 쉽게 조작법을 찾아낼 것이다. 다른 사람들에게는 사용성 문제가 태스크 수행에 방해가 될 수 있다. 그들은 슬라이더를 어디서부터 손대야 할지 모를 수도 있다.

사용성 문제가 모든 개별 사용자에게 영향을 미치는 경우는 드물어서 질문을 다듬어서 던져야 한다. "사용자 중 **일정한 비율**에 영향을 미치는 문제를 찾기 위해 얼마나 많은 참가자를 테스트해야 하는가?" 연구원은 일반적으로 이 비율을 31%[14]로 정한다. 계산 편의를 위해 사용자 3명 중 1명이라고 부르자.

이제 테스트를 해보자.

첫 번째 사용자가 들어왔다. 정의한 바에 따르면 문제를 발견할 확률은 1/3이다. 두 번째 사용자가 들어왔고 문제 발견 확률은 1/3이다. 세 번째 사용자가 들어왔고 문제 발견 확률은 1/3이다. 3명의 참가자를 테스트했으니 문제를 찾았다고 생각하겠지만 확률은 그렇게 작동하지 않는다. 동전 던지기와 같다. 동전 앞면이 나올 확률은 50%지만, 앞면이 나오기 위해 동전을 2번 이상 던져야 할 수도 있다. 확률의 작동 방식 때문에 사용자 3명 중 1명에게 영향을 주는 문제를 찾기 위해 실제로는 3명이 넘는 참가자와 테스트를 해야 한다.

몇 명이나? 다시 말하지만, 정확한 답은 없으며 확률에 기반해야 한다. 말할 수 있는 것은 5명의 참가자와 테스트하면 사용자 3명 중 1명에게 영향을 주는 문제를 찾을 확률은 85%다(더 자세히 알고 싶다면 제프 사우로Jeff Sauro가 쓴 글에 확률 이해를 위해 사용 가능한 계산기가 포함돼 있다[15]).

몇 가지 중대한 사용성 문제는 소수의 사용자에게 영향을 준다

이것이 중요한 이유는 일부 중요한 사용성 문제는 소수의 사용자에게 영향을 미치기 때문이다. 입력 양식 필드 안에 있는 힌트 텍스트가 그 예다. 어떤 사람들은 입력 필드 안에 힌트 텍스트를 착각해서 이미 필드가 채워졌다고 생각한다. 다른 사람들은 그 텍스트를 지우려고 시도하면서 혼란스러워한다. 대부분의 사람(말하자면 90%)에게는 문제가 되지 않는다. 하지만 이 같은 문제를 경험한 10%의 사용자에게는 양식을 완성하기 위해 정말로 애쓰고 있다는 것을 의미한다.

광범위한 사용자가 사용할 시스템(예: 정부 시스템)을 디자인한다면 이것은 정말 중요하다. 문제가 사용자 3명 중 1명이 아니라 10명 중 1명에게 영향을 미친다면? 그 문제를 찾기 위해 몇 명의 참가자를 테스트해야 하는가? 18명을 테스트해야 85%의 확률로 그 문제를 찾을 수 있다고 밝혀졌다.

따라서 5명의 참가자로 시스템에서 모든 문제의 85%를 찾겠다는 것은 완전히 리서치를 잘못 표현한 것이다. 어떤 시스템에서는 5명을 테스트하면 전체 문제의 5%만 찾을 수도 있다. 나머지 95%는 사용자 3명 중 1명 미만에 영향을 미치기 때문이다.

사용성 문제를 발견할 확률 높이기

작은 표본이 불만족스럽고 더 큰 표본으로 사용성 테스트를 진행할 필요가 있다고 생각한다면 두려워 마라. 참가자 수를 늘리지 않고도 더 많은 문제를 발견할 방법이 있다. 3가지 아이디어는 다음과 같다.

- 디지털 기술이 미흡한 사람을 표본에 포함해라. 다시 말해, 디지털에 능통한 사람만 모집하지 마라. 디지털 기술이 부족한 사람을 포함하면 적은 비율의 사용자에게 영향을 주는 문제를 찾을 가능성이 훨씬 더 커진다. 이는 벨 곡선의 좌측에서 사람을 모집하는 것에 관한 지난 에세이에서 소개한 아이디어다.
- 참가자에게 더 많은 태스크 수행을 요청하라. 사용자가 시도하는 태스크의 수는 사용성 테스트에서 문제 발견에 중대한 요소로 판명된다.[16]
- 개발팀 구성원 중 몇몇이 테스트를 관찰하게 하고 그들이 찾은 문제를 별도로 기록하게 하라. 리서치에 따르면 다른 관찰자가 찾은 주요 사용성 문제를 놓칠 확률은 50대 50이라고 한다.[17]

그런데도 더 많은 참가자를 테스트하고 싶다면 브라보! 하지만 많은 참가자와 함께 한 번의 큰 테스트를 진행하는 것보다 소규모 표본으로 여러 차례 사용성 테스트를 실시하는 것을 권장한다(아마도 스프린트마다 매번). 테스트가 반복적인 디자인 프로세스(문제를 발견하고 해결하고 다시 테스트하는 과정)의 일부라면 결국에는 5명의 표본으로 사용자 3명 중 1명 미만에 영향을 미치는 몇 가지 문제들을 찾기 시작할 것이다.

UX 연구원처럼 생각하라

- "5명의 참가자만 있으면 사용성 문제의 85%를 찾을 수 있다"라는 말이 어디가 틀렸는지 설명할 수 있는가?
- 일부 중요한 사용성 문제는 소수의 사용자에게 영향을 미친다는 점을 지적한다. 의료기기처럼 실제 사용자 오류가 치명적일 수 있는 제품의 사용성 테스트를 진행한다고 상상해보라. 리서치를 여러 차례 실시한다고 하면 5명의 참가자를 쓰는 것을 계속해서 받아들일 수 있는가? 왜 그런가? 혹은 왜 그렇지 않은가?
- 이번 에세이에서는 디지털 친숙도가 낮거나 관련 지식이 부족한 참가자를 포함하는 것을 권장하는 예를 들었다. 이러한 유형의 참가자가 개발팀에서 처음 접한 사용자라면 권고에 따른 위험은 무엇인가? 이러한 위험을 어떻게 경감시킬 것인가?
- 얼마나 많은 사용성 문제가 제품에 존재하는지 알 수 없는 것을 고려하면 "충분한" 사용성 테스트를 완료한 시점을 어떻게 판단할 수 있는가?
- 일반적으로 개발팀에서 처음 사용성 테스트를 시작하면 개발 후반에 한 차례 실시하는 경향이 있다. 경험이 더 많은 팀은 소규모 사용성 테스트를 계획하지만, 가장 정교한 팀은 권고한 것처럼 스프린트마다 세션을 진행한다. 당신의 개발팀은 이 범위에서 어디쯤 위치하는가? 어떻게 팀에서 더 자주 사용성 테스트를 수행하도록 설득할 수 있는가?

사용자와의 첫 번째 리서치 활동 결정하기

제품에 대한 실제 사용자 니즈가 있는지 확인하고 싶을 때, 시스템이 사용되는 환경을 이해하고 싶을 때, 그리고 사람들이 일상에서 제품을 어떻게 사용하는지 알고 싶을 때 사용성 테스트는 적절치 않은 리서치 방법이다. 그렇다면 왜 대개 사용성 테스트를 팀의 첫 번째 UX 리서치 활동으로 추천하는가?

UX 리서치는 어느 정도는 과학적인 활동이다. 가설을 세우고 데이터 수집을 통해 가설을 테스트한 다음 결과를 감안해 가설을 수정한다. 그러나 과학과 달리 UX 리서치는 **정치적인** 활동이기도 하다. 예를 들어 일부 조직은 UX 리서치, 그리고 사용자 경험 분야 전체를 잠시 스쳐 지나가는 트렌드나 유행으로 치부한다. 일부 관리자는 UX 리서치가 필요하다는 것을 확신할 필요가 있다. 그리고 일부 개발팀은 UX 연구원이 온종일 무엇을 하는지 이해하지 못한다.

UX 리서치의 정치적인 문제는 개발팀이 전문가 리뷰를 의뢰해 사용자 경험 여정을 시작하는 것을 선호하는 이유를 설명할 수도 있다. 전문가 리뷰는 사용자를 포함하지 않는다. 대신 소수의 사용성 전문가가 우수 사례와 비교해 디자인을 평가한다. 전문가 리뷰가 개발팀에 매력적이라고 생각한다. 단순히 빠르고 저렴할 뿐만 아니라 팀이 사용자와 접촉할 필요가 없기 때문이다. 사실 실제 사용자가 포함되지 않았지만, 개발팀은 "사용성 완료"라고 주장할 수 있다. 또한, 팀은 전문가 리뷰에서 나온 중요한 결과도 "컨설턴트의 견해"일 뿐이라고 일축하기 쉽다. 사용자의 행동을 무시하는 것이 훨씬 더 어렵다.

"사용자 경험 리서치"가 리서치에 사용자를 포함해야 한다는 것을 시사하는 것을 고려하면 가장 (과학적으로) 논리적인 UX 리서치는 디자인 초기 단계에서의 현장 방문이다. 현장 방문은 사용자 니즈에 관한 가설을 테스트할 기회를 제공한다. 하지만 위에서 묘사한 환경에 놓여있다면 결정은 논리가 아니라 감정에 기초해야 한다. 이 질문에 답해보자. **어떤 UX 리서치 활동이 이 조직을 사용자 중심적으로 만드는 데 가장 큰 영향을 미칠 것인가?**

경험에 따르면 다음의 5가지 이유로 대답은 대개 사용성 테스트가 된다.

- 비즈니스 목표를 파악하게 된다.
- 주요 사용자 그룹을 확인하게 된다.
- 주요 태스크를 밝히게 된다.
- 이해관계자를 정리하게 된다.
- 조직 내에 UX 리서치에 대한 욕구가 있는지 규명하게 된다.

비즈니스 목표를 파악하게 된다

사용성 테스트를 실행하려면 제품의 비즈니스 목표를 알아야 한다. 그렇지 않으면 테스트의 초점을 어디에 두어야 할지 알 수 없기 때문이다. 이것을 통해 비즈니스가 달성하고자 하는 것은 무엇인가? 회사 내 다양한 비즈니스 사업부가 경쟁적이고, 모순되거나 일관성 없는 비즈니스 목표를 갖는 것은 드문 일이 아니다. 따라서 이 질문에 대한 직접적인 답을 얻는 것은 추후 관여하는 UX 리서치 및 디자인 활동에 있어서 아주 중요하다.

이 점을 확실히 이해하기 위해서는 앞선 조언(2장의 '효과적인 이해관계자 인터뷰 수행하기' 참조)을 이용하고 **솔루션을 제거하라**. "테스트를 실시하지 않는다면 주요 비즈니스 위험은 무엇일까?"라고 질문을 던져라.

주요 사용자 그룹을 확인하게 된다

개발팀이 제대로 기능을 하지 못하는 경우가 많다. 자신이 만들고 있는 제품을 누가 쓸지 아무도 모르지만, 동시에 아무도 그걸 문제라고 인정하고 싶어 하지 않는 일종의 집단 사고에 시달리는 것은 그들에게 흔한 일이다. 누군가가 이것을 사용할 거라는 일반적인 믿음이 있고, 그렇지 않으면 "경영진"이 프로젝트를 중단시킬 것이다. 사용성 테스트를 실시하려면 주요 사용자 그룹을 명확하게 기술할 필요가 있으며, 그렇지 않으면 테스트를 위해 누굴 모집해야 하는지 알 수 없다. 그리고 심리치료사가 문제 가정이 언급하기 꺼리는 문제를 직시하게 만드는 것과 동일한 방식으로 테스트를 계획할 것이다(주요 사용자 그룹 확인에 대한 몇 가지 제안은 2장 앞부분의 'UX 리서치를 위한 사용자 그룹 찾기' 참조).

주요 태스크를 밝히게 된다

개발팀이 완료하고자 하는 기술 업무가 밀려 있고, 적체가 너무 심해질 때 누군가가 목록에 "사용이 간단함"을 추가하는 것을 보게 될 것이다. 하지만 "간단함"은 기능이 아니다. 제품에 "간단함"을 포함할 수는 없다. 복잡성을 제거해야 한다.

이를 달성하기 위해서는 핵심 태스크를 파악하고 개발 중에 그 태스크에 초점을 유지해야 한다. 이러한 초점을 가진 개발팀은 거의 없다. 개발 프로세스는 사용자가 수행하는 태스크가 아니라 별개의 기능과 특징을 코딩하는 것에 초점이 맞춰져 있기 때문이다. 사람들에게 기능을 **써보라**고 요청하는 것으로는 사용성 테스트를 진행할 수는 없다. 대신에 몇 가지 기능을 사용해야 하는 **태스크 수행**을 요청해야 한다. 팀에 핵심 태스크 확인을 요구하는 것을 통해 개발 프로세스를 완전히 뒤집어 생각하게 하고, 사용자 중심적으로 만들게 된다.

이해관계자들을 정리하게 된다

사용성 테스트가 진행 중이라는 소식을 사람들이 듣게 되면 처음에는 조직에서 가장 유명한 사람이 됐다고 생각할 것이다. 한 번도 들어본 적이 없는 사람들, 가끔은 직함에 "부사장"이 포함된 사람들로부터 메시지가 올 것이다. 그들은 왜 이 일을 하고 있는지, 누가 이 일을 승인했는지, 왜 우리 고객과 이야기하고 있는지, 산출물은 무엇인지 그리고 왜 세일즈 총괄(어쨌든 세일즈 팀원은 고객과 매일 대화한다)과 그냥 대화하면 안 되는 것인지를 알고자 할 것이다. 이들은 테스트를 진행하면 안 되는 수많은 이유를 제공할 수도 있다. 불쾌하게 느껴지겠지만, 이는 향후 어떤 UX 리서치를 하던간에 반드시 극복해야 할 장애물이다.

조직 내에 UX 리서치에 대한 욕구가 있는지 규명하게 된다

사용성 테스트 실시를 승인받지 못한다면 현장 방문과 같은 심층적인 UX 리서치 실시에 대한 승인도 받지 못할 것이다. 하지만 승인을 받고 나면 더 "논리적인" UX 리서치 활동을 수행하기가 훨씬 쉬워질 것이다. 사용성 테스트는 UX 리서치에 대한 개발팀의 욕구를 간파할 수 있게 해준다. 개발팀을 사용성 테스트 관찰(하다못해 하이라이트 동영상 시청)로 이끄는 것이 현장에 함께 나가기보다 쉽다. 사용성 테스트 동영상조차 보려 하지 않는다면 수없이 설득해야 한다. 어쩌면 다른 UX 리서치 자리를 찾아야 할 때가 됐는지도 모른다.

이 에세이를 읽고 나면 망치를 들고 못으로 가득한 세상을 바라보는 사람이 된 듯하다는 것을 알게 된다(스크루드라이버가 더 나은 도구가 될 수도 있다). 따라서 남들을 명확히 이해시키지 못한 경우라면 UX 리서치 활동으로 사용성 테스트만 해서는 안 된다고 생각한다. 그러나 사용자 경험에 첫 단계를 밟고 있는 조직에 있다면 사용성 테스트는 대부분의 경우 맨 먼저 시도하기에 가장 좋은 UX 리서치 활동이다.

UX 연구원처럼 생각하라

- 조직 내 문화를 바꾸고 향후 "올바른" UX 리서치를 할 수 있는 기틀을 마련하는 데 도움을 준다면 "잘못된"(혹은 적어도 차선의)UX 리서치를 수행하는 것이 도덕적으로 옳은 것인가?
- 사용자 니즈 파악을 위한 현장 리서치가 누락된 상태에서 사용성 테스트를 실행할 경우에 발생할 수 있는 잠재적인 결과는 무엇인가? 사용성은 뛰어나지만 아무도 원치 않는 제품이 탄생할 수 있는가? 현장 리서치가 이러한 문제를 줄이는 유일한 방법인가? 혹은 사용성 테스트에서 여전히 약간의 인사이트를 얻을 수 있는가?
- 사용성 테스트는 표면적 타당성이 높기 때문에 UX 리서치 중독으로 이어지는 초기 약물에 비유돼 왔다. 한 가지 위험은 개발팀이 사용성 테스트를 유일한 UX 리서치 방법으로 보기 시작할 수 있다는 점이다. 개발팀이 사용성 테스트와 함께 다른 UX 리서치 방법을 사용하도록 장려하기 위해서 어떤 주장을 펼치겠는가?
- 개발팀 구성원이 사용성 테스트 참관을 거부하면서 "UX 연구원이면 고쳐야 할 거나 말해줘요"라고 말하는 상황을 어떻게 처리하겠는가?
- 데이비드는 사회생활 초기에 부사장으로부터 리서치 프로그램(미디어의 관심을 받았던)의 명분을 설명해달라는 간단한 전화를 받았다. 부사장은 기술적인 부분에 대해서는 전혀 지식이 없었지만(심지어 관심도 없었다), 쉽게 말해서 회사에서 왜 이런 리서치를 하고 있는지 알고 싶어 했다. 회사의 고위 관리자로부터 비슷한 전화를 받고 리서치를 해명하는 데 60초의 시간이 있다면 뭐라고 말하겠는가?

3

사용자 경험 리서치 수행하기

리서치 참가자에게 사전동의 받기

사전동의를 받는 것은 사회과학의 초석이다. 하지만 UX 연구원이 이를 제대로 진행하지 않는 경우가 종종 있다. 그들은 동의에 대해 적절히 설명하지 못한다. 동의서와 비밀유지서약서를 혼동하고, 동의서와 인센티브를 혼동한다. 동의를 얻는 방법을 개선하면 수집 데이터도 향상된다. 참가자들이 더 개방적이 되고, 이로 인해 UX 연구원도 더 공감할 수 있기 때문이다.

UX 연구원으로서 참가자에게 해를 끼치지 않도록 해야 할 윤리적 의무를 지닌다. 사전동의는 연구참가자가 리서치 참여 희망 여부를 현명하게 결정할 수 있도록 돕는 절차다.

사전동의를 얻어야 하는 이유

첫 반응은 "어떻게 사용성 테스트가 해를 끼칠 수 있지?"일 것이다.

사용성 테스트는 누군가에게 신체적 손상을 입힐 것 같지 않은 것이 사실이다(박스 포장에 적힌 경고에도 불구하고 80kg이 나가는 대형 포맷 프린터를 직접 들어 올리려고 했던 참가자를 데이비드가 예전에 보긴 했다). 하지만 사용성 테스트는 참가자에게 심리적 고통을 줄 수 있다. 예를 들어, 다음과 같은 경우에 참가자는 어떤 느낌이 들겠는가?

- 참가자가 제품에 대해 악담을 퍼붓는 동영상을 연구원이 회의 때 틀어주는가?
- 참가자가 웹 페이지에서 적절한 옵션을 찾으려고 노력할 때, 관찰실에서 사람들이 웃는 소리가 들리는가?

- 인터페이스가 너무 쓰기 어려워서 참가자가 좌절하고 결국엔 눈물을 흘리는가?

이는 지어낸 시나리오가 아니다. 3가지 상황 모두를 실제로 목격했다.

현장 리서치를 수행할 때에도 비슷한 윤리적 문제에 직면한다. 참가자는 당신이 기록한 노트, 사진 및 동영상이 어떻게 사용될지 알 권리가 있다. 누가 이 정보를 볼 것인가? 참가자의 의견은 익명으로 처리될 것인가? 동영상에 참가자 얼굴이 나온다면 익명성을 어떻게 보장할 것인가?

윤리적 요건은 물론 법적 의무도 있다. 미국 인권법 8조는 사생활 및 가정생활에 대한 권리를 보장한다. 여기에는 개인 및 기밀 정보에 대한 존중과 개인의 사생활에 대한 정보 통제 권리가 포함된다. 또한, 유럽의 개인정보보호법General Data Protection Regulation, GDPR[1]은 개인 정보 사용에 관한 구체적인 요건을 갖고 있다. 어린이 및 노약자와 리서치를 하는 경우, 다른 규정이 적용될 수 있다.

UX 연구원이 사전 동의를 받는 방법의 일반적인 문제

UX 연구원이 사전 동의를 받는 방법에서 다음의 3가지 문제가 흔히 발견된다.

- 동의를 적절히 설명하지 못함
- 동의서와 비밀유지서약서를 혼동함
- 동의서와 인센티브를 혼동함

동의를 적절히 설명하지 못함

연구원이 참가자에게 동의서를 읽고 서명하도록 요청하는 몇 가지 연구를 목격했다. 이것은 동의를 얻는 좋은 방법이 아니다. 참가자가 의욕을 보여주고 싶어 하기에, 아무런 의심 없이 서명할 수 있기 때문이다(다수의 사람이 소프트웨어 약관을 실제로 읽어보지 않고 동의하는 것과 같은 방식으로). 그 대신, 참가자가 동의서에 서명하기에 앞서 핵심 개념을 강조하라. 예를 들어, "서명하시기 전에 몇 가지만 설명해 드리고 싶습니다…"라고 말할 수 있다. 그러고 나서 비밀유지와 철회의 자유와 같은 이슈를 강조하라.

참가자가 각 조항을 읽었는지 확인하기 위해 체크해야 하는 훌륭한 동의서를 본 적이 있다. 예를 들어, "연구의 목적을 이해했다는 것을 확인합니다", "본인은 자발적으로 참여했습니다", "화면이 녹화되는 것에 동의합니다", "세션이 녹화되는 것에 동의합니다". 과도하게 사용되면 체크 박스가 지긋지긋해질 수도 있지만, 적절히 사용된다면 참가자가 양식을 실제로 읽게 만든다고 생각한다(그림 3.1 참조). 참가자에게 동의 통제권을 주는 추가적인 이점이 있다.

동의서와 비밀유지서약서를 혼동함

가끔 연구원이 참가자에게 아직 출시 전인 제품을 사용하도록 요청하는 경우가 있다. 클라이언트는 지적 재산 보호를 위해 사용자에게 비밀유지서약서non-disclosure agreement, NDA 서명을 받길 원한다. 하지만 동의서에 비밀유지서약서 내용을 섞지 말아야 한다. 비밀유지서약서는 참가자의 서명이 필요한 별도의 양식으로 취급하라.

동의서와 인센티브를 혼동함

참가자는 테스트 장소에 도착하면 인센티브를 받을 수 있다. 그러니 그들에게 현금, 상품권 또는 다른 형태의 인센티브를 제공하라. 연구에 참여하지 않겠다고 하면 어쩔 수 없다(인센티브를 받고 나서 참여를 철회한 참가자는 아직 본 적이 없다. 사람들은 대체로 정직하다). 따라서 동의서에 인센티브에 대한 내용은 넣지 마라. 인센티브는 동의서와 무관하다.

연구 목적

사람들이 [제품명 삽입]을 어떻게 사용하는지를 이번 연구에서 알아보고자 합니다. 연구에 참여해주신다면 제품을 더 사용하기 쉽게 만드는 데 큰 도움이 될 것입니다.

자유 보장

언제든지 휴식을 취하셔도 됩니다. 잠시 쉬고 싶다면 연구원에게 말씀만 해주세요. 이유를 말하지 않고 언제든 자리를 비우셔도 됩니다.

정보 수집

제품을 어떻게 사용하는지 보여달라는 부탁을 드릴 것입니다. 다양한 태스크를 수행하는 모습을 살펴보고 몇 가지 질문을 드릴 것입니다. 세션을 녹화하고, 당신의 의견과 행동을 기록할 것입니다.

개인정보 보호

디자인 팀원이 다른 방에서 세션을 참관할 수도 있습니다. 제품 디자인을 맡은 실무자가 향후 세션 녹화본을 볼 수도 있습니다. 녹화본을 기밀로 취급하며 회사 외부로 공유하지 않습니다.
당신의 의견 및 행동이 포함된 리서치 보고서를 공개할 수도 있으나, 데이터는 익명이 보장됩니다. 즉, 당신의 이름과 신상정보가 리서치 보고서에 담긴 의견이나 행동과 연결되지 않는다는 의미입니다.
오늘 돌아가시기 전에 연구원이 동의서 사본을 드릴 것입니다. 동의 철회를 원하시는 경우, 하기 담당자에게 연락주시면 보유 중인 자료(녹화본 등) 일체를 삭제해드립니다. 별도의 요청이 없는 경우에는 12개월 뒤 자료를 삭제합니다.
[데이터 관리자 이름 및 연락처 삽입]

동의

다음 데이터 수집에 대한 동의하신다면 서명해주세요.
다음 사항에 동의합니다(해당되는 모든 항목에 체크해주세요).

☐ 리서치가 진행되는 동안 관계자가 관찰하는 것에 동의합니다.
☐ 세션이 녹화되는 것에 동의합니다.
☐ 향후 디자인 팀원이 녹화본을 돌려보는 것에 동의합니다.

이름: ....

서명: ....

날짜:

그림 3.1 동의서의 예. 법적 검토를 받은 동의서가 아니므로 모든 관할 지역의 개인정보 보호에 관한 법적 요건을 충족한다고 보장할 수 없다.

서명하기 혹은 서명하지 않기?

연구원이 서명된 동의서를 원하는 것은 당연하다. 동의하지 않았다고 우기는 연구 참가자로부터 연구원 자신을 보호할 것이라 믿는다. 실제로 동의서를 변호사가 작성하는 경우는 거의 없다. 그러므로 법원에서 동의서를 검증하지 않는다면 이러한 보호는 착각일 수 있다.

하지만 사전 동의를 법률 절차라고 생각하는 것을 막고 싶다. 사전 동의는 당신이 아니라 참가자를 보호하는 것이다. 사전 동의를 고소당하지 않도록 보호해주는 것으로 본다면 당신의 태도가 잘못된 것이다. 올바른 태도는 참가자가 동의의 의미를 이해하도록 하는 것이다.

참가자의 서명을 요구하면 안 된다는 뜻은 아니다. 다만 이것이 모든 상황에서 항상 올바른 접근은 아닐 수도 있다는 것이다. 예를 들어, 참가자가 난독증이 있다거나 글을 읽고 쓰는 능력이 부족한 경우 양식을 읽고 서명하도록 요구하는 것이 문제가 될 수 있다(모든 사람을 위해 디자인하는 정부와 같은 기관에서는 진짜 문제).

적어도 참가자에게 점선 위에 서명을 요청하는 것은 전체 분위기에 영향을 줄 수 있다. 한순간 좋은 사람으로 관계를 맺다가 그다음 순간에는 법률 문서 같은 양식을 들고 있는 나쁜 사람이 되는 것이다.

상황에 따라 구두 동의를 받는 것이 더 적절할 수도 있다. 음성이나 비디오 녹음기를 켜면 이를 녹음할 수 있다. 예를 들어, 녹화를 시작한 다음에 "녹음을 할 예정인데, 리서치 목적에 관해 우리가 나눈 대화를 참가자께서 이해하시는지 그리고 이 대화를 녹음하는 데 동의하시는지 확인하고 싶습니다."라고 말할 수 있다. 참가자가 동의하면 이어서 "그리고 다시 말씀드리자면 참가자께서는 언제든 참여를 거부할 수 있고, 언제든 휴식을 취할 수 있고, 언제든 질문 가능하며, 하시는 모든 말씀은 기밀로 처리됩니다."라고 덧붙일 수 있다.

간단한 요식 행위를 너무 키운 것이 아닌가?

왜 사전 동의로 귀찮게 하는가? 어쨌든 그걸 한다고 UX 리서치 품질이 향상되는 것은 아니다, 그렇지 않은가?

사실, 사전 동의가 적어도 2가지 이유로 UX 리서치의 품질을 높여줄 것이라고 주장하려 한다.

첫째, 자신의 걱정을 진지하게 받아들인다는 것을 알게 된 참가자는 긴장을 풀 가능성이 더 커진다. 동영상이 인터넷에 올라올 거라고 걱정하기보다는 개발팀에서만 보리라는 것을 알게 된다. 참가자의 긴장이 풀렸다는 것은 그들의 사실적인 행동을 더 잘 관찰할 수 있다는 뜻이다. 실제 행동을 관찰하는 것이 UX 연구원의 목표다.

둘째, 사전 동의를 받아두면 UX 연구원의 공감대를 높일 수 있다. 사생활에 대한 참가자의 우려에 공감하는 UX 연구원은 제품에 대한 참가자의 우려에 더 민감할 가능성이 높다. 2가지 대안적인 리서치 연구를 상상해보라. 하나는 연구원이 사전 동의를 받은 것이고, 다른 하나는 받지 않은 것이다. 사전 동의를 얻은 연구가 더 많은 인사이트를 제공해줄 것이라 기대한다. 이는 UX 연구원이 아마도 더 경험이 많고 공감 능력이 좋기 때문이다.

동의서를 참가자의 면전에 들이밀고 서명을 요구할 수도 있다. 하지만 사전 동의를 얻는 과정을 중요한 단계로 다루도록 하라. 길게 보면 더 신뢰할 수 있는 데이터를 얻게 될 것이다.

UX 연구원처럼 생각하라

- 누군가에게 양식에 서명할 것을 요구하는 것은 "분위기"에 영향을 미칠 수 있음을 지적한다. 동의서가 갑작스레 등장하지 않게 하려면 사전에 참가자를 어떻게 준비시킬 수 있는가?
- 참가자가 연구 장소에 도착해서 동의서를 보고 이렇게 말한다고 상상해 보라. "여기엔 단어가 엄청나게 많네요! 난독증이 있어서 한참 걸리겠는데요." 어떻게 진행할 것인가?

- 참가자가 연구를 완료할 때까지 연구원이 인센티브를 주지 않는다면 참가자의 동의는 자유롭게 이뤄진 것인가? 또는 참가자가 인센티브를 받기 위해 연구를 완료하도록 강요받았다고 느낄 수 있는가?
- 우리와 함께 일하는 많은 클라이언트는 참가자가 비밀유지서약서에 서명해야 한다고 주장한다. 연구에 참여하는 참가자에게 비밀유지서약서를 받고 싶다면 사전 동의 전에 이를 요청할 것인가? 아니면 그 후에 할 것인가? 그렇게 결정한 이유는 무엇인가?
- 연구 후 3개월이 지나 참가자가 동의 철회를 요청하는 상황을 가정해 보자. 이것은 이 참가자에 대해 만든 모든 녹화물과 메모를 삭제해야 한다는 뜻이다. 당신이 리서치 데이터를 어떻게 정리하고 보관해야 하는지에 관해 이것이 의미하는 것은 무엇인가?

디자인 에스노그래피란 무엇인가?

초보 연구원이 하는 흔한 실수는 사용자에게 새로운 제품 혹은 서비스에 무엇을 원하는지 묻는 것이다. UX 리서치를 수행하는 적절한 방법처럼 보이지만, 대부분의 경우 사용자는 원하는 것을 알지 못하거나, 신경 쓰지 않거나, 혹은 분명히 설명하지 못한다. 근본적인 문제를 규정하고, 최적의 솔루션을 찾아서 효과적인지 검증하는 것은 개발팀의 일이다. 디자인 에스노그래피는 그 여정의 첫 걸음이다.

사용자에게 가장 효과적일 것을 예측하는 것은 니즈에 대한 깊은 이해를 필요로 한다. 포커스 그룹과 서베이와 같은 리서치 방법은 명확한 표면적 타당성을 갖고 있으나, 개발팀이 제품 발견에 필요로 하는 인사이트를 공급하는 데 지속적으로 실패하고 있다. 그 이유는 이러한 기법에서는 사용자에게 그들의 미래 행동을 예측하도록 요구하기 때문인데, 이는 사람들이 취약한 부분이다.

대안적인 방법은 사람들이 한다고 말하는 것이 아니라, 실제로 무엇을 하는지 조사하는 것이다. 이 접근법은 간단한 전제에 기초한다. 즉, 미래 행동을 가장 잘 예측하는 것은 과거의 행동이다. 사람들의 행동은 그들의 말보다 근본적인 사용자 니즈를 더 잘 보여주는 지표다.

사용자에게 무엇을 원하는지 묻는 것을 피하기 위해 UX 연구원은 에스노그래피ethnography*에서 방법을 전용해서 UX 리서치에 이를 적용해왔다. 이 기법은 "디자인 에스노그래피"라고 널리 알려져 있으나, 전통적인 에스노그래피와는 주요 측면에서 차이가 있다.

* 사회 문화의 여러 현상을 현장 조사를 통해 연구하는 학문 분야 – 옮긴이

에스노그래피란 무엇인가?

에스노그래피는 문화 연구다. 파푸아 원주민 사이에서 선물을 주고받는 행위를 연구한 브로니슬라브 말리노브스키Branislaw Malinowski[2]는 "마지막 목표는 원주민의 관점, 삶과의 관계를 파악해서 세상에 대한 그의 비전을 실현하는 것이다."라고 적었다.

"원주민"이라는 단어를 "사용자"로 바꾸거나, 메타포를 확장해서 사용자를 "부족"이라 생각하면 이 접근법이 제품 및 서비스 디자인에 가치를 제공할 수 있는 이유를 이해할 수 있다.

에스노그래피를 정의하는 특성 중 일부는 다음과 같다.

- 리서치는 참가자의 맥락에서 이뤄진다.
- 참가자 표본 크기가 작다.
- 연구자는 참가자의 니즈, 언어, 컨셉 및 신념이라는 큰 그림을 이해하는 것을 목표로 한다.
- 공예품을 분석하여 사람들이 어떻게 삶을 살아가는지, 무엇을 중요하게 여기는지 이해한다.
- 데이터는 노트, 사진, 오디오 및 비디오 녹화로 구성된 "두꺼운thick" 것이다.

디자인 에스노그래퍼는 작업에 이러한 각각의 특성을 어느 정도 채택한다.

브로니슬라브 말리노브스키의 연구 외에 다른 에스노그래피 예로는 다음과 같은 것이 있다.

- 사모아에서 "성년" 의식을 연구한 마거릿 미드Margaret Mead[3]
- 마약 문화 이해를 위해 시카고 마약 조직에 들어간 수디르 벤카테시Sudhir Venkatesh[4]

- 백인 민족주의 단체 및 백인 인종차별 반대 단체에 1년 이상 참석한 매튜 휴이Matthew Hughey[5]

그렇다면 디자인 에스노그래피는 전통적인 에스노그래피와 무엇이 다른가?

현대 제품 개발에서 전통적인 에스노그래피를 사용하는 것은 주로 기간 때문에 힘든 일이다. 불가능하다는 것은 아니다. 한 해의 절반을 이국적인 곳을 여행하며 보낸다는 현장 리서치 전문가 얀 칩체이스Jan Chipchase처럼 하면 말이다.[6] 하지만 비즈니스에서 디자인 에스노그래피를 실행하는 사람들의 대부분은 다음과 같은 차이점에 동의할 것이다.

- 전통적인 에스노그래피의 목적은 문화를 이해하는 것이다. 디자인 에스노그래피의 목적은 디자인 인사이트를 얻는 것이다.
- 전통적인 에스노그래피의 기간은 수개월, 수년이다. 디자인 에스노그래피의 기간은 며칠, 몇 주다.
- 전통적인 에스노그래퍼는 참여자와 함께 생활하고 문화의 일부가 되기 위해 노력한다. 디자인 에스노그래퍼는 관찰하고 인터뷰를 진행하는 방문자다.
- 전통적인 에스노그래피의 경우, 데이터는 수개월에 걸쳐 매우 상세하게 분석된다. 디자인 에스노그래피의 경우, 위험한 가정을 테스트하기에 "필요한 만큼의" 분석만 이뤄진다.
- 전통적인 에스노그래피의 결과는 책과 학술지에 공유된다. 디자인 에스노그래피의 결과는 팀 혹은 조직으로 한정된다.

디자인 에스노그래피를 어떻게 접근해야 하는가?

UX 연구원은 사람들에게 무엇을 원하는지 묻는 대신에 디자인 에스노그래피 접근법을 사용해서 사람들이 왜 그런 것을 원하는지 알아내고자 노력한다. 관찰과 인터뷰를 통해 다음과 같은 질문에 대답한다.

- 사용자가 달성하고자 하는 목표는 무엇인가?
- 현재 어떻게 하고 있는가?
- 어떤 부분을 좋아하거나 싫어하는가?
- 도중에 어떤 어려움을 겪는가?
- 어떤 임시 해결방안을 사용하는가?

사용자를 관찰하고 인터뷰하는 것을 통해 이러한 질문에 답한다.

트로브리안드 제도에서 몇 년간 단일 리서치 프로젝트를 수행한 사람인 말리노브시키가 오늘날 디자인 에스노그래퍼의 타협안에 대해 어떻게 생각할지 알 수 없다. 전통적인 에스노그래피를 뛰어난 헤비급 복서에 비유한다면 디자인 에스노그래피는 길거리 싸움꾼에 더 가깝다는 것이 우리의 견해다. 모든 규칙을 따르지는 않지만 일을 잘 해낸다. 이는 대부분의 디자인 프로젝트에서 일반적으로 수용 가능하지만, 너무 많은 타협은 결과의 품질을 위태롭게 할 수 있다는 점을 명심하라.

그런 일이 벌어지는 것을 목격한 몇 가지 방식을 살펴보자.

몇 가지 일반적인 실수 피하기

여러 기업과 일하면서 디자인 에스노그래피 활동을 제안하면 "이미 하고 있어요."라는 말을 흔히 듣는다.

다수의 기업이(기존의 전통적인 시장 리서치와는 다른)고객 중심의 선행 현장 리서치 활동을 수행하는 것은 사실이다. 보통 인사이트 팀 혹은 혁신 팀에서 수행하기에 이를 "인사이트 리서치"라고 부른다.

그러나 이러한 활동은 그저 고객의 장소에 가서 팀이 일반적으로 맥락과 관계없이 진행하는 것과 동일한 인터뷰 혹은 서베이를 실시하는 것에 지나지 않는다. 벌어지는 행동은 거의 관찰하지 않는다. 심지어 연구원이 아이디어를 글로 적어서 참가자에게 그걸 읽고 어떤 생각이 드는지 물어보는 "컨셉 테스트" 버전이 진행되는 것을 본 적도 있다. 정말이지 상상할 수 있는 최악의 UX 리서치인 것이 분명하다.

이러한 리서치의 결과로 개발팀은 잘못된 제품이나 서비스 개발에 착수한다. 개발팀은 사용자 경험팀이 관여해서 사용성 테스트를 할 때까지 맹목적으로 개발을 지속한다. 이제 개발팀은 실제 사용자가 쓰는 것을 보게 되는데, 그때서야 잘못된 컨셉을 개발해왔다는 것을 알아차리게 된다. 하지만 이미 너무 많이 개발해버렸고 아이디어에 너무 빠져버린 나머지 방향을 틀 수 없다.

가장 흔히 보는 실수는 다음과 같다.

- 현장에서 리서치를 진행하지만, 잘못된 종류의 리서치를 한다.
- 어떤 것이 데이터이고 어떤 것이 아닌지를 모르기에(초점이 없기 때문) 사용자의 의견이나 지적이 행동보다 우선시된다.
- 경험 많은 연구원을 보내는 대신에 인터뷰만 잘 아는 사람을 보낸다.
- 회사가 디자인 솔루션의 모습을 이미 결정하고 나서 리서치를 수행하기 때문에 보강 증거만 찾고 다른 기회는 날려버린다.

과거에 시도해본 적이 없다면 현재 실무에 디자인 에스노그래피를 추가할 것을 권장한다. 에스노그래픽 인터뷰를 진행하는 단계별 접근법은 다음 에세이에서 다룬다.

UX 연구원처럼 생각하라

- 디자인 에스노그래피에서 참가자를 방문할 때 열린 마음을 유지해야 한다. 문제를 이해하기 전에는 솔루션을 제시하는 것을 분명히 피해야 한다. 제품 중심적인 개발팀원은 이를 막연한 "탁상공론"이라고 묵살할지도 모른다. 그 말에 일리가 있는가? 어떻게 대답하겠는가?
- 리서치 때문에 마약 조직이나 백인 민족주의 단체에 노출될 일은 없겠지만, UX 연구원으로서 사무실을 벗어나 참가자의 환경에서 시간을 보낼 때 여전

히 취약하다. 이런 리서치를 수행할 때 자신의 안전을 유지하기 위해 무엇을 할 수 있는가?

- 린 제품 개발에서 디자인 에스노그래피와 같은 깊이 있는 맥락적 UX 리서치를 위한 공간이 여전히 존재하는가? 아니면 이런 리서치를 하기에는 린의 개발-측정-학습 사이클이 너무 빨리 움직이는가?
- 함께 일하는 대부분의 이해관계자는 사용자와 대화하지 않는다. 에스노그래픽 리서치는 이해관계자가 UX 리서치 세션에 참석할 가능성이 더 많거나 더 적은가?
- 이번 에세이에서 강조한 실수 중 하나는 "경험 많은 연구원을 보내는 대신에 인터뷰만 잘 아는 사람을 보내는 것"이다. 개발팀원에게 인터뷰와 현장 리서치의 차이점을 어떻게 설명하겠는가?

에스노그래픽 인터뷰 구조화하기

에스노그래픽 인터뷰를 실행하는 것은 사용자의 니즈, 목표 및 행동을 이해하려고
노력하는 기본적인 단계다. 카페나 도서관에서의 "팝업" 인터뷰와 같은 고객과의
대화에서 많은 것을 배울 수 있지만, 사용자의 집이나 직장과 같은 맥락 속에서
인터뷰를 진행하면 훨씬 더 많은 것을 배울 수 있다.

인생의 대부분과 마찬가지로 인터뷰를 진행하는 방법은 여러 가지다. 대다수의 사람은 의사의 진료실이나 정부 건물에서 접할 수 있는 인터뷰 또는 TV 토크쇼에서 볼 수 있는 인터뷰와 같이 맥락과 분리된 out-of-context 인터뷰에 익숙하다. 맥락과 분리된 인터뷰도 물론 UX 리서치에 대한 이해의 시작을 제공할 수 있으나, 중요한 인사이트를 얻으려면 사용자의 맥락 속으로 들어가야 한다.

맥락은 뭐가 그렇게 특별한가?

발견 단계에서 좋은 고객 인터뷰는 사람들이 **무엇**을 원하는지 알아내는 것을 목표로 하는 것이 아니라, 사람들이 **왜** 원하는지 알아내는 것이 목표다. 다음의 3가지 기본 질문에 대한 답을 얻기 위해 노력한다.

- **동기**: 사용자가 완수하고자 하는 것은 무엇인가?
- **활동**: 현재 이용자는 어떻게 하고 있는가?
- **문제**: 현재 프로세스의 어려움/만족스러운 순간은 무엇인가?

맥락과 분리된 인터뷰의 이슈는 진상을 파악했는지 확신할 수 없다는 것이다. 사람들은 자신이 왜 그런 방식으로 하는지 알지 못하기 때문에 말해줄 수 없다. 그 이유를 안다고 해도 말하고 싶지 않을 수 있다. 그리고 말해준다고 해도, 일하는 방식을 "간소화한" 관점으로 묘사하는 것으로 도움을 준다고 생각할 수 있다. 하지만 이는 실제 작업 방식을 잘못 전할 수 있고 거짓말을 할 수도 있다.

이 문제를 처리하는 가장 효과적인 방법은 사람들에게 목표를 달성하는 방법을 보여달라고 하고서 그들을 관찰하는 것이다. 사람들에게 목표 달성 방법을 보여달라는 것은 진짜 행동에 더 가까이 다가가는 좋은 방법이다. 속이기 어렵기 때문이다.

사소한 예로, 한 연구원이 당신에게 인스턴트 커피를 어떻게 만드는지 설명해달라고 부탁했다고 하자. 당신은 주전자에 물을 끓이고, 티스푼을 꺼내들고, 컵에 커피와 뜨거운 물을 붓고, 기호에 따라 우유와 설탕을 추가하는 것과 같은 인스턴트 커피를 만드는 다양한 절차를 설명할 것이다. 그 대신에 연구원이 맥락 속에서 관찰한다면 주전자에 물이 끓는 동안 다른 일을 하거나 가끔은 물을 다시 끓이기도 한다는 것을 알아챌 수도 있다. 어떤 경우에는 덜어낼 티스푼이 없어서 티스푼만큼의 커피를 병에서 직접 컵으로 부어버릴 수도 있다. 이러한 행동이 드물지는 않지만, 사용자는 연구원에게 좋은 이야기만 들려주고 싶어 하기 때문에 이를 설명하지 않을 것이다. 그리고 이러한 행동은 끓으면 휘파람 소리가 나는 주전자 또는 티스푼만큼의 커피를 옮길 수 있는 일종의 디스펜서가 포함된 뚜껑이 달린 새로운 인스턴트 커피 용기와 같은 디자인 인사이트로 이어진다.

준비하기

맥락적 인터뷰에 필요한 것이 무엇인지 다시 살펴보자. 명확한 것부터 시작하면 방문할 몇 명의 참가자가 필요하다. 하지만 "몇몇"이란 정확히 몇 명인가?

UX 연구원 두 명에게 "몇 명의 참가자가 필요한가요?"라고 묻는다면 아마도 4개의 다른 답을 들을 것이다. 여기에는 몇 가지 이유가 있다. 첫째, 어떤 인터뷰도 안 하는 것보다는 낫다. 따라서 한 명의 참가자도 무언가를 가르쳐줄 것이다. 둘째, 인터뷰하고자 하는 사람들이 명확한 유형으로 나뉜다면 유형별로 4~6명으로 시작하라. 셋째, 어떤 유형이 있는지 모르면 8명으로 시작하라(그들의 다양한 경험 속 패턴에서 유형이 드러날 것이다). 일반적으로는 1차로 20명가량의 사용자를 포함한 후 나중에 특정 질문을 해결하기 위해 더 작은 표본을 방문하는 경향이 있다.

참가자들뿐만 아니라 이야기를 이끌어내기 위한 프레임워크 역할을 하는 개략적인 토론 가이드를 가져야 한다. 이 토론 가이드에는 검증하고자 하는 핵심 가정이 포함된다. 반드시 토론 가이드를 간단하게 만들어라. 가이드를 질의응답으로 보지 말고 이야기를 이끌어내고 구조화하기 위한 일종의 발판으로 생각하라.

한 가지 더 필요한 것이 있는데, 현장 방문에 동행할 개발팀 구성원이다. 메모 작성을 도움받아야 하는데 이것이 동료에게 줄 역할이다. 하지만 개발팀 구성원을 데려가는 주된 이유는 UX 리서치는 팀 스포츠이기 때문이다. 모든 이가 사용자 관찰에 시간을 쏟아야 한다.

하지만 팀 전체가 관찰하길 원하더라도, 한 번의 방문에 동행 가능한 사람의 수는 한정된다. 2명의 리서치 팀이 이상적이다. 3명 이상이면 역학 관계가 변한다. 관찰자가 흐름을 방해하거나 세션의 방향을 바꾸는 것을 막기는 힘들다. 그것은 마치 사람들이 범죄 현장을 짓밟고 증거를 망치는 것과 비슷하다. 이를 관리하고 모든 이가 사용자를 관찰하게 하려면 처음 몇 명의 참가자가 끝나고 나면 노트 작성자를 개발팀의 다른 사람과 교체해줘라. 노트 작성자는 개발자, 디자이너, 프로젝트 책임자, 스크럼 마스터, 또는 해당 분야의 전문가가 될 수 있다(후자는 친숙하지 않은 전문 용어가 많은 경우에 특히 도움이 된다).

현장 방문 시 당신의 역할은 사용자와 관계를 쌓고, 인터뷰를 진행하고, 사용자로부터 배우는 것이다. 동료는 노트 작성자가 될 것이다. 노트 작성자의 역할은 사용자, 환경 및 모든 물건의 사진을 찍고, 인터뷰의 오디오를 기록하고, 서면 관찰을 하고, 명확한 후속 질문을 던지는 것이다.

좋은 현장 방문은 다음과 같은 5단계로 구성된다.

- 사용자와 관계 구축하기
- 전통적인 인터뷰에서 마스터-견습생master-apprentice 모델로 전환하기
- 관찰하기
- 해석하기
- 요약하기

차례로 검토해보자.

사용자와 관계 구축하기

5분가량 걸리는 이 단계에서 자기소개를 하고 각자의 역할을 설명한다(UX 연구원/노트 작성자). 그러고 나서 당신이 무엇에 신경 쓰는지를 참가자가 알 수 있도록 연구의 목적을 설명해야 한다. 시작하기에 좋은 방법은 참가자의 배경을 개괄적으로 알아보는 것이니 이런 질문을 던져라. "계신 곳을 한번 둘러봐도 될까요", "이 활동을 처음 시작했던 순간을 말해주세요" 또는 "처음에 무엇 때문에 이런 일에 관심을 두게 됐나요?" 이 질문은 참가자가 그들의 작업을 설명하고 나서 당신이 무엇을 찾아야 하는지에 대한 힌트를 줄 수 있는 적절하고, 안전하고, 자연스러운 질문이다. 그런 다음에 토론 가이드의 첫 번째 질문으로 넘어가라.

관계 구축의 일환으로 "촬영 목록"을 검토하고, 사진 촬영에 대한 참가자의 동의를 얻어야 한다. 사진은 엄청난 양의 추가적인 인사이

트를 제공하며, 수줍은 나머지 사진도 못 찍는 연구원이 돼서는 안 된다. 하지만 사진 촬영은 종종 거슬리고 무례하게 보일 수 있다. 이를 해결하는 방법은 상황에 대한 통제권을 참가자에게 넘기는 것이다. 예를 들어, 다음과 같이 촬영하고자 하는 것의 목록을 보여줘라.

- 참가자
- 참가자의 책상
- 참가자의 컴퓨터
- 참가자의 컴퓨터 화면
- 참가자가 사용하는 기술
- 참가자가 작업에 사용하는 서류
- 설명서
- 더 넓은 환경

그런 다음 참가자에게 "개발팀이 맥락을 이해하는 데 도움을 주기 위해 여기 있는 동안에 사진을 찍으려고 합니다. 이건 사진을 찍었으면 하는 항목입니다. 다른 사람에게 공유하고 싶지 않은 항목에 줄을 그어 놓으시면 사진 찍지 않겠습니다."라고 말하라.

이렇게 하면 사진 촬영의 통제권을 참가자에게 넘기는 것이지만, 그와 동시에 매번 사진 찍을 때마다 허락을 구하지 않아도 된다는 것을 의미한다. 또 다른 좋은 질문은 "참가자님의 작업 방식을 이해하려면 우리가 어떤 것을 찍어야 한다고 생각하세요?"이다.

디지털 음성 녹음기에 세션을 녹음하는 것에 대한 허락을 구할 시간이기도 하다. 참가자의 음성 프로토콜은 분석의 핵심이므로, 세션 녹음이 필요하다. 또한 녹음 파일을 글로 옮기는 것도 고려해야 한다(일반적으로, 음성을 글로 옮기는 전문 업체에서는 분당 $1~1.5를 청구한다).

이 부분이 걱정된다면 방문에 앞서 참가자에게 사진 및 녹음에 대해 미리 알려줄 수 있다. 처음에 연구 참가자를 모집할 때, 연구 배경과 함께 사진 목록을 보내고 오디오 녹음을 언급할 수 있다. 참가자를 처음 만났을 때 이것이 장애물이 돼서는 안 된다.

전환

1분 정도 밖에 걸리지 않는 이 단계에서 세션은 전통적인 인터뷰에서 마스터-견습생 모델로 옮겨간다. 일을 배우는 견습생이 된 것처럼 지켜보면서 질문을 하고 싶다고 사용자에게 말해야 한다.

경험이 쌓여감에 따라 좋은 인터뷰란 질문 기법이 아니라는 것을 깨닫게 될 것이다. 그것은 존재의 한 방식에 더 가깝다. 맥락적 질문법contextual inquiry이라고 알려진 고객 인터뷰에 대한 특정한 접근법을 고안한 휴 바이어Hugh Beyer와 카렌 홀츠블랫Karen Holtzblatt[7]은 이것의 중요성을 다음과 같이 설명한다. "좋은 인터뷰를 실행하는 것은 특정 규칙을 따르는 것이 아니라 인터뷰 동안에 어떤 유형의 사람이 되는가에 관한 것이다. 견습생 모델은 어떻게 행동해야 하는지에 대한 좋은 출발점이다."

마스터-견습생 모델은 모든 사람이 누군가에게 무언가를 "가르쳐" 본 적이 있기 때문에 발견 프로세스에 참가자를 관여시키는 유용한 방법이다. 이 방법을 사용하면 UX 연구원은 순진한 질문을 자유롭게 던져서 본인의 이해를 확인할 수 있다.

관찰하라

관찰 단계는 세션 중 대부분 시간을 보내야 하는 부분이다.

때때로 당신이 할 수 있는 최선은 의자에 편히 앉아서 사용자의 행동을 지켜보는 것이다. 끊임없이 질문해야 한다고 생각하지 마라. 특히 무언가에 대한 시범을 요청했다면 보면서 이해를 명확히 하기 위해 이상한 질문을 해도 된다. 사실, 밖에서 지켜보는 누군가에게 이건 전혀 인터뷰처럼 보이지 않을 것이다. 이런 식으로 인터뷰가 진행되는 것을 본 사람이 거의 없기 때문이다. 좋은 맥락적 인터뷰는 위험한 가정을 검증하는 데 도움을 주고, 사용자가 가진 문제에 대한 인사이트를 제공하고, 그들의 삶에 무엇이 중요한지 이해하는 데 도움을 줘야 한다.

계속 관찰하라. 무언가가 당신의 안테나를 잡아당길 때마다 후속 질문으로 파고들어라. 참가자 환경에 있는 물건들을 언급하고 용도를 물어보라. 물건, 샘플, 서식, 문서의 사본 혹은 사진을 찍어라. 인터뷰마다 모든 주제를 다루는 것을 걱정하지 말고 토론 가이드를 사용해서 무엇을 다루길 원하는지 다시 떠올려라.

참가자에게 질문을 계속 퍼부을 필요가 없기 때문에 팝업 인터뷰보다 맥락적 인터뷰를 진행하기가 훨씬 쉽다는 것을 알게 될 것이다. 대부분의 경우, 2개의 질문 줄기를 기억하는 것만으로도 세션이 매끄럽게 진행될 것이다.

"지난번에 참가자님이 …하셨던 이야기를 들려주세요."

"…를 어떻게 하는지 보여줄 수 있나요."

해석하라

이 단계에서 가정과 결론을 참가자와 함께 검증한다. 노트를 다시 훑어보고 배운 것을 검토하라. 참가자가 그런 행동을 취한 이유에 관한 생각을 말하라. 가정이 틀렸다면 참가자가 바로잡아 줄 것이다.

요약하라

각 세션이 끝나는 즉시, 줄이 그어지지 않은 6x4인치 인덱스 카드를 잡아라. 연구에 참여한 참가자 별로 인덱스 카드를 한 장씩 사용할 것이다. 인덱스 카드의 목적은 즉각적인 생각을 요약하는 것이다. 카드가 글로 옮긴 기록이나 더 사려 깊은 분석을 대체하지 않겠지만, 이 단계는 다양한 참가자가 서로 섞이지 않게 하는 데 유용하다. 인덱스 카드를 세로 방향으로 정렬하고 카드 맨 위에는 참가자 이름을 적어

라. 반명함판 크기의 참가자 사진을 출력해(혹은 수줍어서 사진을 못 찍겠다면 스케치를 그려서)카드에 붙여라. 이어서 참가자에 관한 몇 가지 간결하고 중요한 설명을 적어라. 5가지 가량의 설명을 목표로 하라. 정말로 손에 꼽을 수 있는 내용이어야 한다. 가장 좋은 설명은 참가자의 행동, 니즈 및 목표를 담아낸다.

UX 연구원처럼 생각하라

- 이번 에세이에서 설명한 현장 리서치 접근법은 과거에 사용했던 접근법과 비교하면 어떠한가? 어떤 면에서 더 좋고, 어떤 면에서 더 나쁜가?
- 참가자의 집에서 사진 촬영에 대한 허가를 요청하는 것을 어떻게 생각하는가? 사진을 찍을 수 없다면 달리 어떻게 참가자의 맥락을 개발팀과 공유할 수 있는가?
- 노트 작성자로 데려온 사람도 마찬가지로 참가자에게 질문할 것이다. 노트 작성자가 질문을 할 수 있지만 여전히 당신이 세션을 주도하려면 어떻게 세션을 구성할 것인가?
- 세션을 녹음한다면 글로 변환하는 것이 유용하다. 외부 업체를 사용해서 음성을 글로 옮긴다면 어떤 윤리적 이슈가 발생할 수 있는가? 어떻게 세션을 글로 변환하면서 참가자의 사생활을 보호할 수 있는가?
- 마스터-견습생 모델은 참가자의 영역에서 당신이 "전문가"로 포지셔닝하지 않도록 해준다. 이것은 참가자에게 일을 어떻게 해야 한다고 말하는 것을 멈추게 한다. 하지만 참가자가 완전히 틀린 방법으로 프로세스를 진행하는 것을 보면 어떻게 하는가? 참가자에게 잘못하고 있다고 말하겠는가?

효과적인 사용성 테스트 태스크 작성하기

사용성 테스트의 마법은 사람들이 실제로 제품을 가지고 무엇을 하는지 보게 되는 것이다(사람들이 말하는 그들의 행동이 아니라). 이는 사람들이 어떻게 행동하는지, 디자인을 어떻게 개선해야 하는지에 대한 엄청난 인사이트를 제공한다. 하지만 태스크에 현실성이 부족하다면 사람들은 하는 시늉을 할 뿐 실제로는 테스트에 적극적으로 참여하지 않는다는 것을 발견하게 될 것이다. 이는 테스트 결과의 신뢰성을 떨어뜨린다. 훌륭한 테스트 태스크를 만드는 데 꼭 필요한 6개의 실무 팁을 살펴 보자.

사용성 테스트 태스크는 사용성 테스트의 뛰는 심장이다. 이 태스크는 참가자가 보고 인터랙션 하는 제품의 영역을 결정한다. 사용성 테스트 태스크는 매우 중요해서 일부 사람들은 참가자의 숫자보다 훨씬 더 중요하다고 주장한다. 참가자의 수가 아니라 참가자가 시도하는 태스크의 수가 사용성 테스트에서 문제를 발견하는 데 중요 요소인 것처럼 보인다.[8]

하지만 사용성 문제를 발견하기 위한 테스트 태스크의 경우, 사용성 테스트 참가자에게 동기를 부여해야 한다. 참가자가 태스크가 현실적이라고 생각하며 태스크를 수행하길 원해야 한다. 그렇다면 어떻게 일상적인 것을 넘어서는 테스트 태스크를 만들고 참가자를 끌어들일 것인가?

논의를 돕기 위해 사용성 테스트 태스크를 6개의 카테고리로 분류한다. 카테고리별로 태스크를 만들 필요는 없다. 카테고리를 살펴보고 어떤 유형의 태스크가 참가자에게 동기를 가장 잘 부여할지 결정하면 된다.

6개의 카테고리는 다음과 같다.

- 보물찾기
- 반대로 보물찾기
- 자기 생성적인 태스크
- 일부 자기 생성적인 태스크
- 실제 투자 태스크
- 문제 해결 태스크

각각을 더 자세히 살펴보자.

보물찾기

이 유형의 태스크는 사용자가 제품으로 태스크를 완료할 수 있는지를 알아보는 데 유용한 방법이다. 보물찾기 태스크의 경우, 사용자에게 한 가지 명확하고 이상적인 해답이 있는 무언가를 수행하도록 요구한다. 이런 태스크의 예(가방을 파는 웹사이트의 경우)는 다음과 같다. "다음 달에 해외여행을 가는데 기내용으로 적당한 크기의 가방을 찾고 있습니다. 항공사의 최대 수하물 규격(56cm×45cm×25cm)을 충족하면서 가급적 큰 가방을 원합니다. 예산은 $120인데 구할 수 있는 최적의 가방은 무엇인가요?" 좋은 보물찾기 태스크에는 하나의 정답이 있으므로, 개발팀에 이 태스크에 대한 최선의 솔루션을 알아내게 하고 참가자가 맞추는지 확인하라.

반대로 보물찾기

이러한 유형의 태스크는 사람들에게 답(예: 찾아야 하는 것의 사진)을 보여준 다음 그것을 찾거나 구매하게 하는 것이다. 예를 들어, 스톡 사진 앱을 테스트한다면 사람들에게 그들이 찾기를 원하는 이미지를 보여준 다음 그것을 찾도록 요구할 수 있다(예: 자신만의 키워드로 검색).

태스크에 대한 텍스트 설명이 너무 많은 힌트를 준다고 생각하는 경우에 이런 종류의 태스크가 효과적이다.

자기 생성적인 태스크

사람들이 웹사이트에서 무엇을 하고 싶은지 안다면 보물찾기와 반대로 보물찾기 태스크가 효과적이다. 하지만 확신이 서지 않는다면? 이런 상황에서는 대신 자기 생성적인self-generated 태스크를 사용해보라. 이러한 태스크의 경우, (제품을 보여주기에 앞서) 제품으로 무엇을 할 거라고 예상하는지 참가자에게 물어보고 그 시나리오를 테스트하라.

예를 들어, 정기적으로 극장에 가는 사람들과 함께 극장 티켓 키오스크를 평가할 수 있다. 참가자를 인터뷰하고 키오스크로 무엇을 할 수 있을 거라고 예상하는지 물어보는 것으로 세션을 시작한다. "쇼 티켓 예매하기", "상영 중인 쇼 찾기", "주차 장소 찾기"와 같은 말을 들을 수 있다.

그런 다음 각 태스크를 차례로 수행하고, 참가자에게 더 구체적으로 물어보라. 예를 들어, "쇼 티켓 예매하기"라는 태스크라면 사람들이 어떤 종류의 쇼(예: 연극, 뮤지컬 또는 스탠드업 쇼)를 선호하는지 알고 싶을 것이다. 몇 장의 티켓을 예매하고 싶어 하는가? 무슨 요일에? 저녁 혹은 낮 공연?

당신의 일은 참가자가 제품을 맘대로 갖고 놀기 전에 어떤 것이 필요한지 충분히 생각하게 돕고, 태스크가 사실적으로 느껴지게 만드는 것이다.

일부 자기 생성적인 태스크

이러한 태스크는 사람들이 제품으로 하고 싶어 하는 주요 항목은 잘 알지만, 그 세부사항은 확신하기 애매할 때 효과적이다. 일부 자기 생성적인 태스크의 경우 전체적인 목표(예: "전기 사용량을 분석하라")를 정의한 다음, 참가자에게 틈을 채워달라고 요청한다. 참가자에게 데이터(이메일 등과 같이 이전 전기 요금 청구서의 전산화된 버전)를 세션에 가져오게 하고, 흥미로운 방식(예: "사용량이 가장 많은 시간대는?")으로 자신의 데이터를 알아보게 하는 것으로 이러한 태스크를 진행할 수 있다.

"실제 투자" 태스크

사용성 테스트 태스크의 문제는 참가자가 가능한 실제처럼 태스크를 수행하기를 원한다는 것이다. 하지만 태스크를 하는 **척**하는 것과 **실제로** 태스크를 수행하는 것 사이에는 큰 차이가 있다. 아무리 실제처럼 한다 해도 참가자는 자신이 실수를 하더라도 치명적인 문제가 생기지 않는다는 걸 안다. 태스크에 사용할 실제 돈을 참가자에게 주는 것으로 이러한 위험을 줄일 수 있다.

상거래 웹사이트에서 이를 처리하는 가장 쉬운 방법은 테스트하는 동안 사용 가능한 상품권을 주거나, 참가자가 구매한 뒤에 신용카드 청구 금액을 지급해주는 것이다.

다른 시스템에 대한 관련 접근법은 참가자에게 제품 자체를 인센티브로 제공해서 장려하는 것이다. 예를 들어, 사진 포스터를 출력하는 대형 포맷 프린터를 테스트한다면 사람들에게 디지털 사진을 가져오라고 한 다음에 프린터를 사용해서 원하는 포스터를 제작하게 할 수 있다. 포스터 그 자체가 참가자의 참여 인센티브가 된다.

이 접근법은 사실적 행동에 최대한 가까이 다가갈 뿐만 아니라(가벼운 우려도 시급한 문제가 된다), 참가자가 인구통계학적으로 적절하다는 확신을 준다. 참가자의 인센티브는 테스트하고 있는 바로 그 제품을 기초로 하기 때문이다.

문제 해결 태스크

문제 해결 태스크는 사람들이 자신의 태스크를 의미 있는 방식으로 설명하지 못할 수도 있기 때문에 테스트 태스크의 특별한 카테고리다. 이것은 본질적으로 해결돼야 하는 문제를 설명하기 때문에 참가자에게 서면으로 미리 제공하는 것은 오해의 소지가 생길 수 있다. 예를 들어, SIM 카드가 잘못 삽입되면 스마트폰에 이상한 오류 메시지가 뜰 수 있다. 또는 위성 항법 시스템이 GPS 위성을 찾지 못해 경로를 안내하지 못할 수 있다. 참가자에게 그 제품은 단순히 작동하지 않고, 그들은 이유를 모른다.

이러한 상황에서는 제품 관련 이슈를 재현한 다음에 참가자에게 검색 엔진이나 제품 제조사의 문제 해결 페이지에서 출발해서 이슈를 해결하도록 요청하는 것이 적절하다. 그렇게 하면 사람들이 특정 이슈를 설명하는 데 사용하는 용어에 대한 유용한 인사이트를 얻을 뿐만 아니라 문서가 실제 사용하는 데 얼마나 유효한지 확인할 수 있다.

일단 좋은 태스크 세트를 만들고 나면 다음 할 일은 사용성 테스트의 진행을 맡는 것이다. 그것이 바로 다음에 다룰 내용이다.

UX 연구원처럼 생각하라

- 가장 최근의 사용성 테스트에서 사용한 몇 가지 태스크를 선택해서 앞서 설명한 테스트 태스크 분류 체계에 따라 구분해보라. 잘 맞는가? 놓친 다른 테스트 태스크 카테고리가 있는가?
- 보물찾기 태스크의 경우, 태스크 시나리오를 매우 구체적으로 만들 필요가 있다(가방의 치수를 포함한 예제처럼). 참가자를 이끌거나 답을 알려주지 않는 테스트 시나리오를 만들어야 하는 필요성과 이 문제의 균형을 어떻게 잡겠는가?
- 유일하게 존재하는 혁신적인 제품("택배 배달을 위한 우버")의 사용성 테스트를 실행하는 상황을 고려하라. 자기 생성적인 태스크를 사용하는 것이 적절할까?
- 참가자에게 인센티브로 제공할 수 없는 비싼 제품(예: 보석이나 패키지여행, 새 자동차)을 판매하는 웹사이트에 "실제 투자" 태스크를 어떻게 적용하겠는가?

- 개발팀을 사용성 테스트에 관여시키는 한 가지 방법은 테스트 태스크 작성을 요청하는 것이다. 앞서 설명한 테스트 태스크 분류 체계를 팀과 공유하면 유용한 태스크를 만드는 데 도움이 될 것인가? 아니면 어떻게 해야 개발팀이 효과적인 테스트 태스크를 만들 수 있는가?

사용성 테스트 진행자로서 저지르게 되는 5가지 실수

테스트 진행자가 저지르는 가장 흔한 실수는 무엇인가? 컨설턴트, 사내 연구원, 초급 UX 연구원과 경험 많은 실무자가 진행하는 사용성 테스트를 관찰한 결과 지속해서 발견되는 몇 가지 공통된 실수가 있다. 이러한 실수는 UX 연구원이 되는 과정에서 겪는 통과의례와 같으나, 경험 많은 실무자도 예외는 아니다.

사용성 테스트 진행은 커다란 함정으로 가득하다. 진행자는 기대치 설정에 실패할 수 있으며(테스트의 목적을 검토하고 진행자의 역할을 설명함으로써), 참가자를 안심시키는 것을 잊어버리거나("당신을 테스트하는 것이 아닙니다."), 이해 여부를 확인하지 못할 수 있다(참가자에게 태스크를 본인 입으로 한 번 더 말해달라고 요청하는 것으로써). 다른 흔한 실수에는 유도하거나 편향된 질문을 하고, 인터페이스 설계 방법을 참가자에게 묻는 것이 포함된다.

하지만 사용성 테스트 진행자가 빈번하게 저지르는 것이 목격되며, 다른 모든 것을 무색하게 만드는 5가지 실수가 있다. 그 실수는 다음과 같다.

- 말을 너무 많이 하기
- 디자인 설명하기
- 질문에 답하기
- 테스트하기보다 인터뷰하기
- 의견과 선호를 간청하기

말을 너무 많이 하기

사용성 테스트를 진행할 때, 말을 너무 많이 하려는 성향에 맞서 싸워야 한다. 이는 테스트 시작과 세션 도중, 2가지 지점에서 발생할 수 있다.

참가자를 편안하게 해주기 위해 세션에 대한 안내를 하고, 생각말하기 기법think aloud technique으로 원하는 피드백 종류를 설명할 필요가 있다는 것은 사실이다. 하지만 소개가 너무 길어져서는 안 된다. 보통 5분가량이면 충분하다.

사용성 테스트는 참가자가 현실적인 태스크를 수행하는 동안 그들을 관찰하는 것이다. 이는 입을 다무는 것이 기본이라는 뜻이다. 진행자 자신도 이를 알고 있다고 말하지만, 다수(심지어 노련한 사람도 일부)가 실천하지 못하는 것을 여전히 보게 된다. 테스트 세션의 열기 속에서 그들은 침묵을 지키는 데 실패한다.

이는 사람들이 침묵에 익숙하지 않기도 하고, 참가자가 말을 하지 않으면 아무것도 얻을 수 없다는 오해 때문에 발생한다. 하지만 참가자의 행동에 관심을 가지기 때문에 침묵의 시간을 가져도 무방하다. 물론 참가자가 생각하는 것을 말하길 원하지만, 그와 동시에 참가자가 읽고, 판단하고, 자신이 하고 있는 것을 개괄적으로 생각할 수 있는 공간을 허용할 필요가 있다.

침묵을 받아들이는 것을 배우면 이 함정을 피할 수 있다. 참가자에게 태스크 수행을 요청하라. 그런 다음 입을 다물고, 관찰하고, 그들의 말을 들어라. 말하고 싶은 충동이 든다면 "그것에 대해 더 자세히 말해주세요." 같은 구절을 사용하라. 흔한 문구만 사용한다면 침묵을 유지하는 데 도움이 될 것이다(침묵을 깨기 위해 계속해서 그 문구를 쓴다면 바보 같을 것이다). 그리고 참가자가 말하도록 격려할 것이기 때문에 큰 피해를 주진 않을 것이다.

디자인 설명하기

테스트 참가자에게 "개발자가 여기서 하려고 하는 것은 …" 혹은, "이렇게 디자인한 이유는 … 때문에", "당신이 이해하지 못한 것은 …"이라고 말하는 자신을 발견한다면 자신을 벌해야 한다. 테스트 참가자에게 제품 디자인을 설명하면 2가지 문제가 발생한다.

첫째, 디자인을 처음 접했을 때 사람들이 실제로 어떻게 행동하는지를 더 이상 확인할 수 없다. 이것은 실제 사용자라면 알 수 없는 배경 정보를 참가자에게 제공했기 때문이다.

둘째, 당신이 제품 디자인과 전혀 상관이 없었더라도 연계되게 된다. 참가자가 들은 것은 제품에 대한 **설명**이 아니라 **변론**이기 때문이다. 이는 당신이 중립적인 관찰자로 보이는 것을 막으며, 참가자가 의견을 자기 검열하게 할 가능성을 더 높인다.

이 문제가 가장 빈번하게 발생하는 지점은 테스트 태스크 수행 도중이다. 참가자는 제품을 "잘못된" 방식으로 사용할 수 있으며 진행자는 제품을 "적절하게" 사용하는 법을 설명해주고 싶은 마음이 든다. 또는 참가자가 인터페이스의 무언가에 대해 비판적이고, 진행자는 "개발팀은 그렇게 작동하는 것을 생각했는데…"라는 문구로 디자인을 옹호하고 싶은 충동을 느낄 수 있다. 아니면 참가자가 인터페이스의 무언가를 완전히 오해하고, 이때 진행자는 참가자의 오해를 바로잡고 싶어 할 수도 있다. 특히 좋지 않은 상황에서 이와 같은 진행 방식은 사용성 테스트를 코칭 세션 또는 논쟁으로 바꿔놓을 위험이 있다.

어떤 사용성 테스트 진행자도 참가자와의 논쟁에서 이긴 적이 없다. 내 말을 믿어도 좋다.

인터페이스를 설명하거나 "네, 하지만…"과 같은 문구를 쓰고 싶어지면 그 대신 "지금 하고 있는 걸 말해주세요."라고 말하라. 그러면 큰 영향을 미치지 않고도 그 행동을 파악할 수 있다. 정말로 제품 사용법을 설명하거나 오해를 바로잡고 싶다면 참가자가 도움 없이 시도하고

난 후인 세션 종료까지 기다려라.

질문에 답하기

진행자가 빠지는 또 다른 함정이 있다. 마치 절벽 위에서 막대기를 쫓는 개를 느린 동작으로 다시 보는 것과 같다. 참가자가 덫을 놓으면 진행자가 덫을 향해 달려간다.

대부분의 함정이 그렇듯 위험하지 않아 보인다. 참가자는 그저 질문한다.

이제 참가자의 질문은 금가루와 같다. 당신은 참가자가 질문을 던지길 원한다. 참가자가 제품을 사용하는 데 어려움을 겪고 있다는 표현이기 때문이다. 다시 말해 어떻게 해야 할지 몰라서 묻는 것이다.

금이 아니라 금가루다.

당신은 참가자가 질문에 어떻게 대답하는지 관찰하는 것을 통해 금을 찾는다. 참가자는 문제를 해결하기 위해 무엇을 하는가? 고치기 쉽다고 생각하는가 아니면 계속해서 잘못된 길로 접어드는가? 우선순위가 낮은 문제와 중요한 문제를 구분하는 데 도움을 주는 것은 참가자의 행동이다. 이 말은 금을 얻으려면 질문에 답하지 말아야 한다는 뜻이다.

그러나 일반적인 사람에게 질문에 답하지 않는 것은 생경한 일이다. 우리는 어린 시절부터 질문을 무시하면 무례하거나 멍청해 보인다고 생각하도록 훈련받았다. 그래서 많은 테스트 진행자가 참가자의 질문에 대답하는 함정에 맹목적으로 빠진다.

업무에서 이를 고치는 방법은 다음과 같다. 첫째, 질문해도 되지만 세션이 사실적이길 원하기 때문에 대답하지 않을 거라고 참가자에게 서두에 말하라. “내가 여기 없었다면 했을 행동을 하세요.”라는 문구를 사용하라. 이렇게 말하고 나면 질문에 대답하지 않아도 되는 권한이 생긴다.

그러고 나서 세션 중에 거부할 수 없는 질문을 받는다면 “부메랑”

기법을 사용하라. 질문에는 질문으로 답하라. 참가자가 "처음으로 어떻게 돌아가요?"라고 물으면 "어떻게 하면 처음으로 돌아갈 거 같으세요?"라고 답한다. 참가자가 "등록 양식이 어디쯤 있나요?"라고 물으면 "어디서 찾아보실 건가요?"라고 답한다.

테스트하기보다 인터뷰하기

참가자가 세션에 참석하게 만드는 데 시간을 투자했다면 가능한 많은 것을 그들로부터 얻어내는 것이 타당하다. 따라서 테스트 태스크 수행에 앞서 참가자와 사전 인터뷰를 진행해서 그들에 대한 더 많은 정보와 관련된 목표를 알아내야 한다. 그러나 참가자가 사용성 테스트에서 시간 대부분을 차지하는 테스트 태스크를 수행하는 동안 당신은 관찰자다.

사용성 테스트가 인터뷰로 격하되는 일반적인 상황은 다음과 같다. 개발팀이 사용자를 잘 모를 때다. 팀은 과거에 현장 리서치를 해본 적이 없으며, 이번 세션을 최대한으로 이용하길 원할 수 있다. 이는 참가자를 태스크 중간에 멈춰 세우고 집에서는 이 태스크를 어떤 식으로 하냐는 질문을 던질 때 드러난다. 또는 마케팅 책임자가 태스크 도중에 질문 목록을 억지로 욱여넣을 때다. 그 결과, 리서치는 이도 저도 아니게 된다. 인터뷰도 아니고 사용성 테스트도 아니다.

이런 일이 발생할 수 있는 또 다른 상황은 특별히 말이 많은 참가자가 태스크를 수행하기보다는 진행자를 대화에 끌어들이길 원할 때다. 참가자는 안심하기 위해 진행자를 계속해서 살펴보며 눈을 마주치려 할 것이다.

가장 좋은 접근법은 애초에 이 문제가 발생하지 않게 하는 것이다. 인터뷰 진행자보다는 관찰자처럼 보이도록 몸짓 언어를 조정하라. 참가자의 뒤 편 어느 한쪽에 위치하라. 참가자가 바라보고 있다는 느낌이 들면 노트를 작성하는 척하면서 시선을 피하라.

또한 개발팀에 테스트 종료 후 인터뷰를 진행해서 전반적인 평가를 듣고 세션 중에 제기되지 않았던 주제에 대한 의견을 끌어낼 것이며, 그때 개발팀의 질문 목록을 다룰 예정이라는 점을 명확히 밝혀라.

의견과 선호를 간청하기

마지막 실수는 사용성 테스트 진행이 처음인 사람들에게서 흔히 목격된다. 사용성 테스트와 시장 조사를 혼동하기 때문이다. 자신의 역할이 행동을 관찰하는 것이 아니라 의견을 구하는 것으로 생각한다.

테스트에서 이 문제가 드러나는 방식은 진행자가 참가자에게 다양한 디자인을 비교하고 어떤 것을 선호하는지 알려달라고 요청하거나, 몇 가지 디자인 기능에 대한 호불호를 참가자에게 계속해서 묻는 것이다. 사용성 테스트는 사용자의 선호도를 찾아내는 것이 아니라 무엇이 그들에게 가장 적합한지를 알아내는 것이다.

테스트 진행자로서 지속해서 발전하는 방법

이러한 실수는 대체로 초보 테스트 진행자에게서 일어난다. 그러나 노련한 테스트 진행자도 테스트 도중에 이런 종류의 실수를 저지른다. 실수를 방지하는 가장 좋은 방법은 지속해서 자신의 진행 기술을 반성하는 것이다. 테스트를 마친 후, 특히 잘했다거나 못 했다는 생각이 드는 세션을 중심으로 녹화본을 다시 돌려보라. 이룰 수 있었거나 더 잘 할 수 있었던 3가지를 찾아서 이를 개인적인 발전의 일부로 만들어라.

UX 연구원처럼 생각하라

- 사용성 테스트 진행자로서 자신의 역량을 평가하는 것은 어렵다. 참가자 녹음본을 다시 들어보는 것을 언급하지만, 객관적이기 어려울 수 있다. 이 문제를 해결하는 한 가지 방법은 자신의 성과를 되돌아볼 때 5가지 실수를 체크리스트로 사용하는 것이다. 듣기가 더 힘들 수 있는 또 다른 접근법은 세션 종료 후 사용성 테스트 관찰자에게 비판적인 피드백을 요청하는 것이다.

- 개발팀의 일부 구성원은 사용성 테스트의 목적을 잘못 이해하고 당신이 의견과 선호를 얻어내길 기대한다. 참가자에게 디자인이 마음에 드는지 혹은 어떤 버전을 선호하는지 물어보는 것을 원할 수 있다. 이러한 기대를 어떻게 감당할 것인가?
- 끊임없이 질문하는 테스트 참가자와 테스트를 진행한 적이 있다. 다음은 그들이 소리내어 생각하는 방식이다. "장바구니 링크는 어디에 있지? 오, 저기 있네. 근데 배송료는 어떻게 찾지? 장바구니 아이콘을 클릭해야 하나? 장바구니 아이콘은 어딨지?" 느낌이 올 것이다. "부메랑" 기법은 금세 바닥을 드러낼 것이기에(당신과 참가자 모두에게) 이 참가자는 진행하기 힘든 참가자 중 하나가 될 수 있다. 참가자의 질문을 무시하고 그 질문을 진술처럼 처리하는 것은 언제 허용되는가? 이와 같은 참가자를 다루는 연습은 어떻게 할 수 있는가?
- 참가자에게 디자인을 설명하는 것을 말리긴 하지만, 참가자가 완전히 길을 잃거나 혼란에 빠지면 개입할 필요가 있을 것이다. 참가자를 다시 정상 궤도에 올려놓으려면 어느 시점에 개입해야 하는가? 이것이 정말로 문제이고 참가자가 스스로 해결 불가능하다는 것을 인지하려면 얼마나 길을 잃어야 하는가?
- 테스트 태스크 수행보다 세션을 인터뷰로 전환하는 데 더 관심이 있는 것처럼 보이는 테스트 참가자를 만났다고 상상해보라. 그는 스크린을 외면하고, 당신을 마주 보면서 해야 하는 일과 관련이 없는 이야기를 늘어놓는다. 이 참가자를 어떻게 정상 궤도로 돌려놓을 것인가?

사용성 전문가 리뷰에서 개인 의견 피하기

적절히 수행된다면 사용성 전문가 리뷰는 인터페이스의 사용성 실수를 찾기에 매우 효율적인 방법이다. 하지만 초보 검토자가 저지르는 4가지 흔한 실수가 있다. 사용자 관점을 가지지 못하는 것, 팀의 결과를 모으는 것이 아니라 한 명의 검토자로 진행하는 것, 기술에 특정한 가이드라인이 아닌 일반적인 사용성 원칙을 사용하는 것, 그리고 어떤 문제가 중요한지 판단할 수 있는 경험이 부족한 것이다.

어떤 사람들은 인터페이스의 장단점에 대한 의견을 제시할 준비가 돼 있는 독단적인 영화 비평가처럼 사용성 전문가 리뷰에 접근한다.

이건 잘못된 생각이다.

디자인 리뷰는 의견에 관한 것이 아니라, 사용자가 인터페이스와 어떻게 인터랙션 할지를 예측하는 것이다.

리뷰가 개인적인 의견을 피하고 더 나은 인터페이스로 이끌기 위해 해결해야 하는 4가지 문제가 여기 있다.

문제 1: 검토자가 사용자의 관점을 갖지 못한다

좋은 사용자 경험 전문가가 되는 데 가장 어려운 부분은 언뜻 보기에는 아주 쉬워 보인다. 바로 사용자의 관점을 취하는 것이다. 그것은 내뱉기 쉬운 슬로건이지만, 대부분의 슬로건처럼 그 의미를 잊어버리기 쉽다. 검토자가 "…는 딱 질색이에요." 또는 "개인적으로 이런 종류의 시스템을 사용할 때…"와 같은 문장으로 그들이 발견한 "문제"의 말문을 여는 것을 자주 듣는다.

여기 힘겨운 진실이 있다. 당신이 무엇을 좋아하는지는 중요치 않다. 인터페이스가 미적 감각에 어긋나거나, 진부해 보이거나 구식일 수 있다. 하지만 그건 중요치 않다. 당신은 사용자가 아니기 때문이다. 킴 비센티Kim Vicente[9]는 이렇게 말했다. "아이러니하게도, 오늘날 첨단 기술 제품 및 시스템을 만드는 뛰어난 디자이너들의 강점이 제품의 실패에 일조하고 있다. 그들은 굉장히 많은 과학적, 공학적 전문 지식을 가진 나머지, 모든 사람이 자신처럼 기술을 잘 알고 있다고 생각하는 경향이 있다."

즉, 당신이 개발팀의 일원이라면 사용자의 대표가 될 가능성이 낮다는 뜻이다. 그리고 자신의 관점에서 인터페이스를 리뷰한다면 실사용자가 겪게 될 문제를 제대로 예측하지 못할 것이다.

따라서 리뷰 시작에 앞서 사용자 및 그들의 목표에 대한 확고한 아이디어가 필요하다(이것을 할 수 없다면 사용성 전문가 리뷰를 진행하기보다 실사용자와 테스트하는 것을 고려하라). 이 단계는 형식적인 것이 아니다. 미래를 예측할 수 있게 해주기 때문에 당신의 리뷰 진행에 큰 도움이 된다. "미래를 예측하라."는 말이 대담한 표현처럼 들리겠지만, 이를 고려하라.

- 사용자의 목표를 안다면 사용자가 제품을 사용하는 이유를 예측할 수 있어야 한다.
- 사용자가 제품을 사용하는 이유를 안다면 사용자가 수행할 구체적인 태스크를 예측할 수 있어야 한다.
- 태스크를 안다면 사용자가 태스크를 완료하기 위해 찾고 있는 가장 중요한 기능을 예측할 수 있어야 한다.
- 이 모든 것을 종합하면 사용자가 어디를 가장 많이 볼지, 다른 어떤 요소가 방해할지, 그리고 심지어 어디를 먼저 클릭, 탭 혹은 스와이프할지도 예측할 수 있어야 한다.

좋은 사용성 전문가 리뷰는 제품 사용자에 대한 데이터 중심의 설명과 사용자 태스크에 대한 상세한 기술에서 시작한다. 리뷰에서 이 부분이 생략된다면 자신의 관점에서 제품을 평가하는 것이 확실하며 리뷰 결과에는 개발팀에서 필요로 하는 예측 타당성이 결여될 것이다.

문제 2: 검토자 한 명의 의견에 근거한 리뷰

데이비드가 계획한 교육 과정 중 하나는 한 명의 검토자가 세 명으로 구성된 팀과 대결한다. 이 수업에서 실습을 하면 어김없이 한 명의 검토자(경력에 상관없이)는 팀에서 발견한 사용성 이슈의 경우 60% 남짓을 발견한다. 전문가 리뷰에서 적절한 범위의 사용성 이슈를 찾아내기 위해서는 3~5명의 검토자가 필요하다. 이는 새로운 사실이 아니라, 연구원이라면 예전부터 알고 있었다.[10]

복수의 검토자를 추가하는 것은 몇 가지 이유로 더 많은 문제 발견에 도움이 된다.

- 일부 검토자는 더 많은 전문 지식을 갖고 있다. 예를 들어, 뱅킹 앱이라면 금융에 대해 많이 알고 있어서 한 명의 검토자라면 놓쳤을 문제를 찾을 수 있다.
- 일부 검토자는 사용성 이슈의 부분 집합에 민감한 경향이 있다. 예를 들어, 시각 디자인 또는 정보 구조와 관련된 이슈에 더 예민할 수 있다. 그래서 과제 지향성이나 도움 및 지원과 같은 다른 중요한 이슈보다 이를 더 과장해서 보고하는 경향이 있다.
- 일부 검토자는 사용성 테스트 혹은 현장 방문을 통해 사용자를 더 많이 만났었기에 실생활에서 사람들을 방해하는 사용성 이슈를 더 잘 찾아낸다.

간단히 말해서, 다른 사람들은 단지 세상을 서로 다르게 볼 뿐이다.

그러나 자존심은 끔찍한 것이다. 마치 다른 사람들에게 공동 리뷰를 요청하는 것이 "전문가"로서의 지위를 깎아내린다고 생각하는 것과 같다. 사실은 그 반대다. 추가 검토자를 투입하는 것은 문헌에 대한 더 넓은 지식을 보여준다. 그럼에도 불구하고 여전히 한 명의 검토자가 전문가 리뷰를 수행하는 경우가 대다수다.

뛰어난 사용성 전문가 리뷰는 적어도 3명의 검토자의 결과를 결합한 것이다. 단일 검토자의 작업에 기초한 리뷰는 팀으로 작업했다면 발견했을 사용성 이슈의 약 60%만 찾아냈을 가능성이 높다.

문제 3: 리뷰에서 일반적인 사용성 원칙을 사용한다

모든 검토자는 제이콥 닐슨Jakob Nielsen의 휴리스틱[11]이나 ISO의 다이얼로그 원칙[12]과 같이 선호하는 사용성 원칙을 갖고 있다. 이러한 원칙은 인간의 심리 및 행동에 대한 수십 년 동안의 연구에 기초한다. 좋은 점은 기술과 달리 시간이 지나도 변하지 않을 것이라 확신할 수 있다는 것이다.

하지만 이 강점은 약점이기도 하다.

본래 이 원칙은 상당히 포괄적이며, 운동 추적기나 가상현실 헤드셋과 같은 신기술에 적용될 때에는 다소 모호하게 보일 수도 있다. 이 때문에 숙련된 검토자는 리뷰 중인 기술 및 분야에 맞게 원칙을 해석하기 위한 사용성 체크리스트를 개발한다.

"사용자 제어 및 자유도"와 같은 원칙을 예로 들자. 이것은 제이콥 닐슨의 원칙 중 하나로 다음과 같이 표현된다. "사용자는 종종 시스템 기능을 잘못 선택한다. 따라서 추가된 절차를 거치지 않고도 원치 않는 상태를 벗어날 수 있도록 '비상 출구'를 명확하게 표시해야 한다." 이 원칙은 당시 존재하던 그래픽 사용자 인터페이스를 위해 개발됐다. 이것은 검토자에게 (무엇보다도) 대화 상자에 취소 버튼이 있고 인터페이스는 실행취소를 지원하는지를 확인하도록 상기시켜준다. 웹으로 빨리 넘어가면서 이러한 확인은 대부분의 웹 페이지와 관련이 없다. 이 원칙을 웹페이지에서 재해석한다면(다른 무엇보다) 웹사이트가 뒤로 가기 버튼을 비활성화하지 않고 사이트의 모든 페이지에서 "홈"으로 돌아가는 명확하게 표시된 경로가 있는지 확인해야 한다.

가이드라인은 여전히 유의미하지만, 준수 여부를 확인하는 방법은 다르다.

특정 기술에 대한 체크리스트를 만들려면 어느 정도의 노력이 필요하다. 하지만 리뷰를 진행할 때 건네줄 체크리스트를 갖고 있으면 원칙의 전체 범위를 다룰 수 있고 빠트리는 것이 없게 해주기 때문에 유익한 시간이다.

요약하면 좋은 사용성 전문가 리뷰는 테스트하는 특정 기술에 맞춰 원칙을 해석하기 위해서 체크리스트를 사용한다. 고차원적인 원칙만 사용한다면 중요한 사용성 이슈가 누락될 위험이 있다.

문제 4: 검토자의 경험이 부족하다

대부분의 사용자 인터페이스는 매우 나쁘기 때문에 체크리스트로 사용성 문제를 찾는 것은 간단하다. 그러나 체크리스트는 전문가가 만드는 것이 아니다. 이제 "문제"가 실사용자에게 영향을 주는 진짜 이슈인지, 아니면 대다수의 사용자가 알아채지 못할 잘못된 경고 신호인지 판단해야 한다.

슬프게도, 이 두 가지 선택을 구분하는 간단한 방법은 없다. 노벨상 수상자인 에릭 캔들Eric Kandel[13]은 이런 말을 했다. "과학자로서 성숙한다는 것에는 많은 요소가 포함되지만, 나에게 중요한 것은 예술, 음식 또는 와인을 즐기는 것만큼이나 감식력taste이 발전하는 것입니다. 사람은 어떤 문제가 중요한지 알아야 합니다."

"감식안connoisseurship"과의 유사성은 사용성 문제를 확인하는 이슈에도 동일하게 적용된다. 어떤 문제가 중요한지 알아야 한다.

도자기 예술가인 필립의 친구는 다음과 같은 이야기를 들려주었다. 그녀는 예술 전시회의 도자기 부문(약 20명의 예술가 참가)의 심사를 요청받았는데, 그 부문에는 5명의 "혼합 매체mixed-media" 예술가(목재, 금속, 유리와 같은 매체 포함)가 포함돼 있었다. 그녀는 도예가의 작품을 미학, 적용 기술, 작품의 독창성, 손재주 등을 포함해 빈틈없이 평가하고 엄격한 비평을 할 수 있었다. 하지만 혼합 매체 예술의 경우 자신이 좋아하거나 싫어하는 것에 대한 개인적인 의견만 낼 수 있었다. 손재주를 판단할 때, 말하자면 유리를 분다거나 금속을 용접하는 것에 대해 아는 것이 없었다. 그리고 확신이 없었기 때문에 혼합 매체 예술가에게 유리한 해석을 하고 **더 높은** 점수를 주고 있는 것을 알게 됐다.

이 이야기를 일반화해보자. 해당 분야 또는 기술을 알지 못한다면 더 관대해지는 경향을 보일 수 있다. 매우 비판적인 사람이라면 자신의 판단을 해명하고 설명해야 하는데, 이렇게 되면 그 분야에 대한 경험 부족이 드러날 수 있기 때문이다.

위험은 몇 가지 중요한 사용성 문제를 보고하지 못하는 것이다.

사용자 경험 분야에서 "감식력"을 키울 수 있는 한 가지 방법은 사용자로부터 분리시키는 벽을 허무는 것이다. 예를 들면 다음과 같다.

- 가능한 많은 사용성 테스트 세션을 진행하고, 테스트 참가자를 당황하게 만드는 사소해 보이는 사용자 인터페이스 요소를 관찰하라.
- 사용자의 가정이나 직장에서 현장 작업을 수행해 그들의 목표, 열망 및 짜증에 진정으로 공감하라.
- 사용자가 경험하는 문제를 찾아내려면 사용자의 통화를 청취하라.
- 직접 사용성 테스트 참가자가 되라.

좋은 사용성 전문가 리뷰는 경험이 있는 사람이 주도해야 한다. 실무적 지식이 없다면 결정적인 버그와 허위 경보를 확실하게 구분하지 못할 것이다.

사용성 전문가 리뷰는 개인적인 의견만 피한다면 인터페이스에서 사용성 실수를 골라내는 효율적인 방법이다. 4가지 일반적인 실수에 주의를 기울인다면 리뷰는 더 객관적이고, 더 설득력 있고, 더 유용해질 것이다.

UX 연구원처럼 생각하라

- 팀의 UX 연구원은 디자인을 살펴보고 그것의 장단점에 대한 의견을 달라는 개발자의 요청을 자주 받게 될 것이다. 어떻게 이와 같은 비공식 리뷰에 접근하면서, 이 에세이에서 강조한 4가지 문제를 피할 수 있는가?
- 디자인 평가를 시작할 때마다 사용자의 관점을 취하되 자신의 관점에서 디자인을 평가하는 함정에 빠지지 않도록 어떻게 보장할 것인가?
- 선호하는 사용성 가이드라인 세트(예: 제이콥 닐슨의 휴리스틱)에서 한 개의 가이드라인을 선택하라. 그런 다음에 작업 중인 특정 분야에 그 일반적인 가이드라인을 적용하라. 인터페이스를 객관적으로 평가하는 데 사용할 수 있는 대략 10개의 체크리스트 항목을 만들어라.
- "1명뿐인 UX 팀"에서 일한다면 사용성 전문가 평가에 3명 이상의 검토자를 어떻게 참여시킬 것인가? 검토자들은 사용자 경험 분야의 전문가여야 하는가?
- 사용자 경험 분야에서 "감식력"을 발달시킬 수 있는 몇 가지 예를 설명했다. 개발팀 전체의 감식력 향상을 돕고 싶다면 어떻게 할 것인가?

린 UX를 향해서

린 스타트업에서 에릭 리스는 극도로 불확실한 조건에서 새로운 제품 및 서비스를 개발할 때 위험 관리에 도움이 되는 디자인 프로세스를 설명한다. 이 에세이는 디자인 프로세스를 지원하기 위해 사용 가능한 3가지 검증된 사용자 경험 기술을 설명한다. 서술적 스토리보드, 종이 프로토타이핑, 그리고 오즈의 마법사다.

2011년 에릭 리스[14]는 『린 스타트업』(인사이트, 2012)이라는 제목의 영향력 있는 책을 출간했다. 이 책을 좋아하는 이유는 사용자 경험을 신제품 디자인의 핵심으로 여기며, 표현도 마찬가지라서 관리자가 바짝 신경을 써서 주목하게 만드는 점이다.

다음은 이 책에 대한 나름의 요약이다.

1. 새로운 제품 혹은 서비스를 디자인하는 것은 너무나 많은 불확실성 때문에 위험하다.
2. 개발팀은 사용자, 그들의 목표, 그리고 그들이 어디에 돈을 지불할지 등에 대한 가설을 가지고 있으며, 불확실성을 줄이기 위해 이러한 가설을 테스트할 필요가 있다.
3. 이러한 가설을 확인한 다음 테스트하기 위해 실험을 설계한다. 제한된 기능을 가진 제품의 최소 버전으로 테스트를 진행한다. 최소 시스템은 만들기 쉽고 빠르기 때문이다.
4. 디자인은 가능한 한 빨리 사용자와 아이디어를 테스트하는 개발-측정-학습이라는 반복적인 사이클 내에서 이뤄진다.
5. 테스트 결과를 바탕으로 아이디어를 계속 개발하거나, "선

회"(방향 전환)해서 고객에게 더 많은 가치를 주는 제품을 개발 한다.

들어본 적이 있는가? 분명 이 5가지 포인트보다 더 많은 내용이 『린 스타트업』에 담겨 있지만, 이 접근법이 사용자 중심 디자인과 얼마나 일치하는지 알 수 있으리라 확신한다.

UX 연구원은 이러한 작업 방식에 많은 기여를 할 수 있지만, 특히 상기 목록의 4번인 반복적 디자인과 테스트에 초점을 맞추길 원한다. 필요성에 따라 사용자 경험 분야의 사람들은 사용자로부터 피드백을 수집하기 위해 다수의 신속한 기법을 개발했으며 그중 일부를 검토하고자 한다. 에릭 리스의 책에서도 몇 가지를 언급했지만(비디오 데모, 그리고 고객 니즈 파악을 위해 매우 개인화된 시스템 버전을 만드는 "컨시어지 최소기능제품"), 여기에서는 다른 3가지 기법을 소개하고자 한다.

이러한 기법에는 3가지 공통점이 있다.

첫째, 비용이 거의 들지 않으며 며칠 안에 완성될 수 있기 때문에 개발-측정-학습 고리를 최대한 빨리 통과하는 에릭 리스의 개념을 뒷받침한다.

둘째, 사람들의 의견보다 행동에 집중하므로 에릭 리스가 강조하는 또 다른 이슈, 즉 고객은 자신이 무엇을 원하는지 알지 못한다는 사실을 다룬다.

셋째, 에릭 리스는 개발팀이 사용자에게 보여줄 만큼 완성된 무언가를 얻기 전에는 사용자를 참여시키는 것을 주저한다는 점을 지적한다. 이러한 기법은 개발자가 한 줄의 코드도 작성하기 전에 아직 아이디어 상태인 비즈니스 아이디어를 테스트해볼 수 있게 해준다.

여기서 논의할 3가지 방법은 다음과 같다.

- 스토리보드를 이용한 가설 테스트
- 종이 프로토타입을 이용한 가설 테스트

- 오즈의 마법사를 이용한 가설 테스트

스토리보드를 이용한 가설 테스트

이 접근법을 이용해 짧은 만화 형태의 서술적인 스토리보드를 만든 후에 잠재 사용자에게 이에 대한 검토를 요청한다. 스토리보드는 몇 개의 패널로만 구성돼야 하지만 다음의 내용을 전달해야 한다.

- 해결하고자 하는 사용자의 문제
- 사용자가 솔루션을 접하는 방법
- 솔루션의 작동 방식(사용자 관점에서)
- 사용자가 얻는 혜택

스토리보드는 본질적으로 시각적이긴 하지만, 새로운 제품 개발 아이디어를 위한 스토리보드를 살펴보자.

사람들이 스마트폰의 전자 결제 서비스("모바일 지갑")를 사용해서 기차역에서 기차표를 구매하는 새로운 방법을 개발하려고 한다고 상상해 보자. 초기 아이디어는 사람들이 태스크를 기차역에 있는 티켓 선택이 가능한 키오스크로 시작한다는 것이다. 결제 단계에서 그들은 키오스크 화면에 생성된 코드를 스캔할 것이다. 코드를 스캔하면 결제할 수 있는 결제 페이지로 이동하며 스마트폰으로 티켓을 받을 수 있다.

이를 스토리보드로 표현해보자(그림 3.2 참조).

여기에는 고객과 함께 탐구해야 할 몇 가지 위험이 있다. 사람들이 기차역에서 키오스크를 사용한다는 것을 이미 알고 있다. 따라서 사람들이 처음 몇 단계를 헤쳐나갈 것이라고 확신할 수 있다. 하지만 이 아이디어와 관련해서 떠오르는 더 심각하고 무모한 질문이 여기 있다.

사용자가 역에 도착해서 키오스크와 대기줄이 긴 티켓 창구를 본다.

사용자는 목적지를 선택한다.

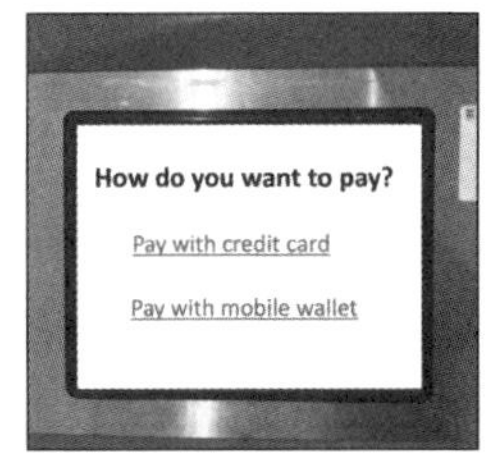

결제 화면에서 사용자는 '모바일 지갑'을 선택한다.

사용자는 코드를 스캔한다.

사용자는 안내에 따라 결제를 하고 티켓을 받는다.

스마트폰에 도착한 티켓을 갖고 기차에 탑승한다.

그림 3.2 사람들이 시스템과 어떻게 인터랙션 하는지를 보여주는 스토리보드. 적절한 자세를 취한 사진의 선을 따 스케치 형식의 이미지를 만들고 나서 기차역에서 찍은 사진과 결합했다.

- 사람들이 결제하기 위해 기꺼이 스마트폰을 사용할 것인가? 아니면 키오스크에 신용카드를 넣고 결제하는 것을 선호할 것인가?
- 대부분의 사람들의 폰에는 코드 스캔용 소프트웨어가 깔려 있는가? 사람들이 "코드 스캔"의 의미를 알기는 하는가?
- 사람들은 전자 티켓 배송에 대해 어떻게 생각할 것인가? 사람들이 실제 티켓이 없는 것을 불안해하진 않는가?

이제 기차 여행자에게 보여줄 것이 있다. 그들이 스토리보드를 이해하는 데 1분도 걸리지 않을 것이다. 그 다음에 2가지 가설을 테스트할 수 있다.

- 스마트폰으로 결제할 수 없다는 것이 솔루션을 꼭 필요로 할 만큼 충분히 심각한 문제인가? 종착역에서 한 시간을 보내면

서 50명의 사람들과 이야기해봤는데 그중 3명만이 이걸 문제라고 말한다면 방향을 바꿔서 진짜 문제가 무엇인지 알아낼 필요가 있다.

- 문제가 충분히 심각하다면 두 번째 가설을 테스트한다. 솔루션은 적절한가? 먼저 기차 여행자에게 활동에 대한 약간의 맥락을 알려주고 나서 일련의 단계를 거치는 동안 질문에 응해달라고 요청한다. 프레임이 끝날 때마다 간단한 질문을 던진다. "이 단계에서 이렇게 행동할 것 같나요?" 각 단계에서 '예' 혹은 '아니오'라고 답한 사람들의 숫자를 셀 수 있다.

예를 들어, 고객들과 이 솔루션을 테스트한 결과, 대다수의 사람은 폰으로 결제하는 것이 진행 단계만 추가되기 때문에 이득이 거의 없다고 생각하는 것을 발견할 수 있다. 따라서 그 대신 "선회"시켜서 새로운 아이디어를 떠올릴 수 있다. 해당 역에서 출발하는 가장 인기 있는 행선지를 코드에 심어 키오스크 주변에 포스터로 붙여 둔다. 그러면 사람들이 해당 코드를 스캔해서 전체 프로세스를 키오스크를 전혀 쓰지 않고도 스마트폰에서 완료할 수 있다. 그러면 사람들이 그들의 여정을 스캔해서 키오스크를 전혀 사용하지 않고도 전체 프로세스를 스마트폰에서 완료할 수 있다. 우리는 그런 다음 이 새로운 아이디어를 스토리보드로 만들고 나서 다시 테스트한다.

종이 프로토타입을 이용한 가설 테스트

비즈니스 아이디어를 평가하는 두 번째 린 방법은 사용자가 목표 달성을 위해 거치게 될 것이라 예상되는 단계를 자세히 보여주는 종이 프로토타입을 만드는 것이다. 종이 프로토타입은 손으로 그린 버튼, 레이블 및 사용자 인터페이스 요소를 포스트잇과 결합해 인터랙티브한 경험 생성을 돕는다.

사용자를 프로토타입 앞에 앉히고, "뉴욕에서 보스턴으로 가는 티켓 구입하기"와 같은 시나리오를 주고, 손가락을 마우스처럼 사용해 달라고 말하는 것이다. 선택이 이뤄질 때마다 선택을 반영하기 위해 포스트잇을 사용해서 화면을 업데이트한다.

종이 프로토타입은 몇 시간도 걸리지 않을 만큼 빠르게 제작 가능하며, 사용성이나 작업 흐름에 대한 명확한 피드백을 제공한다. 테스트가 끝날 무렵, 태스크를 완료한 사용자의 비율, 즉 사용성의 신랄한 측정치를 알게 될 것이다.

UX 연구원과 종이 프로토타이핑에 관해 이야기할 때, 사람들은 종이 프로토타이핑은 구식이며 전자식 프로토타이핑 툴이 훨씬 더 효율적이라고 재빨리 의견을 낸다. 우리는 이것을 양자택일로 보지 않는다. 디자인 프로세스에는 2가지 유형의 프로토타이핑 모두 사용할 여지가 있다. 그러나, 전자식 프로토타이핑을 사용할 시간이 아이디어 초기 단계에는 없다. 에릭 리스가 지적했듯이, 개발-측정-학습 반복 루프를 통해 시간을 최소화해 가장 빨리 배울 수 있어야 한다. 종이 프로토타이핑은 전자식 프로토타이핑보다 훨씬 빠르고 사용자와 테스트를 할 때 쉽게 수정 가능하기에 초기 단계에 알맞다.

오즈의 마법사를 이용한 가설 테스트

오즈의 마법사 테스트에서 사용자는 완전히 프로그래밍이 된 것처럼 보이지만 동명의 영화에서와 마찬가지로 실제로는 사람이 시스템 반응을 제어하는 시스템과 인터랙션 한다. 가장 좋아하는 예제 중 하나인 메커니컬 터크the Mechanical Turk는 실제로 영화 〈오즈의 마법사〉보다 거의 200년을 앞서고, 이 기법의 훌륭한 예시 역할을 한다.

메커니컬 터크는 1770년에 만들어진 커다란 체스 게임 기계다. 이 기계와 체스를 둔다면 적당한 크기의 체스 테이블을 가운데 두고 터키식 드레스(그 이름은 여기서 유래했다)를 입은 마케킹의 맞은편에 앉을 것이다. 인체 모형은 당신의 움직임에 대응하여 체스 조각을 잡고 움직일 것이다. 그 기계는 아마 당신도 이길 것이다. 터크는 나폴레옹

Napoleon과 벤저민 프랭클린Benjamin Franklin을 포함한 대부분의 체스 선수를 이길 수 있었다.

그러나 그 기계는 가짜였다. 그 안에는 자석을 이용해서 체스 말을 옮기는 체스 선수가 숨어 있었다. 비록 어떤 사람들은 그걸 속임수라고 의심했지만, 너무 잘 만들어져서 기계의 내부 작동 원리가 밝혀지기까지 몇 해가 걸렸다.

메커니컬 터크에서 중요한 것은 사람들이 정말로 기계와 겨루고 있다고 생각했다는 점이다. 조작하는 사람이 상자 안에서 인체 모형을 움직였다는 것을 전혀 알지 못했다.

우리가 어떻게 비즈니스 아이디어로 비슷한 허상을 만들 수 있었는지 보여주기 위해 더 최신의 예를 들어보자.

얼마 전 데이비드는 영화 예약 시스템을 위한 대화형 음성 응답 시스템 디자인을 작업 중이었다. 그 아이디어는 사람들이 전화상으로 시스템 질문을 할 수 있다는 것이었다(아마존의 알렉사Alexa 혹은 애플의 시리Siri와 다소 비슷하지만, 좋은 음성 인식이 자리 잡기 훨씬 전이었다). 데이빗은 자신이 사용할 것으로 예상한 소수의 응답(예: "다시 한번 말해 주시겠어요?")은 미리 녹음했지만, 사람들의 구체적인 질문을 알 수 없었기에 모든 대답을 미리 녹음할 수는 없었다.

대신 시스템이 작동 중이라는 허상을 만들기 위해 메커니컬 터크를 조작하는 데이비드처럼, 문자를 음성으로 변환text to speech하는 기술을 사용했다. 사용자가 "오후에 가족이 보기에 좋은 영화는 어떤 것이 있어?"와 같은 질문을 하면 데이비드는 "가족용 영화가 4개 상영 중입니다."라고 신속하게 입력했다. 시스템은 이 문장을 음성으로 변환해 컴퓨터 처리된 목소리로 수화기 너머에 있는 사용자에게 읽어준다. 읽어주는 동안에 데이비드는 이어서 영화의 이름을 입력했다.

그것은 숨 가쁘며 신속한 타이핑 기술이 필요했지만, 사용자는 뛰어난 음성 인식을 갖춘 실시간 시스템과 인터랙션하고 있다고 믿었다. 이렇게 해서 비즈니스 아이디어를 테스트하고, 고객이 이를 지원

하기 위해 광범위하고 값비싼 기술에 투자하기 전에 가장 일반적인 질문을 확인할 수 있었다.[15]

디자인 프로세스에서의 의미

제품 개발에 대한 린 접근법에서 담아낸 사용자 중심 디자인에서 몇 가지 기본 원칙이 있다.

- 사용자 및 그들의 태스크에 대한 빠르고 지속적인 집중
- 반복적인 디자인
- 사용자 행동에 대한 실증적 측정

에릭 리스(하버드 경영대학원의 사내기업가였던)가 고위 관리자 및 개발팀의 관심을 이 원칙에 끌어 모아줘서 기쁘게 생각한다. 덕분에 비즈니스 아이디어를 한두 번의 반복이 아닌 수십 개의 프로토타입을 개발해 테스트한다는 사고방식이 확고히 정착되도록 노력하게 돼 일이 훨씬 쉬워진다.

UX 연구원처럼 생각하라

- 린의 핵심 원칙은 인간-컴퓨터 인터랙션(HCI)의 초기부터 존재해왔다. 그런데도 에릭 리스의 책은 HCI가 고군분투하던 방식으로 고위 관리자 및 사업가의 관심을 끌었다. 뭐가 달랐다고 생각하는가? UX 리서치에 그들을 참여시키는 것에 대해 이것이 말해주는 것은 무엇인가?
- 이 접근법에서는 개발팀이 디자인 컨셉을 테스트하기 위해 신속하게 프로토타입을 제작해야 한다. 개발팀에서 프로토타입을 신속하게 만들 수 있는 사람이 있는가? 프로토타이핑에 필요한 기술을 갖추고 있는가? 그렇지 않다면 어떻게 이런 기술을 쌓을 수 있는가?
- 린 접근법은 개발-측정-학습 반복 루프를 통해 시간을 최소화해 가장 빨리 학습하는 것을 강조한다. 이는 이 에세이에서 언급한 종이 프로토타입 같은 기초적인 프로토타입을 만들어서 테스트해도 괜찮다는 뜻이다. 고객에게 종

이 프로토타입을 보여주길 원한다면 이해관계자 혹은 개발팀이 어떻게 반응할 것으로 생각하는가? 이해관계자가 더 세련된 프로토타입을 제작할 시간을 주기 위해 테스트를 몇 주 연기할 것을 요청한다면 어떻게 대응하겠는가?

- 데이비드가 영화 예매 시스템을 위한 대화형 음성 응답 시스템을 테스트하기 위해 어떻게 오즈의 마법사 기법을 사용했는지 설명한다. 이 기법을 어떻게 사용해서 챗봇(사람과 대화를 시뮬레이션하게 디자인된 컴퓨터 프로그램)을 만들겠는가?
- 스토리보드 제작의 한 가지 장점은 사용자 인터페이스의 특정 노브와 다이얼에 과도하게 집중하지 않고 사용자 경험의 "큰 그림"을 보여주는 것이다. 그러나 컨셉을 테스트하는 것은 사람들에게 태스크 수행을 요청하는 프로토타입 테스트와는 크게 다르다. 어떻게 사용자에게 미래 행동을 예측(사용자가 정말 못하는 일이다)해달라고 요구하거나 아이디어가 맘에 드는지 묻지(선호도 조사 데이터는 설득력이 없다) 않고 사용자와 스토리보드를 테스트할 수 있는가?

연구원 효과 제어하기

미묘하지만 만연한 연구원 효과, 그 효과가 UX 리서치 결과를 편향시키는 방법,
그 영향력을 통제하기 위해 할 수 있는 것에 대해 살펴볼 것이다.

저자가 난데없이 나타나서 직접 말을 거는 것보다 읽고 있는 베스트셀러에서 멋지게 구축되고 있는 현실에 대한 환상을 더 확실하게 산산조각 낼 것은 없다. "작가의 개입"이라고 알려진 이것은 작가가 독자의 관심을 스토리 밖으로 끌어내고, 현실 세계를 떠올리게 하고, 소설 집필과 언론의 황금률을 깨는 순간을 말한다. 이야기에 빠져들지 말아라. 영화 제작진이 지나가는 가게 창문에 비친 자신의 모습을 촬영하는 것과 막상막하다.

리서치는 이런 불행한 순간에 대한 자신만의 버전이 있다. 이것은 연구원이 실수로 시야에 들어오고 연구 결과에 영향을 줘 일을 망칠 때 발생한다. 이런 실수를 **실험자 효과**experimenter effects라고 부른다.

실험자 효과는 리서치 프로세스에 악영향을 주지만, 그 기원을 안다. 그것은 거의 대부분 실험자가 연구 가설에 대해 사전 기대치의 결과다.

몇몇 전형적인 예는 실험자 효과가 얼마나 은밀히 퍼지는지를 상기시킨다. 영리한 한스 효과Clever Hans effect의 주인공인 한스라는 이름의 말을 떠올려라. 한스는 숫자를 셀 수 있을 뿐만 아니라 숫자가 주어지면 사칙연산도 발굽을 굴려서 정답을 맞혔다. 심리학자 오스카 풍스트oskar Pfungst는 한스가 산수를 한다기보다는 정확한 숫자만큼 발

굽을 두드렸을 때 조련사의 무의식적인 근육 반응을 포착해낸다는 것을 밝혀냈다. 조련사가 답을 모르는 수학 문제를 냈을 때는 한스도 틀렸다.

그리고 말뿐만이 아니다. 1963년 심리학자 루시안 코르다노Lucian Cordaro과 제임스 아이손James Ison[16]은 두 그룹의 대학생에게 플라나리아(편형동물)의 머리 회전과 몸의 수축을 관찰하고 세어보라고 요청했다. 심리학자에게 이끌려 한 그룹의 학생들은 목표 행동이 드물게 일어날 것이라고 믿게 됐고, 반면 다른 그룹은 높은 비율의 머리 회전 및 수축을 기대하게 됐다. 각 그룹에 주어진 편형동물은 동일했고(편형동물류에게 흔히 있는 일이지만) 특이사항은 없었다. 아니나 다를까, 높은 비율의 신체 움직임을 기대한 그룹은 낮은 비율을 기대한 그룹보다 훨씬 더 높은 수치를 보고했으며, 이 결과는 전적으로 실험자의 기대치에 의해 이뤄진 것이었다.

실험자 효과에 대한 로버트 로젠탈Robert Rosental의 광범위한 연구[17](동물과 인간의 행동 리서치를 포함한 30년 동안의 조사)는 실험자 효과의 70%가 연구원의 가설에 부합되는 방향으로 결과에 영향을 미친다는 것을 보여준다.

실험자 효과는 UX와 시장 조사에서도 흔하지만, 대부분의 사용자 경험 방법은 전통적인 의미에서 실제 실험이 아니므로 이를 "연구원 효과"라고 바꿔 부를 것이다. 현장 연구, 포커스 그룹, 인터뷰 및 사용성 테스트는 연구원이 기대를 하고 있으며, UX 및 마케팅 리서치는 사회적 상황을 만들고, 완전히 객관적이기 어렵기 때문에 연구원 효과에 모두 영향을 받기 쉽다.

이중 은폐

과학은 연구원 효과에 대한 강력한 해독제인 이중 은폐Double-Blind를 갖고 있다.

이중 은폐 연구에서는 참가자는 물론 실험자(뿐만 아니라 진행, 관찰, 기록 또는 데이터 분석과 관련된 그 누구도)도 리서치 가설을 알지 못하거나, 참가자가 어떤 조건에 배정되는지, 또는 어떤 디자인이 "이전"이고 어떤 것이 "이후"인지, 어떤 제품이 "우리 것"이고 어떤 것이 "그들 것"인지 알지 못한다. 이중 은폐는 가장 문제가 되는 연구원 효과를 제거하며, 임상 실험과 사이비 과학적 주장이 틀렸음을 밝히는 데 효과적으로 사용된다.

이것을 UX 리서치에 적용할 수 있는가? 불행하게도 UX 연구에서 이중 은폐를 수행하는 것은 불가능하지는 않지만 실제로 매우 어려운 일이며 보기 힘든 일이다. UX 연구원은 일반적으로 매일 개발팀과 함께 일하며 디자인을 이끄는 데 중요한 역할을 해왔다. 어떤 평가 상황에서도 UX 연구원이 갑자기 연구 조건에 대한 지식이나 사전 기대를 전혀 갖지 못할 방법은 없다. 외부 UX 연구원을 데려오는 것도 문제를 해결할 수는 없다. 그 사람이 효과적인 연구를 수행할 수 있을 만큼 디자인이나 제품을 잘 알고 있어야 하기 때문이다. 그리고 기억하라. 이중 은폐는 데이터 기록, 분석, 해석 및 결과 보고까지 확대돼야 한다. 대부분의 경우, 이중 은폐를 실행하면 신속한 사용자 경험 연구가 중대한 비밀 작전으로 바뀌게 된다.

이중 은폐는 최적의 표준일 수도 있지만, 그것을 사용할 수 없다면 어떻게 연구원 효과를 막을 수 있을까? 첫 번째 단계는 연구원 효과가 존재하며 이는 심각한 결과를 가져올 수 있다는 인식을 프로젝트 팀 내에서 높이는 것이다. 두 번째 단계는 이러한 효과를 완전히 없앨 수 없으므로 이를 통제할 방법을 찾는 것이다.

연구원이 자신의 리서치 결과물에 영향을 미치는 몇 가지 방법과 이러한 상황에서 어떻게 편향을 제어할 수 있는지에 대한 몇 가지 생각을 지금부터 살펴보자.

참가자와 인터랙션할 때의 편향

이는 연구 전과 연구 도중에 참가자와의 의도치 않은 커뮤니케이션에서 유래하는 "영리한 한스" 편향이다. 그 편향은 UX 리서치 동안에 참가자의 사고나 행동에 영향을 주는 언어적, 비언어적 신호와 몸짓에서 비롯되며, 하나의 특정 결과를 체계적으로 편애할 때 피해를 주게 된다. 예를 들어, 필립은 진행자가 경쟁사의 디자인을 소개할 때 중립을 잘 유지했지만, 후원사의 디자인에 대해 말할 때마다 몸을 앞으로 구부리고 고개를 끄덕이는 연구를 목격했다.

실제로 연구원이 "우리 제품에 대해 좋게 말해주면 좋겠어요."(지어낸 말이 아니라 실제로 연구원이 이런 말을 하는 것을 들었다)와 같이 노골적으로 던지는 말부터 참가자가 인터페이스에서 정확한 버튼을 클릭할 때 짓는 미세한 미소까지, 연구에 영향을 미칠 수 있는 무한히 많은 편향적 행동이 있다. 다른 영향력 있는 행동에는 연구원의 기분과 태도, 목소리 톤, 찡그리기, 한숨 쉬기, 긴장하기, 긴장 풀기, 의자에 털썩 앉기, 눈썹 치켜뜨기, 얼굴 잡아당기기가 포함된다. 심지어 노트 필기도 편향을 가져올 수 있다("이런, 저 사람이 공책에 뭔가를 방금 썼네. 내가 뭔가 잘못한 것이 틀림없어."). 그리고 이러한 행동은 유도 신문 및 유도 질문, 안심시키는 말("다른 사람도 오늘 그런 실수를 했어요.") 또는 참가자의 발언을 살짝 다른 말로 바꿔 표현하거나, 대화에 개인 의견을 슬쩍 끼워넣기 등이 가져올 수 있는 편향 효과에 대해 생각해 보기도 전에 참가자에게 영향을 미친다.

이러한 편향 요소를 전부 제거할 수는 없다. 너무 만연해 있으며, 아주 사소한 수준까지 자신을 감시하려 한다면 결국 로봇처럼 행동하게 될 것이다. 그렇다면 해결책은 무엇인가? 이중 은폐 테스트는 가능하지 않으므로, 도움이 될 만한 몇 가지 기법을 다음과 같이 정리한다.

- **모든 것을 표준화하라**: 리서치 프로토콜, 진행자 대본, 질문 등을 표준화하라. 모든 조건에서 모든 참가자에게 동일한 방식으로

동일한 프로토콜을 준수하라. 참가자가 큰 소리로 읽을 수 있도록 카드에 태스크 시나리오를 제시하라. 대본에 충실하라.

- **두 번째 연구원이 첫 번째 연구원을 모니터하게 하라**: "프로토콜 전개"를 모니터하라.
- **참가자의 시야에서 벗어나라**: 종합 사용성 테스트에서 태스크 중에 가능하다면 방을 벗어나라.
- **연습하라**: 편향적인 행동을 통제하는 데 초점을 맞춘 모의 연구를 실행하라.

연구를 운영하거나 인터뷰를 진행하는 자신의 모습을 비디오로 녹화하라. 자신의 성과를 비판적으로 분석하고, 동료에게 제공했을 수도 있는 체계적인 편향적 행동과 의도치 않았던 신호를 기록해달라고 요청하라.

기록, 해석 및 결과 보고에서의 편향

연구원 효과는 다음과 같은 여러 가지 방법으로 연구에 악영향을 미칠 수 있다.

- 체계적인 데이터 기록 오류
- 과도한 가중치가 부여된 참가자의 행동 혹은 반응
- 참가자가 실제로 말한 내용보다 연구원이 생각하는 참가자의 의도를 작성함
- 데이터를 고민없이 서둘러서 테스트로 해석하려고 시도함
- 부주의한 기록 오류 발생
- 주의를 기울이지 않음
- 참가자를 따라잡기 위해 고군분투함
- 복사 및 데이터 입력 오류

후속 데이터 해석도 **확증 편향**confirmation bias에 저촉될 수 있다. 이것은 이미 믿고 있는 것과 잘 맞는 증거는 중요하게 여기면서 그렇지 않은 증거는 무시하는 경향이다. 노련한 연구원도 이 인지적 함정에 빠질 수 있다.

긍정적인 결과에 대한 편향은 보고서 작성 및 리서치 발표에도 영향을 줄 수 있다. 과학계에서도 성공에 대한 비슷한 압박이 존재하기 때문에 부정적인 결과는 발표를 위해 제출될 가능성이 작고, 제출되더라도 긍정적인 결과보다 받아들여질 가능성이 작다. 분명히 부정적인 결과인데도 최종 소비자 리서치 발표에서 "20명 중 5명이 새로운 컨셉을 정말 좋아했습니다."라는 표제로 터무니없이 긍정적인 해석을 한 경우도 봤다. 이렇게 하는 연구원은 자신의 신뢰도를 위태롭게 한다. 비즈니스 이해관계가 너무 높은 나머지 어떻게든 "기분 호전feel-good" 효과를 내려는 연구원이 일을 그르칠 위험이 있다.

이상하게 들릴 수도 있겠지만, 리서치 결과가 어떻게 나왔는지를 신경 쓰지 말아야 한다. 리서치 설계와 자료가 날아오는 탄알도 막을 만큼 견고하며 가장 철저한 조사에도 잘 견딜 것에만 관심을 가져야 한다. 무슨 일이 일어나도 상관 마라. 행복한 결말을 보장하는 것은 연구원의 일이 아니다.

다음은 몇 가지 유용한 체크 포인트다.

- 연구에 앞서 데이터 기록 절차를 결정하라. 관리 가능한 수량의 데이터를 사용해서 이벤트를 분류하라. 그것을 사용해 보는 연습을 하고 이를 공식적인 테스트 계획에 기록하라.
- 가능하다면 태스크 완료율, 태스크 수행 시간과 같은 객관적인 데이터를 기록하라.
- 연구가 끝난 뒤가 아니라 시작 전에 성공/실패 기준을 합의하라.
- "이중 은폐된" UX 연구원을 보유하는 것은 불가능할 수 있으나, "맹목적인" 데이터 기록자는 있을 수 있다. 채점자 간의 신

뢰도inter-scorer reliability를 확인하고 노트를 비교할 수 있도록 적어도 2명의 데이터 기록인(혹은 노트 작성자)을 준비하라.

- 넘겨짚지 말고 참가자가 말한 그대로 기록하라.
- 연구 중에 데이터를 해석하려고 하지 마라.
- 데이터 코딩, 데이터 입력 및 통계 분석을 다시 확인하라.
- 리서치 동료에게 최종 보고서, 또는 발표 슬라이드를 읽고 비판적인 피드백을 줄 것을 요청하라.

후원 편향

리서치 연구를 후원하는 회사에 대한 편향은 흔하다. 예를 들어 제약 산업의 경우, 업계의 후원을 받는 실험은 부정적인 결과보다 긍정적인 결과를 보고할 가능성이 약 4배 더 높으며[18], 제약 회사가 후원하는 연구는 다른 스폰서가 지원하는 연구보다 제약사에 우호적인 결과가 나올 가능성이 더 높다.[19]

필립은 최근 제3의 "독립적인" 리서치 회사가 새로운 가전제품의 가정 내 장기 실험을 수행하는 프로젝트를 리뷰하는 자리에 초대받았을 때, 아마도 행복한 결과에 대한 잘못된 욕구가 동기가 된 후원 편향의 계획적인 사례를 목격했다. 그는 리서치 회사의 사장이 연구에 테스트 참가자로 잠입해서 3개월에 걸친 모든 설문지의 모든 항목에서 제품에 최고점인 별 5개 등급을 부여했다는 것을 알고 깜짝 놀랐다. 클라이언트를 기쁘게 해주려는 열망 속에서 이 연구원은 제품 출시 전에 수정할 수 있도록 문제를 찾아내려 했던 리서치의 목적을 망각해버렸다.

프로젝트가 실패할 리는 없다(그렇지 않다면 왜 여전히 그것을 하고 있는가?)는 점차 증가하는 집단적 믿음에서 유래하는 회사 내부의 압력은 어떠한 부정적인 결과도 수용할 수 없는 작업 환경을 만들 수 있다. 이런 압박의 상당 부분은 너무 늦은 테스트 또는 리서치 실행에서 비롯되며, 리서치 및 테스트를 초기부터 자주 실시하고, 돌이킬 수 없는 지점에 도착하기 전에 수정하고 위험을 줄일 수 있도록 이해관계자를 깊이 참여시키는 것을 통해 완화될 수 있다.

다시 말하지만, 이중 은폐를 사용할 수 있다면 연구비 출처와 리서치 팀 사이에 "방화벽"을 효과적으로 세울 수 있다. 연구를 수행하고 보고하는 데 관여한 사람은 후원 회사가 누구인지 알 수 없을 것이다. 하지만, 앞에서 언급한 것처럼 UX 리서치에서는 이렇게 하기가 거의 불가능하며, 경우에 따라서는 리서치 데이터를 지키면서, 이를 악물고 버티고, 스폰서가 있든 없든 간에 나쁜 소식을 요령 있게 전해야 한다. 하지만 되돌아오는 반응에 놀랄지도 모른다. 필립은 언젠가 2,800만 달러짜리 프로젝트에 치명타를 가할 것으로 예상되는 부정적인 UX 리서치 데이터를 제시해야만 했다. 놀랍게도 방 안에는 뚜렷한 안도감이 느껴졌다. 그것은 그 회사가 중단하고 더 많은 돈을 낭비하는 것을 멈출 수 있는 확신을 준 마지막 증거였다.

맹점 오류를 고쳐야 하는 이유

편향은 트로이 목마처럼 작동한다. 그것은 UX 리서치 도구 상자에 숨어서 방어를 슬쩍 통과하고, 내부에서 작동한다. 모든 사람은 맹점 오류를 갖고 있지만, UX 연구원은 다른 사람들보다 자신의 편향을 알아챌 가능성이 더 낮다. 보스턴대학교 마케팅학과 부교수인 캐리 모어웨지Carey Morewedge는 "사람들은 자신이 얼마나 편파적인지 전혀 모르는 것 같다. 뛰어난 의사결정자이든 그 반대든, 모든 사람은 자신이 동료들보다 덜 편향적이라고 생각한다. 이처럼 맹점 오류에 대한 취약성은 만연해 보이며, 사람들의 지능, 자부심 그리고 편향 없는 판단과 결정을 내리는 실제 능력과는 무관하다."라고 말한다.[20]

동료들의 엄격한 검토와 방법론적 결함을 샅샅이 뒤지고, 심지어 검열을 통과하지 못하면 폐기 처리되는 학계와는 달리, 대부분의 UX 및 시장 리서치는 그렇게 철저한 조사를 받는 경우가 드물다. 일은 신속하게 진행된다. 주요 결과는 대부분의 이해관계자가 볼 수 있으며,

결과는 보이는 바와 같다는 신뢰에 따라 대체로 받아들여진다. 결정은 신속하게 이뤄지고, 쇼는 계속 진행된다.

하지만 잘못된 리서치 결과는 회사가 수백만 달러의 손실을 보게 만들 수 있다. 이중 은폐 방법론이 없는 상황에서 연구원 편향에 대응하는 강력한 무기는 단순히 편향이 존재한다는 인식일 수도 있다.

UX 연구원처럼 생각하라

- 연구 계획하기부터 결과에 대한 조치를 취하는 것에 이르는 UX 리서치의 다양한 단계에 대해 생각해 보라. 단계마다 어떤 다양한 편향이 소리 없이 등장할 수 있는가? 어떤 단계가 연구원 편향에 더 취약할까?
- 개발팀에서 리서치를 관찰하는 상황을 고려하라. 세션 종료 후 그들이 관찰한 내용을 논의한다면 그들은 이벤트에 대한 기억을 왜곡시키고 있는 것인가? 혹은 놓쳤을 수도 있는 관찰 내용을 강조하는 유용한 방법인가?
- UX 연구원이 실험 설계에 접근하는 방식이 과학자가 "통제된" 실험에 기대하는 표준을 충족시킨다고 생각하는가? 왜 그렇다고 생각하는가 혹은 왜 그렇게 생각하지 않는가? UX 리서치는 과학인가? UX 연구는 가치를 제공하기 위해서 과학적인 방법을 채택할 필요가 있는가?
- 이중 은폐 UX 리서치 연구 수행은 거의 불가능하다고 말한다. 그러나 진행자 없이 원격으로 진행되는 사용성 도구를 사용한다면 이중 은폐 연구에 근접할 수 있는가?
- 사람들과 일할 때마다 어떤 사람들에게 더 깊이 공감하는 경향이 있다. 일부 참가자는 다른 참가자보다 더 호감이 가고, 더 명확하거나, 좋은 솔루션이 더 필요할 수 있다. 이것이 결과를 해석하고 보고하는 방식을 왜곡시키는 것을 어떻게 방지할 수 있는가?

4

사용자 경험 리서치 분석하기

생각 도구를 갈고 닦기

대부분의 신제품은 출시 후 몇 달 안에 실패한다. 현재 진행 중인 프로젝트에 대한 우려를 표명하는 데 사용할 수 있는 10가지 비판적 생각 도구를 설명한다. 이 규칙들은 골치 아픈 프로젝트를 피하거나 혹은 제거하는 데 사용될 수 있다.

1958년 미국의 공상 과학 및 공포 소설 작가이자 비평가인 시어도어 스터전Theodore Sturgeon은 모든 것(공상 과학, 영화, 문학 및 소비재를 특히 열거했다)의 90%가 쓰레기라고 주장했다.

성공하지 못한 제품에 공을 들이는 것은 이제 예외가 아니라 일반적이기 때문에 시어도어 스터전이 뭔가를 알아챘던 것처럼 보인다. 일반적으로 신제품의 90%가량(어떤 책이나 기사를 읽는가에 따라 수치는 65%에서 95%까지 차이가 난다)은 시장 출시 후 6개월 이내에 실패한다고 알려져 있다. 이것은 순전히 가능성만 고려하면 지금 작업 중인 제품, 어플리케이션, 기기, 시스템 혹은 앱은 상업적으로 성공보다는 실패를 거둘 가능성이 더 높다는 것을 의미한다.

그것은 박물관에 전시될 수도 있겠지만, 원하는 종류의 박물관은 아닐 수도 있다. 안쓰러운 90%를 보고 싶다면 앤아버Ann Arbor에 있는 리서치 대기업인 GfK의 사무실에 들러 보라. 그곳은 망한 제품이 가는 곳이다. 실패한 제품 박물관에 전시된 10만 개가 넘는 고물 중에서 요구르트 샴푸 클레롤 터치, 지성 모발용 질레트, 벤 게이 아스피린, 콜게이트 TV 디너, 크리스탈 펩시를 볼 수 있다.

꼭 알아야 하는 것은 과거에는 이 모든 것이 프로젝트 계획과 일정, 출시 목표 그리고 어렵고 중요한 결정을 논의하기 위해 미팅을 하는 열정적인 비즈니스 및 프로젝트 관리자, 법률 전문가, 회계사, 디자이너, 마케터를 갖춘 주요 제조사의 왕성한 프로젝트였으며 그들 모두는 성공할 거라고 확신했다는 점이다. 그들은 틀렸다.

경제학자인 폴 오머로드Paul Ormerod는 그의 저서, 『Why Most Things Fail』[1]에서 "실패는 기업 활동의 두드러진 특징이다."라고 지적한다.

시어도어 스터전이라면 그저 고개를 끄덕이며 "그러게 내가 뭐랬어."라고 말했을 것이다.

죽지 않는 치어리더, 맹목적인 믿음과 아이디어

회사 임직원이 제품 실패의 이유를 대체로 알고 있다는 것은 다소 놀라운 일이다. 그것은 미스터리가 아니다. 예를 들어, 시장 조사 리소스 그린북GreenBook[2]은 신제품 실패의 이유를 다음과 같이 나열하고 있다.

- 마케터는 마케팅 풍조를 부적절하게 평가한다.
- 잘못된 그룹이 타깃이 됐다.
- 설득력이 없는 포지셔닝 전략이 사용됐다.
- 속성 및 효용이 최적에 미치지 못하는 구성으로 선택됐다.
- 미심쩍은 가격 전략이 시행됐다.
- 광고 캠페인의 인지도가 떨어진다.
- 시장 자기잠식효과cannibalization로 인해 회사 수익이 감소했다.
- 마케팅 계획에 대한 과도한 낙관주의가 비현실적인 예측으로 이어졌다.
- 마케팅 플랜이 실제로는 부실하게 시행됐다.
- 신제품이 너무 빨리 사망 선고를 받고 매장됐다.

분명 이러한 모든 요소가 실패에 기여할 수 있지만, 다른 무언가도 벌어지고 있다. 리옹 장 물랭 대학교Jean Moulin University Lyon의 경영학 교수인 이사벨 로이어Isabelle Royer는 'Why Bad Projects Are So Hard to Kill'이라는 제목의 「하버드 비즈니스 리뷰」 기사에서 이를 밝혔다.[3] 2개의 프랑스 회사의 문제를 분석한 결과, 이사벨 로이어는 무능력이나 형편없는 경영 그 자체가 아니라, "제품의 궁극적인 성공의 필연성에 대한 관리자들 사이에 확고하고 널리 퍼져 있는 믿음"이 문제라는 것을 밝혀냈다. 축구팀을 격려하는 치어리더들처럼 모든 사람이 프로젝트를 응원하기 때문에 이러한 믿음은 조직에 침투해 탄력을 받게 된다. 이것은 긍정적인 이야기, 긍정적인 데이터, 긍정적인 결과만을 용인하는 "집단적 믿음"을 만들어 내며, 이는 개발팀의 눈을 멀게 해 경고 깃발과 부정적인 피드백을 볼 수 없게 만든다.

그러나 그것은 정확히 의심할 여지가 없는 믿음으로, 이사벨 로이어는 이를 맹목적인 신임이라 부르며 과학자와 비판적인 사상가는 이를 아주 싫어한다. 과학에서는 믿음이나 맹목적인 신임을 절대 채택하지 않는다. 모든 것에는 증거가 필요하며, 모든 주장과 모든 데이터 포인트에는 이의가 제기된다. 사실 과학에서 가설은 원칙적으로 반증 가능해야 한다는 것이 전제 조건이다. 그렇지 않다면 쉽게 묵살된다.

과학은 사물에 대한 진실을 발견하기 위한 자기 수정self-correcting 방법이다. 그러나 무엇보다도 **과학은 사고의 방식이다.** 트레이닝의 일환으로 과학자는 분야에 상관없이 사용을 통해 지속해서 다듬어지는 일련의 기술이나 "생각 도구"를 습득한다.

이것은 흥미로운 의문을 불러일으킨다. 치어리더처럼 생각하는 것보다 과학자처럼 생각하는 것이 팀과 개인이 부실한 제품 아이디어에 이의를 제기하고, 나쁜 프로젝트를 없애는 데 도움을 주고 잠재적으로 좋은 제품 아이디어에 대한 확신을 제공할 수 있는가?

그럴 수 있다고 생각한다. 도구 세트를 살펴보자.

과학자처럼 생각하기

과학자, 천문학자, 천체물리학자, 우주학자, 작가, 과학 해설자인 칼 세이건Carl Sagan은 그의 저서인 『악령이 출몰하는 세상』(김영사, 2001)[4]에서 자신이 "거짓말 탐지 장치Baloney Detection Kit"라고 부르는 비판적 사고를 위한 도구 세트를 제시한다. "회의론적 사고를 위한 도구"의 전부 혹은 일부를 적용하는 것은 오류, 결함 있는 생각, 잘못된 주장, 거짓말, 사기, 허튼소리, 사이비 과학, 속임수, 사기, 미신, 신비주의, 말장난, 철저한 거짓말, 헛소리를 밝혀내는 검증된 방법이다. 과학에서 이와 같은 생각 도구는 실험 설계를 뒷받침하고, 가설(과학자 자신의 가설 포함)에 의문을 제기하고 테스트할 뿐만 아니라 허황된 주장이 틀렸음을 밝히는 데 사용된다.

제품 디자인 및 개발에서 이러한 도구를 사용해서 아이디어에 대한 지원 요구를 강화하거나, 결함이 있는 가정을 폭로하거나, 중단돼야 하는 프로젝트를 식별할 수 있으며, 궁극적으로는 검증 가능한 증거를 토대로 중대한 계속/중지 결정을 내리게 할 수 있다.

칼 세이건의 생각 도구와 거짓말 탐지 장치는 볼드체로 표시하겠다.

사실을 확인하라

"가능한 한 사실에 대한 독립적인 확인이 있어야 한다."

증거를 요구하라. 제품 의무사항이나 디자인 결정을 액면 그대로 받아들이거나, 사람들이 자신이 무엇을 하고 있는지 알고 있거나, 다른 사람이 사실을 확인할 거라고 가정하지 마라. 회의적인 사람이 돼라.

부정적이거나 냉소적으로 되거나 괴팍한 사람 혹은 반대론자가 되라는 말이 아니다. 사려 깊은 회의주의는 좋은 것이다. 그것은 속아 넘어가는 것을 막아준다. 자신에게 물어보라. 무엇이 이 결정을 내리게 하는가? X, Y 혹은 Z가 사실이라고 믿는 증거는 무엇인가?

디자인 혹은 마케팅 결정을 뒷받침하는 증거는 시장 리서치 연구, 사용성 테스트 또는 관찰 현장 리서치에서 나온 결과의 형태일 수도 있고, 특정 제품 혹은 기능을 고객이 요구하는 것에 대한 관리자의 기록 또는 고객 센터 질문 패턴일 수도 있다. 또는 특정 방향으로 이동하기로 한 결정은 경제 또는 트렌드 데이터에 기반한 사업적 결정일 수 있다. 증거가 어떤 형태를 취하건 그 출처와 유효성 및 신뢰성을 확인하라. 출처가 2차 데스크 리서치 결과라면 원래의 출처까지 거슬러 올라가서 참고문헌을 뒤좇아라.

이와는 별도로, 모두가 자신에게 던질 수 있는 질문이 있다. "나의 직감 혹은 누군가의 의견 또는 정치적 토론의 결과가 아닌 실제 검증 가능한 증거에 근거해 디자인 혹은 마케팅 혹은 (자신의 전문 분야) 결정을 마지막으로 내린 것이 언제였는가?" 또는 그 문제에 대해서 "무언가에 대한 사실을 다시 한번 확인한 것이 마지막으로 언제였는가?"

토론을 장려하라

"모든 관점을 지닌 박식한 지지자가 참여하는 증거에 기반한 실질적인 토론을 장려하라."

팀 전체가 증거를 토론하라. 증거는 실증적인가? 데이터는 어떻게 수집했는가? 리서치 방법이 철저히 검토해도 유효한가? 독립적인 증거 출처가 동일한 결정을 뒷받침하는가? 증거가 정확하게 해석됐는가? 결과로 나온 결정들이 증거로부터 논리적으로 이어지는가? **증거를 논의하는 것**은 **개인적인 의견이나 선호를 논의하는 것**과 다르다는 점에 유의하라. 증거를 논의하는 경우, 틀림없이 몇 가지 증거를 실제로 올려뒀을 것이다.

권위자도 틀릴 수 있다는 것을 기억하라

> "권위자의 주장은 무게감이 없다. 권위자는 과거에도 실수를 저질렀다. 그들은 앞으로도 또 그럴 것이다. 권위자는 없으며, 기껏해야 전문가가 있다고 말하는 편이 나을 것이다."

제품 디자인이나 마케팅 회의에서 순위를 매기지 마라. 대신, 데이터를 제시하라. 누구의 의견이든 데이터가 의견을 능가한다. 아무도 데이터가 없다면 당신의 지위를 사용해서 누군가에게 데이터를 얻는 데 필요한 작업을 수행할 수 있는 권한을 부여하라.

한 개 이상의 아이디어를 발전시켜라

> "설명할 것이 있다면 설명할 수 있는 서로 다른 모든 방법을 생각해 내라. 그런 다음 각각의 대안을 체계적으로 반증할 수 있는 테스트를 떠올려라. '다중 작업 가설(multiple working hypotheses)' 중에 진화론적 선택의 반증을 견딜 수 있는 가설은 그저 마음에 든 첫 번째 아이디어를 받아들였을 때보다 정답이 될 가능성이 훨씬 높다."

사용자 문제를 해결하거나 사용자 니즈를 충족시킬 수 있는 모든 방법을 떠올려보라. 스토리보드로 스케치하거나 완성도가 낮은 종이 프로토타입 혹은 판지 모델로 목업을 만들어라. 어떤 것이 가장 좋은지 살펴보라. 어떤 아이디어를 유지할지 어떻게 결정하는가? 실험을 해라. 그것들 모두를 비난해 보라. 그것들을 증명하려 하지 말고, 반증해보라. 과학은 이렇게 작동한다. 데이터가 결정하게 하라. 사람들에게 컨셉이 맘에 드는지 물어보지 마라. 그것은 책임 회피이며 회사에 피해를 준다. 대신, 깎아내리려는 모든 시도를 가장 잘 이겨내는 아이디어를 정확히 집어낼 수 있도록 리서치를 설계하라.

열린 마음을 유지하라

> "자신의 것이라고 해서 가설에 너무 집착하지 않도록 하라. 그것은 단지 지식을 추구하는 중간 기착지일 뿐이다. 왜 그 아이디어를 좋아하는지 자문하라. 대안과 공정하게 비교하라. 거부할 이유를 찾을 수 있는지 확인하라. 스스로 하지 않으면 다른 사람이 거부할 이유를 찾을 것이다"

방향 전환에 개방적이어야 한다(린 UX 실무자는 이것을 피벗pivot이라고 부른다). 이상하게 생각할 수도 있지만, 과학자는 가설이 틀렸다는 것이 증명되면 대단히 기뻐한다. 그것은 그들이 과학을 진보시키고, 인간 지식의 본체를 늘리고, 세상에 대한 이해를 발전시켰다는 것을 의미한다. 프로젝트를 위해서 방향을 바꿀 준비를 해라. 틀려도 괜찮다. 그것이 전문성을 쌓는 방법이다.

측정하라

> "수치로 표시하라. 설명하는 것이 무엇이든 간에 수치, 숫자로 측정한 양이 붙어 있다면 경쟁 가설을 더 쉽게 구별할 수 있을 것이다. 모호하고 정성적인 것은 다양한 해석이 가능하다. 물론 직면할 수밖에 없는 수많은 정성적인 이슈에서 찾아야 할 진리가 있지만, 이를 찾는 것은 훨씬 더 어려운 일이다."

사물을 수량화하면 의사 결정에서 모호함과 추측이 없어진다. 가능하다면 사람들의 의견뿐만 아니라 정량적인 데이터를 수집하기 위해 실험을 설계하라. 수집해야 하는 데이터의 종류(정확한 숫자 데이터 vs. 모호한 말로 된 데이터)를 언급하기 위해 칼 세이건이 "정량적인quantitative"과 "정성적인qualitative"이라는 용어를 사용하고 있는 점에 유의하라. 그는 표본이 크거나 작은 연구 설계를 지칭하는 데 있어서 일부 고객 연구원 및 이해관계자가 쓰는 방식과 다르게 용어를 사용한다.

체인의 모든 링크를 테스트하라

"체인이나 논쟁이 있다면 체인의 모든 링크는 전제를 포함해서 빠짐없이 작동해야 한다."

논쟁의 모든 부분은 면밀히 검토돼야 한다. 마찬가지로 아이디어 혹은 제품 컨셉의 모든 요소는 작동해야 하며, 그렇지 않다면 약한 링크는 강화될 수 있도록 식별돼야 한다. 이러한 생각을 제품 개발에서 다른 형태의 체인에도 적용할 수 있다. 일반적인 제품 개발 사이클에 걸쳐 개발 활동의 폭발적인 진행(혹은 애자일 개발에서의 스프린트)은 진척과 품질 확인을 가능하게 하는 단계별 관문 혹은 체크포인트로 연결된 체인의 링크처럼 함께 묶인다. 단계별 관문은 생각 도구를 적용하고 어떤 우려 사항도 표시해달라는 초대장이다. 조기에 적용하면 프로젝트를 확정하거나 방향을 수정하는 데 도움이 될 수 있으며, 늦게 적용하더라도 실패한 출시로 인한 회사의 난처한 상황과 비용을 피할 수 있게 해줄 것이다.

오컴의 면도날을 적용하라

"이 편리한 경험 법칙은 데이터를 동일하게 잘 설명하는 2가지 가설을 마주했을 때, 더 단순한 것을 선택하도록 충고한다."

오컴Ockham의 윌리엄은 13세기 말과 14세기 초에 살았던 프란체스코 수도사, 논리학자 겸 철학자였다. 그는 불필요한 가정을 잘라내거나 깎아내는 것을 주창하는 격언(그의 은유적 표현으로는 면도기)으로 유명하다. 그는 Numquam ponenda est pluralitas sine necessitate라고 적었다. "불필요하게 여러 개를 사실로 받아들여서는 안 된다."는 뜻이다. 다시 말하면 더 단순하고 간결한 설명 또는 솔루션을 선택하라는 말이다.

한 걸음 더 나아간다면 단순함을 위해 디자인하라. 필요 이상으로 제품 혹은 근거를 복잡하게 만들지 마라. 다음 번 팀에서 기능 과부하 feature creep를 논의할 때 오컴의 면도기를 인용하는 사람에게 미리 찬사를 보낸다.

가설을 테스트하라

> "항상 가설이 적어도 이론상으로 조작될 수 있는지 확인하라. 검증할 수 없고, 허위라고 입증할 수 없는 명제는 큰 가치가 없다."

제품 아이디어 발상 및 개발 환경에서 사이비 지식인이 상정하는 검증할 수 없고, 허위라고 입증할 수 없는 가설(예: "우주와 우리의 기억을 포함한 모든 것이 불과 10초 전에 존재하게 됐다.")을 마주하게 될 가능성은 거의 없다. 그러나 다른 이유로 검증하거나 허위라고 입증할 수 없는 아이디어, 주장 또는 논쟁을 여전히 마주할 수 있다. 특히 대기업과 같은 곳에서는 특정 프로젝트에 착수하는 배경 및 근거가 팀의 모든 사람에게 미스터리일 수 있다. 때로는 그 명령이 회사의 고위층으로부터 내려왔기 때문에 아무 의심 없이 받아들여진다. 어떨 때는 경쟁사가 만든다는 이유만으로 신제품을 개발한다. 어떤 의미에서는 이러한 지시는 검증할 수 없다. 하지만 의문은 제기될 수 있다. 경쟁사가 제품을 만드는 이유는 무엇인가? 우리가 모르는 뭔가를 그들이 알고 있는가? 그들이 제대로 하고 있는지 어떻게 알 수 있는가?

다른 경우에는 아이디어나 가설이 "검증할 수 없음"으로 간주되는 질문, 또는 말이 되지 않거나 응답자가 합리적으로 대답할 것이라 예상되지 않는 질문(예: "앞으로 10년 뒤에는 빨래한다는 것이 어떨 거라고 생각하세요?" 또는 "이 제품을 구매할 가능성은 얼마나 되나요?")과 관련된 데이터에 근거를 둘 수도 있다.

항상 아이디어가 검증 가능하고, 리서치 질문이 유효한 답을 얻어낼 수 있게 하라.

실험을 실시하라

"세심하게 설계되고 통제된 실험에 대한 신뢰가 핵심이다. 단순히 심사숙고 한다고 해서 많은 것을 배우진 못한다."

칼 세이건은 실험 수행을 권고하면서 자신의 거짓말 탐지 장치를 상세히 설명한다. "리서치를 좀 하세요."라는 일반적인 권고가 아니라 경쟁하는 아이디어, 솔루션, 설명 또는 가설 중에서 결정을 내리기 위해 세심하게 설계된 실험을 수행하라는 구체적인 지시다(린 UX의 핵심 원칙이기도 하다). 이것은 조건을 통제하고, 오류 발생원을 제거하고, 편향을 방지하고, 가능하다면 이중 은폐 실험을 실시한다는 것을 의미한다.

생각 도구를 사용하기 시작하라

개발팀은 제품을 정확하게 만드는 방법에 대해 논의하는 데 많은 시간과 노력을 들이지만, 자신들이 적합한 제품을 개발하고 있는가에 대한 논의에는 훨씬 적은 시간과 노력을 기울인다. 이사벨 로이어 교수가 묘사한 상황은 드물지 않다. 전부는 아니더라도 대부분의 프로젝트는 제품 관리자가 방향을 바꾸거나 가속을 멈출 방법이 없을 때까지 폭주 열차처럼 속도를 높이면서 돌이킬 수 없는 지점을 통과한다.

하지만 대부분의 개발팀에는 프로젝트의 방향에 대한 우려를 할 법한 회의론자가 포함돼 있다는 점에 주목할 필요가 있다. 어떤 이는 본래 목소리를 높이고, 어떤 이는 뒤에서 툴툴거리고, 다른 이는 어떻게 아이디어를 비판하거나 논쟁에 이의를 제기할지에 대한 확신이 없기 때문에 위험을 무릅쓰고 끼어들 자신이 없을 수도 있다.

칼 세이건의 거짓말 탐지 장치는 필요한 생각 도구를 제공한다. 다음번 프로젝트 킥오프 회의에 참석하거나 프로젝트와 관련된 리서치 보고서를 읽을 때 그 도구를 한번 사용해보라. 그리고 자신의 아이디어와 주장을 다른 사람들에게 제시하기 전에 거짓말 탐지 장치를 사용해서 평가하는 것을 잊지 마라.

스터전의 법칙의 결과를 바꿀 수는 없을지도 모르지만, 이러한 생각 도구를 디자인 라이프사이클의 초기(이상적으로는 아이디어 발상 및 컨셉 형성 단계)에 적용하고, 초기 모델을 테스트하기 위한 실험을 실시하는 것을 통해 제품 출시가 90%의 실패가 아닌 10%의 성공 범위에서 이뤄지도록 확률을 높일 수 있다.

UX 연구원처럼 생각하라

- 먼저 몇 가지 생각 도구를 완전히 익히고 싶을 수도 있다. 어떤 도구가 자신의 환경에 가장 적합한가? 다른 도구보다 더 강력하게 와 닿는 도구가 있는가?
- 여기서 논의된 몇 가지 비판적인 생각 도구를 적용한다면 팀은 어떤 반응을 보일 거로 생각하는가? 어떤 종류의 반대에 부딪히게 될지 그리고 이후에도 계속해서 사이좋게 지내려면 이를 어떻게 극복할지 생각해보라.
- 칼 세이건의 거짓말 탐지 장치는 문제를 생각하기 위한 구조화된 프레임워크를 규정하지만, 장치 어디에서도 창의성, 직관, 직감, 혹은 디자인 사고에 대한 것을 찾아볼 수 없다. 왜 없는가? 칼 세이건의 접근법이 창의성을 억누르거나 향상시킨다고 생각하는가? 이처럼 서로 다른 접근법(디자인의 예술과 과학이라고 생각할 수 있다)이 어떻게 서로를 보완할 수 있는가?
- 기능 과부하를 막기 위해 오컴의 면도기를 어떻게 사용하겠는가? 현재 디자인 컨셉에 이를 적용하는 팀 연습을 실행하라. 원래 비전을 양보하지 않으면서 얼마나 "깍아낼" 수 있는가?
- 칼 세이건의 거짓말 탐지 장치에는 회의론자가 되기 위한 10가지 생각 도구가 포함돼 있다. 신용카드 크기로 도구 목록을 만들어서 지갑에 넣고 다녀라. 그러고 나서, 다음 번 프로젝트 회의에서 목록을 확인하고 어떤 도구가 다양한 결정이나 주장에 실질적으로 이의를 제기할 수 있을지 생각해 보라.

UX 리서치 그리고 증거의 강도

"증거의 강도"라는 개념은 리서치의 모든 분야에서 중요한 역할을 담당하지만, UX 리서치의 맥락 안에서 논의되는 경우는 거의 없다. 이것이 UX 리서치에 어떤 의미가 있는지 자세히 살펴보고, 그것을 통해 얻게 되는 데이터의 강도를 바탕으로 리서치 방법의 분류 체계를 제안한다.

필립은 프로젝트 관리자에게 사용성에 관한 질문이 없다고 말한 적이 있다. 무슨 일이 있었는지 알려주겠다. 이건 실화다.

몇 년 전, 그는 대기업에서 사용성 테스트를 위한 시험 계획을 준비 중이었는데, 프로젝트 관리자가 전화를 걸어서 후원 그룹에서 사용성 질문 목록을 점검하길 원하니 사용성 질문 목록을 서둘러서 보내줄 수 있는지 물었다.

"사용성 관련 질문은 없는데요." 라고 그는 답했다.

프로젝트 관리자는 "무슨 소리야, 질문이 없다니?"라고 순간적으로 당황해하며 "어떻게 질문이 없을 수가 있지? 도대체 넌 사람들이 새로운 디자인을 좋아하는지 어떻게 알아낼 거야?"라고 응수했다.

필립은 "저는 사람들이 좋아하는지 알아보려고 한 게 아니에요."라고 굉장히 퉁명스럽게 대답했다. "사람들이 그걸 사용할 수 있는지 알아보려고 한 겁니다. 전 **질문** 목록이 아니라 **태스크** 목록을 갖고 있어요."

사용성에 정말 질문이 없는지를 밤새 토론할 수도 있다. 그러나 이것을 언급하는 이유는 이것이 UX 연구원에게 매우 유용한 경험 법칙으로 이어지기 때문이다.

좋은 UX 리서치 데이터와 나쁜 UX 리서치 데이터

"어떻게 생각하세요?"처럼 노골적인 질문을 사용자 경험 연구에 넣어 달라는 요구는 일부 이해관계자가 사용성 테스트의 목적을 이해하지 못할 뿐만 아니라, 사용자의 모든 피드백이 반드시 가치가 있다고 믿는다는 사실을 무심코 드러낸다. 그것은 그들이 **좋은 데이터**와 **나쁜 데이터**의 개념을 알지 못한다는 것을 보여주며, 그 결과 모든 사용자 피드백이 유용하다고 믿는다.

하지만 그렇지 않다. 좋은 곡식도 있고 쓸모없는 곡식도 있다.

마찬가지로 강력한 데이터도 있고 빈약한 데이터도 있다. 이것은 신약 개발, 새로운 행성 발견, 범죄 해결, 또는 소프트웨어 인터페이스 평가를 비롯한 모든 리서치 분야에서 유효하다.

UX 리서치는 사람들의 행동을 관찰하는 것이다. 사람들의 의견을 수렴하는 것이 아니다. 의견은 데이터로서의 가치가 없기 때문이다. 10명이 당신의 디자인을 좋아한다면 다른 10명은 싫어할 것이고, 또 다른 10명은 어느 쪽이든 상관하지 않을 것이다. **의견은 증거가 아니다.**

반면 행동은 증거다. 이것이 탐정이 소문과 추측에 의존하기보다 범죄를 저지르는 현장에서 누군가를 "현행범"으로 잡으려고 하는 이유다. 이런 이유로 자주 반복되는 UX 리서치 조언이 있다. "사람들이 하는 말이 아니라, 하는 행동에 주목하라." 이 말은 사용자 경험의 상투적인 문구가 됐지만, **증거의 강도**라는 중요한 개념에 대한 논의를 시작하기에 좋은 출발점이다. 이것은 어떤 데이터는 강력한 증거를 제공하고, 어떤 데이터는 중간 정도로 강력한 증거만 제공하며, 어떤 데이터는 미약한 증거를 제공한다는 개념이다. 무슨 수를 써서라도 제품 개발이 약한 증거에 근거하는 것은 피해야 한다.

UX 리서치에서의 증거

증거는 주장 및 추론을 뒷받침하기 위해 사용하는 것이다. 증거는 구체적인 디자인 변수, 제품 기능, 반복 설계-테스트 루프 종료 시점, 계속/중지 결정, 신규 제품 및 서비스나 웹사이트 출시 여부에 관한 결정을 내릴 때 신뢰도를 제공한다. 증거는 UX 연구원이 개발팀에 제시하는 것이며 의견 불일치와 논쟁을 중재하기 위해 제공하는 것이다. 증거는 별생각 없이 육감과 경험에 의한 판단을 내리지 않게 도와주는 것이다. UX 연구원은 좋은 데이터에 근거한 증거로 추론을 뒷받침한다. 데이터는 리서치 및 조사의 가장 중요한 요소다.

가끔은 사용자 경험 연구가 "방법 우선적인" 이벤트처럼 보일 수도 있다("사용성 테스트가 필요해.", "맥락적 조사 연구를 원해.", "카드 분류를 해보자."). 하지만 UX 연구원은 기본적인 리서치 질문에 초점을 맞추면서 "데이터 우선"을 생각한다. "이 이슈와 관련해 신뢰할 수 있고 설득력 있는 증거를 제공하려면 어떤 종류의 데이터를 수집해야 하는가?" 방법은 그다음이다.

강력한 증거란 무엇인가?

강력한 증거는 유효하고 신뢰할 수 있는 데이터에서 생겨난다.

유효한 데이터는 평가 중이라고 생각하는 구성을 실제로 측정하는 데이터다. 사용성 테스트에서 유효한 데이터는 심미적 매력이나 선호보다는 태스크 완료율, 효율 같은 것을 측정한다. 신뢰할 수 있는 데이터는 당신 혹은 다른 누군가가 다른 참가자에게 동일한 방법을 사용해서 리서치를 다시 수행하더라도 그대로 얻을 수 있는 데이터다.

어떤 방법을 사용하든 리서치 데이터는 유효하고 신뢰할 수 있어야 하며, 그렇지 않다면 데이터를 버려야 한다.

UX 리서치에서 강력한 데이터는 태스크 기반의 연구에서 비롯된다. 이때 연구는 관찰 가능한 사용자 행동에 초점을 맞추면서 데이터가 객관적이며 편향되지 않아야 한다. 또한 데이터는 사용자가 현장에서 해당 행동을 할 때 포착돼야 한다. 강력한 데이터는 신뢰 수준과 함께 등장하며, 추가적인 리서치가 결과에 대한 신뢰도를 변화시킬 가능성이 없다는 것을 보장한다.

다음은 증거 수준에 따른 방법의 간략한 분류 체계다. 더 정확히 말하면 방법에 기인하는 데이터 유형에 대한 분류 체계다. 분류 체계는 모든 경우에 있어서 방법이 잘 설계되고 잘 수행됐다고 가정한다. 완전한 목록은 아니지만, UX 연구원이 일반적인 사용자 중심 디자인 라이프사이클에서 고려할 법한 방법을 포함한다.

강력한 UX 리서치 증거의 예

강력한 증거는 태스크 수행 중이거나 설계 중인 컨셉 혹은 조사 중인 이슈와 관련된 활동에 참여 중인 타깃 사용자를 언제나 포함한다. 다음과 같은 곳에서 나오는 데이터를 포함한다.

- 맥락적 리서치 연구(현장 방문 및 사용자가 현재 작업을 수행하고 목표를 달성할 때의 사용자 행동을 기록하는 그 밖의 에스노그래피 변형들)
- 실제 사용자가 인터페이스 또는 제품을 사용하면서 실제 태스크를 수행하는 형성formative 및 종합summative 사용성 테스트
- 웹 또는 검색 분석 및 모든 종류의 자동으로 수집된 사용량 데이터
- A/B 또는 다변량 테스트
- 통제된 실험
- 태스크 분석
- 메타 분석 및 동료 심사를 거친 논문, 사용 방법을 상세히 기술한 이전의 사용자 경험 보고서에서 뽑아낸 행동 연구의 2차 리서치

중간 정도로 강력한 UX 리서치 증거의 예

이 카테고리에 대한 자격을 갖추려면 적어도 사용자 또는 사용성 전문가가 태스크를 수행하거나 실제 행동에 대한 자기 보고self-reporting가

포함된 연구에서 데이터가 생성돼야 한다. 이러한 방법은 보통 "강력한" 카테고리에서 쓰는 방법의 전조가 된다. 데이터가 일반적으로 더 높은 정도의 변동성 혹은 불확실성을 갖기 때문에 이 카테고리에 속한다. 다음이 포함된다.

- 휴리스틱 평가
- 인지적 시찰법Cognitive walkthroughs
- 실제 태스크를 수행한 사용성 전문가의 피드백
- 인터뷰 또는 "해야 할 일"과 같은 모든 종류의 자기 보고적 행동
- 사용자 여정 지도 작성
- 일기 연구
- 카드 분류
- 시선 추적
- 카페, 도서관 등에서 팝업 "게릴라" 리서치

약한 UX 리서치 증거의 예

빈약한 데이터에 기반한 결정은 나쁜 디자인, 부실한 마케팅 결정, 또는 잘못된 제품 보상 청구로 이어질 경우 회사에 수백만 달러의 손실을 입힐 수 있다. 그래서 뻔한 질문은 다음과 같다. "설득력이 없는 데이터를 수집하기 위한 연구를 대체 왜 설계한 건가?"

그래서는 안 된다.

이런 방법으로 얻은 데이터는 UX 리서치에서 발붙일 곳이 없다. 그러한 데이터는 심각한 결함이 있거나 추측이나 다름없는 방법에서 생성된다. 이러한 방법의 하나에 UX 리서치 예산을 사용할지 아니면 자선단체에 기부할 것인지 중에 선택할 수 있다면 후자를 선택해라. 약한 UX 리서치 증거는 다음의 결과다.

- 모든 종류의 가짜 사용성 테스트: 예를 들어, 어떤 디자인이 제일 맘에 드는지 사람들에게 묻는 테스트 또는 기본 데이터 수집을 위해 인터뷰에 과도하게 의존하는 테스트
- 사용자가 실제 태스크 수행은 하지 않으면서 마치 전문 검토자처럼 행동할 수 있으며 진행자는 없고 소리 내어 생각하는 테스트
- 전문가라고 해도 "최소한의 조사"에 근거한 사용성 평가
- 포커스 그룹
- 서베이(2016년 미국 선거와 많은 여론 조사 결과를 외면한다면 동의하지 않아도 좋다)
- 직관, 권위 혹은 개인적 경험에 대한 호소
- 친구, 가족, 직장 동료, 상사, 회사 관리자 및 임원의 의견

연구 또는 보고서에서 UX 리서치 증거의 강도를 판단하는 방법

다음 질문으로 시작하라.

- 왜 당신의 주장을 믿어야 하는가?
- 당신의 증거는 얼마나 타당한가?
- 이 결과를 신뢰할 수 있는가?

이것은 속임수 질문이 아니다. 리서치 결과를 제시하는 사람이라면 누구나 이 질문에 답할 수 있어야 한다.

연구 중에 자신에게 다음과 같이 질문할 수 있다.

- 사람들이 하는 말(예: 디자인에 대한 의견 제시)을 듣기보다는 작업(예: 프로토타입으로 태스크 수행)하는 모습을 관찰하고 있는가?
- 인터뷰 참가자가 미래에 무엇을 할지 추측하고 있는가? 아니면 과거에 일어났던 실제 사건을 연관시키고 있는가?

경험 규칙을 약속하면서 이 에세이를 시작했다. 자, 여기 있다. UX 리서치의 강도를 평가할 때 이 말을 주문mantra으로 사용하라. **행동 데이터는 강력하다. 의견 데이터는 약하다.**

UX 연구원처럼 생각하라

- 당신이나 동료가 최근에 사용한 UX 혹은 시장 리서치 방법을 생각해 보라. 수집된 데이터에 어느 정도의 강도를 부여하겠는가?
- 더 자세한 설명을 요청하거나 사용자 행동을 더 잘 이해하기 위한 질문 외에도 사용성 질문 목록이 실제로 유용한 경우가 있는가? 이 질문은 무엇인가? 이러한 목록의 장단점은 무엇인가?
- 앞에서 설명한 방법 분류 체계에 동의하는가? 각각의 방법을 숙고하고 강력한, 중간 정도로 강력한, 또는 약한 정도로 분류한 것에 동의하는지 결정하라. 몇 가지 리서치 방법을 더 생각해보고 목록에 추가하라.
- 태스크 기반의 연구는 일반적으로 강력한 데이터를 가져오지만, 데이터의 품질은 여전히 잘 설계된 연구에 따라 결정된다. 어떤 연구 설계 결함이 태스크 기반 연구에서 미약하고 오해의 소지가 있는 데이터를 생성할 수 있는가?
- 사용성 테스트가 끝나갈 무렵에 몇 가지 질문을 “덧붙여도” 되는지 UX 연구원에게 물어보는 동료가 있을 때도 있다. 사실상 자신의 아젠다를 연구에 “편승”하려는 경우다. UX 연구원으로서 이런 요청을 받는다면 기분이 어떠한가? 이러한 요청을 승낙하거나 거절하는 이유는 무엇인가?

애자일 퍼소나

퍼소나는 개발팀으로부터 엇갈린 반응을 얻으며, 일부는 그것의 가치에 의문을 제기한다. 전형적인 비판은 인물 묘사가 겉으로는 그럴듯하지만 실체가 없다는 것이다. 또 다른 비판은 인물 묘사가 지나치게 "최종적"이라서 새로운 데이터로 업데이트하기 어렵다는 것이다. 2½D 스케치(sketch)처럼 가벼운 퍼소나 묘사를 채택하면 전통적인 퍼소나의 강점은 유지하면서 이러한 이슈를 해결한다.

개발팀과 UX 리서치에 대해 이야기할 때, 그들 중 누구도 사용성 테스트가 나쁜 아이디어라고 말한 적은 없다. 어떤 이는 사용성 테스트를 할 예산이나 의지가 없다고 할 수 있지만, 테스트가 명백한 표면적 타당성을 가지고 있다는 점에 모두 동의한다.

도구 상자에 담긴 거의 모든 UX 리서치 방법도 마찬가지인데, 하나를 꼽자면 퍼소나다.

퍼소나는 마마이트Marmite[5]처럼 보인다. 몇몇 개발팀은 퍼소나를 사랑하고 적극적으로 참여한다. 하지만 콧방귀를 끼는 다른 팀도 있다. 퍼소나는 의심스러울 정도로 확정적인 것처럼 보인다고 말한다. 고객은 너무 많아서 몇 개의 퍼소나로 요약될 수 없다. 퍼소나는 지나치게 피상적이다. 퍼소나를 시도해봤지만, 소용이 없었다. 그리고 최근에는 "사용자와 직접 이야기할 수 있는데 퍼소나에 시간을 낭비할 이유는 무엇인가?"라는 의견도 있다.

새로 만드는 것을 논하기에 앞서 퍼소나의 역사, 나쁜 평판을 얻게 된 이유, 어디에 좋은지를 간략하게 살펴볼 필요가 있다.

퍼소나의 짧은 역사

퍼소나는 앨런 쿠퍼Alen Cooper가 고안했으며 그의 저서[6]인 『정신병원에서 뛰쳐나온 디자인』(안그라픽스, 2004)에서 처음으로 소개됐다. 쿠퍼는 다양한 사용자 그룹의 핵심 속성을 요약하는 방법으로 퍼소나를 제시했다. 그가 말하는 퍼소나의 목적은 개발팀의 변덕에 맞춰 구부러지고 늘어나는 디자인 타깃인 "신축성 있는" 사용자를 위한 디자인을 방지하는 것이다. 그는 "신축적인 사용자를 위한 개발은 '사용자'에게 말로만 경의를 표시할 뿐 개발자에게 자신이 원하는 대로 코딩할 수 있는 자유를 제공한다. 실제 사용자는 신축성이 없다."라고 한다(쿠퍼, 127페이지).

퍼소나란 무엇인가?

프루이트와 애들린Pruitt & Adlin은 저서인 『The Persona Lifecycle』[7]에서 퍼소나를 "실제 사람들에 대한 쉽게 이해되고, 매우 구체적인 데이터를 토대로 구성한 가상 인물에 대한 세부적인 묘사"라고 설명한다(프루이트와 애들린, 3페이지). 퍼소나 활동에서 나오는 가장 흔한 산출물은 **퍼소나 설명**인데, 이는 사용자의 전형에 대한 1페이지 분량의 묘사이며 퍼소나의 목표, 동기 및 행동을 기술한다. 개발팀이 사용자와 공감할 수 있도록 보통 퍼소나의 사진, 약간의 배경 이야기 및 사용자의 주요 니즈를 요약한 인용문이 있다.

퍼소나는 계속해서 산업을 찍어냈다. 쿠퍼의 책이 나온 뒤에 웹사이트 포스팅, 저널 기사, 컨퍼런스 트랙, 더 많은 책이 쏟아졌으며, 이 모든 것은 퍼소나를 다뤘다.

이유는 무엇인가? 이 방법에 열광하는 이면에는 무엇이 있었는가?

퍼소나가 왜 그렇게 인기를 끌게 됐는지를 이해하기 위해서는 그 당시 많은 개발팀이 사용자를 한 번도 보지 못했다는 것을 이해할 필요가 있다. 일부는 사용자가 누구인지조차 알지 못했다. 이런 상황에서 퍼소나는 신이 주신 선물과 같았다. 내부 팀이 아닌 외부 에이전시에서 온 리서치 팀은 밖으로 나가 사용자를 찾고, 디자인하기에 유용한 방식으로 그들을 설명하고 나서 완벽하게 구성된 캐릭터로 개발팀에 제시한다. 에이전시는 통역사 역할을 맡고, 개발자가 사용자와 연결되도록 돕는 중개자 역할을 한다. 빅토리아 시대의 탐험가들이 이국적인 부족을 방문하는 것처럼 에이전시는 미지의 영역으로 여행을 가서 사람들을 놀라게 하기 위해 퍼소나라는 사진과 공예품을 갖고 돌아왔다.

무엇이 퍼소나를 망쳤는가?

퍼소나의 유용성에 대한 개발팀의 생각을 흐리게 만든 3가지 변화가 있었다.

첫째는 애자일이다. "개발" 팀이 "디자인" 팀으로 변했다. 사용자와 관계를 쌓는 것은 예외가 아닌 일반적인 일이 됐다. 이는 사용자 경험에는 좋지만, "전통적인" 퍼소나에겐 나쁜 소식이다. 전통적인 퍼소나는 너무 완결된 것처럼 보이기 시작했다. 디자인 초기 단계에는 사용자에 대해 완벽하게 정리된 설명이 불가능하다는 것을 알만큼 요령이 생겼다. 대신, 팀은 대화를 시작할 주제를 원했다. 애자일 용어를 사용하기 위해서 개발팀은 사용자에 대한 "공통된 이해"를 얻길 원했고, 요구사항을 확정하려는 모든 시도를 의심했다.

둘째로, 퍼소나가 자신를 패러디하기 시작했다. 사진은 사진 판매 사이트에서 가져온 것이고 회계 소프트웨어를 사용하는 사람들의 아름답고 행복한 라이프스타일 이미지를 보여줬다. 팀은 퍼소나 설명을 장난감(프로이트와 애들린, 317페이지), 맥주잔(프로이트와 애들린, 317페이지), 사탕 봉지(프로이트와 애들린, 335페이지), 실물 크기의 스케치(프로이트와 애들린, 320페이지)에 붙였다. 심지어 가장 보수적인 퍼소나도 광택이 나는 전단에 인쇄되는 경향이 있었으며, 전혀 근거가 없는 UX 리서치에도 견고성과 완결성을 암시했다. 그러나 무엇보다도 팀이 사용자에 대한 새로운 지식을 얻게 됐지만 이러한 산출물은 쉽게 변경

될 수 없었다.

그리고 셋째로 마케터가 퍼소나를 발견했고 그것을 마음에 들어 했다. 마케팅팀은 시장 세그먼트를 대표하는 퍼소나 버전을 만들었다. 마케팅팀이 "퍼소나"라는 마법의 용어를 사용했기 때문에 개발팀은 하나의 시장 세그먼트에 복수의 퍼소나가 포함될 수도 있다는 것을 알지 못한 채 그들만의 퍼소나 개발을 단념했다. 좀 더 냉소적으로 말하자면 마케팅 퍼소나의 목적은 더 많은 물건을 파는 데 있는 반면, 디자인 퍼소나는 제품과 관련된 사용자 행동을 드러낼 필요가 있다. 개발팀은 디자인 결정을 내리는 데 마케팅 퍼소나를 사용할 수 없었기 때문에, 퍼소나가 그다지 유용하지 않다고 판단했다(마케터가 섬세한 리서치를 하나의 컨셉으로 축소하기 위한 노력으로 퍼소나에 "사교성이 뛰어난 브렌다" 또는 "알뜰한 발레리"처럼 우스꽝스러운 이름을 붙이길 선호하는 것으로 미뤄볼 때 도움이 되지 않았다. 이것은 리서치를 하찮게 보이게 만들며, 디자이너가 눈을 치켜뜨고 고개를 가로젓게 한다).

미가공 데이터는 퍼소나가 아니다

하지만 퍼소나를 거부한다면 원치 않는 것을 없애려다가 소중한 것도 잃을 위험이 있다. 대표적일 수도 있는 개별 사용자에 관한 지식이 남겨지기 때문이다. 사용자와 정기적으로 만난다고 해서 사용자가 누구인지 아는 것은 아니다. 자세히 설명하겠다.

퍼소나의 큰 장점 중 하나는 큰 그림을 보게 해주고 미가공 데이터에 주의가 분산되지 않게 해주는 것이다. UX 리서치를 할 때, 미가공 데이터에서 출발하지만 이는 지저분하다. 사람들은 특이하다. 그들에게는 비슷한 유형의 사용자에게는 적용되지 않는 특이 사항이 있다. 데이터를 분석하고 나서 통합하지 않는다면 가장 큰 소리로 불평하는 사용자나 가장 협조적인 사용자 또는 흥미롭지만 동떨어진 니즈를 가진 사용자에게 현혹될 위험이 있다. 데이터 분석은 이와 같은 특이점을 제거한다.

팀이 사용자와 정기적으로 만나는 것은 좋은 일이다. 하지만 퍼소나를 거부하더라도 한 걸음 뒤로 물러나서 데이터를 해석하고, 사용자 유형에 대해 생각해볼 필요가 있다. 그렇지 않으면 앨런 쿠퍼가 설명한 "신축성 있는 사용자"의 함정에 빠질 것이다.

기존 형식에 담을 수 없는 새로운 개념

잠시 다른 이야기를 하겠다.

1982년 데이비드 마아David Marr[8]는 인간의 시각에 대한 계산 모델을 기술했다. 모델의 구성 요소 중 하나는 2½D 스케치 컨셉이었다. 세부사항은 건너뛰고 보자면 이 아이디어는 시각 시스템이 사물의 모든 측면을 볼 수 있는 충분한 정보를 가진 적이 한 번도 없기 때문에 그 틈새를 채운다는 개념을 담으려고 한다. 자주 인용되는 예는 등을 돌리고 있는 남자를 상상하는 것이다. 이 사람이 앞면도 있다고 가정하므로 그 사람이 돌아섰을 때 얼굴이 없다면 매우 놀랄 것이다. 2½D 스케치는 시각 시스템이 합리적인 가정에 기초해 세상을 적극적으로 구성하기 위해 데이터를 사용한다는 사실에 대한 비유다.

이 비유를 퍼소나 설명에 적용할 수 있다. 결국 개발팀이 하는 일은 합리적인 가정에 근거해 데이터를 사용해서 사용자에 대한 관점을 적극적으로 구성하는 것이다. 따라서 확정된 요구사항으로 형식을 갖춘 퍼소나 설명을 만드는 대신에 2½D 스케치를 만들 수 있다. 이 결과물은 사용자의 모든 면을 볼 수 있을 만큼 충분한 정보를 결코 가질 수 없다는 점을 상기시켜 줄 것이다. 우리가 가진 것은 근사치일 뿐이다. 그것은 대화의 시작이며, 고객들에 대한 공통된 이해를 얻기 위한 방법이다. "스케치"라는 단어를 사용하는 것은 우리가 지나치게 과시적인 무언가를 만들고 싶지 않다는 것을 일깨워준다. (미완성으로 보이는) 매체가 메시지다. 가볍고, 이용 가능하며, 적절하고, 애자일스러운 퍼소나 설명을 찾고 있다.

자레드 스풀Jared Spool은 "퍼소나와 퍼소나 설명의 관계는 휴가와 기넘 사진첩의 관계와 같다."[9]라고 서술하면서 이러한 아이디어를 담아낸다. UX 리서치의 과정이 중요한 것이지, 최종 결과물의 아름다움이 중요한 것은 아니다.

가장 좋은 대화의 시작은 쉽게 변경할 수 있을 만큼 유연하다. 최종적으로 확정된 것처럼 보여서는 안 된다. 여기 그 기준을 충족하는 한 가지 접근법이 있다.

자신만의 2½D 스케치 만들기

몇 장의 플립 차트 용지, 마커 몇 자루, 포스트잇을 준비해 회의를 소집하고 팀을 참석시켜라.

이 시점까지 수행한 UX 리서치에 대해 공통된 이해를 하는 것부터 시작하라.(이것은 중요하다. 여전히 UX 리서치를 끝내야 한다. 난데없이 퍼소나에 대한 브레인스토밍을 시작해서는 안 된다). 공통된 이해를 바탕으로 다양한 사용자 그룹에 대한 합의를 이끌어 내라.

다음 단계는 플립 차트 용지 한 장에 2½D 스케치를 몇 개 그리는 것이다. 플립 차트 용지를 가로로 두고, 4개의 사분면으로 나눠라(그림 4.1 참조).

- 이 사용자 유형의 이름을 좌측 상단의 사분면에 적어라. 제품과 관련된 생각을 가진 맥락에서 이 사용자 유형을 보여주는 스케치를 그려라.
- 좌측 하단에 "사실"이라고 적어라. 포스트잇을 사용해서 이 사용자 유형에 관해 사실이라고 알고 있는 내용을 나열하라(예: 성별, 나이, 직책). 포스트잇 한 장당 사실을 하나씩 적어라.
- 우측 상단 사분면에 "행동"이라고 적어라. 이 사용자 유형은 제품으로 무엇을 하길 원하는가? 제품 사용과 관련하여 현재 무엇을 하고 있는가? 포스트잇 한 장당 행동 하나씩 적어라.
- 우측 하단 사분면에는 "니즈 및 목표"라고 적어라. 사용자는

제품을 사용할 때 어떤 기분이 들고 싶은가? 궁극적으로 사용자는 이 제품으로 무엇을 달성하고자 하는가? 이 사용자 유형의 욕구 및 동기는 무엇인가? 포스트잇 한 장당 니즈 또는 목표를 하나씩 적어라.

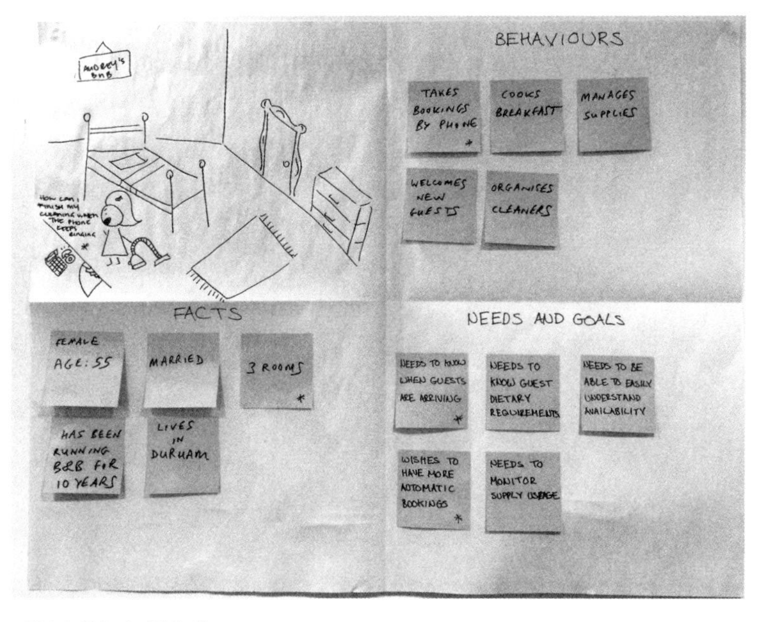

그림 4.1 2½D 스케치의 예

팀으로 작업하면서 2½D 스케치를 완성하라. 각 사분면에 있는 포스트잇의 우선순위를 매겨라. 대화를 나누고, 공통된 이해를 위해 노력하라.

무엇보다도 이것을 가져가서 시간을 들여 잘 마무리되고 세련된 퍼소나로 바꾸지 말아라. 그 대신에 사용자와 대화하는 데 시간을 써라. 그런 다음 2½D 스케치를 벽에 붙이고, 수집한 새로운 정보로 업데이트하라.

UX 연구원처럼 생각하라

- 프루이트와 애들린은 퍼소나를 "실제 사람에 대해 이해하기 쉽고, 매우 구체적인 데이터로 구성한 가상 인물에 대한 상세한 설명"이라고 묘사한다. 자레드 스풀은 "퍼소나와 퍼소나 설명의 관계는 휴가와 기념 사진첩의 관계와 같다."라고 서술한다. 이러한 서술은 모순되는가 아니면 조화롭게 만들 수 있는가?
- 과거에 퍼소나를 거부한 개발팀에 어떻게 2½D 스케치를 시도해 보도록 설득할 수 있는가? 퍼소나를 써 본 적이 없는 개발팀에 스케치 시도를 어떻게 권장하겠는가?
- 화려한 퍼소나 설명이 UX 리서치가 "완료"됐다는 것을 암시하기 때문에 개발팀을 오해하게 만든다고 주장한다. 그러나 일부가 화려한 산출물을 기대한다면? 예를 들어, 조직의 고위 이해관계자에게 2½D 스케치를 보여주는 것이 적절한가? 적절치 않다면 어떻게 이 방법을 다른 청중의 니즈에 맞게 조정할 수 있는가?
- 사용자의 이름과 사진이 포함된 퍼소나는 퍼소나의 성별, 인종 및 어느 정도의 계급과 지위를 간접적으로 정의한다. 일부 시스템(예: 공공 부문 서비스)은 전체 인구에 서비스를 제공해야 한다. 퍼소나에 인구통계학적 데이터를 포함하는 것을 피해야 하는가? 그렇다면 이것은 개발팀이 사용자를 공감하는 능력에 어떤 영향을 미치는가?
- 이 에세이를 읽고 나서 퍼소나에 대한 비판이 일리가 있다고 생각하는가? 혹은 해당 비판은 형편없는 퍼소나 설명에 한정돼 있는가?

사용성 문제의 우선순위를 매기는 방법

일반적인 사용성 테스트를 통해 100개가 넘는 사용성 이슈를 찾을 수 있다. 개발팀에서 어떤 이슈가 가장 심각한지 알 수 있도록 하기 위해 어떻게 이슈의 우선순위를 정할 수 있는가? 사용성 문제에 단 3개의 질문을 함으로써 심각성을 낮음, 중간, 심각 혹은 중요로 분류할 수 있다.

사용성 테스트를 실행하는 것은 소화전에서 물을 떠먹는 것과 비교된다. 정리되고, 우선순위가 매겨지고, 수정돼야 하는 사용성 이슈 형태의 데이터에 정신을 못 차리게 된다. 심각성을 결정할 때 자신만의 판단력을 사용하고 싶은 유혹이 들겠지만, 그렇게 하면 개발자가 해당 판단에 이의를 제기할 때 어려움을 겪게 된다. "왜 그 이슈를 '중요'라고 평가했나요? 내가 볼 땐 그건 '중간'에 더 가까워요."

심각성을 정의하기 위한 표준 프로세스를 갖는다는 것은 심각성을 부여하는 방식에 있어서 일관성을 가질 수 있다는 뜻이며, 사람들이 해당 작업을 확인하는 데 필요한 투명성을 제공한다는 의미다.

사실, 3개의 질문만 하면 사용성 문제의 심각성을 분류할 수 있다.

문제의 영향은 무엇인가?

완료율에 영향을 미치는 문제(특히 빈번하거나 중요한 태스크에서)는 사용자 만족도에 영향을 주는 문제보다 훨씬 더 심각하다. 예를 들어, 새로 설계된 장치의 "온-오프" 버튼이 조작하기 어렵다면 그것은 영향이 큰 문제다.

문제에 영향을 받는 사용자는 얼마나 많은가?

다수의 사용자에게 영향을 미치는 문제는 소수의 사용자에게 영향을 주는 문제보다 더 심각하다. 예를 들어, 사용성 테스트의 모든 참가자가 문제를 접한다면 그것은 한 명의 참가자가 겪는 문제보다 더 심각하다.

사용자가 그 문제 때문에 반복적으로 방해를 받게 되는가?

계속해서 발생하는 지속적인 문제는 태스크 소요 시간 및 사용자 만족도에 더 큰 영향을 미치기 때문에 더 심각하다. "지속적"은 인터페이스 전체에 걸쳐 문제가 반복적으로 발생한다는 것을 의미하며, 사용자는 여러 화면이나 페이지에서 문제를 접하게 된다. 지속적인 문제의 예로 밑줄이 그어진 하이퍼링크가 없는 웹사이트를 들 수 있다. 이것은 사용자가 페이지 전체에서 "지뢰 제거" 방식으로만 링크를 찾을 수 있다는 것을 의미한다. 이 문제는 지속적이다. 사용자가 문제 해결책을 알고 있어도 계속해서 그 문제를 겪어야 하기 때문이다. 지속성을 전체 vs. 부분적으로 생각하라. 그것이 시스템의 일부분에 영향을 주는가 아니면 시스템의 여러 부분에 영향을 주는가?

이 3가지 질문을 프로세스 다이어그램에 넣고 4가지 심각도 수준을 정의하는 데 사용할 수 있다(그림 4.2 참조).

심각도 수준을 어떻게 해석해야 하는가?

- **중요**: 이 사용성 문제는 일부 사용자가 기본 태스크를 완료할 수 없거나 꺼리게 만든다. 즉시 고쳐라.
- **심각**: 이 사용성 문제는 일부 사용자의 기본 태스크 완료의 속도를 현저하게 낮추며, 사용자가 대처 방안을 찾게 만들 수 있다. 가급적 빨리 고쳐라.
- **중간**: 이 사용성 문제는 일부 사용자를 답답하거나 짜증 나게 만들지만, 태스크 완료에는 영향을 주지 않는다. 다음번 "정기" 업데이트 중에 고쳐라.

- **낮음**: 표면적인 이슈 혹은 철자 오류와 같은 품질 이슈다. (주의: 이것은 별도의 사소한 이슈이긴 하지만, 너무 많은 "낮음"은 신뢰성에 부정적인 영향을 미치고 브랜드를 손상할 수 있다.)

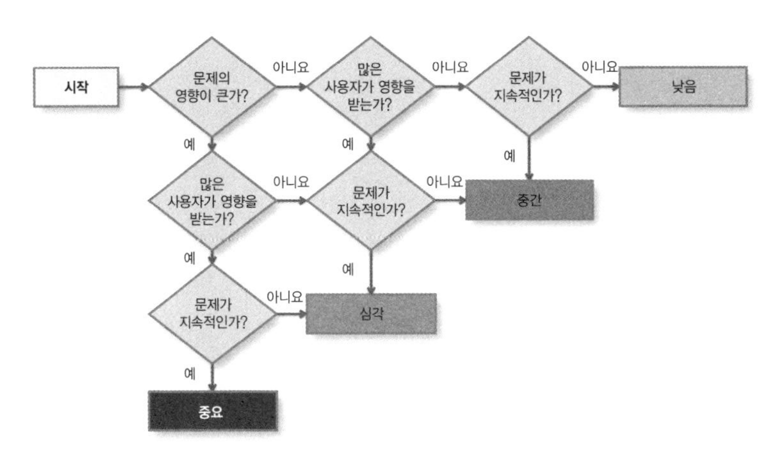

그림 4.2 사용성 문제의 심각도를 분류하기 위한 의사 결정 트리

직관을 넘어서기

현재 "직감"이나 직관을 사용해서 사용성 문제의 우선순위를 정한다면 해당 결정에 대한 해명을 요구하는 개발자나 관리자가 당신을 사기꾼이라 폭로할 위험이 있다. 그 대신 이 결정 트리를 사용해서 견고한 결과를 제공하라.

UX 연구원처럼 생각하라

- 개발팀에 이 접근법을 제시하기에 앞서, 선의의 비판자 노릇을 해보고 3가지 질문과 심각도 수준에 반대하는 주장을 생각해 보라. 예를 들어, 사용성 테스트(참가자 표본이 적은)를 숙고해보라. 모든 참가자가 경험하는 문제는 단 한 사람의 참가자가 겪는 문제보다 확실히 더 나쁘다. 하지만 2명의 참가자가 겪은 문제가 한 사람이 겪은 문제보다 훨씬 더 나쁜가? 한 사람에게서만 보이는 문제가 탐구하고 싶을 수도 있는 더 깊은 문제(예: 제품의 컨셉에 이

의를 제기하는 문제)를 제안한다면 어떻게 하겠는가? 사용성 이슈의 우선순위와 관련해 이것이 말하는 바는 무엇인가?

- 그림 4.2의 순서도가 심각도에 대해 어느 정도 객관적인 판단을 비교적 빠르게 내릴 수 있게 해주지만, 사용성 테스트에서 발견한 모든 문제에 이 모델을 적용하는 것이 현실적인가? 어느 정도의 객관성을 유지하면서 사용성 문제의 우선순위를 매기는 데 사용할 수 있는 더 신속하고 대체 가능한 방법이 있는가?
- 순서도는 사용성 문제의 심각도를 정의하는 데 있어서 주관성의 상당량을 제거하며, 고집이 센 팀원이 심각하고 중요한 사용성 문제를 외면하기 어렵게 만든다. (영향을 정의할 때) 완료율에 대한 질문은 팀원들이 사용자 태스크에 집중하는 것의 중요성을 인식하는 데 어떻게 도움이 될 수 있는가?
- 이 방법이 효과적인지 확인하는 가장 좋은 방법은 써보는 것이다. 3가지 질문을 사용해서 현재(혹은 가장 최근) 연구에서 사용성 테스트 결과의 우선순위를 매겨라. 최근에 사용성 테스트를 진행하지 않았다면 이 방법을 사용해서 실제 환경에서 목격한 사용성 문제(예: 주차비 결제 기계 혹은 셀프서비스 키오스크의 문제)의 우선순위를 정하라. 그런 다음 동료에게 동일한 작업을 요청하고 심각도 평가가 일치하는지 확인하라.
- 신제품의 사용성 테스트를 처음으로 실행한 상황을 고려하라. 제품의 성능은 좋지 않았다. 100개가 넘는 사용성 문제를 찾았으며 반 이상이 심각 또는 중요 등급이다(순서도 기준). 모든 문제를 고칠 수 없는 상황이라면 심각 또는 중요 문제를 모두 보고하겠는가? 그렇지 않다면 심각하거나 중요한 문제 중에 어떤 것을 개발팀과 공유할지 어떻게 결정하겠는가?

인사이트, 가설 및 테스트 가능한 디자인 아이디어 개발하기

사용성 테스트는 사람들이 어떻게 제품 혹은 서비스와 인터랙션 하는지를 설명하는 다수의 관찰 결과를 제공한다. 테스트가 제공하지 않는 것은 디자인 솔루션이다. 유용한 디자인 솔루션을 만들기 위해서는 근본적인 문제를 파악하기 위한 인사이트를 먼저 생성한 다음, 원인을 바로잡기 위해 테스트 가능한 가설을 만들어야 한다.

"사용성 테스트는 사용성을 향상할 수 없다."라는 격언을 들어본 적이 있을 것이다. 사용성 테스트는 문제 발견에는 유용하지만, 솔루션을 찾는 데에는 도움이 되지 않기 때문이다. 솔루션에 도달하려면 다음의 3가지 단계를 거쳐야 한다.

- **인사이트 생성하기**: 관찰로 이어진 근본적인 문제는 무엇인가?
- **가설 세우기**: 무엇이 근본적인 문제를 일으킨다고 생각하는가?
- **디자인 솔루션 만들기**: 근본적인 문제를 해결하기 위해 만들 수 있는 가장 간단한 변화는 무엇인가?

데이터로 시작하라

사용성 테스트의 결과물은 관찰의 형태를 취한다. 관찰이란 테스트 중에 보거나 들은 것에 대한 객관적인 기술이다. 관찰이란 문제의 배경이나 문제 해결 방법에 대한 해석이 아니다.

관찰은 직접 인용문, 사용자 목표, 사용자 행동, 고충점, 또는 당신을 놀라게 한 무언가가 될 수 있다. 다음은 몇 가지 예다.

- **직접 인용문**: "이 **구독하기** 버튼의 의미를 모르겠어요. 주기적으로 결제되는 건가요?"
- **사용자 목표**: 점심 무렵에 배달 경로를 계획하기 때문에 정오에는 베이커리나 슈퍼마켓 근처에 있길 원한다.
- **사용자 행동**: 새로운 비용 청구를 시작할 때, 그녀는 이전 청구를 불러와서 템플릿으로 사용한다.
- **고충점**: 배터리 수명 때문에 30분 이상 연속해서 작동이 어렵다.

이와는 달리, 다음은 관찰이 **아니다**. "**구독하기** 레이블을 **가입하기**로 바꿀 필요가 있다." 이것은 디자인 솔루션이다. 즉, 문제의 배경에 대한 (틀릴 수도 있는) 해석이다. 나중에 솔루션으로 돌아가겠지만, 지금 당장은 객관적인 관찰에 집중함으로써 데이터를 "깨끗한" 상태로 유지해야 한다.

인사이트 생성하기: 근본적인 문제는 무엇인가?

사용성 테스트는 다수의 관찰을 생성할 수 있다. 그래서 이 숫자를 줄이는 것부터 시작해야 한다.

첫 단계는 2명 이상의 참가자에서 동일한 관찰을 한 상황을 뜻하는 중복 관찰을 제거하는 것이다. 중복 제거에 앞서, 추후 우선순위를 정하는 데 유용하므로 관찰이 이뤄진 참가자의 수를 적어 놓아라.

다음으로, 중요하지 않거나 관련이 없는 관찰은 무시하라(나중에 다시 살펴보고 싶을지라도). 예를 들면 이런 것이 될 수 있다. "사용자가 말하길 자신은 주변이 더 조용한 집에서 이 웹사이트를 사용하는 경향이 있다." 이것은 흥미로운 정보지만 사용성이 좋고 나쁨을 판단하는 데 도움이 되지 않는다.

이 단계들이 초기 관찰 목록을 줄여 주긴 하겠지만, 아직도 자세히 살펴봐야 하는 100개가량의 관찰 결과가 있을 것이다. 제대로 진행하려면 친화도법affinity diagram을 만들 필요가 있다. 이것은 관찰 결과를 논리적인 그룹으로 나누는 것을 포함한다.

개발팀의 도움을 받아서 논리적 그룹을 분류하는 데 걸리는 시간을 획기적으로 단축할 수 있다. 각각의 관찰 결과를 포스트잇에 적고 팀원들에게 친화도에 따라 화이트보드에 분류하도록 요청한다. 이것은 테스트 중에 수집한 데이터를(한두 개의 세션을 관찰했을 법한) 팀원들이 접하게 만드는 데 도움이 된다.

"논리적 그룹"을 만드는 것은 당신에게 달려 있지만, 경험상 100개의 관찰 결과가 있다면 그룹의 수는 그보다 적어야 한다. 일반적으로 10개에서 15개 사이의 그룹이 있는 것을 보게 된다. 예를 들어, "용어"에 대한 하나의 그룹, 사람들을 고생하게 만드는 매우 구체적인 UI 요소에 대한 다른 그룹 그리고 시스템 내비게이션의 문제에 관한 또 다른 그룹이다.

일단 그룹이 생기면 인사이트를 만들어내기 시작하라. 인사이트는 한 무더기의 관찰 결과에서 당신이 배운 것을 포착한다. 각각의 인사이트는 관점을 가진 문장으로 작성해야 한다. 신문의 헤드라인이나 보고서의 결론이라고 생각해라.

인사이트 서술은 도발적이어야 한다. 의도적으로 강한 반응을 일으켜야 한다. 인사이트는 "사용자는 검색 기능에서 검색 결과가 표시될 때 검색어가 삭제되는 방식을 좋아하지 않는다."라고 작성될 수 있다. 다른 인사이트는 "사용자는 우리가 쓰는 것과 동일한 이름을 사용하지 않는다."라고 적혀 있을 수 있다. 또 다른 것은 "사용자는 작업 흐름을 이해하지 못하며 되돌아가길 원한다."라고 쓰여 있을 수 있다.

인사이트 서술은 UX 연구원으로서의 역할 중 하나가 개발팀에 지속적으로 자극을 주는 것임을 상기시켜준다. 해리 브링널Harry Brignull은 "디자인 팀을 기쁘게 해주고 싶어서 안달이 난 연구원은 쓸모가 없다."[10]라고 지적한다. 개발팀이 제품의 사용자 경험에 안주하게 놔둬서는 안 된다. 강력한 표현이 담긴 인사이트 서술은 개발팀이 여전히 해야 할 일을 제대로 인식하는 데 도움을 준다.

이 시점에서 한 걸음 물러서서 친화도표를 살펴봐야 한다. 높은 우선순위, 즉 모든 디자인 변경에서 우선으로 다뤄야 하는 이슈에 대한 합의를 위해 팀이 투표[11]하게 하라. 모든 것을 고치려고 하는 것은 어리석다. 그러니 상위 3가지 이슈를 확인하고 고치는 것으로 넘어가라.

가설 세우기: 문제의 원인은 무엇인가?

어떤 경우에는 3가지 상위 인사이트 중에 하나를 봤을 때, 해결책이 분명해 보일 수도 있다. 예를 들어, 인사이트가 "사람들은 몇몇 화면에서 밝은 회색의 글씨를 읽으려고 애를 썼다."는 것과 같다면 해결책은 아주 분명하다. 하지만 이런 경우는 드물다. 분석에 따르면 대부분의 인사이트에는 몇 가지 근본 원인이 있다.

예를 들어, 최근에 구글의 머터리얼 디자인 가이드라인Material Design guidelines을 모방한 앱의 사용성 테스트를 진행했다. 사용자 인터페이스 우측 상단에 수직의 말줄임표(3개의 세로 점)가 있는 앱으로, 점을 클릭하면 **추가 기능** 메뉴가 열렸다. 크롬을 사용한다면 이런 컨트롤에 익숙할 것이다(그림 4.3 참조). 사용성 테스트에서 얻은 인사이트는 사용자가 이 앱의 내비게이션 메뉴를 조작하지 않았다는 것이다.

이러한 관찰 결과를 설명 가능한 몇 가지 가설은 다음과 같다.

- 사람들은 그것이 컨트롤인 것을 알아차리지 못한다. 브랜딩이나 시각 디자인 효과라고 생각한다.
- 컨트롤이 잘 안 보인다. 그것은 화면 우측 구석에 있다. 사람들은 왼쪽에서 오른쪽으로 훑기 때문에 그걸 못 본다.
- 사람들은 컨트롤을 보긴 했지만, 페이지 확대와 같이 다르게 작동한다고 생각한다. 메뉴 컨트롤로 보이지 않는다.
- 사람들에게 메뉴는 필요가 없다. 기존의 내비게이션 옵션으로 원하는 모든 것을 할 수 있다.

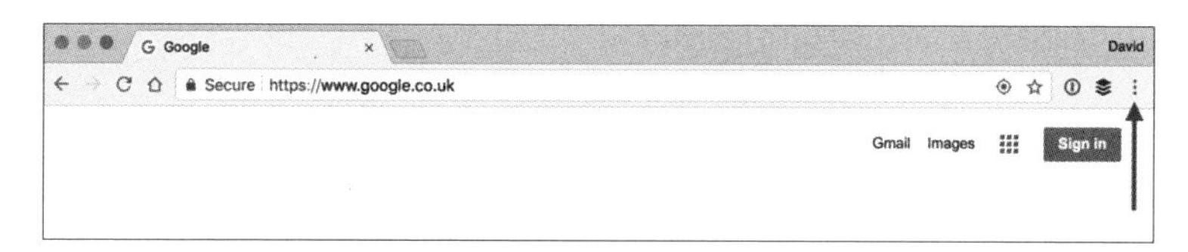

그림 4.3 사용성 테스트에서 얻은 인사이트는 사용자가 이 앱의 내비게이션 메뉴를 조작하지 않았다는 것이다. 그 이유가 무엇일까?

이러한 가설 중에 무엇이 맞는지 알지 못한다. 이 중 하나가 다른 것보다 더 가능성이 크다는 직감이 들더라도 데이터가 없다면 말 그대로 직감일 뿐이다. 어떻게 가설을 테스트 가능한 디자인 변경으로 바꿀 수 있는가?

디자인 솔루션 만들기: 문제 해결을 위해 할 수 있는 가장 간단한 변화는 무엇인가?

스티브 크룩Steve Krug은 『스티브 크룩의 사용성 평가, 이렇게 하라』(위키북스, 2010)[12]에서 사용성 문제를 고칠 때 할 수 있는 최소한의 것을 해봐야 한다고 주장한다. 그는 "관찰한 문제를 사람들이 겪지 않게 할 수 있는 가장 작고 단순한 변화는 무엇인가?"라고 묻는 "비트는" 접근법을 주장한다.

이 접근법은 중대한 재설계를 방지하고, 대부분의 스크럼 팀에서 사용하는 신속하고 반복적인 접근법과 잘 맞기 때문에 좋다. 요점은 사용성 문제가 사용자에게 미치는 영향을 완화하기 위해 할 수 있는 일이 거의 항상 있다는 것이다.

또 다른 이점은 이 접근법을 사용하면 며칠 안에 문제를 해결할 수 있다는 것이다. 이것은 전면 재설계를 위한 몇 주 혹은 몇 달과 비교된다.

표 4.1은 어떻게 이 접근법을 사용해서 초기 가설 목록에서 테스트 가능한 디자인 아이디어를 만들어낼 수 있는지를 보여준다. 각각의 가설은 디자인에 다양한 변화를 가져올 것이라는 점에 주목하라.

UX 연구원은 개발팀의 일원이다

UX 연구원은 때때로 "디자인"이 자기 일이 아니라고 믿으면서 솔루션 제안을 꺼린다. 테스트에서 얻은 관찰 결과를 개발팀에 단순히 보고하되 개선을 위한 권고사항은 제공하지 말라는 지시를 받았다는 UX 연구원이 여럿 있었다. 디자인 솔루션을 제공하지 못한다면 비평가로서만 유능할 뿐 문제 해결사로는 도움이 안 된다는 평을 듣게 될 위험이 있다. 반대로, 현실적이면서 실행 가능한 솔루션을 제공하는 것은 신뢰도를 높이고 디자인 파트너로 포지셔닝하는 데 도움을 준다.

표 4.1 "사용자는 말줄임표 내비게이션 메뉴를 조작하지 않는다"라는 사용성 테스트 인사이트에서 가설 및 테스트 가능한 디자인 아이디어 만들기

가설	사람들이 이 문제를 겪는 것을 막는 가장 간단한 변화
사람들은 그것이 컨트롤인 것을 알아차리지 못한다. 브랜딩이나 시각 디자인 효과라고 생각한다.	좀 더 클릭 가능하게 만든다. 예를 들어, 외곽선을 그리고 그림자를 추가한다.
컨트롤이 잘 안 보인다. 그것은 화면 우측 구석에 있다. 사람들은 왼쪽에서 오른쪽으로 훑기 때문에 컨트롤을 못 본다.	컨트롤을 좌측에 배치하라.
사람들은 컨트롤을 보긴 했지만, 페이지 새로 고침과 같이 다르게 작동한다고 생각한다. 메뉴 컨트롤로 보이지 않는다.	3개의 점을 "메뉴"라는 단어로 교체하라.
사람들에게 메뉴는 필요가 없다. 메인 화면에서 원하는 모든 것을 할 수 있다.	사람들에게 메뉴를 사용해야 하는 태스크 수행을 요청하거나, 메인 화면에서 몇 가지 옵션을 제거하고 다시 테스트하라.

직책에 "디자인"이 빠져 있다고 할지라도 UX 연구원으로서 인터랙션 디자이너, 시각 디자이너, 프런트 엔드 개발자에 못지않은 개발팀의 일원이다. 사용자가 제품과 고군분투할 때 바로 그들 옆에 앉아야만 얻을 수 있는 인사이트를 갖고 있기 때문이다.

대체로 개발팀은 디자인에 문제가 있다는 것을 안다. 그러나 어떻게 진행해야 할지 모르거나, 차선책에 빠져 있거나, 엔지니어링 또는 시각 디자인 관점에서만 생각하고 있거나, 더 심각한 문제를 일으키는 솔루션을 실행할 위험을 감수하고 있다. 개발팀이 사용자에 대한

UX 연구원의 지식을 사용해서 실제로 문제를 해결할 수 있는 아이디어를 찾아내게 하라.

UX 연구원처럼 생각하라

- 사용성 문제에 대한 디자인 솔루션에 도달하려면 먼저 디자인 인사이트를 생성한 다음, 참가자의 행동을 설명할 수 있는 테스트 가능한 가설을 세워야 한다고 주장한다. 사용성 테스트를 그냥 관찰하고 디자인 솔루션을 적어보는 것은 어떠한가?
- 어떻게 디자인 가설이 "테스트 가능"한가? 가능한 변화의 목록을 갖고 있다고 가정하면(표 4.1처럼) 어떤 것을 가장 먼저 테스트할지 어떻게 결정하겠는가?
- UX 연구원은 사용성 테스트에서 참가자를 관찰하는 것을 통해 공감했기 때문에 사용자 행동에 대한 특별한 인사이트를 갖고 있다고 주장한다. 하지만 이것이 역효과를 낼 수 있는가? 특정 참가자(예: 큰 소리로 불평하는 사람 또는 가장 흥미로워 보이는 사람)에게 과도하게 흔들리고, 결과적으로 그 참가자에게만 적용되는 인사이트의 순위를 지나치게 높게 정하는 것이 가능한가?
- 디자인 팀을 기쁘게 해주고 싶어서 안달이 난 연구원은 쓸모가 없다는 해리 브링널의 지적을 생각해 보라. UX 입장을 지키려고 무리하게 밀어붙였을 때 뒤따르는 리스크가 있는가? 너무 공격적인 것과 그냥 넘어가주는 것 사이에서 줄타기할 때 사용성 테스트 데이터를 어떻게 활용할 수 있는가?
- 테스트 참가자를 관찰하고 나면 사용자가 사용성 문제와 씨름하는 **방법**과 **이유**를 모두 이해할 수 있는 장점이 생긴다. 이 장점 덕분에 UX 연구원은 유리한 고지에서 재설계 시 발생할 수 있는 새로운 사용성 문제를 예측할 수 있다. 개발팀이 UX 연구원을 디자인 수정에서 배제하는 상황이 생긴다면 이러한 논거를 어떻게 표현해 연구원을 포함하도록 설득하겠는가?

사용자 경험 지표로
디자인 프로젝트 관리하는 방법

UX 지표는 디자인이 사용자 니즈 및 비즈니스 니즈에 어떻게 대응하고 있는지를 평가하는 데 도움을 주는 척도다. 사용자 경험 지표를 수집하는 실험실 기반의 방법은 대다수의 디자인 프로젝트, 특히 애자일 방법론을 사용한 프로젝트에 적용하기에 시간이 너무 오래 걸리고 비용이 많이 든다. 그러나 온라인 사용성 테스트 도구를 사용한 정기적인 사용자 경험 벤치마킹은 저렴하고 신속하게 실행 가능하다.

"좋은" 사용자 경험을 만드는 것이 중요하다는 것에는 모두 동의하지만, 프로젝트가 한창일 때 정상 궤도에 있는지를 어떻게 알 수 있는가?

기존의 실험실 기반 사용성 테스트는 수정이 필요한 사용성 이슈를 찾기에 좋은 방법이지만, 디자인의 진행 상황을 모니터링하기에는 적합하지 않다. 실험실 기반 사용성 테스트에서 5명의 참가자 표본 크기는 빠른 실행이 가능하지만, 중요한 비즈니스 결정을 내리는 데 필요한 강력한 데이터를 얻기에는 참가자의 수가 너무 적다.

더 많은 참가자 표본을 테스트해서 신뢰성을 높일 수 있으나, 개발팀이 테스트 결과를 기다려야 하기 때문에 개발 속도를 늦추게 된다. 참가자를 모집하고 일정을 잡고, 실험실을 예약하고, 참가자를 테스트하고, 데이터를 분석해야 한다. 시간이 걸릴 뿐만 아니라 사용성 테스트가 프로젝트 관리자의 예산을 고갈시키게 만든다.

이로 인해 제이콥 닐슨은 "지표는 비용이 많이 들고, 일반적으로 부족한 사용성 자원을 제대로 사용하지 못한다."라고 주장한다.[13]

하지만 이것은 디자인과 개발 프로젝트를 관리하는 사람들에게 문제를 일으킨다.

프로젝트 관리자가 측정할 수 없다면 모니터링할 수 없다. 그리고 모니터링되지 않는다면 무시를 받는다. 이것은 많은 사용성 테스트가 개발 후반부까지 연기되는 한 가지 이유지만, 그때가 되면 사용자 경험을 향상시키기 위해 중요한 변경을 하기에는 너무 늦다.

분명 더 좋은 방법이 있다.

실제로 원격 사용성 도구를 사용하면 지표 기반의 테스트를 실시함으로써 프로젝트 관리자, 예산 보유자 및 통계 전문가의 니즈를 만족시킬 수 있다. 또한 프로젝트를 진행하는 동안 여러 차례의 사용성 테스트를 실시할 수 있으며, 설계 막바지에 대규모 실험실 기반 테스트를 실시하는 것보다 더 저렴하다는 것을 알게 될 것이다.

너무 앞서나가지 말자. 먼저 사용자 경험 지표를 수집하는 것의 몇 가지 이점을 살펴보자. 그런 다음 프로젝트에 사용할 수 있는 견고한 지표를 만드는 방법에 대해 논의할 것이다. 마지막으로 데이터를 수집하는 방법에 관한 이슈로 돌아갈 것이다.

왜 사용자 경험 지표인가?

UX 지표는 현재 디자인이 사용자(그리고 비즈니스) 니즈에 부합하는지를 확인하는 방법을 제공한다. 실제로 테스트 태스크 목록에서 사용자 성과를 측정함으로써 사용자 경험을 특징 짓는다.

UX 지표는 다음과 같은 이점이 있다.

- **디자인을 결정한다:** 명확하게 정의된 사용자 경험 지표를 따르면 특징, 기능 및 지원 배분에 대한 결정을 더 신속하고 일관성 있고 합리적으로 내릴 수 있다. 사용자 경험 지표는 팀의 주의 분산을 막고 모두가 사용자 및 비즈니스 우선순위에 집중할 수 있게 돕기 때문에 기능 과부하를 방지한다.

- **진척을 측정한다**: 사용자 경험 지표는 애자일 프로젝트에서 진척 상황을 추적하는 객관적인 방법을 제공하며, 시스템이 다음 스프린트로 넘어갈 준비가 됐는지를 결정하는 데 도움을 준다. 또한 전통적인 폭포수 개발 방법에서 디자인이 다음 라이프사이클 단계로 넘어갈 준비가 됐는지를 판단하는 데 사용될 수 있다.
- **프로젝트팀 및 고위 경영층과 소통한다**: 사용자 경험 지표는 프로젝트의 목표를 향한 진척을 커뮤니케이션하기 위한 프레임워크를 만든다.

사용자 경험 지표 만들기

견고한 사용자 경험 지표를 만들기 위한 5가지 단계는 다음과 같다.

1. 중요 태스크 확인하라.
2. 사용자 스토리를 만들어라.
3. 성공 및 성공 측정 방법을 정의하라.
4. 기준에 값을 할당하라.
5. 개발 전반에 걸쳐 추적 관찰하라.

각 단계를 예제와 함께 하나씩 살펴보자.

중요 태스크를 확인하라

UX 지표는 시스템에서 가장 중요한 사용자 여정에 초점을 맞춰야 한다. 대부분의 시스템, 심지어 제법 복잡한 시스템도 중요 태스크는 몇 개가 되지 않는다. 그렇다고 시스템에서 중요 태스크만 지원한다는 뜻은 아니다. 다만 이러한 태스크가 비즈니스와 사용자를 위한 필수 기능이라는 것을 의미한다. 따라서 이러한 태스크를 사용해서 진행 상황을 추적하는 것이 타당하다.

시스템에서 가장 중요한 태스크를 식별하는 여러 가지 방법이 있다. 예를 들어 웹사이트라면 이렇게 할 수 있다.

- **경쟁사 사이트 조사**: 유사한 사이트에서는 일반적으로 어떤 태스크를 지원하는가?
- **가장 많이 방문하는 상위 20개 페이지 파악**: 대부분의 사람들이 무엇을 하는가?
- **상위 검색어 분석**: 사람들이 해당 사이트에서 무엇을 찾는가?
- **지원 부서 직원과의 대화**: 가장 많은 도움 요청은 무엇인가?
- 가능성이 있는 (긴) 태스크 후보 목록을 짜내고, 상위 5개를 찾기 위해 사용자에게 서베이 실시
- 해당 웹사이트에서 간단한 서베이 사용("오늘 사이트에 방문하신 이유는 무엇인가요?")

예를 들어, 자동차 위성항법 시스템을 개발 중이라고 가정해보자. 최초의 장황한 태스크 목록에는 다음이 포함될 수 있다.

- 여행 일정 계획하기
- 실시간 교통 정보 가져오기
- 다른 경로 찾기
- 경로 계획하기
- 첨단 차선 안내
- 안내 목소리 변경하기
- 집으로 길 안내하기
- 즐겨 찾는 위치 추가하기
- 음성 명령 설정하기
- 지도 색상 변경하기
- 거리 이름 읽어 주기

- 디스플레이 밝기 변경하기

대다수 혹은 모든 사람이 항상 수행하는 태스크를 찾고 있다. 이는 목록의 우선순위를 정하고, 더 적은 수의 주요 태스크를 선정하는 데 도움을 준다. 예를 들면 주요 태스크는 다음과 같다.

- 경로 계획하기
- 집으로 길 안내하기
- 다른 경로 찾기
- 즐겨찾기 추가하기

사용자 스토리를 만들어라

다음 단계는 사용자 스토리를 만들어서 태스크의 맥락을 생각할 수 있게 하는 것이다.

사용자 스토리는 애자일 개발의 핵심 요소이지만, 그 이득을 얻기 위해서 애자일을 사용할 필요는 없다. 사용자 스토리는 특별한 구조를 갖는다.

"사용자로서 나는 _____를 할 수 있도록 _____를 하고 싶다."

전통적으로 사용자 스토리는 인덱스 카드에 작성되기 때문에 애자일 팀 사람들이 "스토리 카드"에 대해 말하는 것을 듣게 될 것이다.

나는 퍼소나가 스토리를 "내레이션"한다는 사용자 스토리에 대한 앤더스 램지Anders Ramsay의 해석을 좋아한다. 이것은 시나리오가 현실에 기반을 두게 해주기 때문이다.[14] 이제는 일반적인 세그먼트(예: 위성 항법 시스템의 사용자로 휴가객" 또는 "영업 사원")를 생각하는 대신에 구체적인 퍼소나의 니즈와 목표를 생각하고 있다. 예를 들어, "다른 경로 찾기" 태스크는 이렇게 작성할 수 있다.

저스틴이 말하길, "난 고속도로를 피할 수 있도록 다른 경로를 찾고 싶다."

…저스틴은 50세이며 위성 항법 장치를 간헐적으로 사용하고 기술 경험이 적다.

성공 및 성공 측정 방법을 정의하라

이 단계에서는 태스크에서의 성공이 무엇을 의미하는지 정의할 필요가 있다. 여기서는 가장 중요한 태스크와 사용자 스토리를 생각해 내는 이전의 노력이 필수적이 된다.

이러한 초기 단계 없이 성공적인 사용자 경험을 정의하려고 한다면 "사용하기 쉬운", "즐거운" 혹은 "빨리 배우는"과 같은 일반적인 서술이 나올 가능성이 있다. 이러한 것이 가치가 없는 디자인 목표라는 것이 아니라, 사용자 경험을 측정하는 데 도움이 되기에는 너무 추상적이라는 것이다.

하지만 주요 태스크 및 사용자 스토리에 대한 앞선 투자로 인해 이제는 구체적인 태스크에서 성공의 의미를 결정할 수 있다. 예를 들어, 이제 태스크 성공, 소요 시간 및 전반적인 만족도와 같은 태스크 지향적인 수치에 관해 이야기할 수 있다. 구체적인 예를 들면 고속도로 회피 경로 검색을 훌륭하게 해낸 사람들의 퍼센트를 성공으로 정의할 수 있으며 퍼센트 수치는 사용성 테스트에서 측정할 수 있다.

설명을 간단히 하기 위해 한 개의 사용자 경험 지표를 이야기했지만, 일반적인 시스템에는 복수의 사용자 경험 지표가 있을 수 있다는 점에 유의하라. 각각의 지표는 시스템에서 가장 중요한 태스크를 다룬다.

기준에 값을 할당하라

사용자 경험 지표에 사용할 정확한 기준을 정하려면 이와 비교할 몇 가지 벤치마크를 가져야 한다. 경쟁 시스템이 될 수도 있고, 이전 제품의 성능이 될 수도 있다. 이러한 데이터가 없다면 현재의 디자인이 이전 것보다 향상됐다고 말할 수 없다.

시스템이 이전에 없던 새로운 것이라면 궁극적인 비즈니스 지표인 수익에 관해 생각해보라. 이 제품으로 얼마나 벌 것으로 예상하는가? 성공률이 예를 들어 70% vs. 80%라면 수익에서 얼마만큼의 차이가 나는가?

이러한 값을 설정할 때 "목표" 값과 "최소" 값을 모두 고려하는 것이 유용하다. 예를 들어, 경쟁사 시스템을 70%로 채점한다면 목푯값은 80%, 최솟값은 70%로 잡을 수 있다.

개발 전반에 걸쳐 추적 관찰하라

마지막 단계는 개발 전반에 걸쳐 진척을 모니터링하는 것이지만, 대규모 표본, 실험실 기반의 사용성 테스트 비용 없이 이를 달성해야 한다.

추적 지표의 경우, 원격 온라인 사용성 테스트가 실행 비용이 적게 들고 준비를 빨리할 수 있기 때문에 이상적이다. 예를 들어, 프로젝트 초반에는 스크린샷으로 "첫 클릭" 테스트 같은 간단한 웹 기반 사용성 테스트로도 충분할 수 있다. 과거에 나는 이런 종류의 원격 테스트를 제공하는 여러 웹 기반 회사 중 하나를 사용했다.

테스트를 1시간 내로 준비하고, 하루 또는 그보다 짧은 시간에 결과를 얻을 수 있다는 것을 알게 될 것이다. 실제로 팀과 디자인에 대해 논의하기 위한 회의를 개최하는 것보다 더 빠르다(의견보다는 데이터를 근거로 디자인 변경이 이뤄질 것이라는 부가적인 이점과 함께). 100명 이상의 참가자 표본 크기는 쉽게 얻을 수 있으며 수집된 데이터는 일반화될 수 있다(참가자가 테스트 중인 제품의 실제 사용자가 될 수 있도록 짧은 스크리너로 테스트를 시작하라).

표 4.2 사용자 경험 지표의 예

주요 사용자 태스크	사용자 스토리	수치	지표	스프린트 3의 상태
경로 계획하기	저스틴이 말하길, "난 고속도로를 피할 수 있도록 다른 경로를 찾고 싶다."	고속도로를 제외한 경로를 검색하는 데 성공한 사람들의 퍼센트, 사용성 테스트로 측정	최소: 70%, 목표: 80%	73% (목표 미달)

보다 완성된 시스템에 가까워지면 벤치마크 테스트와 같은 다른 원격 테스트 도구로 진행 상황을 모니터링할 수 있으며, 여기에서 참가자는 기능적으로 더 풍성한 디자인으로 모든 태스크를 완료할 수 있다. 중요한 것은 진척을 측정하기 위해 각 스프린트 내에서 조기에 그리고 자주 테스트하는 것이다.

경영층 보고서의 경우, 최소한의 문서 작업이 필요한 가벼운 무언가를 찾고 있으므로 간단한 표(표 4.2 참조) 또는 그래픽(5장의 '사용자 경험 대시보드 만들기' 참조)이 효과적이다.

지표 기반 테스트의 강점은 바로 사용성이 "무엇"인지 알려준다는 것이다.

그러나 80%까지 점수를 높이는 방법을 찾기 위해서는 참가자가 **왜** 고생하고 있는지를 이해해야 한다. 그리고 그것은 우리를 중요한 최종 포인트로 이끈다.

지표 기반 vs. 실험실 기반 사용성 테스트

지표 기반 사용성 테스트는 실험실 기반 테스트의 대안이 아니다. 다른 질문에 대한 답을 제공할 뿐이다. 하나의 디자인이 또 다른 디자인보다 더 낫다는 것은 증명할 수 있지만, 그 이유는 말할 수 없는 A/B 테스트처럼 지표 기반 테스트에서는 참가자가 실패한 이유를 찾기 어렵다. 온라인 참가자에게 테스트 종료 후 서베이로 이유를 물어볼 수는 있으나, 사람들이 자신의 행동에 대한 성찰이 서투른 관계로 도움이 되지 않는다(1장의 'UX 리서치에 심리학 적용하기' 참조).

다양한 개발 방법을 사용하는 여러 분야의 회사와 일해본 경험에 따르면 가장 성공적인 팀은 "무엇"을 알아내기 위한 대규모 표본, 진행자가 없는 사용성 테스트와 "왜"를 이해하기 위한 소규모 표본의 사용성 테스트를 병행한다.

지금까지 지표 기반 테스트는 실험실 기반 테스트와 비교하면 사용자 중심 디자인 프로젝트에서 미미한 역할을 담당해왔다. 그러나 저렴하고, 신속하고, 믿을 수 있는 현재의 수많은 온라인 도구는 분명 그러한 추세를 역전시킬 것이다.

UX 연구원처럼 생각하라

- "지표는 비용이 많이 들며 일반적으로 부족한 사용성 자원을 제대로 사용하지 못한다"는 제이콥 닐슨의 관찰 결과는 UX 연구원이 흔히 직면하게 되는 예산 부족과 수행 인력의 부족이라는 2가지 잠재적 제약 요소를 드러내어 보여준다. 적은 예산과 소수의 경험 없는 사용자 경험팀의 리더십을 물려받았다고 가정해보자. 종합(사용성 측정)테스트 vs. 형성(사용성 문제 파악)테스트를 수행하는 것의 이득을 어떻게 따져보겠는가? 어떤 균형을 목표로 하고, 결정을 뒷받침하기 위해서 어떤 주장을 펼치겠는가?
- 진행자 없이 원격으로 실시하는 사용성 테스트의 예상되는 단점은 무엇인가?
- 사용자 경험 지표는 어떻게 개발팀이 기능 과부하에 빠지지 않도록 도울 수 있는가?
- 사용자 경험 지표가 부족할 경우, 개발팀이 결과를 확인한 후에 최소 허용 기준을 바꾸는 것은 전례가 없는 일이 아니다. 이해관계자가 "골대 옮기기"를 하고, 설계 개선 회피를 합리화하는 것을 어떻게 방지할 수 있는가?
- 중요 태스크와 사용자 스토리를 확정하는 것도 중요하지만, 신제품의 기능이 마케팅에 의해 정해지거나 이전 제품 버전 또는 경쟁사 제품에서 파생되는 경우도 많은 것이 사실이다. 이러한 기능은 그 후에 개발팀에 **기정사실**(fait accompli)처럼 전달된다. 제품에서 계획된 기능이 당신이 리서치를 기초로 만든 주요 사용자 태스크 목록을 뒷받침하지 않는 상황을 어떻게 처리하겠는가?

모든 디자인 변경을 정당화할 수 있는 2가지 척도

사용성 테스트에서 흔히 채택되는 2가지 척도인 성공률과 태스크 소요 시간은 거의 모든 잠재적 디자인 변경의 이점을 입증하기 위해 필요한 중요한 숫자다. 이러한 값은 예상되는 재정적 이득이라는 관리자가 이해할 수 있는 언어로 다시 표현될 수 있다.

사용성 개선이 수익에 큰 영향을 미칠 수 있다는 점을 얼마 전부터 알게 됐다. 그렇다면 사용성 전문가가 실제로 작업의 투자 수익률[ROI]을 측정하지 못하게 막는 것은 무엇인가?

사용성에 따른 변화의 이득이 명백하기에 아무것도 측정할 필요가 없다고 생각하기 때문인가?

그렇다면 사용성 전문가는 위험을 감수하고 있는 것이다. 개발팀은 "명확성"이라는 비전을 공유하지 않을 듯하다. 프로젝트 관리자는 변경사항이 구현하기 어렵다거나, 다음 릴리즈까지 기다릴 필요가 있다거나, "사용자 만족도"가 더 많은 제품 판매만큼 중요치 않다고 주장하면서 연기할 수 있다.

아니면 굳이 하고 싶지 않은 것인가? 아마도 투자 수익률 계산이 관리자에게 사용성을 설득할 유일한 방법은 아니기 때문일 것이다.

사용성 전문가는 또 기회를 놓치고 있다. 디자인 변경이 회사의 돈을 벌거나 아낄 수 있다는 것을 증명할 수 있는 특별히 설득력 있는 무언가가 있다.

아니면 단순히 계산이 너무 어렵다고 사람들이 생각하기 때문인가?

사실 사용성 테스트의 2가지 일반적인 척도를 사용하면 계산은 종이와 연필만으로 할 만큼 아주 간단하다.

완료율 5% 향상이 7백만 달러의 가치가 있는 경우

성공률은 모든 웹사이트에서 가장 중요한 사용성 기준이다. 얼마나 많은 사용자가 태스크를 완료할 수 있는가?

대규모 표본으로 웹사이트의 벤치마크 사용성 테스트를 수행한다고 가정해보자. 표본의 70%가 태스크를 성공적으로 완료한다는 것을 알게 된다.

웹사이트 디자인 변경을 통해 이 수치를 개선할 수 있을 것이다. 사용성 개선은 예외 없이 성공률 향상에 극적인 영향을 미치지만, 논의를 위해서 5%만 성공률을 올린다고 가정해서 새로운 성공률이 75%라고 치자. 대부분의 사용성 전문가는 적어도 그 정도의 개선은 할 수 있다고 장담한다.

5% 개선의 가치는 얼마나 되는가?

다음의 방정식을 사용해서 간단한 계산을 할 수 있다.

매출 = 성공률 × 잠재 매출

- “매출”은 웹사이트의 실제 매출액이다. “성공률”은 우리가 개선하고자 하는 수치다.
- “잠재 매출”은 모든 사용자가 태스크를 완수했을 경우의 매출액이다.

이 시점에서는 웹사이트의 매출을 알 필요가 있다. 연간 1억 달러라고 가정해 보자(대다수의 기업에 이는 보수적인 수치다. 상위권의 시내 중심가 체인은 주당 1억 달러를 번다. 그리고 자레드 스풀은 연간 3억 달러의 가치를 지닌 비즈니스 웹사이트의 디자인 변경을 설명한다[15]).

그래서 현재는 70%의 사람들이 간신히 체크아웃하고 있으며 매출액은 1억 달러다. 즉, 다음과 같다.

- 1억 달러 = 70% × 잠재 매출

따라서 잠재 매출은 1억 달러/70% = 142,857,143달러다.
성공률을 75%까지 높일 수 있으므로

- 매출 = 성공률 × 잠재 매출
- 매출 = 75% × 142,857,143달러

매출은 107,142,857달러다. 이 수치와 원래 1억 달러의 차이는 7백만 달러가 넘는다. 5%의 성공률 향상이 그만큼의 가치를 지닌다.

태스크 소요 시간을 15초 단축 시 130만 달러의 가치가 있는 경우

인트라넷의 중요한 척도는 태스크 소요 시간이다. 사람들이 태스크를 완료하는 데 얼마나 걸리는가?

인트라넷의 좋은 예는 직원 디렉토리를 사용해서 동료를 찾는 것이다. 이것은 대다수의 인트라넷 사용자가 하루에 적어도 1번 이상 쓰는 기능이다. 사람들이 이 태스크에 소비하는 시간을 줄이는 것을 통해 얻는 비용 절감은 얼마나 되는가?

직원이 인트라넷 주소록에서 누군가의 이메일 주소를 찾아서 그 사람을 "수신:" 필드에 넣고 이메일 메시지를 시작하는 데 걸린 시간을 측정한다고 가정해 보자. 기본적으로 걸리는 시간을 60초라고 해 보자. 검색 결과에서 직원 이름과 함께 클릭 가능한 이메일 주소를 표시함으로써 태스크 소요 시간을 45초로 줄일 수 있다고 생각한다.

15초의 재정적 이득은 얼마인가?

계산을 제대로 하려면 사람들이 이 태스크를 하루에 몇 번이나 수행하는지를 알아야 한다. 사람들이 평균적으로 하루에 한 번 이 태스크를 한다고 보수적으로 가정해보자. 회사에서 10만 명의 직원을 고용하고 평균 급여가 시간당 15달러(마찬가지로 보수적인 수치)라면 다음과 같이 계산할 수 있다.

- 현재 태스크 소요 시간 = 45초 = 45/60분 = 45/(60x60)시간 = 0.0125시간
- 직원당 일일 태스크 비용 = 0.0125시간 × 15달러/시간 = 0.1875달러
- 전체 직원의 일일 태스크 비용 = 0.1875달러 × 100,000명 = 18,750달러
- 대다수가 일 년에 평균 220일을 일하므로 연간 비용은 = 18,750달러 × 220일 = 4,125,000달러

이제 시간을 45초에서 30초로 줄이면 비용이 얼마인지 계산해보자. 위와 동일하게 계산하면 다음과 같은 결과를 얻게 된다.

- 새로운 태스크 소요 시간 = 30초 = 30/60분 = 30/(60x60)시간 = 0.0083시간
- 직원당 일일 태스크 비용 = 0.0083시간 × 15달러/시간 = 0.125달러
- 전체 직원의 일일 태스크 비용 = 0.125달러 × 100,000명 = 12,500달러
- 새로운 연간 비용 = 12,500달러 × 220일 = 2,750,000달러

전과 후의 금액 차이는 130만 달러가 넘는다.

디자인 변경을 이뤄내는 쉬운 방법

잘 실행된 대규모 표본의 사용성 테스트에서 가져온 탄탄한 사용성 척도를 갖고 있다면 이러한 종류의 계산은 아주 간단하다. 하지만 자신만의 수를 계산한다면 황금률은 다음과 같다. **지나치다 싶을 정도로 보수적으로 잡아라.** 예를 들어, 인트라넷에서 모든 직원들이 사용자 디렉토리를 사용하는지 확실치 않다면 사용자 수를 보다 설득력 있는 값으로 줄여라.

사실 사용성에서 향상이 이뤄지면 회사의 수익이 연쇄적으로 개선되지만, 의견을 확실히 표명하기 위해서는 데이터를 모으고 숫자를 꿰고 있어야 한다.

UX 연구원처럼 생각하라

- 앞서 논의한 2가지 척도를 사용해서 현재(혹은 최근) 프로젝트에서 UX 리서치의 재정적 이득을 계산하라. 실제 재무 수치를 갖고 있지 않다면 최상의 추정치를 사용하라.
- 향후 계산에 필요한 실제 재무 수치를 제공할 수 있는 사람을 회사 내에서 찾아보라. 자신을 소개하고 그 사람에게 앞서 논의한 예를 공유하라. 이 접근법에 대한 피드백을 받고, 작업에 필요한 비용/시간/직원 수를 얻어내라.
- UX 리서치의 재정적 이득을 계산하는 데 사용 가능한 2가지 척도(2개 모두 사용자 성과 기준에 기초함)만 논의했다. 회사 내부 개발 프로세스를 살펴보면 UX 리서치를 통해 감소할 수 있는 비효율성도 밝혀낼 수 있다. UX 리서치가 비용을 절감하는 동시에 내부 개발 사이클을 향상시키는 데 도움을 줄 수 있는 두세 가지 방법을 나열하고, 이를 정량화 할 수 있는 최선의 척도에 대해 생각해보라.
- 사용자 경험팀에 대한 투자 확대를 주장하기 위해서 이러한 종류의 분석을 어떻게 사용하겠는가?
- UX 리서치의 재정적 이득을 계산할 때 보수적으로 잡는 것이 왜 중요한가?

웹 서베이의 신뢰도는 생각보다 훨씬 더 낮다

서베이에는 보통 수백 명의 응답자가 참여하기 때문에 많은 개발팀은 소규모 표본의 사용성 테스트, 사용자 인터뷰 및 현장 방문의 결과보다 서베이의 결과를 더 높게 평가한다. 하지만 대다수의 웹 서베이 결과는 포함 오차(coverage error)와 무응답 오차(non-response error)로 인해 편향된다. 이는 서베이도 대다수의 UX 리서치 결과와 마찬가지로 다른 데이터 출처와 함께 삼각 측량돼야 한다는 뜻이다.

최근의 학술 연구[16]에서 일부 연구원은 사람들에게 아마존에서 구할 수 있는 제품에 대한 조사를 요청했다. '사람들은 제품을 선택할 때 후기 및 평가 정보를 어떻게 사용하는가?'라는 매우 구체적인 질문에 대한 답을 얻길 원했다.

한 실험에서 연구원은 참가자에게 2개의 폰 케이스 중에 하나를 고르라고 요청했다. 2개의 폰 케이스의 평균 평점은 같았지만, 그중 하나는 다른 것보다 후기가 더 많이 달렸다.

이 실험에서 참가자는 후기가 더 적게 달린 제품을 선택해야 한다. 이는 후기가 몇 개 뿐이면 평점이 통계적 결함에 가까울 가능성이 크기 때문이다. 참가자는 많은 수의 평가가 이뤄진 제품을 선택해선 안 된다. 제품의 품질이 정말 나쁘다는 것을 더 명확하게 하기 때문이다.

참가자들은 해서는 안 될 일을 정확히 한 것으로 밝혀졌다. 사람들은 후기가 적은 제품보다 후기가 많은 제품을 선택했다. 연구원은 사람들이 후기 개수를 제품의 인기 지표로 사용하고, 그들의 행동이 군중의 영향을 받았기 때문이라고 설명했다. 흥미롭게도 저자는 논문제목을 「The Love of Large numbers」라고 지었다.

이와 같은 큰 수에 대한 선호는 UX 리서치 분야에서 쉽게 목격된다. 이것은 사람들이 10,000명을 대상으로 한 서베이 결과를 달랑 5명의 사용성 테스트보다 더 믿는 이유 중 하나다. 확실히 표본 크기가 그렇게 크면 데이터가 더 견고하고 신뢰할 수 있는 것인가? 사실 캐롤라인 자렛Caroline Jarrett이 지적했듯이 한 사람에게 적절한 질문을 던지는 것이 만 명에게 잘못된 질문을 하는 것보다 더 낫다.[17]

문제는 웹 서베이의 2가지 명확한 그리고 2가지 덜 명확한 오차 원인에 있다.

웹 서베이의 2가지 명확한 오차 원인

잘못된 질문 던지기

대다수의 연구원은 올바른 질문을 던지는 것의 중요성을 알고 있다. 많은 서베이는 응답자가 질문을 이해하지 못하거나 연구원의 의도와 다르게 이해하거나 또는 질문에 대한 답이 없기 때문에 엉망이 된다(그리고 "기타" 또는 "해당 없음" 옵션이 없다). 또한 연구원이 뽑은 질문이 서베이의 목적과 일치하지 않아서 서베이의 타당성이 의문인 서베이도 있다.

표본 오차

표본 오차sampling error는 서베이에서 두 번째로 명백한 오차 원인이다. 표본을 추출할 때, 전체 인구에서 일정 비율의 사람들을 선택하고 그들의 견해가 전체 인구를 대표하길 희망한다.

예를 들어, 100만 명의 사용자가 있다고 하자. 소프트웨어를 구매해서 완전히 소유하는 것에 비해 구독 방식으로 소프트웨어 비용을 지불하는 것에 대한 그들의 의견을 알고자 한다. 100만 명에게 묻기보다는 표본을 채취할 수 있다. 놀랍게도 384명의 표본 크기를 가지고 단 5%의 오차 범위를 얻을 수 있다. 따라서 표본의 60%가 소프트웨어 구독 방식보다 완전 소유 방식을 선호한다고 말한다면 실제 수치는 55%에서 65% 사이라고 확신할 수 있다.[18]

표본의 크기를 키워서 표본 오차를 줄일 수 있다. 앞의 예에서 표본 크기를 1,066명으로 늘리면 오차범위는 3%가 된다. 궁극적으로 표본이 전체 모집단과 같을 때(즉, 인구조사를 실시한다) 더는 오차가 발생하지 않는다.

웹 서베이를 의뢰하는 대다수의 사람은 표본 오차를 알고 있다. 그리고 수천 명의 사람이 서베이에 응답하는 것은 매우 흔하기 때문에 사람들은 데이터의 오류가 적다고 생각한다.

슬프게도 그렇지 않다. **표본이 랜덤인 경우에만 샘플링이 유효**하기 때문이다. "랜덤"은 모집단의 모든 사람이 표본에 포함될 **확률이 동일**하다는 의미이다. 예를 들어, 100만 명 중에서 1,000번째마다 한 명씩 표본으로 뽑아서 그들이 응답할 때까지 성가시게 할 수 있다.

랜덤 표본을 얻는 것을 방해하는 것이 무엇인지 이해하려면 상대적으로 덜 알려진 2가지 유형의 오류인 포함 오차와 무응답 오차를 검토할 필요가 있다.

웹 서베이의 2가지 덜 명확한 오차 원인

포함 오차

이 유형의 오류는 선택한 리서치 방법이 특정 사람을 제외할 때 발생한다. 예를 들어, 유선 전화 번호 디렉토리에서 샘플링 한 응답자와 전화 서베이를 진행하면 모바일 폰만 사용하는 사람들을 제외하게 된다(전화를 쓰지 않는 사람은 물론).

마찬가지로, 웹 서베이는 하위 사회경제 계층, 노숙자 및 디지털 채널을 사용하지 않는 사람들(현재 영국 인구의 8%,[19] 미국 인구의 11%가량[20])과 같이 인터넷에 접속하지 않는 사람들을 제외할 것이다.

그러나 현재 웹사이트를 방문하는 사람들 중에서만 샘플링하는 것에 관심이 있다면 어떻겠는가? 그럼 확실히 포함 오차로 고생하지 않겠는가? 그건 어떻게 물어보는지에 달려있다. 일반적으로 웹사이트는 동일한 사용자가 반복적으로 서베이 초대로 방해받는 것을 방지하기 위해 서베이 초대를 할 때마다 쿠키cookie*를 함께 제공한다. 열차 시간에 대한 정보를 제공하는 웹사이트의 맥락에서 생각해보자. 여행을 자주 가는 사람들은 그렇지 않는 사람들보다 더 많이 웹사이트를 사용하기 마련이다. 이것은 자주 가는 사람들 중 다수가 쿠키를 제공받았으며 이로 인해 샘플링 프레임에서 제외됐다는 것을 의미한다. 이와는 대조적으로 웹사이트를 처음 사용하는 여행 빈도가 적은 사람들은 모두 샘플링 프레임에 포함되게 된다. 이것은 여행 빈도가 더 적은 사람들 쪽으로 표본이 치우침으로써 포함 오차를 발생시켰다.

무응답 오차

무응답 오차를 이해하기 위해 사람들의 인터넷 경험을 측정하기 위한 서베이를 고안했다고 가정해보라. 사람들이 웹 페이지에 접속할 때 서베이 초대장이 팝업으로 등장한다고 해보자. 인터넷 고급 사용자는 팝업 차단 소프트웨어를 설치했을 수도 있다. 그리고 팝업을 허용한 고급 사용자는 초보 사용자보다 "아니오" 링크(보통 작고, 잘 안 보이는 폰트로 표시)를 더 쉽게 찾을 것이다. 이와는 대조적으로 인터넷 초보 사용자는 계속 진행하려면 팝업을 수락해야 한다고 생각할 수 있다. 경험 많은 인터넷 사용자는 서베이에 참여할 가능성이 작기 때문에 이러한 요인은 표본을 편향시킨다.

고급 사용자와 초보 사용자 모두가 샘플링 프레임에 놓일 가능성이 동일하기 때문에 포함 오차가 아니다. 이것은 무응답 오차다. 무응답자(고급 인터넷 사용자)는 리서치 질문에 중요한 측면에서 응답자와 다르다.

* 사용자가 특정 홈페이지를 접속할 때 생성되는 정보를 담은 임시 파일 – 옮긴이

무응답 오차는 웹 서베이에서 심각한 오류 요인이다. 이것은 연구원이 쉽다는 이유로 서베이를 모든 사람에게 뿌리는 경향이 있기 때문이다. 100만 명의 표본 크기를 얻는 것은 1,000명의 표본 크기를 얻는 것보다 비용이 더 들지 않는다(다만 시간이 조금 더 걸릴 뿐이다). 그러나 100만 명에게 서베이를 보내면 1만 명(1%)이 응답한다고 상상해 보라(여기서는 넉넉하게 잡았다. 팝업 서베이에서는 응답률이 0.1%일 가능성이 더 높다). 표본 오차는 적을 수 있지만, 이렇게 큰 무응답 오차(99%)를 갖고 있다는 사실은 심각한 편향 요인이다. 응답한 사람들이 모집단을 대표하지 않을 수 있다. 그들은 서베이 참여를 좋아할 수도 있고, 브랜드에 호의적일 수도 있고, 아니면 팝업 다크 패턴에 속아왔을 수도 있다.

UX 연구원이 해야 할 일은 무엇인가?

이 2가지 덜 명확한 편향 요인을 제어할 수 있는 몇 가지 방법이 있다.

첫째, 적절한 표본을 만들기 시작해야 한다. 모든 사람에게 참여를 요청해서 좋은 응답률을 얻길 바라는 대신에 사용자 기반에서 1,500명의 사람을 표본으로 추출해서 약 70%의 응답률을 목표로 하라(이것은 100만 인구의 매직 넘버인 1,066에 가까운 표본 크기를 제공할 것이다). 70%의 응답률을 가지고도 여전히 무응답 오차로 고생할 수 있긴 하지만, 표본에서 70%의 응답률을 얻는 것이 모든 사람을 대상으로 한 10%의 응답률보다 낫다는 것도 사실이다. **핵심은 전체에서 무작위로 선택하는 것이라는 점을 명심하라.**

둘째, 모집단의 모든 사람에게 동일한 참여 가능성을 부여해 포함 오차를 제어하라. 이것은 잦은 방문자를 배제하기 위한 쿠키를 사용하지 않는다는 것을 의미한다.

셋째, 무응답 오차를 제어하려면 표본의 더 많은 사람에게 서베이 참여를 권장하는 방법을 찾아보라.

- 사람들에게 결과가 어떻게 사용될 것인지 그리고 이것이 그들에게 어떤 이득이 될 것인지 알려라.
- 가치 있는 인센티브를 제공하라.
- 가능한 한 적은 수의 질문을 던지고, 쉽게 답변할 수 있게 만들어라.
- 사회적 증거("60% 이상의 사람들이 이미 응답했습니다!"), 주고받기("저희 콘텐츠가 도움이 되었으면 합니다. 여기에서 사용자님의 의견을 들려주시면 감사하겠습니다.") 그리고 희소성("견해를 밝힐 수 있는 시간이 5일밖에 남지 않았습니다!")과 같은 설득 기법을 사용하라.
- 이메일, 전화, 심지어 우편까지 보내서 진정으로 응답을 원한다는 것을 알려라.

큰 수에 대한 선호와 맞서 싸우기

이 말이 굉장히 힘든 일처럼 들린다면 사실이다. 좋은 서베이를 하는 것은 서베이 도구의 사용료를 내고, 사용자에게 대량으로 우편을 보내는 것 이상이다.

하지만 대안이 있다.

UX 리서치의 많은 질문에서 UX 연구원은 적지 않은 오차를 기꺼이 받아들인다.

통계적으로 유의미한 결과를 얻는 것이 항상 필요하진 않다. 단지 바람이 어느 방향으로 불고 있는지 알고 싶을 뿐이다. 그래서 손쉬운 대안은 표본이 모집단을 대표하지 않는다는 것을 받아들이는 것이다. 그런 다음 서베이를 현장 방문, 사용자 인터뷰 및 사용성 테스트와 같은 다른 UX 리서치 데이터와 삼각 측량triangulate할 수 있는 지표로 사용하라.

이 접근법에는 부가적인 이득이 있다. 표본의 크기가 더 크기 때문에 서베이 결과가 왠지 더 신뢰할 수 있다고 생각하지 않도록 도움을 줄 것이다.

UX 연구원처럼 생각하라

- 미국의 주요 회사에서 실시한 서베이를 접한 적이 있는데, 고객이 해당 서베이를 완료하기 위해서는 596개의 질문에 응답해야 하는 것이었다! 응답자가 도망가는 것 외에 질문이 너무 많은 서베이에서 데이터 품질 위험 요소는 무엇인가? 온라인 서베이에서 물어볼 수 있는 질문의 적정 수는 무엇인가? 어떻게 이 숫자에 이르렀나?
- 이 에세이에서 말하는 "큰 수에 대한 선호"로 고통을 받는 고위 관리자도 많다. 그 결과 회사는 현장 리서치 및 사용성 테스트에서 나온 심층적이고, 작은 표본의, 정성적인 데이터보다 서베이에서 나온 얕고, 표본이 크고, 정량적인 데이터를 더 소중하게 여기는 경향이 있다. 이 에세이에서 제기된 지적 사항을 어떻게 조정해서 정성적 리서치의 입지를 강화할 것인가?
- 리서치는 삼각 측량할 때 가장 효과적이다. 정량 데이터는 사람들이 **무엇**을 하는지 알려준다. 정성 데이터는 사람들이 **왜** 하는지 말해준다. 방법론이 상호 보완적이 되게 하도록 서베이 데이터를 현장 리서치 또는 사용성 테스트와 어떻게 결합할 것인가?
- 적어도 한 번쯤은 온라인 서베이에 응한 적이 있을 것이다. 그때의 경험을 떠올려라. 서베이에 응하게 된 계기는? 서베이를 완료하게 만든 계기는? 응답이 무언가를 변화시키리라 생각했는가? 무상으로 서베이를 완료할 것을 예상했는가? 금전적 인센티브가 응답에 대해 얼마나 철저하게 생각했는지 그리고 서베이에 얼마큼의 시간을 쏟는지에 영향을 미쳤다고 생각하는가?
- 회사에서의 서베이 사용에 대해 더 자세히 알아보라. 고객을 직접 상대하는 부서는 어떻게 온라인 서베이를 만들고 수행하는가? 이해관계자는 다른 리서치 방법보다 서베이를 선호하는가? 이해관계자는 서베이 결과에 어느 정도의 자신감을 가지는가?

5

사용자 경험 리서치 결과에 대한 조치를 취하도록 사람들을 설득하기

UX 리서치 전도하기

UX 전문가는 개발팀이 UX 리서치 결과에 대한 조치를 취하지 못한다고 불평하곤 한다. 하지만 연구원도 불평에 대한 책임을 일부 짊어져야 한다. 리서치 보고서는 대개 너무 장황하고, 너무 늦게 도착하며, 팀의 데이터 활용을 이끌어내는 데 실패한다. 사용자 여정 지도, 포토 에스노그래피, 친화도법, 스크린샷 판독, 복도 전파는 5개의 대안을 제공한다.

질Jill은 몇 주 동안 사용자를 미행했다. 그녀는 현장 방문을 수행하고, 사용자 인터뷰를 실시하고, 사용성 테스트를 진행했다. 사람들이 매일 유사한 제품을 사용하는 방식을 관찰했으며, 사람들이 목표를 달성할 때 직면하는 어려움을 진정으로 이해한다고 느꼈다.

분석하고 제출할 데이터가 많았기에 보고서 준비에 꼬박 1주일이 걸렸다. 데이터를 분석했다. 사용자의 의견을 타이핑했다. 사람들의 생활 방식에 관해 이야기했다. 보고서를 이메일에 첨부하고 송부 버튼을 누르면서 일을 잘 마친 것을 자축했다. 외부인이라면 모두 동의할 것이다. 실로 좋은 작업이었다.

그 다음 주에 그녀는 답신을 기다렸다. 수석 개발자에게서 "보고서 고마워요, 질."이라고 적힌 이메일 딱 하나가 왔다. "다시 연락할게요."

하지만 그는 다시 연락하지 않았다.

문제점

애자일 세계에서 개발팀은 리서치 보고서를 읽을 시간이나 의향이 없다. 특히 3개월 전이라면 유용했지만, 지금은 스프린트 세상에서 너무 멀리 뒤떨어져져서 완전히 다른 프로젝트가 됐을지도 모르는 내용을 다루고 있는 경우에는 더욱더 그러하다. UX 연구원은 흔히 이러한 행동을 잘못 해석하고, 개발팀이 UX 리서치에 관심이 없다고 생각한다. 실제로 개발팀은 사용자에 대한 실질적인 지식에 굶주려 있다. 문제는 지금 적시just-in-time UX 리서치 세계에 있으며, 3달 전은 적시가 아니라는 것이다.

질은 무엇을 다르게 할 수 있었는가?

기본 원칙

UX 리서치 결과에 애자일 팀을 관여시키기 위한 5가지 기법, 즉 사용자 니즈 리서치를 위한 2가지 기법과 사용성 테스트를 위한 3가지 기법)을 설명할 것이다. 그러나 설명에 앞서 그 결과를 개발팀에 되돌려줄 때 염두에 둘만 한 가치가 있는 기본 원칙이 있다. **UX 리서치는 팀 스포츠다.**

UX 리서치 결과를 개발팀에 보고하는 전체 개념은 개발팀이 UX 리서치를 직접 경험하지 않는다는 가정에 근거한다. 하지만 리서치가 진행될 때 개발팀의 구성원이 참석했다면?

자레드 스풀은 가장 효과적인 개발팀은 6주마다 2시간씩 사용자를 접한다고 지적했다.[1] 그렇다면 팀들이 함께 리서치 계획을 수립하고 (적절한 질문에 대한 답을 얻을 수 있도록), 리서치 세션을 관찰하고 데이터를 분석하면 어떠한가? 그런 경우에는 개발팀이 리서치를 직접 봤기 때문에 보고할 필요가 없다.

열반nirvana의 경지처럼 들릴지 모르지만, 생각하는 것만큼 달성하기 어렵지 않다. 개발팀에서 이러한 행동을 하도록 격려할 수 있는 한 가지 방법은 팀이 이러한 요구사항을 제대로 인식하도록 돕는 간단한 대시보드를 만들고 유지하는 것이다. 다음은 데이비드가 최근에 작업한 프로젝트의 대시보드다.

그림 5.1의 오른쪽(95%)은 최근 6주 동안 사용자 세션을 관찰한 팀의 비율을 보여준다. 이는 사람들이 사용자에게 노출되는 시간을 갖게 만든다.

다른 지표는 착수 이후 테스트한 사용자 수(사용자에게 지속적인 초점을 맞추게 한다)와 사용성 테스트 이후 경과일 수(이는 프로젝트가 반복적인 디자인을 실천하게 한다)를 보여준다.

하지만 질의 입장이고, 이유가 무엇이든 간에 개발팀이 리서치에 참여하게 하지 않았다면? 이 경우, 차선책은 팀에서 생각하는 사용자의 니즈가 아닌 실제 데이터를 갖고 논쟁을 벌이게 하는 것이다. 개발자는 문제해결을 좋아한다. 그것은 그들이 가장 잘하는 일이다. 데이터가 없는 경우에 애자일 팀은 그들의 공동 의식 속에 형성된 문제를 해결할 것이다. 이를 방지하기 위해 사람들을 미가공 데이터에 노출하고 분석하게 하라.

그 부분에서 5가지 기법이 필요하다.

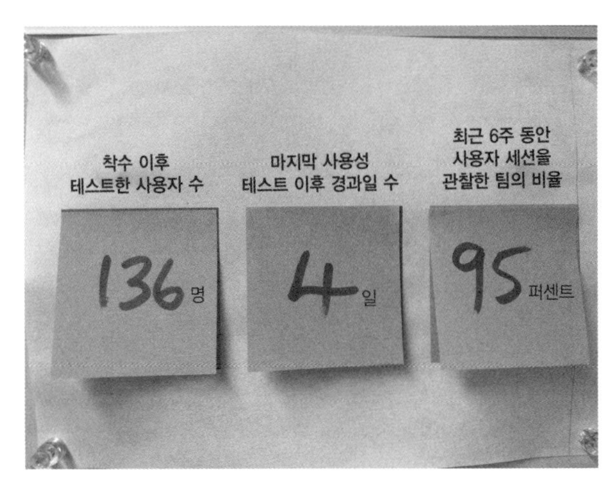

그림 5.1 프로젝트 착수 이후 테스트한 사용자 수(136명), 마지막 사용성 테스트 이후 경과일 수(4일), 최근에 사용자 세션을 관찰한 스크럼 팀의 비율(최근 6주간 95%)을 보여주는 UX 리서치 대시보드

사용자 니즈 리서치에 개발팀을 참여시키는 2가지 기법

이 절에서는 현장 방문 및 사용자 인터뷰와 같은 사용자 니즈 리서치에서 나온 데이터에 개발팀이 관심을 갖게 만드는 2가지 방법을 살펴본다. 이 방법은 사용자 여정 지도와 포토 에스노그래피다.

사용자 여정 지도

사용자 여정 지도는 프로세스 시작부터 종료까지 사용자의 단계를 보여준다. "프로세스"는 사람들이 목표 달성을 위해 수행하는 의미 있는 활동을 뜻하므로 이 방법은 현장 방문의 결과의 특징을 묘사하는데 효과적이다.

사용자 여정 지도를 만들려면 현장 방문에서 수행한 관찰 결과를 포함하는 포스트잇 묶음으로 시작하라. 각각의 포스트잇에는 한 개의 관찰 결과가 포함된다(그림 5.2 참조).

팀으로 작업하면서 관찰 결과를 사람들이 수행하는 일반적인 태스크로 분류하라(그림 5.3 참조).

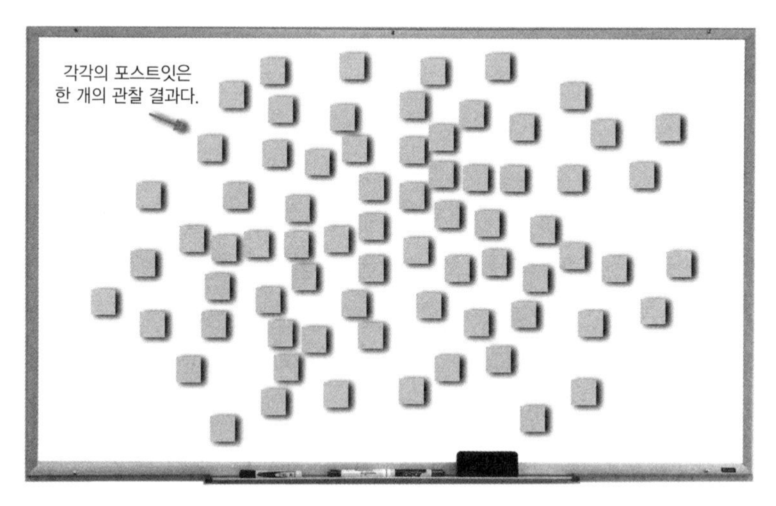

그림 5.2 여러 개의 포스트잇이 있는 화이트보드. 각각의 포스트잇에는 맥락적 질문법 또는 현장 방문의 관찰 결과가 포함된다.

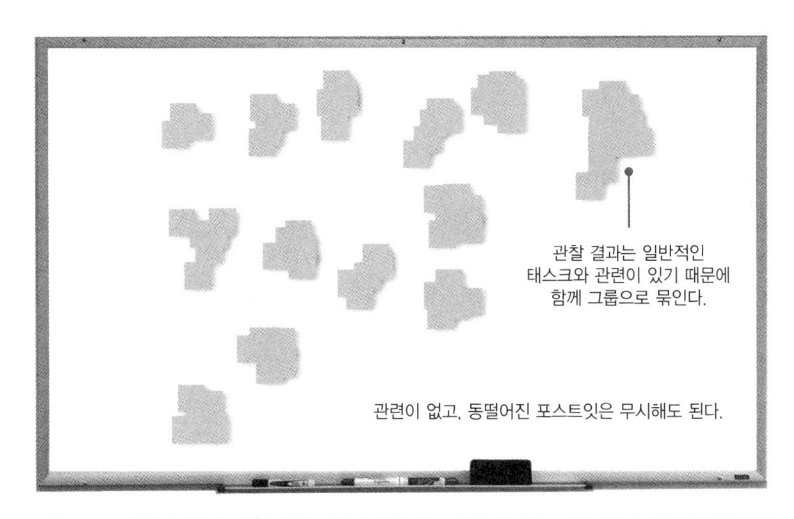

그림 5.3 동일한 화이트보드지만, 관찰 결과가 적힌 포스트잇은 13개의 그룹으로 분류됐으며 각각의 그룹은 일반적인 태스크와 관계가 있다.

다음, 각각의 태스크에 약칭을 붙여라. 이건 단지 약칭이기 때문에 사용자가 태스크를 설명하기 위해 사용하는 용어일 필요는 없다(그림 5.4 참조).

그림 5.4 어두운 색의 포스트잇을 사용해서 각 그룹에 그룹명을 부여했다. 그룹명은 태스트의 작업명이다.

이제 태스크를 세로 열로 정리해 경험 초기에 발생하는 태스크와 후반부에 발생하는 태스크를 보여줘라(그림 5.5 참조).

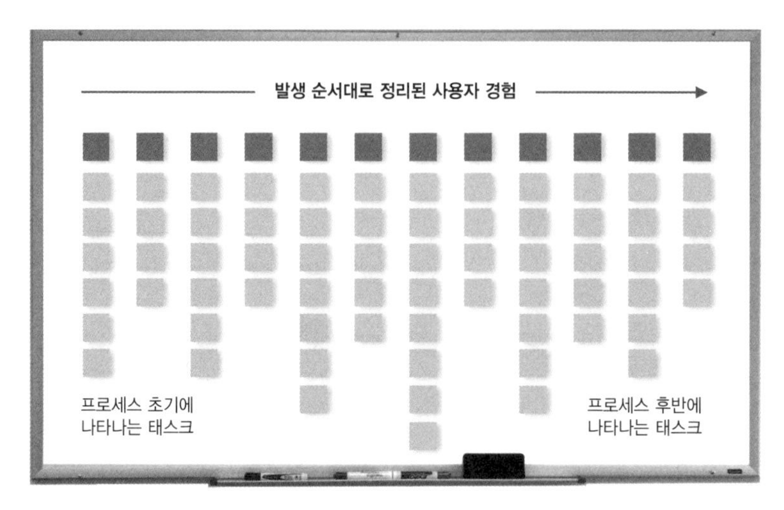

그림 5.5 이 시점에서 포스트잇은 프로세스 초기 태스크부터 후반 태스크 순서로 세로 열에 배열된다. 더 어두운색의 포스티잇(태스크 제목이 적힌)은 각 열의 상단에 위치하며, 그 태스크와 관련된 포스트잇들이 그 아래에 놓인다.

선택적 단계로 일부 태스크를 이해하기 쉬운 단계로 묶길 원할 수 있다. 이 예제에서 온라인 거래의 단계는 "발견", "조사", "준비", "신청" 및 "사용"으로 정의된다(그림 5.6 참조).

이 시점에서는 큰 그림을 보는 데 사용 가능한 사용자 경험의 전체적인 모습을 갖고 있다. 이것은 팀에서 UX 리서치에 대한 공통적인 이해를 형성하는 데 충분하지만, 선택적인 다음 단계로 특히 문제가 있어 보이는 사용자 경험 영역에 대한 스티커 투표를 팀에 요청할 수 있다.

이 절에서는 사용자 여정 지도 그리기를 피상적으로 다뤘다. 나중에 좀 더 자세히 다룰 예정이다(다음 에세이의 '사용자 여정 지도 만드는 방법' 참조).

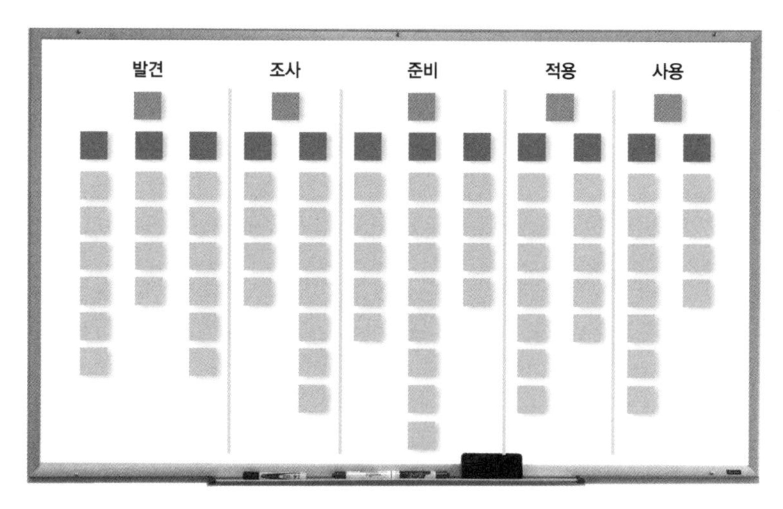

그림 5.6 사용자 경험은 "발견", "조사"와 같은 5개의 순차 영역으로 구분된다. 이러한 영역마다 하나 이상의 하위 태스크가 포함된다.

포토 에스노그래피

현장 방문을 마치고 방금 돌아온 사람과 이야기를 할 때마다 듣게 되는 첫 번째 의견은 사용자 환경이 연구원이 예상했던 것과 많이 다르다는 것이다. 우리는 모두 사용자 환경에 대한 가정을 갖고 있으며, 현장 방문 수행의 가장 큰 이점 중 하나는 그러한 가정에 이의를 제기한다는 것이다.

이러한 경험을 개발팀과 공유할 수 있는 한 가지 방법은 환경을 비디오로 녹화하는 것이다. 이것은 연구원이 널리 권장하는 기법이지만, 경험 상 실제로는 제법 어려운 일이 될 수 있다. 방문한 사람이 일하거나 집에 있는 모습을 촬영하겠다는 제안에 기겁하지 않는다면 그 건물을 운영하는 회사 혹은 개인의 허가를 받기 위해 작성해야 할 매우 긴 양식이 아마도 있을 것이다. 이유가 무엇이든 간에 참가자를 (사용성 실험실 밖에서) 개인적으로 촬영하는 것에 문제가 있음을 발견했다.

환경이 어떻게 생겼는지를 개발팀과 공유하는 것이 목표라면 훨씬 간단하고 효과적인 기법이 있다. 사용자 환경을 사진으로 찍는 것이다.

다음 3가지 종류의 사진을 찍어야 한다.

- 건물의 외관 사진이나 전체 사무실 사진과 같이 전체적인 환경을 보여주는 사진
- 참가자가 환경 속에서 다른 사람, 사물과 함께 있는 모습을 찍은 사진
- 환경 속에서 특정 사물과 인터랙션 하는 참가자를 근접 촬영한 사진

수줍은 연구원은 누군가에게 사진 촬영을 요청하는 것을 힘들어한다. 여기서의 요령은 행동을 표준화하는 것이다. 3장의 '에스노그래픽 인터뷰 구조화' 에세이에서 이 부분을 다뤘던 것을 기억할 것이다. 인터뷰 대상자를 처음 만났을 때 이렇게 말할 것이다. "오늘 제가 여기 있는 동안에 개발팀의 다른 사람들과 경험을 공유할 수 있도록 모바일 폰으로 사진을 몇 장 찍고 싶습니다. 사진 촬영이 필요한 항목의 목록은 여기 있습니다. 한번 살펴보시고 이유에 상관없이 제외돼야 하는 항목이 있다면 가운데에 줄을 그어주세요. 그 항목은 촬영하지 않겠습니다."

사진은 엄청난 양의 추가적인 인사이트를 제공한다. 너무 수줍은 나머지 사진 촬영을 하지 못하는 연구원이 되지 마라.

방문을 마친 후 돌아오면 찍은 사진을 출력한 다음 사용자 환경을 보여주는 일종의 무드 보드mood board인 "포토 에스노그래피"를 만들어라. 사람들은 사진을 보는 것을 좋아한다. 그러므로 이것은 팀이 사용자 환경에 관심을 두게 만드는 간단하고 효과적인 방법이다.

개발팀을 사용성 테스트 결과에 관여하게 만드는 3가지 기법

이 절에서는 개발팀을 사용성 테스트 결과에 관여하도록 만드는 3가지 방법을 살펴본다. 이 방법은 친화도법, 스크린샷 판독 그리고 복도 전파다.

친화도법

친화도법의 프로세스는 사용자 여정 지도를 만드는 프로세스와 매우 흡사하다. 차이점은 전체 사용자 경험의 모습을 그리려고 하는 대신에 그 기법을 사용해서 사용성 테스트의 다양한 참가자가 겪은 사용성 문제를 그룹별로 분류한다는 것이다.

이 기법의 가장 효과적인 실행 중 하나는 개발팀이 사용성 테스트 세션을 관찰하도록 격려하고, 관찰자 각자에게 사용성 문제를 포스트잇에 적도록 요구하는 것이다. 테스트 세션이 진행됨에 따라 화이트보드는 점차 관찰 내용으로 가득 차게 된다. 마무리되면 관찰자는 그룹 친밀도 분류에 참가해서 주요 사용성 이슈를 함께 찾는다.

이 방법의 한 가지 문제는 그날의 사용성 테스트가 상당히 길어질 수 있다는 것이다. 이는 사람들이 분석을 위해 초저녁까지 기다리기를 꺼린다는 것을 의미한다. 이러한 합의에 도달하는 것은 매우 중요하므로, 분석에 필요한 충분한 시간을 확보하기 위해서 사용성 테스트 세션을 짧게 가져가거나 마지막 참가자 세션을 희생시킬 가치가 있다. 개발팀은 오후 5시보다 오후 3시에 실시될 때 친밀도 분류에 참가할 가능성이 훨씬 높다.

스크린샷 판독

그러나 사용성 테스트 세션에 참석할 수 없었던 사람들은 어떠한가? 이들에게 신속하게 결과를 피드백하고, 지루한 파워포인트에 질식하지 않게 하려면 어떻게 해야 하는가?

여기 "스크린샷 판독"이라고 부르는 빠르고 효과적인 기법이 있다(그림 5.7 참조).

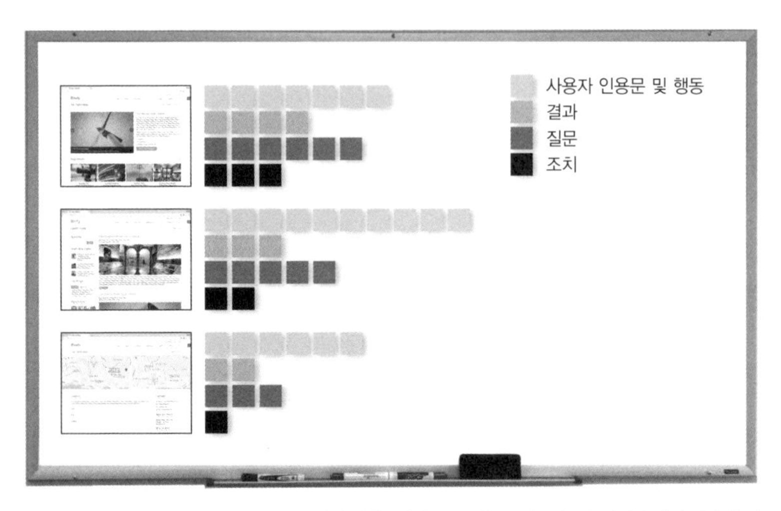

그림 5.7 스크린샷 판독. 이 예는 태스크에서 처음 3개의 스크린을 보여준다. 각 화면 우측의 다양한 색상의 포스트잇에는 사용자 인용문 및 행동, 결과, 질문, 조치가 적혀 있다.

사용성 테스트의 각 태스크에 대해 태스크 단계별로 스크린샷을 캡처한다. 이것을 게시판이나 벽면에 수직으로 붙이는데, 첫 번째 스크린샷은 보드 상단에 그리고 두 번째 스크린샷은 그 밑에 붙인다. 스크린샷의 우측에는 다음 4가지 카테고리 중 하나를 포스트잇에 적어 붙여라.

- **사용자 인용문 및 행동**: 사용성 테스트에서 수행한 주요 관찰 사항으로 테스트 참가자가 말하거나 수행한 사항
- **결과**: 데이터로부터 도출한 결론과 해석
- **질문**: 개발팀이나 회사에서 답해야 하는 사용성 테스트 결과에서 나온 이슈
- **조치**: 구현돼야 할 디자인 또는 비즈니스 프로세스 변화

이런 종류의 결과물은 개발팀의 모든 이가 사용성 테스트에서 무슨 일이 일어났는지를 알게 만드는 정보 라디에이터다.

복도 전파

복도 전파라는 개념으로 정보 라디에이터 개념을 구축할 수 있다. 이 기법은 발견 단계에서 상당한 양의 확실한 데이터를 가진 시점에 효과적이다.

이 아이디어는 크게 출력해서 건물 어딘가의 벽에 붙일 수 있는 포스터에 UX 리서치의 핵심 포인트를 요약하는 것이다. 인포그래픽의 형태를 취할 수 있는 포스터에는 수행한 주요 리서치 결과가 간략하게 요약한다. 예를 들어, 사용자에 관한 5가지 사실, 사용성 테스트의 5가지 결과 또는 사람들이 실생활에서 제품을 사용하는 5가지 방법을 설명할 수 있다. 숫자 5와 관련된 마법은 없다. 그저 사람들이 데이터에 빠져 죽게 하지만 마라.

일단 포스터를 디자인하고 나면 그것을 붙일 적당한 복도를 찾아야 한다. 사람들이 많이 지나다니는 영역(매점으로 가는 길과 같은)을 찾아라.

레아 블루이Leah Buley는 그녀의 책인 『The User Experience Team of One』에서 남녀 화장실 문 안쪽에 포스터를 붙일 것을 제안한다.

이 방법은 분명 꼼짝없이 그 자리에 있을 수밖에 없는 청중을 제공할 것이다!

요약하기

질의 입장이라면 먼저 개발팀을 리서치에 어떻게 참여시킬 수 있는지 검토하라. 질의 실수는 캐롤라인 자렛Caroline Jarrett이 사용자 연구원의 잘못된 생각[2]이라 부르는 것에 속아 넘어간 것이다.

사용자 연구원의 잘못된 생각: '내 일은 사용자에 대해 배우는 것이다.'

진실: '내 일은 우리 팀이 사용자에 대해 배울 수 있도록 돕는 것이다.'

기억하라. **어떤 발표도 개발팀이 사용자가 태스크를 수행하는 것을 관찰하게 만드는 것보다 더 설득력이 뛰어나지 않을 것이다.**

그리고 사용자 여정 지도, 포토 에스노그래피, 친화도법, 스크린샷 판독 및 복도 전파를 사용해서 개발팀이 데이터에 관심을 두게 만들어라.[3]

UX 연구원처럼 생각하라

- 간결한 리서치 요약은 리서치 결과가 회사에서 통과되도록 돕는 강력한 방법이다. 그러나 그 간결함이 리서치를 하찮아 보이게 만들거나, 한 구절로 축소되거나, 뉘앙스를 무시할 수도 있는가? 이러한 위험을 어떻게 줄일 수 있는가?
- 지표로서의 숫자에 초점을 맞출 때마다(그림 5.1과 같이) 사람들은 숫자를 증가시키려고 노력할 뿐 근본적인 이유는 무시하게 될 가능성이 있다. "게임"하기가 더 어려운 UX 리서치 관련 지표는 무엇인가?
- 이 에세이에서 설명된 5가지 기법 중에서 당신의 개발팀과 가장 잘 맞는 것은 무엇이라고 생각하는가? 현재 프로젝트에 이를 적용할 수 있으려면 어떻게 해야 하는가?
- 조직의 고위 이해관계자가 "변경 이력 추적을 유지하기 위해" 두꺼운 보고서나 시간 소모적인 결과물을 **고집**하는 상황이라면 어떻게 대처하겠는가? 조직이 간결한 보고 방식을 도입하도록 어떻게 장려할 것인가?
- 포토 에스노그래피 기법은 참가자의 집이나 작업 환경을 보여주는 사진 때문에 리서치 참가자의 신원을 드러낼 수 있다. 참가자의 사생활을 보호하는 동시에 개발팀이 사용자와 공감할 수 있도록 돕기 위해서는 이 UX 리서치 기법을 어떻게 조정할 것인가?

사용자 여정 지도 만드는 방법

사용자 여정 지도는 사람들이 목표를 달성할 때의 전체 사용자 경험을 묘사한다.
이것은 진정으로 혁신적인 디자인 솔루션을 제시하는 첫 번째 단계다.

"사용성"과 "사용자 경험"의 차이에 혼란스러워하는 사람도 있다. 이런 사람을 찾게 되면 사용자 여정 지도를 소개하라. 그 차이를 이해하는 데 도움을 주는 이보다 더 좋은 방법을 아직 보지 못했다.

사용자 여정 지도는 전체 사용자 경험에 대한 개요를 제공한다. 사용자가 성취하고자 하는 것이 앱, 웹사이트, 혹은 서비스보다 훨씬 더 크다는 점을 분명히 한다. 이것은 팀이 기능 측면에서 생각하는 것을 막고, 대신 사용자 목표 관점에서 생각하도록 돕는다.

사용자 여정 지도는 또한 사용자 경험의 좋은 부분과 개선 가능한 나쁜 부분을 찾는 것을 도와준다.

설명을 위해 예를 들어보자. 여기서는 마이크로소프트 워드의 메일 병합Mail Merge* 기능을 예로 든다.

이 기능을 사용하는 사람의 사용자 경험을 그려 보자. 이 경우, 그 사람은 데이비드일 거다. 그는 크리스마스 카드 봉투의 주소 레이블을 출력하기 위해 메일 병합을 사용한다(미리 인쇄된 레이블로 주소가 적힌 크리스마스 카드를 받는 것만큼 "아낀다"라는 느낌을 주는 것은 없다).

사용자 경험을 살펴보자. 데이비드가 준비하고, 출력하고, 레이블을 사용할 때 하는 행동들을 적었다. 다음과 같은 14가지 행동이 있다.

* 동일한 내용을 여러 사람에게 보낼 때 사용하는 기능 – 옮긴이

- 1월 초에 크리스마스 카드를 재활용하기에 앞서, 데이비드를 자신에게 카드를 보내준 사람들을 적는다. 올해 카드를 보내준 사람들에게만 내년 크리스마스에 카드를 보내고 싶어 하기 때문이다.
- 그런 다음 자신의 맥Mac 주소록에 "크리스마스 카드" 그룹을 만든다.
- 12월로 거슬러 올라간다. 맥 주소록을 열고 "크리스마스 카드" 연락처 그룹을 파일로 내보낸다.
- 그러고 나서 문구점에서 저렴한 레이블을 찾는다.
- 마이크로소프트 워드를 켜고 메일 병합을 시작하는데, 이를 위해서는 구입한 제품에 해당하는 레이블 유형을 선택해야 한다.
- 내보낸 파일에서 주소를 불러온다.
- 그런 다음 필드를 적절하게 연결해야 한다(예: 각 연락처의 성과 이름, 우편번호를 확인해야 한다).
- 이어서 워드에서 레이블을 배치한다.
- 그다음, 잘 출력될지를 확인하기 위해서 결과를 미리 보기 한다.
- 그런 다음 레이블을 출력한다.
- 다음 단계는 숙성된 와인을 따르고, 냇 킹 콜Nat King Cole의 크리스마스 앨범을 틀고 카드를 쓰는 것이다.
- 그런 다음 봉투에 레이블을 붙인다.
- 봉투에 우표를 붙인다.
- 마지막으로, 카드를 발송한다.

크리스마스 카드를 쓰는 "사용자 경험"이 단순히 레이블을 만드는 것보다 더 크다는 점에 주목하라. 마이크로소프트의 과학자들은 "레이블 생성"이 그것 자체로 끝이라고 볼 수도 있지만, 사용자에게는 프로세스의 시작과 끝이 결코 아닐 것이다. 사용자 경험은 연락처 목록을 만들고 카드를 발송하는 것도 포함한다.

이러한 데이터에서 사용자 여정 지도를 어떻게 만드는지 살펴보자. 첫 번째 단계는 각 단계를 포스트잇에 적는 것이다(그림 5.8 참조).

그림 5.8 각 단계가 포스트잇에 작성된다.

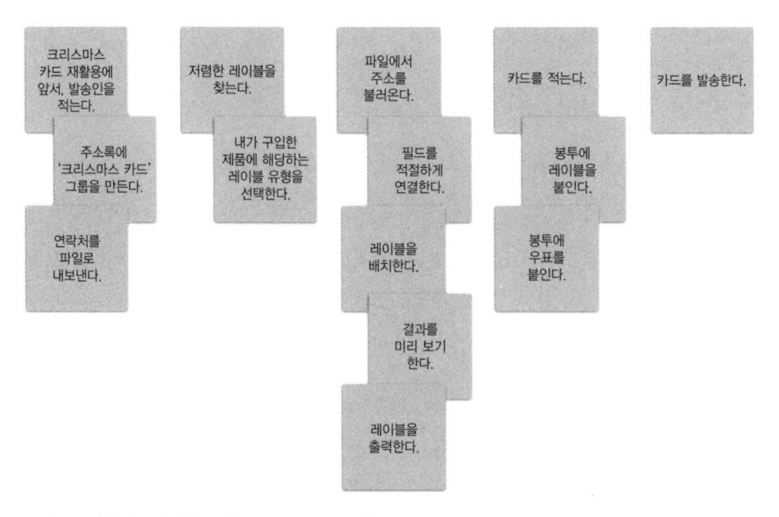

그림 5.9 행동은 의미가 통하는 그룹으로 분류된다.

다음 단계는 이러한 행동을 의미가 통하는 그룹으로 배열하는 것이다. 예를 들어, 데이비드가 자신에게 카드를 보낸 사람들을 적고, "크리스마스 카드" 목록을 생성하고, 목록을 내보내는 행동은 공통된 단계 그룹의 일부로 볼 수 있다(거의 1년 간격으로 발생했음에도 불구하고). 분석 결과, 그림 5.9에서 보듯이 5개의 그룹을 만들었다.

이제 그룹에 레이블을 붙인다. 예를 들어, 데이비드가 카드를 적고, 봉투에 레이블을 붙이고, 우표를 붙이는 행동은 모두 "카드 준비하기" 그룹에 속한다(그림 5.10 참조).

잠시 멈추고 그림 5.10에서 "연락처 업데이트하기", "레이블 마련하기"와 같은 상위 레벨 그룹을 살펴보라. 이것은 주요 태스크이면서 사람들이 시스템에서 성취하고자 하는 사용자 목표다. 시스템의 주요 태스크를 정의함으로써 핵심 사용자 여정 상에서 사용성 장애물을 찾아내고 제거하는 첫 번째 단계를 내딛는 것이다.

주요 태스크를 검토하고, 잘 작동하는 행동(행복한 순간)과 개선될 수 있는 행동을 찾아라(그림 5.11 참조). 예를 들어, 저렴한 레이블을 찾는 것은 상대적으로 힘들지 않은 프로세스이지만, 마이크로소프트 워드에서 구매 제품에 해당하는 레이블을 선택하는 것은 문제가 될 수 있다.

가끔은 레이블 유형이 존재하지 않아서 특별한 레이블을 만들어야 한다(레이블의 치수를 측정해야 한다).

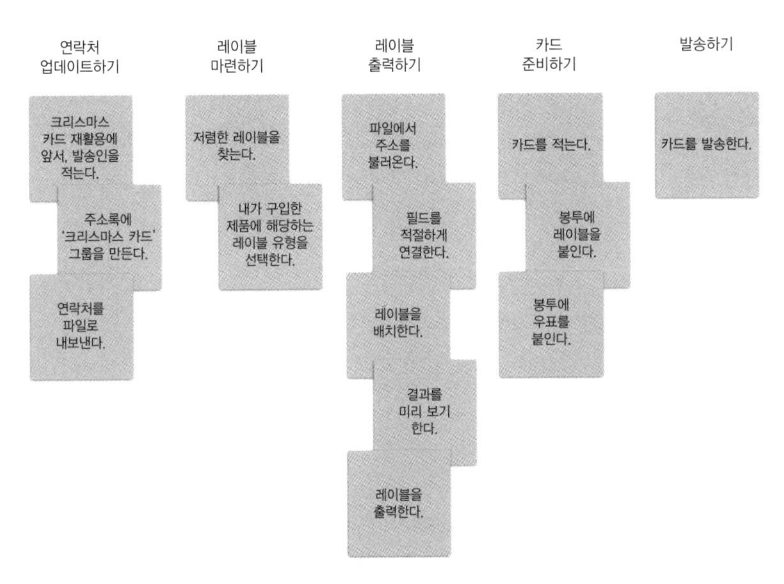

그림 5.10 그룹에 레이블이 붙여진다.

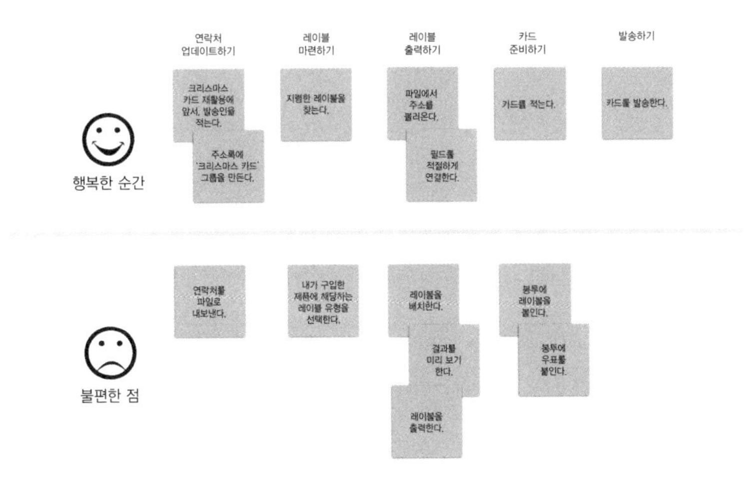

그림 5.11 행동은 "행복한 순간"과 "불편한 점"으로 나뉜다.

사람들이 각 단계에서 어떤 종류의 의문을 가지는지도 발견할 수 있다(그림 5.12 ~ 5.14 참조). 예를 들어, "연락처 업데이트하기" 단계에서 데이비드는 자신의 맥 주소록에서 그룹을 만드는 방법과 워드에 적절한 포맷으로 주소록을 내보내는 방법을 되새길 필요가 있다.

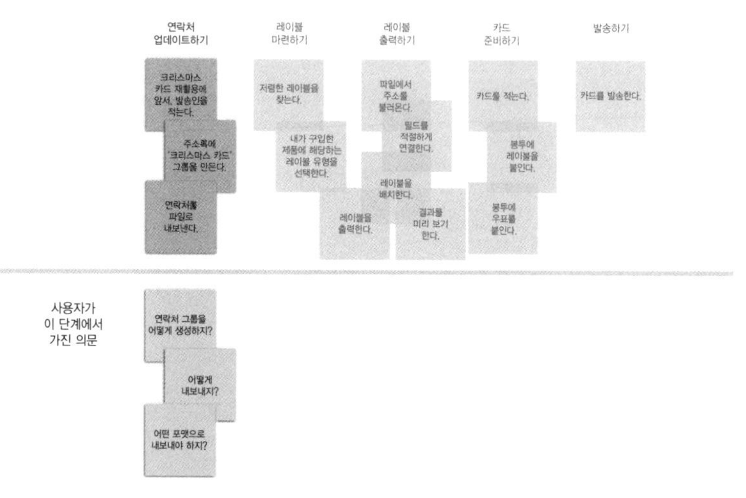

그림 5.12 "연락처 업데이트하기" 단계에서 사용자가 가진 의문

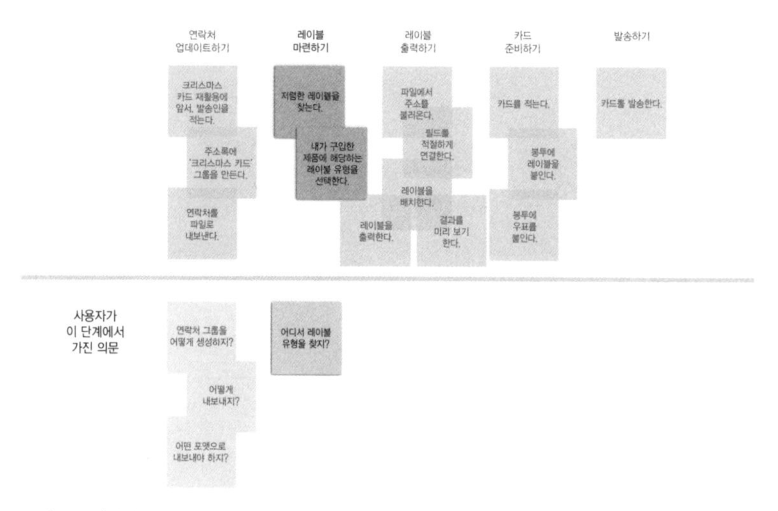

그림 5.13 "레이블 마련하기" 단계에서 사용자가 가진 의문

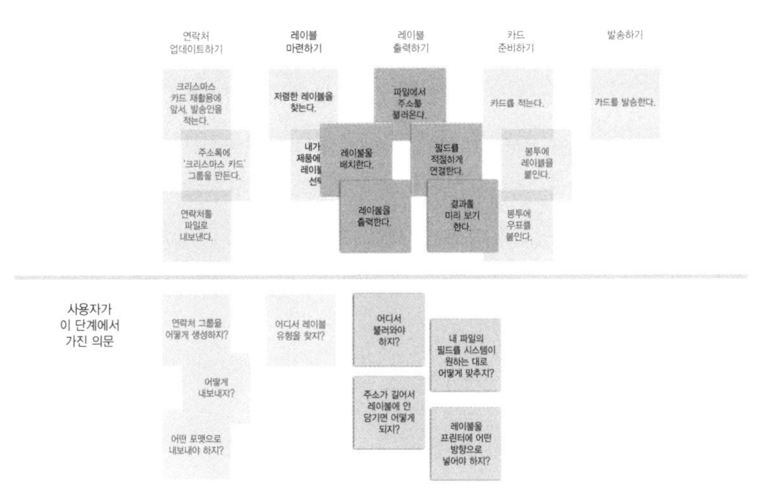

그림 5.14 "레이블 출력하기" 단계에서 사용자가 가진 의문

마찬가지로, "레이블 마련하기" 단계에서 자신이 사용하고 있는 레이블 유형을 워드에 알려줘야 한다. 레이블 유형을 어디서 찾는가?

그리고 "레이블 마련하기" 단계에서 "어디서 불러와야 하지?", "레이블을 프린터에 어떤 방향으로 넣어야 하지?"와 같은 몇 가지 의문을 품는다.

사용자 여정 지도에 의지해서 디자인 기회를 알아볼 수도 있다(그림 5.15부터 5.17 참조). 사용자가 해당 단계에 대해 가진 불편 사항 및 의문을 고려하면 사용자에게 도움이 될 만한 몇 가지 디자인 인사이트를 떠올릴 수 있다. 예를 들어, 데이비드는 주소록에서 연락처를 내보내는 방법을 잘 모르기 때문에 사용자 주소록에서 직접 연결할 수 있는지 알아보는 것은 어떠한가?

그리고 데이비드는 레이블을 확인하는 방법을 모르므로 레이블을 웹 캡으로 스캔해 레이블 유형을 파악할 수 있는가(아마도 바코드를 스캔하거나 레이블 시트의 사진을 사용해서)?

그리고 봉투에 우표를 붙이는 것도 따분한 일이므로 이 행동을 완전히 제거할 수 있도록 우편요금 선납 스티커를 레이블에 포함해 출력할 수 있는가?

사용자 여정 지도로 만든 것은 전체 사용자 경험을 담은 그림이며, 이는 프로세스에서 어디를 개선할 수 있는지를 확인하는 데 도움을 준다. 디자인 솔루션을 찾아내는 혁신은 UX 연구원의 기술에서 매우 중요한 부분이기 때문에 다음 에세이에서 이를 더 자세히 다룬다.

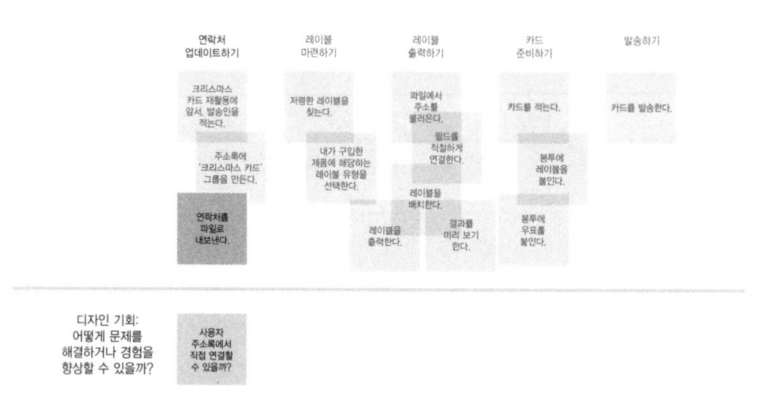

그림 5.15 "연락처 업데이트하기" 단계에서의 디자인 기회

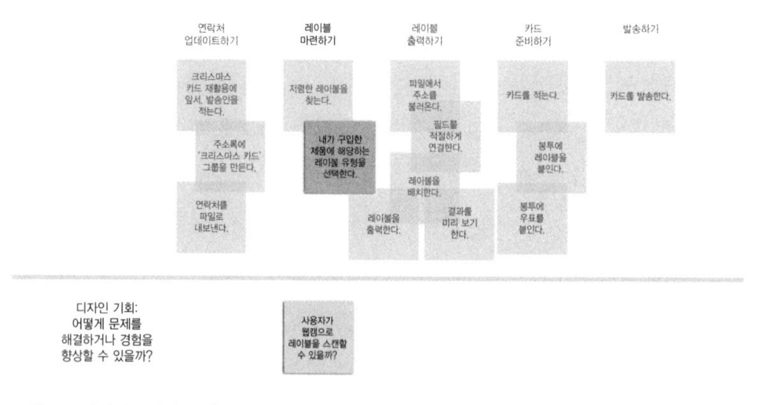

그림 5.16 "레이블 마련하기" 단계에서의 디자인 기회

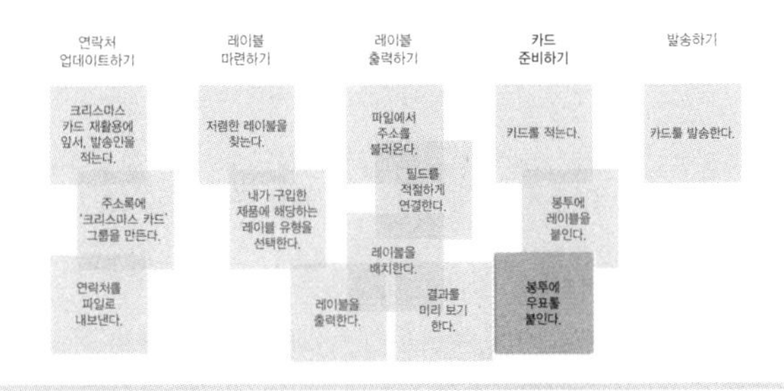

디자인 기회:
어떻게 문제를
해결하거나 경험을
향상할 수 있을까?

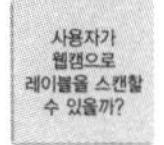

그림 5.17 “카드 준비하기” 단계에서의 디자인 기회

UX 연구원처럼 생각하라

- 메일 병합 사용자 여정 지도는 1년에 걸친 경험을 다룬다. 자신의 제품을 생각해보면 일반적인 사용자 경험의 기간은 얼마나 되는가? 그 경험이 언제 시작하고 언제 끝나는지 확인하기가 쉬운가?
- 사용자 경험을 지도로 그릴 수 있다고 해서 이를 변경할 수 있다는 것은 아니다. 사용자 여정에서 불편 사항을 파악했지만, 해당 부분에 대한 제어 권한은 조직의 다른 팀에 있는 상황을 어떻게 대처하겠는가?
- 사용자 여정 지도를 작성하는 데 있어 중요한 단계는 사용자의 불편사항을 파악하는 것이다. 이것이 명백할 것으로 예상하는가 아니면 불편한 지점을 정의하기 위해 기준을 적용할 필요가 있는가? 명백하다면 왜 조직에서 아무도 이를 수정하지 않는가? 기준을 적용한다면 어떤 기준을 사용할 것인가?
- 가짜 그래프를 사용해서 시간의 경과에 따른 사용자 경험의 고점과 저점을 보여주는 사용자 여정 지도를 본 적이 있다. 이러한 종류의 묘사가 개발팀에 통하는가 아니면 그 가짜 데이터 포인트의 출처를 설명하라고 개발팀이 요구하는가?
- 사용자 여정 지도 그리기를 연습하는 좋은 방법은 여기서 다룬 메일 병합처럼 제품 혹은 서비스에 대한 자신의 경험을 그려보는 것이다. 항공 여행을 재설계하는 팀의 일원이라 상상해보라. 가장 최근의 공항 경험을 묘사하는 사용자 여정 지도를 작성하라. 해당 “경험”은 아마도 공항에 도착하기 전부터 시작됐을 거란 점에 유념하라.

사용성 문제에 대한 솔루션 만들기

사용성 전문가는 문제점 찾기는 잘하지만, 창의적인 솔루션을 떠올리는 데는
그다지 능하지 않다는 말이 있다. 이번 에세이에서는 사용성 문제에 대한 수십 가지의
디자인 솔루션을 손쉽게 생성하도록 도와주는 스캠퍼(SCAMPER)라고 불리는
창의적 발상법을 설명한다.

자신들이 본 것을 사용자 인터페이스의 약점이라 판단하는 사람들은 적지 않다. 그러나 사용자 경험을 전문적으로 만들기 위해서는 디자인 의견 이상의 것이 필요하다. 좋은 전문가를 구분하는 것은 그들이 발견한 문제에 대한 디자인 솔루션도 생각해 낸다는 것이다.

전문가 리뷰, 사용성 테스트처럼 사용성 문제를 찾는 몇 가지 기법이 있다. 하지만 해결책을 떠올리는 데 도움을 주는 표준 기법은 없다. 그렇기 때문에 찾아낸 문제에 대한 다양한 디자인 솔루션을 마련하는 데 도움을 주는 특별한 창의적 발상법으로 넘어가보자.

디자인 아이디어 생성하기

스캠퍼는 디자인 아이디어 생성을 위해 자신에게 물어볼 수 있는 질문의 체크리스트다. 우리는 이 기법을 마이클 미칼코Michael Michalko의 『창의적 자유인』(푸른솔, 2003)[4]라는 책에서 처음 접했다. 기본적인 아이디어는 프로세스 단계나 아이디어마다 질문을 던지고, 그 질문이 새로운 아이디어를 만들어내는지 보는 것이다. 미칼코는 질문을 던지는 것은 "속이 비어 있는 지점을 찾기 위해 모든 의문을 망치로 두드려보는 것"이라고 적는다.

스캠퍼는 다음 기법의 머리글자로 만든 말이다.

- 무언가로 대체하라(Substitute).
- 다른 무언가와 결합하라(Combine).
- 무언가를 조정하라(Adapt).
- 수정, 확대, 최소화하라(Modify).
- 다른 용도로 사용하라(Put).
- 무언가를 제거하라(Eliminate).
- 거꾸로 또는 재배치하라(Reverse).

이러한 질문을 사용해 문제에 대한 아이디어를 생성할 수 있긴 하지만, 이 기법을 특히 사용성 문제를 해결하는 데 어떻게 적용할 수 있는지를 보여주고자 한다.

무언가로 대체하라

이 질문의 목적은 설계에서 무언가를 대체하기 위한 아이디어를 생성하는 것이다. 제안한 사용성 변경은 다음과 같이 표현될 것이다. "… 대신에 인터페이스는 …를 할 수 있다."

디자인 문제를 "두드리기" 하면서 다음과 같은 질문을 던진다. "대체될 수 있는 것은 무엇인가?", "다른 접근법을 사용할 수 있는가?", "이것을 대신해서 사용할 수 있는 UI 컨트롤은 무엇인가?"

예를 들어, 다음의 사용성 문제를 상상해보라. 참가자가 계정 세부 정보를 변경해야 하는 태스크에서 디자이너가 "업데이트"라고 이름 붙인 내비게이션 링크를 선택한 사람이 거의 없다는 것을 관찰한다. 대체 질문을 검토하면서 "업데이트"라는 용어를 "나의 계정"처럼 더 의미 있는 것으로 대체할 것을 제안할 수도 있고 또는 접근법을 바꿔서 주소 변경은 다음번 주문 완료 중에 이뤄져야 한다고 주장할 수도 있다. 또는 내비게이션 항목의 위치를 변경하고, 페이지 본문에 **업데이**

트 버튼을 배치할 수도 있다.

다른 무언가와 결합하라

이 질문의 목적은 설계의 구성 항목을 합치는 아이디어를 만드는 것이다. 제안한 설계 변경을 다음과 같이 표현될 것이다. "인터페이스는 …를 가져와서 함께 … 할 수 있다."

설계에서 항목을 합치는 아이디어 생성을 위해 던질 수 있는 질문에는 다음이 포함된다. "하나의 모음으로 만들 수 있는가?", "UI 컨트롤 혹은 레이블을 결합할 수 있는가?", "이것과 합칠 수 있는 다른 컨트롤은 무엇인가?"

예를 들어, 다음과 같은 사용성 문제를 관찰했다고 가정해 보자. 보험 가입 신청서를 작성할 때, 참가자는 긴 직함 후보(예: 미스터, 미스, 닥터, 목사 등) 목록에서 선택하는 데 있어 문제에 부딪힌다. 질문을 검토하면서 직함 묶음을 제공할 것을 제안할 수 있다. 4개 정도의 직함을 두고 사용자가 라디오 버튼으로 선택하게 할 수 있다. 또는 직함, 이름과 성을 하나의 필드로 합치고 "어떻게 불러드리면 좋을까요?"라고 레이블을 붙일 수 있다.

무언가를 조정하라

이 질문의 목적은 설계의 구성 항목을 조정하기 위한 아이디어를 만드는 것이다. 제안한 사용성 변경을 다음과 같이 표현될 것이다. "개발팀은 …를 … 방식으로 적용해서 … 할 수 있다."

디자인을 조정하기 위한 아이디어 생성을 위해 던질 수 있는 질문에는 다음이 포함된다. "솔루션으로 사용하기 위해서는 무엇을 조정할 수 있는가?", "무엇을 모방할 수 있는가?", "다른 어떤 프로세스를 조정할 수 있는가?"

예를 들어, 다음과 같은 사용성 문제를 관찰했다고 가정해 보자. 참가자는 이 웹사이트에서 계정을 만들고 싶지 않기 때문에 블로그 게

시물에 댓글 달기를 꺼린다. "조정" 질문을 검토하면서 사용자가 소셜 미디어 아이디를 사용해 로그인하고 댓글을 추가할 수 있도록 인터페이스를 조정할 것을 제안할 수 있다. 아니면 신문에서 쓰는 전통적인 방식인 '편집자에게 편지 보내기' 지면처럼 처리해서 사람들이 의견을 이메일로 보내는 것을 허용할 수도 있다.

수정, 확대, 최소화하라

이러한 질문의 목적은 설계의 구성 항목을 더 크게 혹은 더 작게 만드는 것처럼 변형시키는 아이디어를 생성하는 것이다. 제안한 사용성 변경은 다음과 같이 표현될 것이다. "개발팀은 …하기 위해서 … 방식으로 …변형시킬 수 있다"

"더 좋아지려면 무엇이 바뀔 수 있는가?", "무엇을 확대하거나, 더 크게 만들거나 또는 확장할 수 있는가?", "더 작게 또는 더 간결하게 만들 수 있는가?"도 좋은 질문이다.

예를 들어, 다음과 같은 사용성 문제를 관찰했다고 가정해 보자. 주소 찾기 버튼이 있는 양식에서 일부 참가자는 버튼을 찾지 못하고 모든 필드를 수동으로 입력한다. "수정, 확대, 최소화" 질문을 검토하면서 주소 찾기 버튼을 더 크게 만들거나 눈에 잘 띄도록 색상을 변경하는 것을 제안할 수 있다. 또는 주소 입력 필드를 제거하고, 사용자가 주소 찾기 버튼을 클릭한 후에만 주소 필드를 표시하는 방식을 제안할 수도 있다.

다른 용도로 사용하라

이 질문의 목적은 설계의 구성 항목의 기능을 바꾸는 아이디어를 만드는 것이다. 제안한 사용성 변경은 다음과 같이 표현될 것이다. "인터페이스는 …에 의해 … 방식으로 … 재사용될 수 있다"

다른 용도로 사용하는 아이디어 생성을 위해 던질 수 있는 질문에는 다음이 포함된다. "이것으로 다른 어떤 일을 할 수 있는가?", "다른 확장안이 있는가?", "이를 수정하면 다른 사용처가 있는가?"

예를 들어, 다음과 같은 사용성 문제를 관찰했다고 가정해 보자. 가입 양식에는 플레이스홀더 텍스트가 필드 내에 있지만, 그 텍스트는 레이블(이름을 입력하세요)을 반복할 뿐이다. "다른 용도로 사용하라." 질문을 검토하면서 텍스트를 도움이 되게 변경하거나 필드 밖으로 이동시켜서 덮어쓰기되지 않고 화면상에서 계속 표시되게 하는 것을 제안할 수 있다.

무언가를 제거하라

이 질문의 목적은 설계의 구성 항목을 제거하는 아이디어를 생성하는 것이다. 제안한 사용성 변경은 다음과 같이 표현될 것이다. "설계는 …를 통해 …를 제거할 수 있다"

설계 항목을 제거하는 아이디어 생성을 위해 던질 수 있는 질문에는 다음이 포함된다. "분할하거나, 쪼개거나, 다른 부분으로 분리할 수 있는가?", "필요하지 않은 것은 무엇인가?", "시간을 줄이거나 노력을 줄일 수 있는가?"

제거를 통한 단순화는 사용성 전문가에게 가장 기본이므로 예를 들 필요가 없다. 하지만 어쨌든 예를 들어보자. 다음과 같은 사용성 문제를 관찰했다고 가정해 보자. 사용자가 페이지 스크롤을 꺼리는 것으로 보인다. "제거하라." 질문을 검토하면서 더 태스크 지향적인 항목이 스크롤 없이 상단에 보일 수 있도록 광고 배너를 제거하거나 스크린 스토퍼screen stopper처럼 동작하는 첫 번째 화면 하단의 수평 눈금자를 제거하는 것을 제안할 수 있다.

거꾸로 또는 재배치하라

이러한 질문의 목적은 설계의 항목을 재구성하는 아이디어를 생성하는 것이다. 제안한 사용성 변경은 다음과 같이 표현될 것이다. "개발팀은 …처럼 …하기 위해서 …를 재배치할 수 있다."

항목을 거꾸로 또는 재배치하는 아이디어 생성을 위해 던질 수 있는 질문에는 다음이 포함된다. "다른 패턴이나 레이아웃을 사용할 수 있는가?", "다른 시퀀스를 사용하거나 순서를 바꿀 수 있는가?", "속도나 일정 변경이 가능한가?"

예를 들어, 다음과 같은 사용성 문제를 관찰했다고 가정해 보자. 사용자가 가입자 대상의 컨텐트에 접속하려고 하면 가입하기 팝업 양식이 나타난다. 참가자는 이에 놀란 것처럼 보이며, 이는 사용자 경험에 대한 강한 충격인 듯하다. "거꾸로 하라." 질문을 검토하면서 양식에서 정보 입력 순서를 바꾸거나 심지어 가입 자체를 완전히 폐지하는 아이디어를 떠올릴 수 있다(느긋한 가입lazy registration*이라고 불린다).

기법 적용하기

이 기법을 시도할 확실한 시간은 다음번에 사용성 문제에 직면했는데 좋은 솔루션을 만들 수 없을 때이다. 그러나 분명한 솔루션이 있는 사용성 문제에 대해서도 고려해야 한다. 이런 상황에서 스캠퍼 방법은 오직 한 가지 솔루션에만 집착하게 되는 것을 막아주므로 여전히 유용하다. 어쨌든 인터페이스의 껍질을 벗기는 방법은 여러 가지가 있다.

UX 연구원처럼 생각하라

- 사용성 테스트에서 흔히 관찰되는 문제는 중요한 컨트롤이 감춰져 있는 것이다(예: 탭에 묻혀 있거나 사용자가 **추가 옵션** 링크를 클릭해야만 볼 수 있다). 스캠퍼 기법을 사용해서 이 문제에 대한 5가지의 가능성 있는 디자인 솔루션을 만들어라.

* 사용자가 일반적인 가입 절차를 거치지 않고도 컨텐트에 접속하는 것을 허용하는 개념 – 옮긴이

- "어떻게 좋은 아이디어를 그렇게 많이 갖고 있나요?"라는 질문에 대한 답변으로 라이너스 폴링(Linus Pauling)이 했던 유명한 말[5]은 "음, 난 아이디어가 많은데 나쁜 건 버립니다."이다. 많은 개발팀에서는 한두 개의 디자인 솔루션을 만들고 나면 왜 멈추는가?
- 스캠퍼 기법은 색다른 아이디어를 생성할 수 있다. 이런 아이디어를 비현실적이라고 일축하기보다는 더 실행 가능하게 만들기 위해서 어떻게 개선할 수 있는가?
- 개발팀이 결과에 대해 조치를 취하거나 이해관계자가 UX 리서치에 투자하도록 설득하기 위한 아이디어를 생성할 때와 같이 업무의 다른 영역에 스캠퍼 기법을 어떻게 적용할 수 있는가?
- 과거에 시도해봤던 창의성 촉진제는 무엇인가? 사용성 문제에 대한 솔루션을 도출하는 데 도움이 되도록 조정할 수 있는가?

UX 리서치를 디자인 스튜디오 방법론의 일부로 만들기

디자인 스튜디오는 여러 학문 분야에 걸친 디자인을 장려하는 훌륭한 방법론이지만, 실제로 팀은 UX 리서치에 바탕을 두지 않은 디자인 컨셉을 만들어낸다. UX 리서치 결과를 가지고 모든 종류의 디자인 컨셉을 만들 수 있으며, 이 컨셉은 사용 맥락(사용자, 목표 및 환경)을 제약조건으로 사용해서 생성된다. 추가 보너스로 이 접근법은 팀이 디자인 문제에 대한 더 많은 솔루션을 만들도록 돕는다.

디자인 스튜디오는 문제에 대한 가능성 있는 다양한 디자인 솔루션을 만들기 위해 개발팀이 사용하는 치열한 아이디어 발상 세션이다. 다양한 분야의 팀을 구성하는 것을 통해 디자인 스튜디오는 한 명의 천재 디자이너에게 디자인을 넘겨버리는 대신에 디자인 프로세스에서 모든 목소리와 지식 분야에 귀를 기울이게 만든다.

매끄럽게 진행되는 디자인 스튜디오에 참여했다면 그 시점까지 진행된 UX 리서치의 요약을 듣고 사용자 니즈 및 비즈니스 제약에 대한 공통된 이해를 얻게 될 것이다. 다음으로 혼자서 혹은 파트너와 함께 다수의 잠재적 디자인 솔루션을 스케치할 것이다(초점은 질보다 양에 맞춘다). 30분 정도 후에 디자인을 벽에 붙이고 비평을 위해 그룹에 디자인을 보여주고, 각각의 스케치가 어떻게 디자인 문제를 해결하는지를 설명한다. 모든 디자인이 제시되고 나면 가장 유망한 아이디어를 반복하고 있는 팀과 함께 스케치 프로세스를 되풀이한다.

어쨌든 그게 이론이다.

적지 않은 스크럼 팀이 디자인 스튜디오에 참여하는 것을 관찰한 결과, 대부분의 디자인이 UX 리서치에 대해 말로만 동의를 표시한다는 인상을 강하게 받았다.

어떤 경우에는 팀원들이 단순히 리서치를 무시하기 때문이기도 하다. 또 어떤 경우에는 팀원들이 디자인에 도움이 되지 않는 엉성하고, 실행 불가능한 리서치를 과거에 경험한 관계로 리서치 브리핑 시간에 신경을 끄고 끝나기만을 기다린 것에서 기인하기도 한다.

그리고 다른 경우, 팀이 디자인 스튜디오의 열광적인 분위기에 휘말려 많은 디자인 아이디어를 빨리 만들어내야 한다는 압박감을 느껴서 리서치를 기반으로 디자인을 시작해야 한다는 사실을 잊어버린 것이 아닐까 하는 의심이 든다.

원인이 무엇이든 간에 참가한 팀원이 과거에 거부됐던 진부한 아이디어에 다시 빠져들고, 틀렸음이 입증된 가정에 근거한 디자인 컨셉을 제출하고, 개인적으로 선호하는 디자인 컨셉을 반영한 스케치를 만드는 것을 빈번하게 보아왔다. 최종 결과는 형편없이 운영되는 디자인 스튜디오다. 심지어 퍼소나를 자랑스럽게 벽에 붙여 놓은 곳에서도 팀은 결국 그들 자신을 위한 디자인을 서둘러 마칠 수 있다.

최종 결과는 동일하다. UX 리서치는 디자인 아이디어에 기여한 것이 거의 없다.

UX 리서치로 디자인 아이디어 만들기

우리는 공동으로 진행하는 최근의 디자인 스튜디오에서 변화를 주기로 결정했다. 이번에는 리서치를 제약조건으로 제시하는 것을 통해 모든 디자인 아이디어가 UX 리서치에 기초하게 되길 원했다.

창의적인 아이디어를 떠올리기 위해서는 모든 제약사항을 무시해야 한다고 믿는 것은 솔깃한 일이다. 무엇이 가능한지는 신경 쓰지 마라! 무한한 시간과 예산을 가졌다고 가정하라! 뭐든 할 수 있다! 하지만, 그 믿음은 틀렸다. 창의성은 제약에 방해를 받는 것이 아니라 도움을 받는다. 예를 들어, 건축가 프랭크 게리Frank Gehry는 아무런 제약이 없는 집 설계를 의뢰받았을 때 이렇게 말했다.[6] "난 끔찍한 시간을 보냈어요. 거울을 자주 봐야 했죠. 난 누구지? 내가 이걸 왜 하고 있는 거지? 이게 다 무슨 일이야? 풀어야 할 문제가 있는 게 차라리 나아요. 난 우리가 그런 제약을 행동으로 옮긴다고 생각해요."

사용자 경험에서 가장 중요한 제약

사용자 경험에서 가장 중요한 제약은 사용 맥락이다. 즉, 사용자, 사용자 태스크, 행동이 일어나는 환경이다. 여기에 감정적인 의도, UI 디자인 패턴, 사용자 경험 디자인 원칙, 사용성 목표 혹은 행동 유도와 같이 사고를 장려하기 위한 다른 제약 조건을 추가할 수 있다. 그러나 모든 디자인 아이디어가 사용 맥락에 기초한다는 것을 확인함으로써 리서치가 모든 디자인 아이디어의 중심에 있다는 것을 확신할 수 있다.

실제 작동 방식

실제로 작동하게 하기 위해서 마이클 미칼코의 창의력 책인 『창의적 자유인』(푸른솔, 2003)[7]에서 나온 선택 상자Selection Box라고 불리는 또 다른 창의력 촉진 장치를 사용했다. 이를 디자인 스튜디오에 추가하는 방법은 다음과 같다.

1단계: 화이트보드 찾기

화이트보드나 벽을 찾아라. 필요하다면 플립 차트 종이를 구해서 벽에 붙여라.

화이트보드에 5개의 열을 그리고 처음 3개 열에 사용자, 환경, 목표라는 레이블을 붙여라. 그런 다음 나머지 2개 열에 대한 다른 제약을 결정하라. 그림 5.18의 예에서는 디자인 패턴과 감정적인 의도를 추가했다.

2단계: 포스트잇 그리드 만들기

각 열에 5개의 포스트잇 메모를 배치하라. 이렇게 하면 선택 상자의 골격이 만들어진다(그림 5.19 참조).

3단계: 제약 확인하기

이 단계에서는 제약 별로 5개의 구체적인 예를 나열한다. 예를 들어, 사용자의 경우 아마 퍼소나를 열거하게 될 것이다. 그림 5.20의 예에서는 기술 초보, 중간 등과 같은 사용자 유형의 예를 사용했다. 환경의 경우 사무실/데스크톱 또는 통근자/폰과 같이 현장 리서치에서 목격한 사용자 환경과 관련된 측면을 나열할 수 있다. 목표의 경우, 다양한 주요 태스크 또는 사용자 니즈를 나열할 수 있다. 그림 5.20의 예는 온라인 뱅킹 서비스를 찾는 방법을 보여준다.

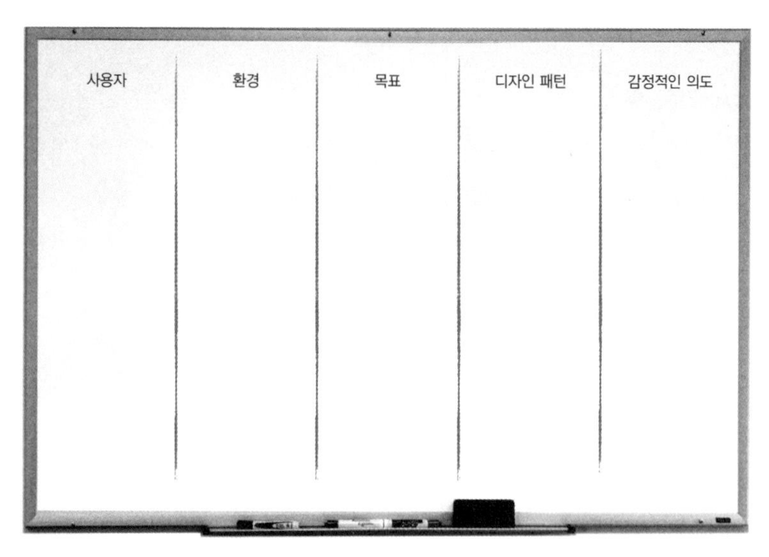

그림 5.18 화이트보드는 "사용자", "환경", "목표", "디자인 패턴", "감정적인 의도"라는 레이블을 붙인 5개의 열로 나뉜다.

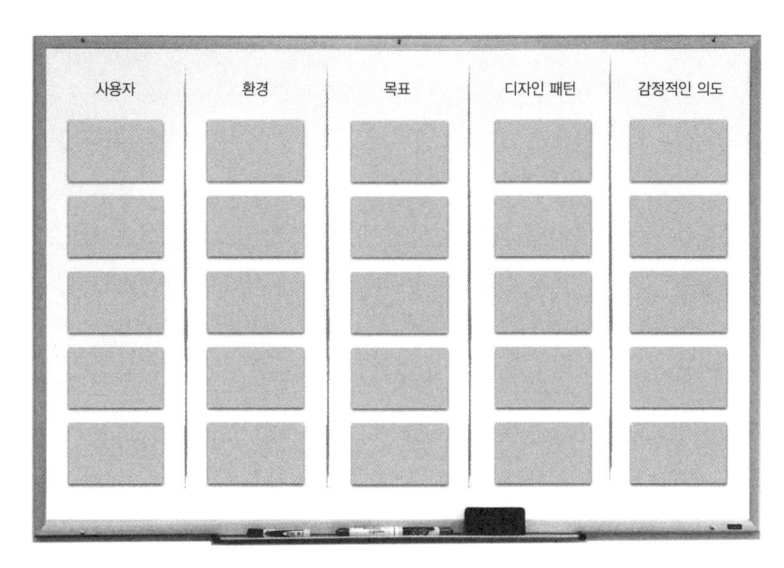

그림 5.19 화이트보드에는 25개의 빈 포스트잇 메모에 대한 그리드가 있으며, 각 열에는 5개의 메모가 있다.

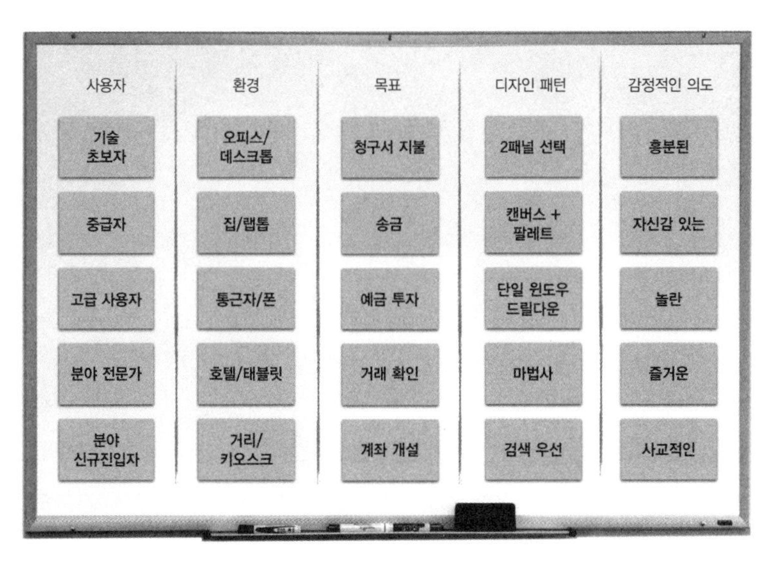

그림 5.20 각 열에 있는 포스트잇 메모에는 제약 사항의 예가 적혀 있다.

4단계: 선택하기

디자인 스튜디오에 참여한 개인 혹은 팀은 이제 각 열에서 하나의 예를 선택해 5개의 제약 세트를 만든다. 그림 5.21의 예에서 디자이너는 통근 중에 폰으로 서비스를 사용하고, 송금하길 원하는 초보 사용자를 선택했다. 디자인 패턴은 마법사가 될 것이고 감정적인 의도는 사용자를 자신감 있게 만드는 것이다. 이러한 제약을 감안하면서 디자이너는 이제 잠재적인 디자인 솔루션을 신속하게 스케치한다.

계산이 틀리지 않았다면 5×5×5×5×5개의 가능한 조합이 있으며, 이 행렬에서 3,125개의 가능성 있는 디자인 아이디어를 얻을 수 있다. 이는 제임스 다이슨James Dyson이 쓰레기 주머니가 없는 진공청소기를 개발하면서 만든 5,127개의 실패한 프로토타입의 절반이 넘는다![8] (차이점은 다이슨은 5년이 걸렸지만, 당신은 반나절만에 마칠 수 있다).

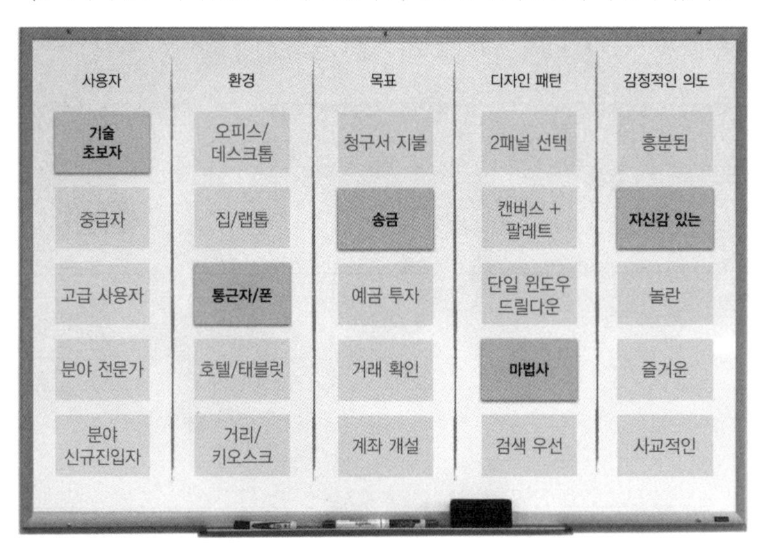

그림 5.21 각 열 마다 한 개의 포스트잇 메모가 강조 표시가 된다. 이 예제에서는 "기술 초보자", "통근자/폰", "송금", "마법사", "자신감 있는"이 하이라이트된 포스트잇 메모다.

5단계: 선택 발전시키기

더 많은 아이디어를 생성하려면 선택한 각각의 제약을 가지고 이것들을 "최대치로 끌어올려라"(가상의 록밴드 Spinal Tap에게 양해를 구한다). 예를 들어 퍼소나를 최대치로 끌어올리려면 퍼소나의 중요한 특징 중 하나를 선택해서 이를 과장하라. 그림 5.22의 예에서 기술 초보자는 ATM을 한 번도 써본 적이 없는 사람이 된다.

그리고 나서 각각의 항목을 갖고서 가정을 뒤집어라. 예를 들어, 마법사 디자인 패턴 대신에 모든 옵션을 보여주는 시스템을 어떻게 설계할 수 있는가?

더 많은 아이디어가 여전히 필요하다면 3단계로 돌아가서 2개의 끝 열을 다른 제약으로 교체하라.

다음은 몇 가지 유용한 대안적 제약사항이다.

- **UX 디자인 원칙**: 자신만의 프로젝트 디자인 원칙을 사용하거나, 다른 사람의 원칙을 채택하라.
- **사용성 목표**: 태스크 소요 시간 감축, 에러 감소 또는 학습성 향상과 같은 사용성 목표를 열거하라.
- **행동 유도**: 목적 달성을 위해 주고받기reciprocation, 사회적 증거, 프레이밍과 같은 인지적 편향을 어떻게 사용할 수 있을지 물어보라.
- **비즈니스 제약**: 출시까지 걸리는 시간, 프로젝트 비용, 제품 품질과 같은 것이 일반적인 제약에 포함된다.

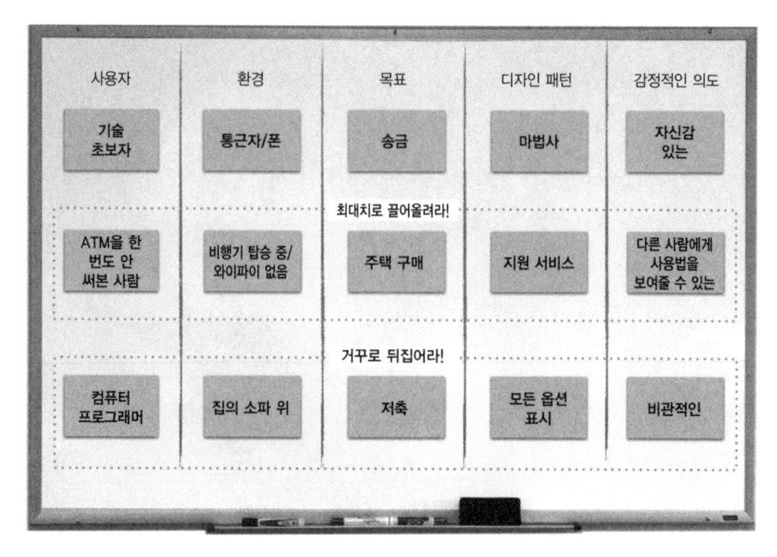

그림 5.22 그림 5.21에서 선택된 각각의 제약이 더 많은 디자인 아이디어 생성을 위해 "최대치로 끌어올려진" 또는 "거꾸로 뒤집어진" 것이다.

처음 3개 열은 사용 맥락에 초점을 맞춘 상태로 유지하는 것이 현명하다. 리서치 결과를 모든 디자인 컨셉에 녹여내는 방법이기 때문이다. 총 4~5개의 제약이 있을 때 가장 효과적이라는 사실도 발견했다. 그것보다 적으면 이야기를 만들어 낼 수가 없고, 그보다 많으면 지나치게 복잡해진다.

그 접근법은 적어도 2가지 이점이 있다.

- 모든 디자인 아이디어가 특정 사용자와 연결돼 특정 맥락에서 특정 태스크를 수행하게 만들어 준다. 이는 UX 리서치가 모든 디자인 컨셉의 일부로 고려될 것임을 보장한다.
- 팀이 대량의 디자인 대안을 도출하는 것을 돕는다. 다양한 열의 항목들을 결합하는 것을 통해 사람들이 새로운 아이디어를 한결 쉽게 떠올릴 수 있게 만들어준다.

UX 연구원처럼 생각하라

- 제약은 창의성을 방해하는 것이 아니라 도와준다는 주장을 확인하고 싶다면 여기 간단한 디자인 활동이 있다. 먼저, 새로운 날씨 앱을 위한 디자인 아이디어를 생각해보라. 그런 다음 차로 1시간 거리 내에서 멋진 일출이나 일몰 사진을 찍을 수 있는 장소를 찾는 사진가를 목표로 하는 새로운 날씨 앱에 대한 디자인 아이디어를 떠올려 보라. 이것은 제약을 고려하는 것이 더 좋은 디자인을 하는 데 어떻게 도움이 되는지를 명확히 보여준다.
- 이 접근법은 설명했듯이 개발팀에서 적어도 몇 명의 구성원이 워크샵에 참석하는 것을 필요로 한다. 디자인 아이디어를 혼자서 생성해야 할 때도 이 접근법은 여전히 실행 가능한가?
- 행동 유도와 비즈니스 니즈와 같은 몇 가지 대안적 제약에 관해 설명한다. 조직 내에서 어떤 제약이 가장 큰 반향을 불러일으킬 것인가?
- 근무지가 다르거나 표준시간대가 상이한 개발팀과 함께 일하기 위해서는 이 접근법을 어떻게 수정할 것인가?
- 디자인 스튜디오가 개발팀에 효과가 없다고 생각된다면 팀에서 디자인 결정을 내릴 때 UX 리서치 결과를 고려하도록 장려할 수 있는 다른 방법은 무엇인가?

UX 리서치에 대한 일반적인 반론 처리하기

이런 말을 들어봤는가? "시장 리서치는 수백 명의 사람들을 사용합니다. 어떻게 겨우 5명 가지고 답을 얻을 수 있나요?" "우리 제품은 모든 사람을 대상으로 하기 때문에 우리도 사용자로 볼 수 있어요." "사용자는 자신이 무엇을 원하는지 몰라요." "애플은 UX 리서치를 안 하는데 우린 왜 해야 하죠?" "에이전시에서 알아서 다 해줘요." 이러한 반론에 성공적으로 대처하는 방법이 여기 있다.

데이비드는 사용성 테스트를 원하는 잠재 클라이언트와 미팅 중이었다. "사용자에 대해 말해주세요."라고 이 정보를 참가자 모집 스크리너의 기초로 사용하길 기대하면서 요청했다.

"음, 우리 제품은 모든 사람을 대상으로 하기 때문에 굳이 특별한 사용자를 모집할 필요가 없어요."라는 답변이 왔다.

경고 신호. "어쨌든 제법 많은 사용자가 필요할 테니 좋은 소식이겠네요!"라고 클라이언트가 말했을 때 데이비드는 답변을 생각하고 있었다.

데이비드는 최선을 다해서 표정을 관리하며, "보통 5명 정도만 있으면 많은 인사이트를 얻을 수 있습니다."라고 말했다.

클라이언트는 웃었다. "5명! 우리 마케팅 부서에서는 수백 명을 씁니다. 어떻게 겨우 몇 명으로 제대로 된 결과를 얻길 기대합니까?"

미팅이 길어졌다.

약간의 사용자 경험 마법을 뿌려라

이런 일을 겪은 적이 있는가? 사용자 경험이 성장 분야인 관계로, 사용자 인터페이스에 사용자 경험 마법을 뿌리길 원하지만 사용자 경험의 기본 원리도 모르는 사람들과의 미팅이 점차 늘어나고 있다. 때로는 이들은 조직의 고위 관리자, 어떤 때에는 프로젝트 관리자가 되기도 한다.

이러한 종류의 논의가 가진 문제점은 주의하지 않는다면 내부 혹은 외부 클라이언트에게 **필요한 것**이 아닌 **요구하는 것**을 결국 주게 된다는 것이다. 그리고 그들이 요구한 것이 원하는 결과를 주지 못하면 나중에 어떤 과제도 가져오지 않는다.

지금까지 들은 몇 가지 일반적인 반론과 관리자가 깨달음을 얻게 만드는 것을 도와주는 몇 가지 요령이 여기 있다.

시장 리서치는 수백 명의 사람을 사용한다. 어떻게 겨우 5명으로 답을 얻을 수 있는가?

시장 리서치는 의견을 바탕으로 한다. 의견은 사람마다 다르다. 여론 조사원이 선거를 예측하기 위해 5명으로 표본 조사를 한다면 터무니없는 일일 것이다. 그리고 한 명을 고른다고 해도 그 사람의 의견은 시간이 지남에 따라 뉴스 내용과 가진 다른 경험 그리고 질문에 따라 달라질 것이다.

의견 데이터의 내재한 변동성을 줄이기 위해서는 많은 사람들로 표본 조사를 할 필요가 있다. 예를 들어, 제품을 사용하는 사람이 10,000명이고 그중 얼마나 많은 사람이 제품을 쓰기 쉽다고 생각하는지 알고 싶다면 5% 이내의 표본 오차를 얻기 위해서 무작위로 370명을 표본으로 추출해야 한다.

이와는 대조적으로 UX 리서치는 행동에 기초한다. 행동은 사람마다 놀라울 정도로 일치한다. 예를 들어 5명이 문에 다가갔을 때 그중 4명이 문을 밀어야 하는데 잡아당겼다면 디자인에 문제가 있다는 것을 알 수 있다. 이러한 결론을 내리기 위해 370명을 무작위로 표본 조사할 필요는 없다. 문에 달린 당김 손잡이를 보면 그것이 아마도 문제의 원인인 듯하다. 따라서 당김 손잡이를 미는 패널로 교체하고 문제가 해결됐는지 확인하라.

UX 연구원은 의견이 아니라 행동적 인사이트를 찾기 때문에 적은 표본으로도 잘 해낼 수 있다.

우리 제품은 모든 사람을 대상으로 하기 때문에 우리도 사용자로 볼 수 있어요

이 말에는 잘못된 가정이 너무 많이 포함되기 때문에 답하기에 앞서 심호흡을 해야 할 것이다.

첫째로 "모든 사람을 대상으로"라는 가정이 있다. 모든 사람이 해당 제품을 사용할 수 있다고 해서 모두가 그렇게 할 것이라는 뜻은 아니다. "모든 이를 위한 무언가"가 있는 제품의 단점은 "대상이 없는 모든 것"을 갖고 있다는 점이다. 다양한 사용자가 해당 제품을 사용한다고 하더라도, 먼저 소수의 사용자에게 초점을 맞추는 것이 훨씬 성공 확률이 높은 제품으로 이어질 것이다.

이를 위한 가장 좋은 증거는 1991년에 출판됐지만, 최근 린 스타트업 운동의 일환으로 르네상스를 누리고 있는 제프리 무어Geoffrey Moore의 마케팅 책인 『제프리 무어의 캐즘마케팅』(세종서적, 2015)[9]에서 찾을 수 있다. 무어는 진정으로 혁신적인 하이테크 제품이 처음 출시될 때마다 처음에는 기술 애호가와 선구자로 구성된 초기 시장에서 어느 정도의 성공을 거둔다는 것을 보여준다. 그러나 대부분은 매출이 흔들리고 급락하는 깊은 구멍에 빠지게 된다. 그 구멍을 뛰어넘으려면 그 하이테크 제품을 특정 니즈에 대한 완전한 솔루션이라고 생각하는 틈새 고객의 선택을 받아야 한다. 무어는 이 틈새를 "교두보beachhead 세그먼트"라고 부르는데, 이들은 가장 먼저 만족시키는 것을 목표로 삼아야 할 고객 그룹이다(예: 페르소나를 개발하는 것을 통해).

옆자리에 앉은 사람이 사용자가 될 수 있다는 두 번째 가정도 마찬가지로 결함이 있다. 인트라넷을 제외하면 내부 직원이 설계 중인 제품의 타겟 시장인 경우는 매우 드물다. 실제 사용자는 거의 대부분 기술 친숙도가 낮고, 제품 분야에 대한 지식이 크게 부족하며, 제품의 단점에 대해 내부 사용자보다 훨씬 참을성이 부족하다.

여기 우연히 알게 된 재미난 이야기가 있는데, 이 이야기는 사용자의 이야기를 듣고 관찰하는 것의 가치를 보여준다.[10] 미국의 발명가인 레오 펜더Leo Fender는 기타리스트가 아니었다. 그래서 1950년대에 기타와 앰프를 만들기 시작했을 때, 그의 디자인을 테스트하고 오류를 잡기 위해 "서프 기타의 왕"인 딕 데일Dick Dale에게 조언을 구했다.

그러나 데일의 연주 스타일은 장비를 한계까지 밀어붙였고 펜더의 저출력 앰프를 부쉈다. 펜더가 앰프를 변경하자마자 데일은 앰프를 터뜨려버렸다.

50개의 앰프가 터진 후에 펜더는 무슨 일이 일어나는지를 직접 보기로 했다. 그는 기타 디자이너인 프레디 타바레스Freddie Tavares와 함께 차를 몰고 캘리포니아주 발보아의 랑데부 볼룸에서 열리는 딕 데일의 콘서트에 갔다.

문제를 발견하는 데 시간이 오래 걸리지 않았다. 비명을 지르고 소리치고 춤을 추는 4천 명의 팬이 내는 소음으로 귀청이 터질 듯했다. 앰프가 배겨날 수 없었다. 레오는 프레디를 보고 소리쳤다. "좋아, 이제 딕 데일이 나에게 말하려고 하는 것을 알겠어!"

그들은 처음부터 다시 시작했고 펜더 쇼맨 앰프를 만들었다. 앰프의 정점이 100와트였고, 나중에는 180와트 그리고 데일은 마침내 터지지 않는 앰프를 만들었다.

이 이야기는 레오 펜더가 UX 리서치의 진짜 발명가가 아닌가 생각하게 만든다.

관리자가 사용자와는 별도로 디자인해달라는 요청을 하면 이는 마치 휴가 중에 다른 사람이 읽을 책을 사달라는 요청을 받는 것과 흡사하다. 자신이 어떤 작가를 좋아한다고 해서 다른 누군가도 그 책을 읽는 것을 좋아한다는 것은 아니다. 상대방과 시간을 함께 보내거나 질문을 던져서 그 사람에 대해 아는 것이 있어야만 적절한 책을 고를 수 있을 것이다.

사용자는 자신이 무엇을 원하는지 모른다

헨리 포드Henry Ford의 유명한 구절인 "내가 사람들에게 무엇을 원하냐고 물어봤다면 그들은 더 빠른 말이라고 대답했을 것이다."를 되풀이하는 사람과 미팅을 해본 적 있을 것이다. 일반적으로 무시하듯이 손을 내저으며 이 말을 하는데, 디자인 초기 단계에서 사용자와 이야기하는 것은 아무런 가치가 없다는 결정적 증거임을 나타낸다.

해고되길 원한다면 헨리 포드가 실제로 이렇게 말했다는 증거가 없다고 대답할 수도 있을 것이다.[11] 반면에 직업을 유지하고 리서치를 계속하고 싶다면 동의해야 할 것이다. "맞는 말씀입니다."라고 말해야 한다. "사용자는 자신이 무엇을 원하는지 몰라요. 그러니 그들에게 물어보는 대신에 미래로 데려가서 신규 컨셉을 사용하는 것을 살펴보면서 무엇을 알아낼 수 있는지 확인해볼 생각이에요."

UX 리서치는 사람들이 무엇을 좋아하거나 싫어하는지를 알아내는 것이 아니다. 그리고 사용자에게 인터페이스 설계를 부탁하는 것이 아니다. 사용자가 당신이 만든 디자인을 사용하려고 할 때 마주하게 되는 어려움을 보는 것이다.

프로젝트 관리자는 본래 솔루션에 집중하기 마련이다. 무엇을 개발할지, 어떻게 만들지 그리고 어떤 신기능을 가져야 하는지에 관한 결정을 내리는 데 정신이 팔려 있다. 이것의 의도치 않은 결과는 그들이 종종 장기적인 관점을 갖고 해결 중인 문제를 검토하는 데 실패한다는 것이다. 사용자 경험 실무자의 역할 중 하나는 프로젝트 관리자가 장기적인 안목을 갖도록 돕는 것이다.

애플은 UX 리서치를 안 하는데 우린 왜 해야 하죠?

이것은 앞서의 반론과 밀접한 관련이 있다. 스티브 잡스는 애플이 "시장 리서치를 하지 않습니다."[12]라고 말했고, 조나단 아이브Jonathan Ive는 "우리는 포커스 그룹을 하지 않습니다. 그것은 디자이너가 해야 할 일입니다. 내일 있을 기회에 대한 감각이 없는 사람들에게 오늘의 맥락에서 디자인 해달라고 부탁하는 것은 부당한 일입니다."[13]라고 이야기했다.

물론 여기서 새로운 것은 없다. 문제는 사람들이 **시장** 리서치를 UX 리서치와 결합하려고 한다는 것이다. 애플은 포커스 그룹과 같은 **시장** 리서치 방법이 사람들이 기술로부터 무엇을 원하는지 또는 그것을 어떻게 사용할지를 알아내는 데 있어서 비효율적인 방법이라는 것을 발견했다.

하지만 애플이 UX 리서치를 거부한다는 것을 뜻하지는 않는다. 잡스는 1985년 인터뷰에서[14] "우리는 데이터 혹은 애플리케이션을 이동하는 전통적인 방법보다 마우스가 더 빠르다는 것을 증명한 연구를 수행했습니다."라고 말했으며, 맥의 초기 개발 단계에서 사용성 테스트가 수행됐다는 많은 증거가 있다.

우리가 가장 좋아하는 예 중 하나[15]는 애플의 사용자 인터페이스 그룹에서 나온 것이다. 그들은 건축가를 위한 휴대용 컴퓨터를 프로토타입으로 제작할 필요가 있었고, 첫 번째 디자인 문제는 기기의 크기 및 무게에 집중됐다. 그래서 컴퓨터의 예상 무게에 맞춰 피자 박스를 벽돌로 채우고, 건축가에게 그것을 들고 다니게 했다. 그리고 나서 UX 리서치 기법을 사용해서 건축가가 어떻게 "컴퓨터"를 들고 다니는지를 관찰하고, 그의 다른 행동도 기록하고, 그가 했던 태스크를 확인했다.

에이전시에서 알아서 다 해줘요

여기서 "에이전시"는 웹사이트 또는 제품을 디자인하고 구현하는 회사를 지칭한다. 에이전시는 일반적으로 UX 리서치를 포함한 통합 디자인 서비스를 제공할 것이다. 관리자가 에이전시에서 사용자 경험 기반을 제공하기를 기대하는 것은 이해할 수 있는 일이다. 그것은 그들이 비용을 지불하는 일 중 하나이기 때문이다.

현재, 좋은 에이전시도 있고 나쁜 에이전시도 있으며 그들 모두가 같은 결점을 가졌다고 간주하고 싶진 않다. 하지만 경험에서 비추어 볼 때, 이러한 가정 뒤에는 몇 가지 결함이 있다.

에이전시는 사용자를 만족시키기 위해 돈을 받는 것이 아니라 클라이언트를 만족시키기 위해 돈을 받는다. 시스템이 기대했던 비즈니스 이익을 내놓지 못한다는 것을 클라이언트가 알아챘을 무렵에 에이전시는 수표를 현금화했다.

클라이언트는 대체로 사용자를 잘 알고 있다는 착각에 빠져 있다. 에이전시는 때때로 이에 연루돼 있으며, 그들 자신의 리서치를 수행하기보다는 클라이언트가 가진 사용자에 대한 관점에 휘둘리기 마련이다. 클라이언트에게 틀렸다고 말하는 것은 어렵다. 그리고 그것을 증명하기 위한 리서치 비용을 부담하라고 요구하는 것은 훨씬 더 어렵다.

클라이언트는 대개 에이전시가 한 번에 제대로 해야 한다고 주장하면서, 여러 차례의 디자인 반복에 비용을 지불하길 꺼린다. 마찬가지로 최종 디자인이 예전 것보다 실제로 더 좋은지를 확인하기 위한 후속 리서치에 비용을 지불하는 클라이언트는 거의 없다.

준비하기

이 5가지 반론이 전부를 망라한 것은 아니다. 다른 반론과 오해는 다음과 같다.

- "사용자와 테스트를 하는 대신에 한두 시간만 시간을 내서 우리에게 빠른 피드백을 주세요."
- "온라인 서베이를 통해 사람들에게 어떻게 작업하는지 물어볼 수 있어요. 현장 리서치보다 적은 돈으로 더 많은 사람을 구할 수 있을 거예요(그리고 출장 가지 않고도 폴란드와 독일을 포함시킬 수도 있구요)."
- "시장 조사자들이 이미 가정을 방문해서 사람들을 인터뷰하고 있으니 우리도 맥락적 질문법을 할 수 있어요."
- "이미 UX 리서치를 하고 있어요. 최근에 5명의 선생님과 한 방에 있었는데 제품을 보여주고서 의견을 요청했어요."
- "사용성 니즈가 미적인 부분을 좌지우지하게 둘 수 없어요."

사용자 경험에 대한 많은 오해가 있고 그 결과 일부 프로젝트 관리자는 여전히 이를 온전히 받아들이지 못하고 있다. 이러한 반론에 대한 자신만의 답변을 준비하고, 클라이언트를 더 잘 이해시키기 시작하는 것이 어떠한가?

UX 연구원처럼 생각하라

- UX 리서치에 대한 반론에 대처하는 한 가지 수동적인 동시에 공격적인 방법은 "클라이언트가 한 멍청한 말"이라는 제목의 노트에 모두 적는 것이다(아마 당신은 더 산뜻한 제목을 떠올리겠지만). 조용한 순간에 우리는 노트를 검토하고 반론에 대처하기 위해 설득력 있는 논거를 작성할 것이다. 자신만의 노트(공책이거나 전자 방식)를 만들고 반대 이유와 대응을 엮어보는 것이 어떠한가?
- 이 장은 결과에 대해 팀이 조치를 취하도록 설득하는 것에 관한 것이다. 논리적인 주장(여기서 제시했던 것과 같은)이 팀에게 조치를 취하도록 설득하는 최선의 방법이라고 생각하는가? 대신 어떻게 사람들을 감동시킬 수 있는가?

- 에이전시에서 일하고 있다면 클라이언트가 한 번에 모두 끝내길 기대했다는 이유로 여러 차례의 디자인 반복에 비용을 지불하길 꺼리는 상황을 어떻게 처리하겠는가?
- 본 에세이의 마지막 부분에서는 추가 반론 및 오해를 열거한다. 과거에 들은 것 중 하나를 골라서 적절한 대응을 준비하라.
- 애플이 UX 리서치를 위한 변론을 더 쉽거나 어렵게 만들었는가? 그 이유는 무엇인가?

사용자 경험 결과 보고회

UX 결과 보고회는 때때로 프로젝트를 마무리하는 방법에 지나지 않는 것으로 간주된다. 이것은 잘못된 판단이다. 결과 보고회는 단지 프로젝트에 매듭을 묶는 것 이상의 성과를 얻을 수 있다. 하지만 결과 보고회를 제대로 하기보다 잘못 이해하기 쉽다. UX 결과 보고회를 더 효과적으로 만들기 위한 몇 가지 실무적 요령을 열거한다.

누군가에게 보고를 듣는다는 것은 그 사람이 완수한 임무나 과제, 또는 경험한 일에 대해 질문을 하는 것이다. UX 결과 보고회는 개발팀원에게 있어 연구원이 지금까지 수행한 일에 관해 물어볼 기회이기 때문에 질문은 꼭 필요한 요소다. 하지만 결과 보고회가 질문을 받는 것만으로 끝난다면 프로젝트나 개발팀이 발전할 기회를 날려버린 셈이다.

UX 결과 보고는 개발팀원에게 있어 연구원이 지금까지 수행한 일에 관해 물어볼 수 있는 기회이기 때문에 질문은 꼭 필요한 요소다. 하지만 결과 보고회가 질문을 받는 것만으로 끝난다면 프로젝트나 개발팀이 발전할 기회를 날려버린 셈이다. 효과적인 사용자 경험 보고회는 사람들이 이해하지 못하는 것을 명확히 하는 것 이상을 달성해야 한다. 먼저 UX 리서치를 수행했음을 보증하기 위해서 리서치 결과가 제품 디자인 프로세스와 연결돼야 하며, 보고회는 그렇게 되도록 만드는 기회다. 사용자 경험 연구 보고에서 개발팀이 배운 것은 어떤 식으로든 변화를 일으켜야만 한다.

- 제품 또는 서비스 디자인 변화
- 디자인 프로세스 자체의 변화
- 개발팀(및 조직)이 사용자에 대해 생각하는 방식 변화
- 사용자 경험의 가치에 대한 사람들의 태도 변화

따라서 사용자 경험 보고회가 그저 일을 마무리하는 한 가지 방법이라고 생각한다면 클라이언트와 개발팀에 도움을 못 주는 것이다. 경험 많은 연구원은 결과 보고회가 연구 종료 후에 개발팀이 할 수 있는 가장 중요한 질문인 "다음으로 무엇을 해야 하죠?"에 대답할 수 있는 절호의 기회라는 것을 알고 있다.

필립Philip은 최근 2번의 사용자 경험 보고회를 가졌다. 첫 번째 회의는 OK 목장의 결투보다는 그나마 효과적이었다. 두 번째 회의는 아주 순조롭게 진행됐다.

놀라운 것은 두 번의 회의가 동일한 클라이언트와 진행됐다는 것이다.

결과 보고 1: 어긋나기

UX 연구원으로서 때때로 깊은 곳 어딘가에 있는 본인의 더 나은 판단에 반하는 개발팀의 요청을 수용하기 위해 노력하는 자신을 발견할 것이다. 의문을 가졌어야 하는 계획에 동의하는 자신을 발견할지도 모른다. 이렇게 할 때, 가끔은 프로젝트가 문제없이 진행되고 계속해서 리서치를 지속할 수 있기도 한다. 하지만 때로는 일이 잘못될 때가 있다.

일이 어긋나버렸다.

연구 중에 일정 및 예산에 대한 클라이언트의 압박으로 인해 절차가 무시됐다. 그 결과, 개발팀의 어떤 구성원도 연구를 관찰하지 않았다. 사실, 회사 내에서 필립의 주된 접촉 대상(그를 본명인 제프가 아니라 "알란"이라고 부를 것이다)은 무슨 이유에서인지 한쪽에는 필립, 다른 한

쪽에는 개발팀과의 사이에 보이지 않는 벽이나 장벽을 만들고 있었다.

그 결과, 디자이너와 엔지니어는 사용자 경험 보고회에 초대받을 때까지 연구의 존재를 알지 못했다. 더 말할 필요가 없다. 이미 이것이 좋게 끝나지 않으리라는 것을 감지할 수 있다.

어떻게 해서든 필립은 한 번의 회의에서 다음과 같은 잠재적 위험 요소에 마주치게 됐다고만 말해 두자(일부 덧붙이긴 했지만 적지 않은 성과다).

- 회의에서(알란을 제외하고는) 아무도 필립이 누구인지 몰랐다.
- 아무도 보고서를 읽지 않았다(알란은 회의 시작 몇 분 전에서야 이를 배포했다).
- 개발팀은 전화로 회의에 참석했다.
- 주요 의사결정권자가 참석하지 않았다.
- 마감 요구 때문에 회의가 연기될 수 없었다.
- 회의는 OK 목장의 결투(기록상으로는 단 30초간 지속했다)보다 59분 30초 더 오래 진행됐다.

보고서를 읽거나 결과에 대해 생각하거나 논의할 시간이 사전에 없었기 때문에, 회의는 "통화 상대방인 누군가"가 디자이너와 엔지니어에게 어디가 잘못됐는지를 말해주는 정도였다. 모두가 적어도 결과에 대한 어느 정도의 공통된 이해를 할 때까지는 어떤 유용한 논의도 이뤄질 수 없기 때문에 회의는 연구와 그 결과를 설명하는 독백에 지나지 않는 것으로 전락했다. 각각의 결과는 간략하게 논란이 되거나(그 해석에 의문이 있다면) 침묵이 유지됐다(그 해석이 부인할 수 없는 것이라면).

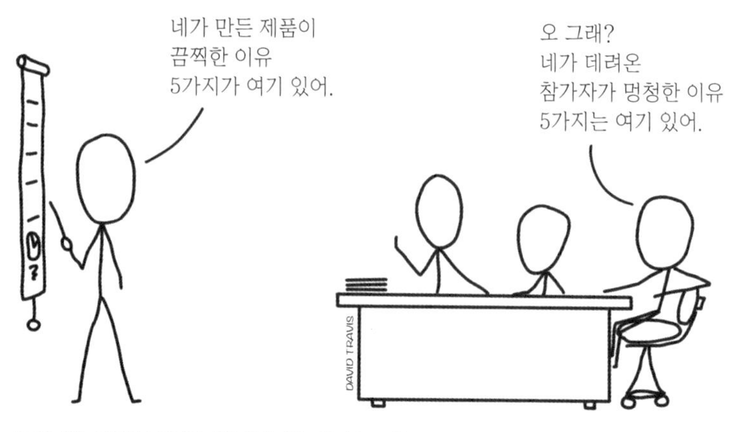

그림 5.23 마조히스트만이 사랑할 수 있는 결과 보고회

팀에서는 사용성 문제에 처음으로 마주했기 때문에 회의의 톤은 그들의 솔직한(그리고 때로는 잔혹한) 첫 반응으로 특징지어진다. 만화가는 그림 5.23처럼 담아냈을 수도 있다.

보고회는 열리지 말았어야 했다. 그리고 곰곰이 생각해보면 연구는 적어도 그런 특정한 상황에서는 진행되지 말았어야 했다. 관련된 모든 사람이 많은 것을 배웠다.

다행스럽게도 필립은 앨런(전체 팀 보고 내내 의아할 정도로 침묵을 유지하던)과 후속 회의를 가질 수 있었고, 문제를 함께 헤쳐나갔으며 보이지 않던 벽은 무너지고, 필립은 디자이너, 엔지니어, 마케터와 적절한 관계를 구축할 수 있었다. 그리고 그것은 또 다른 사용자 경험 프로젝트로 이어졌으며, 두 번째 결과 보고회의 서곡이 됐다.

보고 2: 바로잡기

두 번째 결과 보고는 잘 끝났다. 이번에는 개발팀이 처음부터 참여하게 하는 토대가 마련됐다. 그들은 킥오프 회의에 참석했고, 참가자 모집 기준과 핵심 태스크를 제공했고, 사용성 테스트 계획을 검토하고 이에 서명했다. 무엇보다 중요한 것은 모두가 적어도 한 번의 사용성 테스트 세션에 참석해서 매일 테스트가 끝날 때마다 의견을 공유했다는 것이다.

굉장한 변화다!

이제 필립은 보이지 않는 벽 뒤에 숨기보다는 적극적으로 사용자 경험 지침을 찾는 팀과 함께 일하게 됐다. 그러나 결과 보고회와 관련해서는 아무것도 운에 맡기지 않았다. 팀에서 다음 단계에 대해 논의하게 만들 계획과 분명한 목표가 있었다.

필립은 개발팀이 사용성 테스트에서 관찰하고 보고서에서 읽으며 알아낸 것을 심사숙고하길 바랬다. 그리고 이렇게 얻은 결과를 제대로 고객을 이해하는 데 적합치 않은 포커스 그룹 및 온라인 컨셉 검증 테스트(이전까지 고객 정보의 2가지 주요 출처)를 통해 얻었던 기존 결과와 대조하길 원했다. 필립은 팀이 객관적이고 행동에 관한 사용성 데이터를 얼마나 확신할 수 있는지 경험하고, 이러한 데이터가 어떻게 디자인 결정을 내리는 데 있어서 모호함, 논쟁 및 정치공작을 덜어낼 수 있는지를 확인하길 원했다.

논의해야 할 또 하나의 커다란 이슈가 있었다. 사용성 테스트 데이터는 테스트 대상 제품이 처음부터 제조하기에 적절치 않을 수 있음을 강력히 시사했다. 그 결과는 공개될 필요가 있었으며 이것은 대화를 시작할 기회였다.

첫 번째 회의와 달리 두 번째 회의는 다음과 같은 특징이 있었다.

- 연구 및 연구 결과를 알고 있으며, 보고서를 모두 읽고, 생각할 시간을 가졌으며, 질문과 의견을 준비해 온 참석자
- 주요 프로젝트 관리자 및 의사결정권자의 참석
- 최적의 사용성 달성을 위한 지침에 대한 팀의 진정한 열망(팀에서는 쉬우리라 생각했던 기본 태스크를 힘겨워하는 참가자를 관찰한 것에 크게 힘입었다).

- 명확하게 정의된 3단계의 안건: (a) 놀라움, 확인, 학습 및 "아하!"하고 외치는 순간과 같은 모든 팀의 반응 및 피드백을 수집하라. (b) 해결해야 하는 사용성 문제의 주요 5가지 "버킷bucket"에 대한 합의에 도달하라. (c) 현실적으로 해결 가능한 이슈가 무엇인지 확정하기.
- 슬라이드쇼 프레젠테이션 및 보고서를 한 페이지씩 다시 읽기 없음. 대신, 요약 설명에 이은 사용성 이슈에 대한 공개 토론.
- 테스트한 컨셉이 개발에 적절한 것인가 그리고 그것이 고객에게 의미가 있는가 하는 "큰 이슈"에 대한 팀의 자발적인 논의
- 사용성 문제에 대한 디자이너, 엔지니어 및 마케팅 리더의 소유권

이번에는 필립이 알란과 함께 회의를 공동으로 진행했고, 그것이 우리 vs. 그들이라는 대결 구도를 극복하는 데 도움이 됐다. 회의에 앞서 필립은 이번 회의는 슬라이드쇼 프레젠테이션이 아니며, 참석한 모든 사람이 보고서를 읽고 왔다고 가정할 것이라는 점을 분명히 했다. 그들이 리서치를 의뢰했으며 보고서는 30분이면 다 읽을 수 있다는 점을 고려하면 이는 합리적인 요청으로 보였다.

효과가 있었다.

필립은 공통의 출발점에 대한 근거를 갖게 됐고, 첫 번째 회의에서처럼 사용성 문제를 "멍청한 사용자" 탓으로 돌리는 사람들에 의해 좌절하지 않게 될 것임을 알았다.

그러나 만약을 위해 필립은 인터페이스가 바보 같다는 것을 보여주는 사용성 테스트 하이라이트 비디오를 준비했다.

연구를 통해 알게 된 것을 10분 동안 듣고 나니 이번에는 그 결과에 대해 반박할 여지가 없음이 분명했다. 주요 이슈 목록에서 수정해야 할 주요 사용성 문제의 우선순위를 정하고, 디자인 변경을 관리하기 위해 사용할 프로세스를 선택하는 것으로 자연스레 넘어갔다. 회

의를 시작한 지 30분도 지나지 않아서 해외의 위성 그룹은 물론 4개 분야에서 모두 한목소리를 내었다.

막상 회의가 끝날 무렵이 되자 예상치 않았던 일이 일어났다. 참석자들이 다음과 같은 전략적 질문을 던지기 시작했다.

- 앞으로는 어떻게 해야 사용성 문제를 더 일찍 발견할 수 있나요?
- 다음번에는 전체 시스템을 구축하지 않고 사용성 테스트를 할 수 있나요?
- 향후 잘못된 제품 개발을 떠올릴 위험을 어떻게 완화할 수 있나요?
- 어떻게 하면 진정한 사용자 니즈를 더 잘 발견할 수 있나요?

현장 리서치 기법, 종이 프로토타이핑, 사용자 퍼소나 및 린 UX에 대한 간략한 소개로 회의를 연장했다.

개발팀은 행복하고, 다소 흥분됐다.

효과적인 사용자 경험 결과 보고회 진행을 위한 10가지 실무 팁은 다음과 같다. 힘들게 학습하기보다는 여기서 그걸 읽어 보길 추천한다. 믿어도 좋다. 힘들게 배우는 것은 재미가 없다.

효과적인 UX 결과 보고회를 위한 10가지 실무 팁

1. 즉흥적으로 하지 마라. 철저하게 준비하라. 계획을 세워라.
2. 결과 보고를 마무리 회의라고 생각하지 마라. 다음 단계로 나아가는 발판으로 생각하라. 그리고 사용자 경험이 다음 단계의 일부분이 되게 하라.
3. 제품 책임자 또는 제품 관리자와 회의를 공동 진행하라.
4. 주요 의사결정권자가 참석하게 하라.

5. 파워포인트 프레젠테이션을 하지 말고, 보고서를 되풀이하지 마라. 60분이 주어진다면 15분 동안 말하고 45분 동안 토론하라.
6. 보고서를 간략하게 작성하되 참석자가 보고서를 미리 읽고 의견 및 질문을 준비해야 한다고 주장하라.
7. 연구 결과를 요약하기 전에 팀에게 연구를 통해 무엇을 배웠는지, 어떤 점에 놀랐는지 그리고 어떤 사용성 이슈가 그들이 보기에 가장 중요하거나 심각한지를 물어보라.
8. 메시지를 단순화하라. 가장 심각한 5개의 사용성 문제에 집중하라. 모든 것을 포함시키려고 애쓰면서 팀을 어쩔 줄 모르게 하지 마라(세부 사항은 보고서에서 확인 가능하다).
9. 솔루션에 대해 논쟁하기보다는 그 문제에 대한 의견 일치를 보라.
10. 모든 것을 반드시 고쳐야 한다고 기대하거나 주장하지 마라. 예산 및 일정 내에 현실적으로 변경 가능한 중요한 문제의 다음 단계에 집중하라.

UX 연구원처럼 생각하라

- 필립이 묘사한 첫 번째 상황에 있다고 상상해 보라. 아무도 당신이 누구인지 모르고, 아무도 보고서를 읽거나 슬라이드 문서를 훑어보지 않았으며, 개발팀은 수화기 건너편에 있고, 주요 의사결정권자는 참석하지 않았다. 회의는 마감 요구 때문에 진행돼야만 했다. 애당초 이런 사태가 발생하는 것을 막기 위해 무엇을 하거나 말할 수 있었겠는가? 그 영향을 최소화하기 위해 회의 중에 무엇을 하거나 말할 수 있는가?
- 필립의 이야기는 외부 컨설턴트로 일했던 그의 경험을 기술한다. 이 에세이의 마지막 부분에 소개된 실무 팁이 내부 UX 연구원에게도 효과적일 것으로 생각하는가?
- 개발팀에 하는 비공식적인 "발표(show and tell)"와 비교해서 공식 보고서를 이해관계자에게 어떻게 전달할 것인가? 개발팀 회의에서는 생략 가능하지만 이해관계자 회의에는 포함해야 하는 것은 무엇인가? 그 반대는 무엇인가?

- 일부 UX 연구원은 한 차례의 리서치가 끝난 뒤가 아니라 분석이 완료되기 전에 결과를 배포한다. 예를 들어, 흥미로운 결과가 나온 사용성 테스트 세션이 끝나자마자 팀에 이메일을 보낼 수 있다. 이 접근법의 위험과 보상은 무엇인가?
- 개발팀이 방어적이 돼서 엉뚱한 사람에게 화풀이하지 않게 하면서 제품이 매력적이지 않다고 말할 수 있는 방법은 없는가?

사용자 경험 대시보드 만들기

고위 관리자가 사용성 테스트 결과를 설명하는 상세 보고서를 읽을 시간이 없다는 말을 종종 듣는다. 이 말은 철저히 논쟁하고, 세심하게 분석하고, 명확하게 표현한 60페이지 분량의 보고서가 제품 개선이나 문화 변화에 아무런 영향을 미치지 못한다는 것을 뜻한다. 어떻게 해야 데이터에 대한 관리자의 참여를 높일 수 있는가?

아무도 읽고 싶어 하지 않는 보고서를 만드는 것은 의미가 없다. 긴 보고서는 관리자의 받은 편지함에서 먼지를 뒤집어쓰거나 회사의 인트라넷 내부에서 영원히 잊힐 것이다. 하지만 이해관계자가 종합 보고서에 관심이 없다고 해서 UX 리서치 결과에 흥미가 없다는 뜻은 아니다.

모든 관리자는 가공하지 않은 데이터를 분석해서 지식으로 바꿔 놓을 때 얻게 되는 비즈니스 인텔리전스에 관심이 있다. 이것의 한 가지 좋은 예는 웹 분석이다. 웹 분석을 하게 되면 데이터에 파묻혀 죽을 위험이 있긴 하나, 구글과 같은 회사는 데이터를 대시보드 형태로 표시하는 창의적인 방법을 고안했다. 대시보드는 비즈니스 인텔리전스를 그래픽 형태로 전달하는 간단한 보고서인 셈이다.

한 제품의 사용성을 다른 제품의 사용성과 직접 비교하는 UX 벤치마킹 연구를 실행할 때, 데이터 수집은 겨우 절반에 불과하다는 것을 알게 됐다. 고위 경영진이 결과에 동요하지 않는 한 기업은 UX 리서치 데이터에 조치를 취하지 않는다는 것을 알고 있다. 그래서 관리자가 데이터에 관여할 수 있는 포맷으로 데이터를 표시하는 방법을 고안하기 시작했다.

이 생각을 설명하기 위해 bunches.co.uk와 interflora.co.uk라는 발렌타인데이 웹 꽃집 2개의 사용성을 비교한 연구 데이터를 제시할 것이다(실제 웹 사이트는 여기서 중요치 않다. 대시보드를 위한 지표를 어떻게 만들 수 있는지를 보여주기 위해 데이터를 사용한다).

100명이 넘는 참가자와 함께 이 벤치마크 연구를 수행했다. 참가자 절반이 bunches 웹사이트를 사용했고, 나머지 절반은 interflora 웹사이트를 사용했다. 참가자마다 4개의 태스크를 수행했고, 태스크별로 성공률, 소요 시간 및 난이도에 대한 주관적인 평가를 측정했다. 참가자는 자신의 경험을 한두 문장으로 작성하면서 태스크의 쉬움이나 어려움에 대해서도 언급했다.

과제는 이러한 데이터를 간결한 그래픽적 요약, 즉 사용자 경험 대시보드로 압축하는 것이었다.

사용자 경험 대시보드 보고서에 대한 합리적인 출발점은 사용성에 대한 ISO의 정의일 것이다. ISO 9241-11[16]은 사용성을 "특정 사용 맥락에서 효과성, 효율성, 만족감을 가지고 특정 목표를 성취하기 위해 특정 사용자가 사용하는 제품의 범위"라고 정의한다. 이는 효과성, 효율성, 만족도라는 집중해야 할 3가지 영역을 알려준다. 이러한 영역 내에서 **전형적인 기준**을 찾고자 한다. 모든 사람(CEO 이하 모두)이 금세 이해하고, 좋은지 나쁜지 판단할 수 있는 지표를 원한다.

디자인이 얼마나 효과적인가?

효과성에 대한 명백한 전형적인 기준은 성공률이다. 즉, 태스크를 성공적으로 완료한 참가자의 숫자다. 이는 명백한 표면적 타당성을 가졌기 때문에 고위 경영자에게 확실히 반향을 불러일으켜야 한다. 사용자가 태스크를 완료할 수 없다면 그것으로 돈을 벌 수 없다. 성공한 사용자의 숫자 뿐만 아니라 실패한 사용자와 포기한 사용자의 수도 포함해서 데이터를 더 유용하게 만들 수 있다. 막대형 차트는 이러한 데이터를 표현하기 위한 확실한 선택이 된다. 그림 5.24는 bunches.

co.uk의 사용성 테스트 결과를 보여준다.

이 그래프 뒤에 있는 기본적인 숫자를 제공할 필요가 있다. 이 태스크에서 성공률은 60%다. 그러나 이 숫자만으로는 충분치 않다. 성공률에 대한 추정치와 함께 이 숫자에 대한 신뢰도, 즉 오차범위를 제공할 필요가 있다. 본 연구의 경우, 95%에서 신뢰 구간의 상한과 하한은 각각 47%와 72%다. 대시보드에 그래프와 함께 이 숫자를 포함해야 할 것이다.

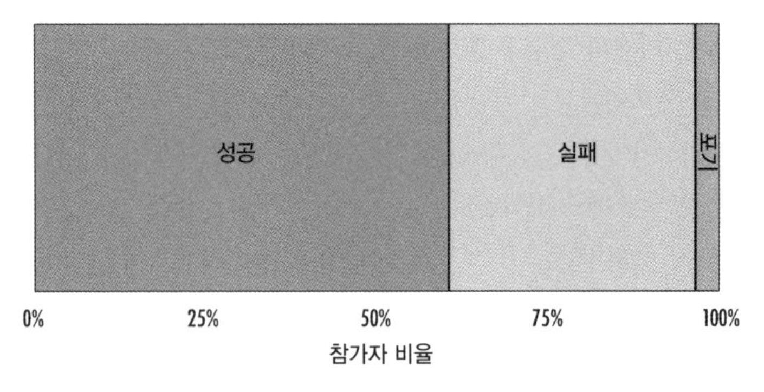

그림 5.24 성공 및 실패한 참가자 수와 태스크를 포기한 참가자 수를 보여주는 누적 막대 차트

디자인이 얼마나 효율적인가?

효율을 측정하는 다양한 방법이 있지만 대부분의 고위 관리자자가 이해할 수 있는 수치는 태스크 소요 시간이다. 성공률과 달리 태스크 소요 시간은 폭넓게 분포할 것이다. 어떤 사람들은 태스크를 일찍 마칠 수 있고, 다른 사람들은 더 오래 걸릴 것이다. 그래서 단순히 평균값을 보여주는 것이 아니라 모든 참가자에 대한 태스크 소요 시간의 분포를 보여줄 수 있다. 그림 5.25는 샘플 연구 사례를 보여준다. 막대에는 해당하는 태스크 완료 시간이 적절한 "통bin" 안에 해당하는 참가자의 수가 표시된다. 각각의 통은 시간의 범위를 보여준다. 예를 들어, 3명의 참가자는 126 ~150초 사이에 태스크를 완료했다.

다시, 핵심 척도인 태스크 완료에 걸리는 평균 시간을 제공할 필요가 있다. 태스크 소요 시간은 정규 분포를 따르지 않기 때문에 기하 평균을 사용한다. 본 연구에서 평균 태스크 소요 시간은 1분 54초, 신뢰구간 95%(1분 37초, 2분 14초)다.

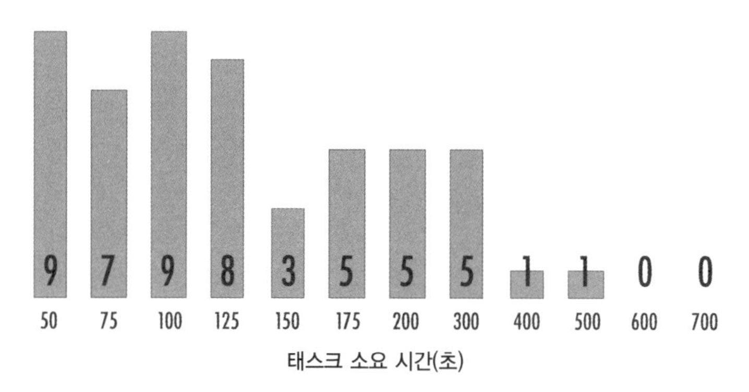

그림 5.25 사용성 테스트의 태스크 소요 시간 분포를 보여주는 막대 차트

디자인이 얼마나 만족스러운가?

대부분의 사용성 테스트에는 서베이 또는 설문조사가 포함되며, 이는 그림 5.26의 차트를 만드는 데 적합하다. 이 차트는 태스크 난이도를 어려움부터 쉬움까지 평가한 참가자의 수를 보여준다. 예를 들어, 이 그래프는 4명이 태스크가 어렵다고 느낀 것을 보여준다.

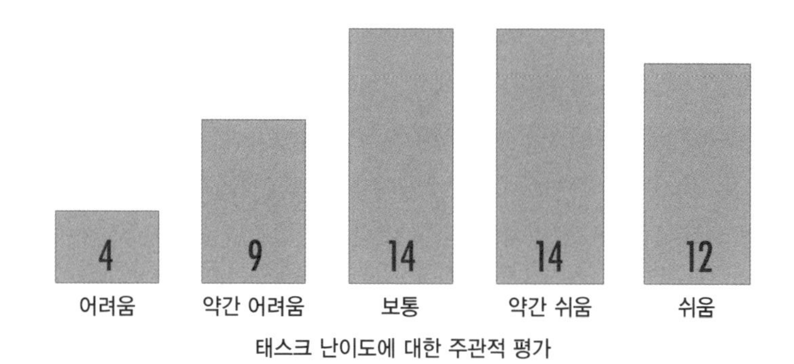

그림 5.26 참가자의 평가 분포를 보여주는 막대 차트

다시, 평균 등급을 나타내는 요약 지표가 필요하다. 이 연구에서 평균 등급은 60%, 신뢰 구간 95%(51%, 68%)다.

서베이 결과는 사용자 만족도에 대한 유일한 인사이트가 아니다. 고위 경영진에게 반향을 일으킬 수 있는 또 다른 만족도 척도는 참가자의 긍정적인 의견과 부정적인 의견의 비율이다. 이들 중 일부는 중립적이기 때문에 분할 영역 차트(그림 5.27 참조)는 긍정적인 의견과 부정적인 의견의 비율을 직접 비교할 수 있으므로 대시보드에서 데이터를 표시하는 논리적인 방법이다.

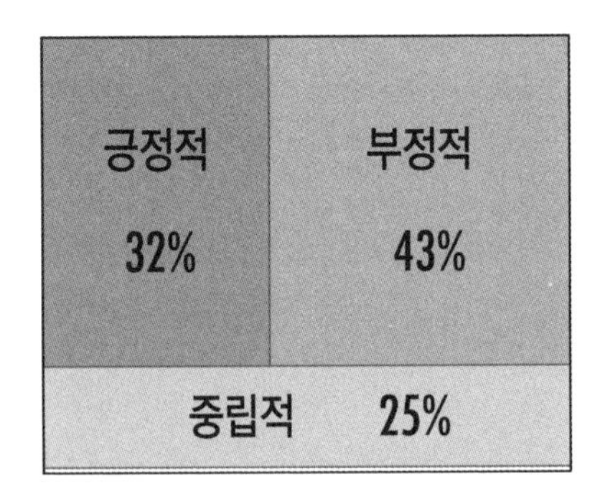

그림 5:27 긍정적, 부정적 및 중립적인 참가자 의견의 분포를 보여주는 영역 차트

또 포함해야 할 것은?

이러한 사용성 척도 외에도 참가자의 수, 태스크 설명, 대표적인 참가자 의견 및 주요 경쟁자(이 예에서는 Interflora)와의 통계적 비교와 같이 연구에 관한 몇 가지 요약 세부사항을 포함할 필요가 있다. 이러한 항목을 보고서에 추가하고 한 페이지에 들어가게 포맷을 만들고 나면 그림 5.28에 나와 있는 예를 볼 수 있다.

이 보고서 포맷을 사용해 태스크별로 결과를 별도 페이지에 표시한다. 고위 관리자는 이제 읽어야 하는 문서가 확 줄었고, 강력한 사용성 지표를 사용해서 제품의 성능을 한눈에 가늠할 수 있다.

파트너에게 한 송이 장미와 로맨틱한
메시지를 보내려고 한다. 메시지는 최대
몇 글자까지 담을 수 있는가?

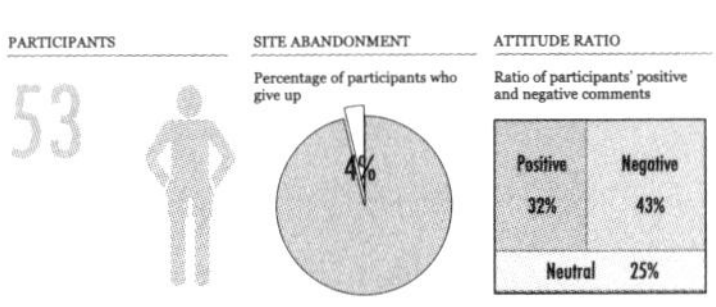

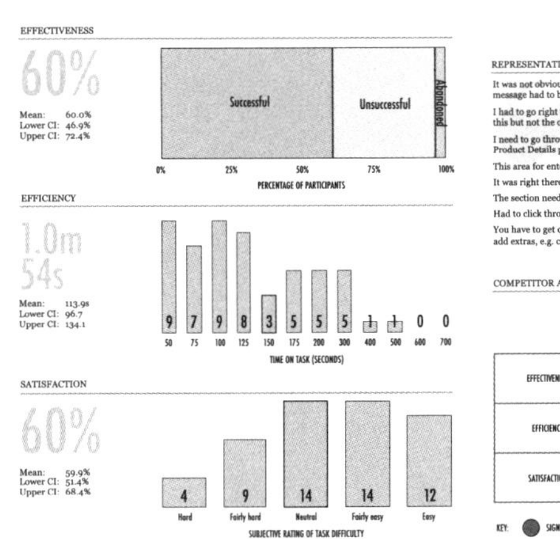

REPRESENTATIVE PARTICIPANT COMMENTS

It was not obvious that I needed to almost checkout to add a message. My first thought was that the message had to be one of the postcards proposed as extra.

I had to go right through to the checkout to find this info. It was confusing as it mentioned cards before this but not the option of a message free.

I need to go through several steps before finding the number of characters allowed. I was looking at the Product Details page, expecting to find the info there.

This area for entering the message to include was exactly where I would expect to find it.

It was right there in the ordering proces. That's what I expected too.

The section needed was hidden at the bottom of the page.

Had to click through a lot of pages before finding it.

You have to get quite a way through your order before finding this out. When they give you the option to add extras, e.g. card, they should tell you it comes with a free gift card that carries 140 characters on it.

COMPETTITOR ANALYSIS

	MAIN COMPETITOR	THIS SITE	STATUS
EFFECTIVENESS	47%	60%	◐
EFFICIENCY	260s	114s	○
SATISFACTION	19%	60%	○

KEY: ● SIGNIFICANTLY WORSE THAN COMPETITOR ◐ NO DIFFERENCE ○ SIGNIFICANTLY BETTER THAN COMPETITOR

그림 5.28 한 페이지짜리 벤치마크 보고서

UX 연구원처럼 생각하라

- 사용성에 대한 ISO의 정의는 효과성, 효율성 및 만족도에 대한 측정을 요구한다. 사용자 경험 대시보드에 이것만으로 충분하다고 생각하는가? 그렇지 않다면 무엇이 누락됐다고 생각하며 어떻게 측정하겠는가?
- 이 에세이에서 스프레드시트(맥의 넘버스(numbers))를 사용해서 그래프를 작성했다. 이를 통해 새로운 보고서를 쉽고 빠르게 작성할 수 있다. 새로운 벤치마크 테스트를 할 때, 미가공 데이터를 새로운 연구에서 나온 데이터로 대체한다. 좋아하는 스프레드시트 패키지를 사용해서 이 대시보드의 기본 버전을 만들어 보라.
- 이 에세이에서 소개된 대시보드는 이해관계자에게는 유용할 수 있지만, 개발팀 사람들에게도 동일한 영향이나 유용성을 가질 수 있는가? UX 리서치 결과를 개발팀에 설명하는 대안적이고 간단한 보고서를 작성해야 한다면 무엇이 포함되겠는가? 확실히 읽어보게 만들려면 얼마나 짧게 만들어야 하는가?
- 대시보드를 만드는 원동력은 UX 리서치 결과 보고를 단순화하는 것이다. 최종적인 짧은 보고서는 제품의 사용자 경험을 담아내는 하나의 숫자일 것이

다. 그러한 보고서는 아무리 짧더라도 의미가 있는 것인가, 아니면 사용자 경험에 대한 일종의 정성적 설명도 포함돼야 하는가?

- 성공률에 대한 오차 범위는 상당히 클 수 있으며, 특히 표본 크기가 작은 경우(예시에서는 성공률이 60%였으나 오차 범위는 47%~72%)에는 더욱 그러하다. 보고서에 오차 범위를 포함하면 정량적 사용자 경험 지표가 약화되는가? 아니면 그것이 보고서를 읽는 독자들에게 행동 변동성을 설명하는 방법을 알고 있다는 것을 보여주는가?

중역 회의실에서 영향력 얻기

기업이 서둘러 사용자 경험팀을 새롭게 만드는 것과 같은 산업에서의 큰 변화를 목격하고 있다. 이것은 분명 성숙한 분야의 확실한 징후이긴 하지만, 초창기의 작은 문제가 없는 것은 아니다. 특히 사용자 경험팀의 목소리는 때때로 마치 속삭임이나 다름없을 수 있다. 일부 사용자 경험팀이 기대했던 영향력을 얻는 데 실패하는 이유는 무엇인가? 사용자 경험팀이 중역 회의실에서 영향력을 얻지 못하게 만드는 6가지 실수는 여기 있다.

새로운 사용자 경험팀을 신설하는 데는 위험이 따른다. 지난 몇 년 동안 첫 단추를 잘못 끼우게 만드는 실수 패턴들을 봐왔다.

사용자 경험팀이 자주 저지르는 6가지 실수는 다음과 같다.

- 적절한 UX 리서치를 수행하지 않음
- 밑바닥부터 사용자 경험을 쌓아 올리려고 함
- "껍데기만 베끼는 사용성" 함정에 빠짐
- 지나치게 학구적임
- 지나치게 편협함
- 조직에 사용자 경험을 가르치지 못함

각각을 차례로 살펴보고 몇 가지 솔루션을 제시할 것이다.

적절한 UX 리서치를 수행하지 않음

일부 사용자 경험팀에서 뭔가 특이한 것을 찾아냈다. 그들은 UX 리서치를 전혀 하지 않는 것 같다. 이론적으로는 UX 리서치를 하고 있다고 **주장**하지만, 실제로는 그렇지 않다. 대신에 UX 리서치의 가장 기본적인 기준조차 충족시키지 못하는 엉망진창인 내부 활동에 관여하고 있는 것 같다. 그중 일부는 선호도 테스트라고 불릴 수 있으며, 사람들에게 제품에 대해 어떻게 생각하는지를 묻는 것에 해당한다. 일부는 제품의 변수를 측정하는 데 초점을 맞춘 것 같다. 일부는 UX 리서치보다는 시장 리서치에 더 가깝다. 일부는 분명히 품질 보증 작업 또는 사용자 수용도 테스트다. 일부는 빨간색, 노란색, 녹색 체크 박스를 포함하거나 포함하지 않고 만들어진 것처럼 보인다.

밑바닥부터 사용자 경험을 쌓아 올리려고 함

맨 밑에서 시작해서 위로 올라가는 식으로 사용자 경험팀을 만들 수는 없다. 신입 또는 저년차 직원 채용부터 시작하거나, 명함에 "사용자 경험"을 붙여서 웹 디자이너를 전환하는 것(실제로 본 적이 있다)에서 출발한다면 성공하리라 기대하지 마라.

가장 중요한 2가지 역할을 위에서부터 시작해야 한다.

- 사용자 경험팀 리더(신규 채용할 가능성이 있음)
- 임원 레벨의 사용자 경험 챔피언(회사의 최고 수준에 이르는 새로운 길을 열어줄 기존 상무 수준의 스폰서여야 함)

다음 에세이("사용자 경험 리더 채용하기")에서 사용자 경험팀 리더의 능력에 대해 다룰 것이므로 여기에선 임원급 챔피언 역할을 자세히 설명한다.

대부분의 회사는 "관리자"라는 직책을 가진 사람 또는 이사급에 있는 누군가로 이 자리를 채울 수 있다고 생각한다. 이 레벨에 있는 스폰서가 다른 역할로 이미 너무 바쁜 상태에서 사용자 경험의 가치에 대해 처음에는 동의하고 입에 발린 소리를 하지만, 사용자 경험과 관련해 아무런 역할도 하지 못하면서 일을 망치거나 중단시키는 것을 목격했다. 경험에 따르면 매우 중요한 이 역할은 임원급으로 운영되는 경우에만 효과가 있다. 여기서 문을 열고, 전략을 세우고, 돈줄을 풀 수 있는 추진력을 갖춘 거물에 관해 이야기하고 있다.

껍데기만 베끼는 사용성 함정에 빠짐

"카고 컬트Cargo cult" 사고는 목표 및 포부 달성에 가장 중요한 요건이 적절한 장비와 용품을 갖추는 것이라는 잘못된 믿음에 입각한 것이다. 이 용어는 멜라네시아 사람들과 그들이 경험했던 문화적 충격, 특히 제2차 세계대전 중에 우호적인 루즈벨트 왕의 군대가 가져온 "마술과 같은" 기술(선박, 항공기, 라디오)과 상상할 수 없는 부유함에서 유래됐다. 야자수로 항공기를 만들고, 구리 선을 몸에 두르고 횡설수설하고 휘파람 소리를 내는 여인으로 라디오를 흉내 내는 그들의 후속 시도는 그들이 바랐던 물품을 만들어내지 못했다.[17]

필립이 8살이었을 때, 론 레인저Lone Ranger*가 주로 타는 긴 갈기가 있는 백마를 간절히 원했다. 그의 어머니는 (부모님의 석탄 창고에는 절대 맞지 않았을) 말 대신 가죽 승마용 채찍을 사줬다. 형편상 그녀가 할 수 있는 최대한이었고 그것이 필립의 말타기 경험이었다. 카고 컬트적 승마였다.

아아, 스트라토캐스터†를 산다고 해서 에릭 클랩튼Eric Clapton이 되는 것은 아니며, 승마 채찍만 갖고 있다면 트리플 크라운‡에서 절대 우승할 수 없다.

---

* 미국 서부극의 주인공 – 옮긴이

† 펜더 사의 일렉트릭 기타 – 옮긴이

‡ 미국의 3대 경마 레이스에서 우승하는 것을 뜻함 – 옮긴이

껍데기만 베끼는cargo cult 사용성은 실제로 UX 리서치를 수행하기 위해서는 최첨단의 사용성 연구실을 갖춰야 한다고 회사가 오해했을 때 발생한다. 스튜디오 품질의 카메라, 마이크, 한쪽만 도금된 창문에 들어간 수천 달러가 UX 리서치의 성공을 보장하지 못한다. 조용한 방만 있으면 충분하다. 연필과 종이도 좋다. 디지털 비디오카메라와 삼각대도 유용할 수 있다. 하지만 불필요한 장비에 예산을 낭비하지 마라. 대신 우수한 UX 연구원에게 투자하라.

지나치게 학구적임

UX 팀은 가끔 지나치게 학구적이고 실제 격렬한 비즈니스 및 제품 개발에서 동떨어져 있다는 비난을 받는다.

이해관계자가 "난 그저 최선의 추측성 답변을 원했을 뿐인데 몇 주가 걸린 전체 사용성 연구를 받았지 뭐야." 또는 "사용자 경험팀은 80%도 충분한데 항상 100%의 완벽한 답을 얻길 원해.", "즉각적인 답변 대신에 일주일 뒤에 30페이지 보고서를 받았어."라고 불평하는 것을 듣는다.

실용적이고, 유연하고, 린 방식을 갖춰서 이런 류의 비판을 피하라. 팀이 원하는 것이 무엇인지 정확히 파악하고 왜 원하는지 이해하라. 그리고 나서 타임라인에 맞게 방법을 조정하고, 기대치를 설정하고, 서면 보고서이든 아니든 상관없이 적절하고 효과적인 방법으로 보고하라. 티타임으로 충분하다면 몇 주를 들여서 논문처럼 두꺼운 보고서를 작성하지 마라.

지나치게 편협함

신규 사용자 경험팀이 결코 감당할 수 없는 한 가지는 주요 움직임에서 고립되고 소외되는 것이다. 하지만 그동안 봐왔던 많은 신생 혹은 실패하는 팀은 이렇게 하고 있다.

새롭게 구성된 사용자 경험팀은 빠르게 자기 내부로 방향을 틀고 자신만의 습관, 도구, 방법에 과도하게 집중하는 경향이 있다. 즉, 책상머리에 파묻혀, 외부와 단절돼 일하고, 실제로 아무 영향도 못 미치는 일을 한다. 그 결과, 불만에 찬 이해관계자가 "난 사용자 경험팀을 참여시키지 않아. 항상 너무 바빠 보이거든."이라고 말하는 것을 듣게 된다. 사용자 경험팀의 구성원이 "우린 너무 바쁘고 하루하루의 일에 너무 깊이 빠져서 개발팀과 같이 일할 시간이 없어."라고 불평하는 것을 듣기도 했다.

이것은 영국 스태퍼드셔 버스 회사의(웃기지만 진짜 있었던) 이야기를 상기시킨다. 1976년 헨리Hanley에서 배그널Bagnall로 가는 노선의 버스가 승객들을 태우기 위해 정차하지 않았다고 보도됐다. 사람들은 버스가 길게 줄지어 선 승객을 그냥 지나쳐갔다고 불평했다. 이런 불평을 들은 아서 콜러튼 의원은 버스가 승객을 태우려고 정차했다면 시간표를 지키지 못했을 것이라고 말하는 바람에 교통 역사에 그 이름을 남기게 됐다.

앞서 말했지만, 다시 말하겠다. UX는 팀 스포츠다. ISO 9241-210[18]의 디자인 프로세스를 준수한다면(그렇지 않다면 준수해야 한다) 핵심 원칙 중 하나가 "디자인 팀은 여러 학문 분야에 걸친 기술과 관점을 포함한다."는 것을 알게 될 것이다.

UX 팀은 자기 잇속만 차리거나, 내성적이거나 또는 버스 시간표를 준수하지 않는 것에 맞먹는 사용자 경험에 집착해서는 안 된다. 뒤에서 열심히 일하는 것은 의미가 없다. 배제되고 싶지 않다면 자신을 제외하는 것으로 시작하지 마라. 정차해서 승객을 태워라.

조직에게 사용자 경험을 가르치지 못함

솔직해 말해보자. 조직 내 대부분의 사람은 사용자 경험이 무엇인지 알지 못한다. 그들은 그저 "UX"를 유행어로 알고 있으며 그 비결의 일부를 원한다. 당신은 겉보기에는 명백하지만 사람들의 허를 찌르는 컨셉을 소개하려고 한다. 바로 **제품** 중심이 아니라 **사용자** 중심의 디자인 사고방식의 컨셉이다. 사용자를 우선시하는 것에 몇 번이고 동의하더라도 실제로는 그렇게 하지 못하는 개발팀과 빈번하게 부딪힌다. 그들은 현재 작업 중인 제품이나 서비스에서 벗어나 생각할 수 없어 보이며, 사용자 니즈보다는 제품의 변수 측면에서 모든 것(사용자 경험 질문을 포함)을 말한다.

사용자 경험팀의 역할 중 일부는 사람들을 교육시켜서 이처럼 미묘하지만 중요한 사고의 전환을 이루도록 돕는 것이다.

문제 해결하기

첫째, 즉흥적으로 하지 마라. 이건 매우 중요하므로 직감에 따라 행동해선 안 된다. 효과적인 사용자 경험팀을 구성할 단 한 번의 기회만 주어질 수 있다. 6가지 실수(실수를 유도하려고 기다리고 있는 다른 많은 것이 있다)중 하나라도 당신의 노력을 망칠 수 있다.

정상 궤도로 돌리기 위한 몇 가지 아이디어는 다음과 같다.

애자일로 일해라

고립된 사용자 경험팀의 날도 얼마 남지 않았다. 팀원은 제품을 설계하는 개발팀과 함께(앉아서) 일해야 한다. 특정 문제(예: 사용성 테스트 실시) 해결을 위해 갑작스레 새로운 일에 투입되었다가 다시 팀에 복귀한다면 좋은 사용자 경험 작업을 하기가 정말 힘들다. 사용자 경험팀원은 지원하고 있는 개발팀의 아주 열렬한 구성원이어야 하며, 매일같이 진행되는 리서치와 디자인 질문에 답하는 데 도움이 돼야 한다.

팀원 자신이 어디에 적합한지 찾는 것을 도와라

새롭게 구성된 일부 사용자 경험팀은 상당히 이질적인 배경과 기술을 가진 사람들로 구성돼 있다. 다학제적인 디자인도 중요하지만, 뛰어난 사용자 경험 리더십과 훈련이 없으면 팀원은 자신이 잘 아는 분야로 돌아가서 익숙한 방법을 적용하려고 하는 경향이 있다.

이것은 실제 UX 리서치를 희생하면서 통계, 심리학, 공학 또는 디자인 편향 작업에 대해 과도하게 강조하는 것을 설명할 수 있다. "난 통계를 알고 있으니 통계에 집중하려고 해.", "난 엔지니어나 디자이너로 교육을 받았으니 제품 구성 요소에 집중할 생각이야." 어쨌든 다양한 기술을 지닌 사람들을 채용하되, 그들이 심리학, 통계학, 디자인 또는 그 밖의 분야에서 경력을 가졌기에 채용됐을 수 있지만, 뭐가 됐든 간에 심리학자, 통계학자, 또는 디자이너가 되라고 뽑은 것은 아니라는 점을 이해시켜라. 그들이 자신의 전문 분야의 원칙을 적용해서 사용자 경험을 향상시켜야 한다.

식기세척기론을 거부하라

사용자 경험팀에 방향성이 부족하고 사용자 경험 챔피언이 없는 경우, 그저 "약간의 고객 리서치"가 필요한 다른 그룹에게 전용되는 일은 드물지 않다. 이렇게 되면 사용자 경험팀은 시장 리서치, 품질 보증 평가, 손재주 심사(실제 공예가가 등장할 필요는 없어 보이지만)를 맡게 되며, 유효성 및 신뢰성이 낮은 이상한 일에 시간을 낭비하게 된다. 예를 들어, 필립이 내부 사용자 경험팀에서 일할 때 마케팅팀으로부터 "식기세척기론"이라고 불리는 무언가를 떠올려 달라는 요청을 받은 적이 있다. 마케팅팀은 그것이 무슨 뜻인지도 몰랐지만, 심리학 박사가 지원하는 일종의 학문이라면 약간의 마케팅 마일리지를 얻을 수 있을 것이라 확신했다.

회사에 새로운 무언가를 가져올 목적으로 사용자 경험팀을 만들었다는 사실을 놓치지 마라. 애초에 효과적이지 않았던 낡은 방법을 전파하거나, 아무도 이해 못할 바보 같은 제품을 만드는 것을 도와서는 안 된다. 이 함정을 피하라. 싫다고 말해라(필립은 식기세척기론에 싫다고 했다). 예라고 대답하면 다시는 빠져나오지 못할 블랙홀에 빨려 들어갈 것이다.

팀을 교육시켜라

UX 교육은 팀에 나침반 방향을 제공하는 것이라고 생각하라. 새롭게 채용된 팀원이 아주 경험이 많지 않는 한, 교육 없이는 팀은 기껏해야 목적이 없고 최악의 경우에는 골칫거리가 될 것이다. 가끔 팀은 자기 나침반의 북쪽에 해당하는 사용자 경험을 중심으로 방향을 바꿀 필요가 있다.

내부 파트너 중 일부는 팀에게 무엇을 기대해야 하는지 이해하고 그 결과물을 어떻게 적용해야 하는지 알기 위해서 수업에 참여하기를 원할 수도 있다. 우리는 사내 UX 교육에서 모든 사람을 하나로 묶는 매우 효과적이고 뛰어난 방법을 찾았는데, 그것은 모두에게 공통된 사용자 경험 용어와 공통된 사용자 경험 비전을 제공하는 것이다.

UX 연구원처럼 생각하라

- 사용자 경험팀이 저지르는 6가지 실수를 읽어보라. 이 중에 함께 일하는 조직에서 목격한 것은 무엇인가?
- 일부 사용자 경험팀에서 수행한 UX 리서치가 UX 리서치의 가장 기본적인 기준조차 충족시키지 못한다고 주장한다. 사용자 경험팀이 수행한 UX 리서치의 품질을 어떻게 평가하는가? 어떻게 이런 판단을 내리는가? UX 리서치의 품질이 개선되는지 혹은 악화되는지 어떻게 알 수 있는가?
- 대부분의 조직은 2가지 접근법 중 하나를 사용해서 사용자 경험 역량을 구축한다. 한 가지 접근법에서 사용자 경험팀은 개발팀의 컨설턴트로 일하는 UX 연구원이라는 고유의 기능을 수행한다. 다른 한 가지 접근법에서 개발팀은 전담 UX 연구원을 내부에 보유한다. 이러한 접근법의 장점과 단점은 무엇인가? 개인적으로 어떤 것을 선호하는가?
- 다니고 있는 회사에서는 "UX"가 유행어인가? 관리자는 사용자 경험에 어떤 것이 수반되는지 이해하는가? 관리자 위의 관리자는 어떠한가? 사용자 경험이 무엇인지 이해시키기 위해 조직 내 사람들을 어떻게 교육할 수 있는가?
- 사용자 경험 교육을 팀에게 나침반 방향을 제공하는 방법으로 묘사한다. 사용자 경험팀 또는 개발팀이 사용자 경험에서의 우수 사례를 이해하도록 돕는 다른 방법은 무엇인가?

6

사용자 경험 분야에서 경력 쌓기

사용자 경험 리더 채용하기

여러 회사에서 사용자 경험 역량 구축을 어떻게 하면 좋을지 자주 묻는다.
조언은 맨 위에서부터 시작해서 첫 번째 사용자 경험 리더십 역할에 적합한
사람을 채용하라는 것이다. 그렇다면 리더는 어떤 자질을 갖춰야 하는가?
그리고 어떤 채용 실수를 피해야 하는가?

당신은 규모가 큰 회사의 디자인 부사장이다. 새로운 사용자 경험팀을 꾸려도 좋다는 허가를 방금 받았고, 지금은 머리에 두 손을 올리고 앉아있다.

사용자 경험 커리어 웹사이트에서 직책을 15분째 응시하고 있다. 완전 엉망진창이군. UX 디자이너, UX 개발자, UX 연구원, 사용성 전문가, 인사이트 디자이너, UX 디지털 분석가, 사용자 연구원, 사용성 분석가, 소프트웨어 UX 디자이너, UX 아키텍트, 컨텐트 디자이너, 인간 공학 엔지니어, UX/UI 디자이너, UX 마케터, UI 아티스트, 인터랙션 디자이너, 인포메이션 아키텍트. 머리가 빙빙 돈다. 인사팀을 불렀지만, 역시 머리에 손을 올리고 책상 건너편에 앉아있다.

그럴 듯하게 지어낸 단어로 뒤죽박죽인 상태로 이해하기 힘들게 느껴지며, 회사가 해당 분야를 잘 알지 못하며 사용자 경험팀이 어떤 모습이어야 하는지 모른다는 것을 보여주는 징후라는 것을 알고 있기 때문에 걱정이 된다. 역량이 부족한 후보자가 전화 부스 안의 클라크 켄트Clark Kent*보다 더 빨리 정체를 바꾸는 동안에 뛰어난 후보자는 되

* 클라크 켄트: 슈퍼맨 주인공 – 옮긴이

돌아갈 것이 염려된다.

그럼 어떻게 해야 하는가?

사용자 경험 전문가를 참여시켜라

진퇴양난이다. 본인도 사용자 경험을 잘 모르고 채용 관리자도 그 분야를 모른다면 좋은 사용자 경험 후보자를 찾는 방법을 어떻게 알 수 있는가? 알 수 없다. 그러니 할 수 있는 사람을 구해라. 앞서 사용자 경험팀을 만들고 사용자 경험 담당자를 채용해본 경험이 많은 사용자 경험 컨설턴트를 채용 기간 동안에 참여시켜라. 그는 채용 과정을 철저하게 만들고, 전 과정에 걸쳐 안내하고, 채용 공고를 작성하고, 지원자를 선별하고, 선발 과정을 설계하고, 면접에 참석하고, 추천을 할 수 있도록 도와줄 것이다.

사용자 경험 리더를 먼저 채용하라

윈스턴 처칠Winston Churchill 경의 관찰에 따르면 팀을 구성하는 것은 집을 짓는 것과 다르다. 밑에서 시작해 위쪽으로 작업하고, 굴뚝 위 통풍관처럼 리더를 위에 추가하지 않는다. 위에서부터 아래로 팀을 구성한다. 사용자 경험팀 리더를 먼저 채용하라. 그 리더는 당신이 채용한 가장 중요한 사용자 경험 담당자다. 경험이 없는 사람을 채용하는 것부터 시작하지 마라. 그렇게 하면 당신이 출발선을 벗어나기도 전에 사용자 경험의 가치를 떨어뜨릴 위험이 있다. 팀 리더부터 시작한다는 것은 그 사람이 운영 프레임워크를 구축하고, 전략을 수립하고, 사용자 경험을 전파하고, 팀을 구성하기 위한 후속 채용 결정을 내릴 수 있다는 의미다.

비전을 갖춘 사용자 경험 리더를 채용하라

모든 훌륭한 리더가 공유하는 특정한 특징이 있다. 자신감, 매끄럽게 커뮤니케이션할 수 있는 능력, 동기 부여와 영감을 줄 수 있는 능력,

전략적으로 사고하고 더 큰 그림을 볼 수 있는 능력, 설득하고 영향을 줄 수 있는 능력, 복잡성을 관리하는 능력, 필요하다면 고위 경영진과 정면으로 맞설 수 있는 능력이 그것이다. 각자가 생각하는 리더의 능력도 이 목록에 덧붙일 수 있다. 여기에 언급한 것은 전부 모든 리더가 사용자 경험과 관련된 기술적인 능력 외에 갖춰야 할 자질이다. 그러나 이러한 것들은 사용자 경험팀을 이끌기에 충분치 않다.

뛰어난 사용자 경험 리더에게서 확인한 "필수" 특징은 **비전**이다. 비전은 제품, 팀, 그리고 회사의 사용자 경험에 대한 미래 모습을 상상하고 분명하게 설명하는 능력과 비전을 지지하도록 사람들에게 동기를 부여하는 능력이 결합된 것으로 해석된다.

리더십은 행동, 진보, 변화를 필요로 한다. 리더는 실제로 팀을 지금 있는 곳이 아닌 다른 어딘가(목표나 탐구)로 이끌어야 한다. 어떤 리더는 목적지를 모르기 때문에 여정을 시작하지 못하고, 어떤 리더는 그저 제자리에서 부지런히 뛴다. 당신의 사용자 경험팀이 작년에 했던 것과 동일한 일을 올해도 하고 있다면 아무런 리더십도 발휘되지 않은 것이다. 좋은 리더는 팀을 위해 목적지, 지도, 나침반 베어링을 제공한다.

연구원을 채용하라

좋은 사용자 경험의 기초는 리서치다. 그러니 연구원을 채용하라. 가급적이면 인간의 행동을 연구한 경험이 있는 사람이 낫다. 인지 과학, 인간 공학, 인류학, 사회학, 인체 공학, 심리학 등을 포함하는 폭넓은 전공 분야를 허용한다. 인간 행동 연구에 과학적인 접근을 채택하는 분야를 실험 심리학이라고 부르며, 이는 첫번째 사용자 경험 채용에서 무엇을 찾아야 할지를 보여주는 좋은 지표다. 개인적으로 수행한 행동 리서치를 설계하고 실행했다는 입증 가능한 기록을 갖춘 사람을 찾아라.

다른 학문 분야는 실행 가능한 출발점으로 보일 수 있겠지만, 인간 행동의 과학 또는 사용자 경험의 기초가 되는 사용자 중심 리서치 및 데이터 분석의 엄격한 적용에 대한 경험을 보장하지는 않는다.

관련 분야에 대한 실무 지식을 갖춘 사용자 경험 리더를 채용하라

리더는 팀원에게 영감을 주고 싶어 하며, 그렇게 하기 위해서는 그들의 가치와 관심사를 이해해야 한다. 이는 사용자 경험과 관련된 폭넓은 분야에 대한 실무 지식과 이해를 의미한다. UX 리서치 외에도 리더는 인터랙션 디자이너, 시각 디자이너, 소프트웨어 프로그래머 및 프로토타입 제작자 그리고 다양한 견해, 경험 및 교육 수준을 지닌 사람들로 구성된 팀을 짜고 이끌 것이다.

또한, 사용자 경험 리더는 비즈니스가 어떻게 돈을 벌고, 사용자 경험이 비즈니스 성장을 어떻게 도울 수 있는지 이해할 것이다. 리더는 비즈니스 언어로 말할 수 있을 것이다. 여기에는 사용자 경험에 대한 투자 수익률을 계산하고, 커뮤니케이션할 수 있고, 사용자 경험 예산을 확보 및 관리할 수 있고, 회사의 재무와 마케팅 부서 사이에 다리를 놓을 수 있는 능력이 포함될 것이다.

부사장 레벨의 직위를 마련하라

이것은 회사 전체에 영향을 미치는 직위다. 사용자 경험 리더는 회사가 고객 및 사용자를 생각하는 방식과 제품 및 서비스를 개발하는 방식을 완전히 바꿔 놓을 수 있다. 권위를 갖는 조직의 차원에서 이 사람을 임명하라. 사용자 경험 리더가 영향력을 가질 수 있도록 부사장 레벨 혹은 적어도 이사급으로 채용하는 것을 강력히 권장한다. 조직 내에 고위직이 없으면 사용자 경험 비전은 방향 변경을 결정하는 고위 관리자에 의해 언제든 이탈할 수 있다.

물론 예산이 장애물이 될 수 있다. 따라서 저연차의 사용자 경험 실무자 2~3명 채용부터 시작할 생각이었다면 이들 중 1~2명을 희생시켜서 더 연차가 높은 레벨을 채용하는 것을 추천한다. 사용자 경험이 흔해져서 사용성 테스트를 기계적으로 찍어낸다면 사고, 혁신, 아이디어, 문화 및 브랜드에 영향을 미칠 수 없다. 큰 목표를 가져라. 기회는 한 번 뿐일 것이다. 돈이 더 필요하다면 요청하라.

3가지 일반적인 채용 실수

다음은 가장 일반적인 사용자 경험 리더 채용 실수 3가지다.

돌발적인 관리자

분명히 하자. 사용자 경험 관리자를 채용하는 것은 실수가 아니다. 사용자 경험 관리자는 2번째로 채용한 사람이어야 한다. 그러나 사용자 경험 리더를 채용하려고 할 때 사용자 경험 관리자를 뽑는 것은 실수다. 이 두 가지 역할은 서로 상이하다. 리더십과 관리는 상호 간에 관계없이 독립적이며, 심지어 정반대일 수도 있다. 사용자 경험 리더는 비즈니스를 향해 바깥을 내다보는 것으로 생각하고, 사용자 경험 관리자는 팀을 향해 안쪽을 바라보는 것으로 생각하라. 좋은 리더십은 비전에 관한 것이고, 좋은 관리는 팀을 발전시키는 것에 관한 것이다. 리더는 사용자 경험이 비즈니스와 회사 문화에 미치는 영향에 초점을 맞추며, 관리자의 초점은 일상적인 운영, 사용자 경험의 기술적 측면, 사용자 경험 팀원을 멘토링하고 성장시키는 데 있다. 배의 선장처럼 리더가 항로를 정하고 배를 조정하는 동시에 엔진실로 내려가서 기름 레벨을 점검하는 것은 어려운 일이다.

원맨 밴드

균형 잡힌 사용자 경험팀은 다양한 리서치 및 디자인 분야와 기술(다음 에세이에서 더 자세히 다룰 것)을 포함할 것이다. 하지만 이 모든 것을 한 사람에게서 찾지는 않을 것이며 그런 시도를 하는 것은 잘못이다. 첫 번째 사용자 경험 채용 직원이 연구원이자 시각 디자이너, 컨텐트 작성자이길 기대하지 마라. 이러한 분야는 취업 포스팅 웹사이트에서 상호 대체 가능한 것처럼 보일 수도 있겠지만, 매우 다르며 아주 전문적이다. 지원자는 이러한 영역에 대한 인식과 지식을 갖고 있겠지만, 원맨 밴드를 채용하려고 애쓰는 것을 경계하라. 원맨 밴드가 흥미롭다고 생각할지 모르겠으나, 그의 음악은 대체로 아주 끔찍하다. 이런 실수를 피한다는 것은 구체적인 채용 공고를 작성하고, 단지 인상적이라는 이유로 떠올릴 수 있는 모든 역할과 책임을 긁어 모으고 싶은 유혹을 피하는 것을 의미한다. 전문가를 채용하는 것이므로 특정해야 한다.

수평적 아라베스크

특히 대기업에서 새로운 사용자 경험 역량을 책임지게 할 목적으로 디자이너에게 사용자 경험 리더 역할을 할당하는 것은 드문 일이 아니다. 때로는 엔지니어, 때로는 마케터가 그 대상이다. 세 경우 모두 본 적이 있다. 심지어 고객 서비스 요원을 이 자리에 앉히는 것도 봤다. 이런 경우가 아직까지 잘 굴러가는 것을 보지 못했다.

이러한 가짜 승진은 로렌스 피터Lawrence Peter와 레이몬드 헐Raymond Hull이 수평적 아라베스크Lateral Arabesque라고 부르는 피터 법칙의 변종에 가깝다.[1] 수평적 아라베스크는 누군가에게 더 긴 직책과 다른 업무 공간을 제공하는 것을 포함한다. 여기서는 자발적으로 사용자 경험으로 이동한 사람에 대해 말하고 있는 것이 아니다. 그들은 그 분야에 매력을 느끼고 사용자 경험을 경력 전환으로 생각하기 때문이다. 사용자 경험 실무자는 다양한 배경에서 이 분야에 진입했으며, 교육과 코칭을 통해 중요한 기여자가 되는 경향이 있다. 하지만 이러한 사람을 사용자 경험 리더십 자리에 곧장 앉히는 것은 여전히 지지하지 않는다. 디자인, 엔지니어링, 마케팅 또는 회사의 다른 부문에서 성과가 좋지 못했기 때문에 경영진의 지시로 자신의 전문 분야를 떠나 사용자 경험 분야로 이동한 사람에 대해 이야기하고 있다.

팀 구성에서 "앤디 캡Andy Capp" 모델이라고 부르는 것에서 이것의 끔찍한 변종을 볼 수 있다. 연재 만화의 캐릭터인 앤디 캡은 "수리공" 이라는 직업에 지원하지만, 그에 필요한 아무런 경험이나 기술이 없다고 인정한다. "그럼 어떤 점에서 자네가 수리공이지?"라고 작업 감독이 묻자, "집이 아주 가까워."라고 답한다.

이 모델에서 사용자 경험팀은 기술이나 경험이 없지만, 그저 "집"이 필요한 내부 직원들로 채워진다. 이들은 때로는 전직 행정 직원, 현재 직무가 없어진 사람, 또는 오랫동안 있었지만 다른 곳에서 쉽사리 적응하지 못한 사람들이다. 경험상 이러한 "의지는 있지만 능력이 없는" 후보자는 사용자 경험 배경이 거의 전무하기 때문에 그 일을 직접 할 수가 없다. 사용자 경험 이런 사람들에게 사용자 경험에 대한 통솔권을 넘기면 대개는 외부에 도움을 요청해 자신의 입지를 더욱더 약화시킨다.

사용자 경험 직원 채용에 대한 이러한 접근법들은 사용자 경험을 평가절하하고, 그들이 가지고 있는 기술의 가치를 떨어뜨린다. 그러한 사용자 경험팀은 대개 좋은 일을 하거나 영향력을 가지려고 애쓰지만, 개발팀에게 자주 무시를 받는다.

무자비하게 보일지 모르지만…

리더십은 사용자 경험 그 자체와 조금 비슷하다. 없으면 눈에 띈다. 팀이 업무에 신이 나고, 팀의 모든 사람이 목적 의식을 가지며, 사람들이 자신의 일에 행복할 때 좋은 리더십을 알 수 있다. 물론, 이것은 측정이 어려운 일이며, 이런 분위기를 만드는 리더십 행동을 분명하게 정의하는 것은 훨씬 더 어렵다. 좋은 리더십 얘기를 하려면 다시 비전을 언급하지 않을 수 없다. 지금까지 만난 최고의 사용자 경험 리더는 무엇이 "좋게" 보이는지에 대한 정확한 비전을 갖고 있다. 그들은 이 비전에 대해 토론하고 이해할 수 있도록 돕는 것을 기쁘게 여기지만, 그 비전은 어느 위원회에서도 정하지 않는다. 무자비하게 보일지 모르지만, 리더의 비전을 믿거나 아니면 쫓겨나든지 둘 중 하나다.

UX 연구원처럼 생각하라

- 조직의 사용자 경험 리더를 채용하기 위한 채용 공고를 작성하라. 어떤 직함을 사용했는가? 왜 그 직함을 선택했는가? 직함 변경이 지원자를 어떻게 바꾸는가? 사용자 경험 리더의 첫 해의 목표를 반드시 포함하라. 그들이 진행할 프로젝트의 니즈와 극복해야 할 과제를 설명하라.
- 팀을 구성할 수 있는 것이 아니라 사용자 경험 전문가 한 명만 채용할 수 있다면? 어떤 배경, 경험 및 자질을 찾겠는가? 이 사람이 회사에서 어떤 역할을 하길 기대하는가?
- 사용자 경험 채용을 저연차 레벨에서 진행하되 교육 예산을 투입해서 이들이 적기에 리더십 자리에 오르도록 도와야 한다는 말을 듣게 되는 상황을 고려해보라. 사용자 경험 리더십에서 이와 같은 "내부 육성" 접근법의 장점과 단점은 무엇인가?
- 사용자 경험 리더십 자리에 적합한 후보를 찾는 문제에 대해 상사와 이야기를 나눴다. 그는 전문 채용 에이전시를 이용하라고 말한다. 이렇게 하는 것의 이점과 위험은 무엇인가?
- 사용자 경험 리더십 역할에 직접 지원한다고 상상해보라. 사용자 경험 관리자가 아닌 사용자 경험 리더로서 자신을 내세우기 위해 이력서에서 어떤 점을 강조할 것인가?

사용자 경험 실무자의 전문 능력을 평가하고 개발하는 도구

사용자 경험 실무자는 8가지 핵심 역량을 발휘한다. 이 8개 영역에서 팀원 각각의 "특징"을 평가함으로써, 관리자는 완전히 통합적인 사용자 경험팀을 구성할 수 있다. 이 접근법은 팀원 각자가 개인 계발이 필요한 영역과 함께 가장 적합한 역할을 확인하는 데 도움을 준다.

"사용자 경험 실무자에게 필요한 기술은 무엇인가?"라는 질문을 종종 받는다. "UX 실무자"(그리고 그 변형들)라는 용어가 문제가 될 수 있지만, 그렇다고 해서 사용자 경험 분야에서 일하기 위해 개인이 갖춰야 할 능력을 알아보는 것을 피해야 한다는 뜻은 아니다. 관리자는 여전히 사용자 경험팀의 격차를 파악해야 하며, 인사 부서도 채용 및 채용 공고 작성을 위한 적절한 기준을 세워야 한다(이해도 못할 키워드를 찾느라 이력서를 대충 훑어보는 대신에).

주요 역량

사용자 경험 실무자에게 필요한 주요 역량은 8가지 영역으로 나뉜다.

- 사용자 니즈 리서치
- 사용성 평가
- 인포메이션 아키텍처
- 인터랙션 디자인
- 시각 디자인

- 기술 문서 작성
- 사용자 인터페이스 프로토타이핑
- 사용자 경험 리더십

이러한 "역량"을 제대로 이해하기 위해서는 바탕이 되는 행동을 식별해야 한다. 각각의 역량 영역에서 최고의 전문가가 보여주는 지식, 기술 및 활동을 설명하는 행동은 무엇인가?

다음 절에서는 팀원 각각의 "특징"을 규정하는 데 사용할 수 있는 별 모양 차트와 함께 이러한 역량을 뒷받침하는 행동을 설명한다. 그런 다음, 통합적인 사용자 경험팀을 구성할 수 있도록 다양한 실무자에게 기준이 되는 특징을 검토한다.

사용자 니즈 리서치

이 역량은 다음과 같은 행동으로 정의된다.

- 시스템 설계 이전 뿐만 아니라 설계 도중 및 배치 후에도 사용자 리서치의 중요성을 명시한다.
- 시스템의 잠재적 사용자를 파악한다.
- 표본 결정을 포함한 사용자 현장 방문을 계획한다.
- 사용자의 목표(사용자가 원하는 것)를 밝혀 내기 위해 표면적인 의견(사용자가 말하는 것)을 뛰어넘는 효과적인 인터뷰를 구성한다.
- 관찰 별로 적절한 기록을 보관한다.
- 현장 방문에서 얻은 정성적 데이터를 분석한다.
- 현장 방문에서 얻은 데이터를 퍼소나, 사용자 스토리, 사용자 여정 지도와 같이 디자인에 사용할 수 있는 방식으로 제시한다.
- 기존 데이터(예: 웹 분석, 사용자 서베이, 고객 지원 통화)를 분석하고 해석한다.

- 이전 사용자 리서치를 냉정하게 평가한다.

사용성 평가

이 역량은 다음과 같은 행동으로 정의된다.

- 가장 적절한 평가 방법(예: 형성 vs. 종합 테스트, 진행자가 있는 vs. 진행자가 없는 테스트, 연구실 vs. 원격 테스트, 사용성 테스트 vs. 전문가 리뷰, 사용성 테스트 vs. A/B 테스트, 사용성 테스트 vs. 서베이)을 선택한다.
- 사용성 원칙 및 가이드라인을 해석하고, 이를 사용자 인터페이스에서 발생 가능한 문제 확인에 사용한다.
- 실험을 설계하는 방법, 변수를 제어하고 측정하는 방법을 이해한다.
- 다양한 유형의 사용성 평가를 계획하고 관리한다.
- 사용성 평가 데이터를 기록한다.
- 사용성 평가에서 얻은 결과를 분석한다.
- 사용성을 측정한다.
- 사용성 문제의 우선순위를 매긴다.
- 리포트, 프레젠테이션, 일일 회의, 하이라이트 비디오와 같이 결과 및 권장 사항을 공유하기에 가장 적절한 포맷을 선택한다.
- 개발팀이 결과에 대해 조치를 취하도록 설득한다.

인포메이션 아키텍처

이 역량은 다음과 같은 행동으로 정의된다.

- 사람과 제품 또는 서비스 간의 흐름을 설정한다(서비스 디자인이라고도 알려짐).

- 작업 영역에 대한 사용자 모델을 알아내고 설명한다.
- 컨텐트 및 기능을 정리하고, 구조화하고, 레이블을 붙인다.
- 컨텐트 구성을 위해 다양한 디자인 패턴(패싯 내비게이션faceted navigation*, 태그, 허브 앤 스포크)중에서 선택한다.
- 통제 어휘집을 개발한다.
- 메타 데이터의 중요성과 사용법을 설명한다.
- 검색 로그를 분석한다.
- 온라인 및 오프라인 카드 소팅card sorting 세션을 실행한다.

인터랙션 디자인

이 역량은 다음과 같은 행동으로 정의된다.

- 다양한 사용자 인터페이스 패턴(예: 마법사, 오거나이저 워크스페이스Organizer Workspaces†, 코치 마크Coach Marks‡) 중에 선택한다.
- 적절한 사용자 인터페이스 "문법"(예: 체크박스 vs. 라디오 버튼과 같이 인터페이스에서 적절한 컨트롤 선택)을 사용한다.
- 특정 사용자 인터페이스 인터랙션(예: 핀치투줌pinch to zoom§이 동작하는 방식을 설명한다.
- 사용자 인터페이스 애니메이션을 만든다.
- 사용자 인터페이스 내에 행동 유도 장치를 만든다.
- 솔루션을 위한 디자인 아이디어를 만든다.
- 인터랙션이 작동해야 하는 방식에 대한 사용자 중심 스토리를 스케치하고 보여준다.

---

* 사용자가 제품 속성을 기반으로 필터를 사용해서 검색 결과를 좁힐 수 있음 – 옮긴이

† 현재 작업 공간 관리 – 옮긴이

‡ 앱을 처음 시작할 때 사용자에게 제공되는 간단한 도움말 패턴 – 옮긴이

§ 손가락 사이를 벌려서 확대하거나 조여서 축소하는 기능 – 옮긴이

시각 디자인

이 역량은 다음과 같은 행동으로 정의된다.

- 사용자 인터페이스를 처리하기 위해 시각 디자인의 기본 원칙(대비, 정렬, 반복 및 근접성)을 사용한다.
- 적절한 타이포그래피를 선택한다.
- 그리드를 고안한다.
- 페이지를 배치한다.
- 색상 팔레트를 선택한다.
- 아이콘을 개발한다.
- 공통 브랜드 스타일을 준수하는 것의 중요성을 명시한다.

기술문서 작성

이 역량은 다음과 같은 행동으로 정의된다.

- 쉬운 말로 컨텐트를 작성한다.
- 사용자의 관점(시스템 관점이 아닌)에서 컨텐트를 표현한다.
- 사용자가 태스크와 거래를 완료하도록 도와주는 컨텐트를 만든다.
- 복잡한 아이디어를 간결하게 표현한다.
- 매크로 및 마이크로 카피를 작성하고 편집한다.
- 조직의 정체성 또는 브랜드에 맞는 어조로 컨텐트를 작성한다.
- 상황에 맞는 도움말을 선택한다. 튜토리얼 vs. 설명서 vs. 상황별 도움말 vs. 마이크로카피

사용자 인터페이스 프로토타이핑

이 역량은 다음과 같은 행동으로 정의된다.

- 프로토타입과 시뮬레이션 개발을 통해 아이디어를 인터랙션으로 변환한다.
- 디자인 단계에 적합한 프로토타입 충실도fidelity를 선택한다.
- 빠른 반복의 이점을 분명히 설명한다.
- 종이 프로토타입을 제작한다.
- 솔루션 결정에 앞서 디자인 공간을 제대로 탐색한다.
- 인터랙티브한 전자식 프로토타입을 제작한다.

사용자 경험 리더십

이 역량은 다음과 같은 행동으로 정의된다.

- 사용자 경험 업무 계획 및 일정을 수립한다.
- 사용자 경험 활동의 비용편익cost-benefit을 입증한다.
- 다학제적인 팀을 이끈다.
- 프로젝트를 위해 팀원을 모은다.
- 팀의 지속적인 전문성 개발을 촉진한다.
- 이해관계자와 연락한다.
- 클라이언트의 기대치를 관리한다.
- 사용자 경험이 회사의 성공에 미치는 영향을 측정하고 모니터링한다.
- 회사 전체에 사용자 경험을 전도한다.

사용자 경험팀의 역량을 평가하는 방법

이러한 역량을 지닌 사람들을 코칭할 때, 간단한 별 모양의 차트(그림 6.1)에 맞춰 논의를 공식화하는 것이 유용하다. 별 차트의 목적은 논의를 위한 프레임워크를 제공하는 데 있다. 물론 사람들은 별 차트가 그들이 다시 들춰볼 수 있고, 시간의 경과에 따른 진척을 평가할 수 있는 유용한 참고자료라고 말한다.

별 차트에는 이 에세이에서 검토한 8가지 역량과 각 역량에 대한 5점 척도가 포함돼 있다는 것을 알 수 있다. 5점 척도는 논의의 틀을 잡는 용도이며, 사람들이 자신의 장단점을 파악하는 것을 돕기 위해 제공된다.

각 팀원과 수년간 함께 일한 것이 아니라면 팀원에게 자신의 역량을 평가하도록 요청할 것을 권장한다. 사람들에게 다음과 같이 안내한다.

> 별 차트에서 가장 친숙한 역량 영역 중 하나를 선택하세요. 선택한 역량 영역에 대한 행동 설명을 읽고 다음 척도를 사용해서 자신의 역량을 0에서 5로 평가하세요.
>
> 0 - 이 역량을 이해하지 못하거나 보유하고 있지 않음
> 1 - 초보자: 이 역량에 대한 기본적인 이해를 갖고 있음
> 2 - 숙련된 초보자: 감독 하에 역량을 증명할 수 있음
> 3 - 적당한: 독립적으로 역량을 증명할 수 있음
> 4 - 능숙한: 이 역량에 관해서 다른 사람을 감독할 수 있음
> 5 - 전문가: 이 역량을 적용하는 새로운 방법을 개발함
>
> 다음으로 다른 역량 영역으로 이동해서 도표를 완성하세요.

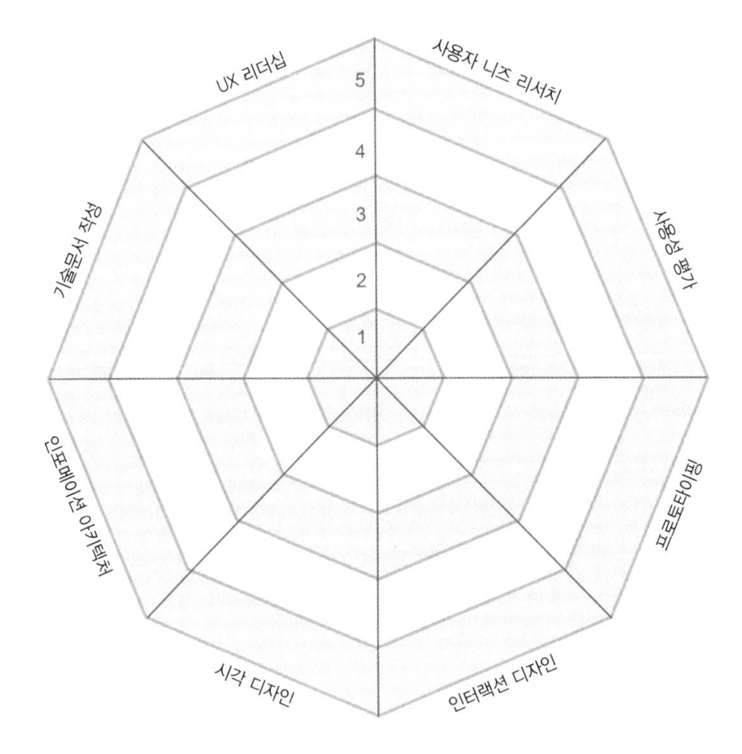

그림 6.1 자신의 역량을 평가하는 템플릿

사람들에게 본인의 역량을 평가해달라고 요청할 때 문제가 있다. 더닝 크루거Dunning-Kruger 효과[2]에 따르면 초보자는 자신의 역량을 과대평가하는 경향이 있고, 전문가는 자신의 역량을 과소평가하는 경향이 있다. 예를 들어, 자신을 "1"로 평가해야 하는 초보자는 2나 3으로 과대평가할 수 있는 반면, 자신을 "5"로 평가해야 하는 전문가는 3 또는 4로 과소평가할 수 있다. 이러한 편향을 해소하기 위해 (a)절대 등급은 무시하고 대신에 8개 역량에 대한 팀원의 일반적인 패턴을 살펴본다. 또는 (b)팀원에게 자신의 등급을 설명할 수 있는 구체적인 행동의 예를 제공하도록 요청하는 인터뷰를 통해 각 차트를 후속 조사할 것을 권고한다.

사용자 경험 실무자 역할에 역량 연결하기

앞서 사용자 경험 분야가 뭘 골라야 할지 모를 정도로 많은 직책을 갖고 있다는 점에 주목했다. 그래서 이러한 역량을 다양한 사용자 경험 역할에 연결하기 위해, 메홀즈Merholz와 스키너Skinner의 최근 저서인 『Org Design for Design Orgs』[3]에서 실무자 역할 일부를 가져왔다. 이 책이 최근에 나왔기도 하고, 이 분야의 저명한 전문가가 집필했기 때문에 선택했다.

별 차트로 건너뛰면 역할을 맡고 있는 모든 실무자가 각각의 역량 영역에 대해 적어도 기본적인 이해도를 갖추길 기대하게 된다. 이는 사용자 경험에서 BCS 협회 증명서[4]를 취득한 사람이라면 보유 가능한 지식 수준이다. 그 너머에는 역할마다 서로 다른 패턴이 있다.

다음 차트는 초급 및 고급 실무자 양쪽의 지도를 보여준다. 실선은 초급 실무자의 최소 역량 수준을 나타내고 화살표는 고급 실무자가 확장해야 하는 영역("4" 및 "5" 영역)을 보여준다. 고급 실무자의 폭넓은 경험으로 볼 때, 고급 실무자가 다른 역량에서도 2, 3영역으로 확장하는 것을 기대할 것이다. 하지만 도표를 단순화하기 위해 보여주지 않았다.

최적의 별 차트가 어떤 모습인지에 대한 질문은 궁극적으로 각각의 사람, 그들의 개인적인 목표, 조직의 니즈에 따라 상이할 것이다. 그러나 다음의 역할 기반 설명은 이 논의에 도움이 될 수 있다. 또한 이 접근법이 기존 팀원과 동일한 역량을 가진 사람을 채용하려는 것을 막아줄 것이라는 점도 매우 중요하다. 완벽한 사용자 경험 팀에 필요한 다양한 역량을 모든 사람이 깨닫는데 별 차트가 도움이 될 것이다.

UX 연구원

메홀즈와 스키너는 UX 연구원을 발생적 및 평가적 리서치의 책임자라고 설명한다. 발생적 리서치는 "문제를 새로운 방식으로 표현하는 것에 대한 인사이트"를 생성하는 현장 리서치를 의미하며, 평가적 리서치는 “사람들이 사용하는 것을 관찰하고 어디에서 어려움을 겪는지 살펴보는 것을 통해 디자인 솔루션의 효율성”을 테스트하는 것을 뜻한다. 이 역할을 담당하는 사람에게 기대하는 역량 특징은 사용자 니즈 리서치 및 사용성 평가에서의 전문 지식이다(그림 6.2).

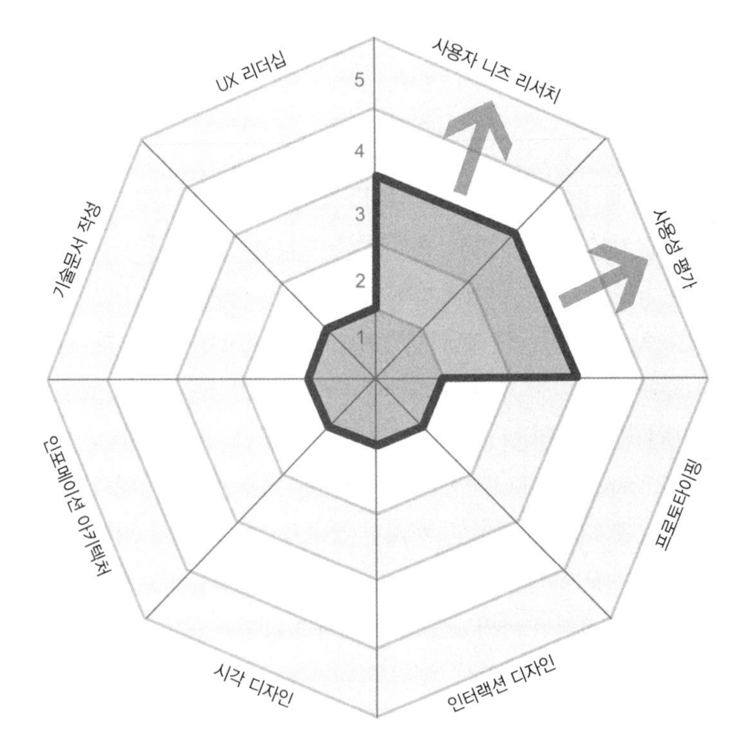

그림 6.2 실선은 초급 UX 연구원의 최소 역량 수준을 보여준다. 화살표는 고급 실무자가 획득해야 하는 수준(일반적으로 4, 5단계)을 나타낸다. 경험의 폭이 넓기 때문에 고급 실무자는 별 차트의 다른 영역에서도 더 넓은 특징(2단계와 3단계)을 보여줘야 한다(역할이 아니라 개인 별로 상이할 것이다).

제품 디자이너

머홀즈와 스키너는 제품 디자이너를 “인터랙션 디자인, 시각 디자인 및 때로는 프론트 엔드 개발까지 책임”지는 사람으로 설명한다. 이 역할을 담당하는 사람에게 기대하는 역량 특징은 시각 디자인, 인터랙션 디자인, 그리고 약간의 프로토타이핑에서의 전문 지식이다(그림 6.3).

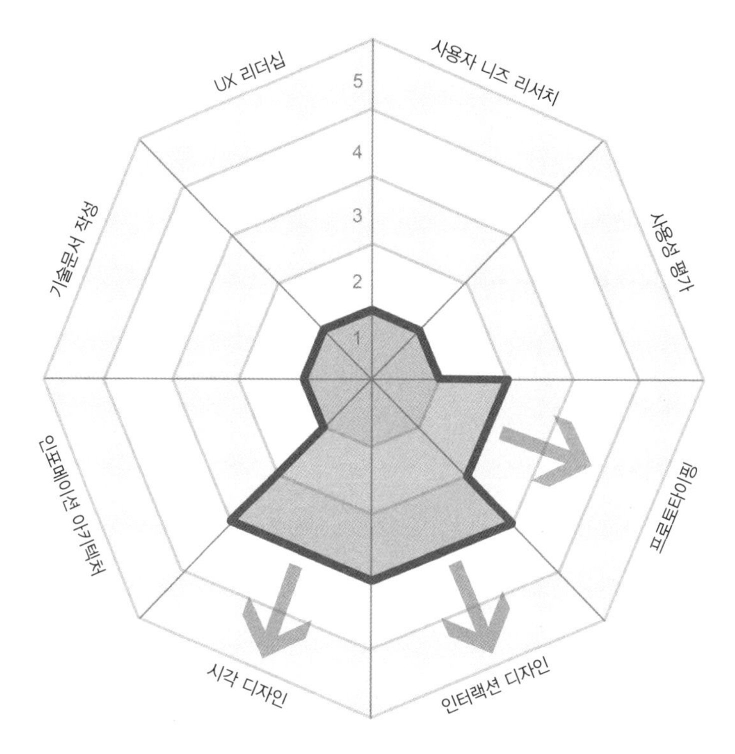

그림 6.3 실선은 초급 제품 디자이너의 최소 역량 수준을 보여준다. 자세한 내용은 그림 6.2의 범례를 참조하라.

크리에이티브 기술 전문가

머홀즈와 스키너는 크리에이티브 기술 전문가Creative Technologist를 인터랙티브 프로토타이핑을 사용해서 개발팀이 디자인 솔루션을 탐구할 수 있도록 돕는 사람으로 설명한다. 이 역할은 프론트 엔드 개발과 구분된다. "크리에이티브 기술 전문가는 납품delivery보다는 가능성에 더 관심이 있다." 이 역할을 담당하는 사람에게 기대하는 역량 특징은 프로토타이핑 그리고 약간의 시각 디자인 및 인터랙션 디자인에서의 전문 지식이다(그림 6.4).

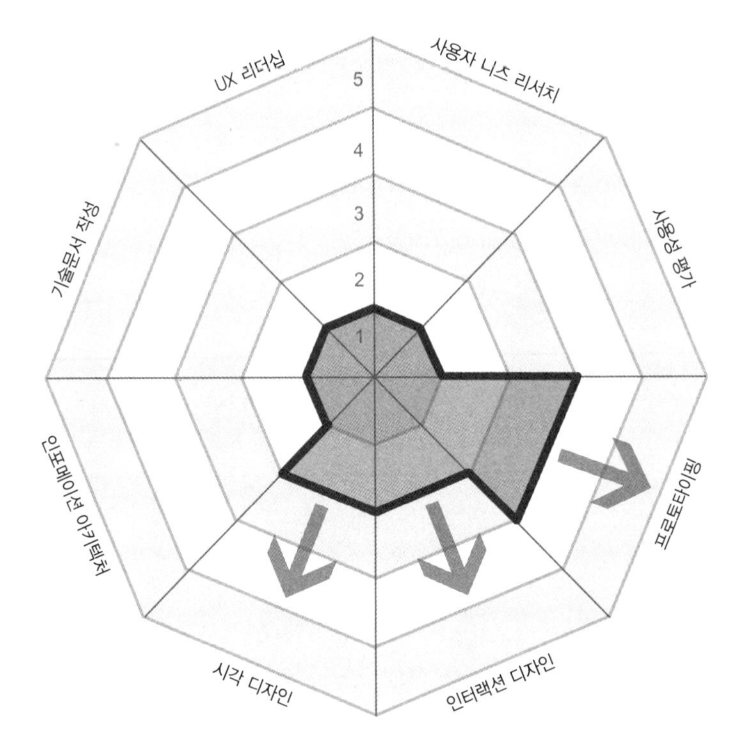

그림 6.4 실선은 초급 크리에이티브 기술 전문가의 최소 역량 수준을 보여준다. 자세한 내용은 그림 6.3의 범례를 참조하라.

컨텐트 전략가

머홀즈와 스키너는 컨텐트 전략가를 "컨텐트 모델과 내비게이션 디자인을 개발"하고 "사용자 인터페이스의 레이블 또는 사람들의 태스크 완료를 돕는 문구에 대한 단어를 작성"하는 사람으로 설명한다. 이 역할을 담당하는 사람에게 기대하는 역량 특징은 기술문서 작성 및 인포메이션 아키텍처에서의 전문 지식이다(그림 6.5).

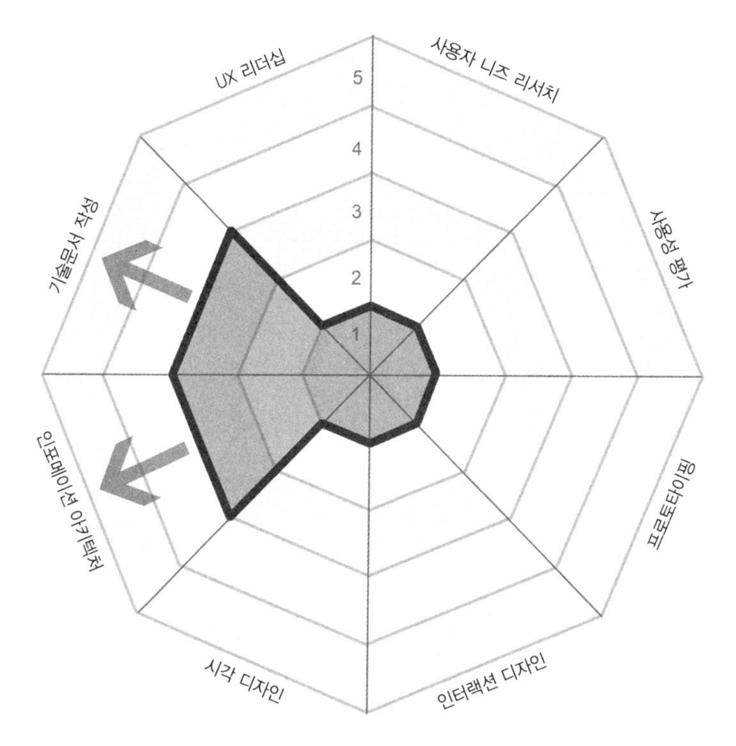

그림 6.5 실선은 초급 컨텐트 전략가의 최소 역량 수준을 보여준다. 자세한 내용은 그림 6.2의 범례를 참조하라.

커뮤니케이션 디자이너

머홀즈와 스키너는 커뮤니케이션 디자이너를 시각 예술과 그래픽 디자인에 배경이 있으며 "레이아웃, 색상, 구성, 타이포그래피, 이미지 사용과 같은 핵심 개념"을 알고 있는 사람으로 설명한다. 이 역할을 담당하는 사람에게 기대하는 역량 특징은 시각 디자인에서의 전문 지식이다(그림 6.6).

본인이 사용자 경험 관리자라면 그림 6.2를 복사하고 각 팀원에게 자기 성찰의 연습으로 별 차트를 완성하도록 요청하라. 그룹별로 결과를 논의하고, 논의를 통해 팀에서 지원이 필요하다고 생각하는 역량 영역을 발견하라.

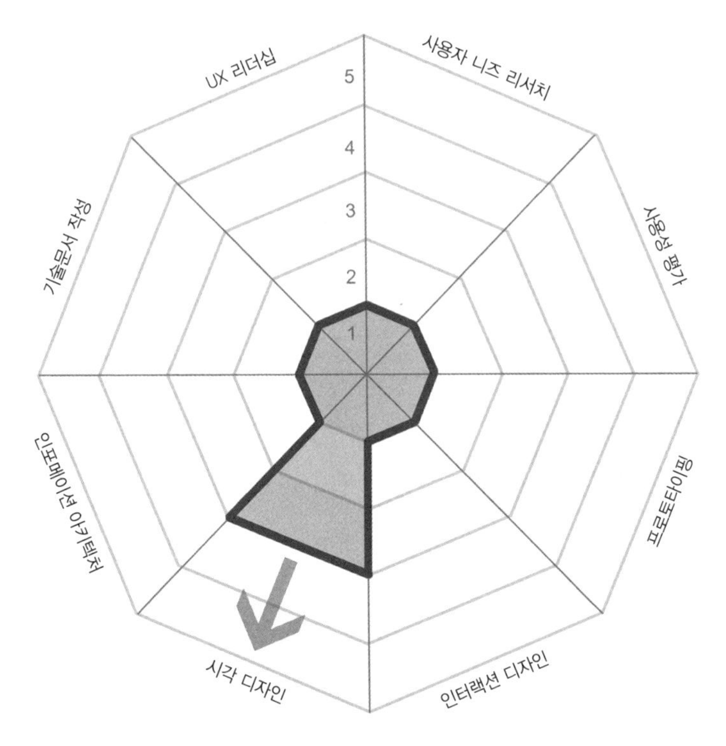

그림 6.6 실선은 초급 커뮤니케이션 디자이너의 최소 역량 수준을 보여준다. 자세한 내용은 그림 6.2의 범례를 참조하라.

UX 연구원처럼 생각하라

- 관리자라면 당신이 매긴 팀원의 역량 등급이 각자 매긴 등급과 상이한 영역을 객관적으로 찾아내기 위해서 팀원과 일대일로 논의하라. 팀원이 실제로 3, 4 또는 5라는 것을 증명하기 위해 어떤 행동을 보여주길 원하는가?
- 현장에서 일하는 실무자라면 템플릿을 사용해서 자신의 역량 특징을 스케치하라. 도표를 벤치마크(현재 상태)로 사용해서 개선이 필요한 영역을 확인하라.
- 자신의 특징을 이 에세이에 소개된 것과 비교해서 자신이 원하는 역할을 맡고 있는지 확인하고, 그렇지 않다면 다른 역할로 이동하기 위해서 어떤 역량이 필요한지 파악하라.

- 도표를 사용해서 평가 및 전문성 개발을 목적으로 성과 목표를 설정하라.
- 현장에서 일하지 않지만 사용자 경험팀 채용을 담당한다면 이 에세이의 역량 설명을 사용해서 채용 및 채용 공고 작성에 대한 행동 기반의 기준을 설정하라.

전문적 기술을 넘어서기: 훌륭한 UX 연구원을 만드는 것은 무엇인가?

사용자 경험 역량에 대한 작업의 대부분은 전문적 기술의 증거를 보여주는 개인의 능력에 초점을 맞춘다. 하지만 전문적 기술은 UX 연구원에게 요구하는 전문 지식의 한 가지 영역일 뿐이다. 완벽한 연구원이라면 프로세스와 마케팅이라는 2가지 추가적인 전문 영역에 대한 역량도 갖춰야 한다.

데이비드는 자신의 첫 컨설팅 경험에 대해 다음과 같은 일화를 들려준다.

> 몇 년 전 내가 요크 대학에서 박사 후 연구원으로 일할 때, 간혹 미디어에 등장했다. 진단 테스트를 개발할 목적으로 다발성 경화증이 색각 결여color deficiency에 미치는 영향을 연구 중이었다. BBC 라디오 요크는 그 소식을 듣고, 테스트 중 하나를 갖고 와서 리서치에 대해 방송에서 말해달라고 요청했다.
>
> 방송에 적합할지 확신이 없었지만, 파른즈워트문셀Farnsworth Munsell 100가지 색조 테스트를 챙겨가서 80년대 팝 히트곡의 휴식시간 사이에 앨런 파트리지처럼 생긴 라디오 DJ에게 색각 테스트를 설명했다.
>
> 5분 간의 방송이 끝난 후, 한 지역 사업가가 연락해서 그의 회사의 소화기에 사용되는 색 구분에 대한 논의를 위해 방문해줄 수 있는지 물었다. 항상 컨설팅에 대한 관심이 있었고 이

것이 부족한 학비를 보충할 좋은 방법이라고 생각했다. 약간의 두려움을 갖고 첫 번째 세일즈 회의에 참석했지만, 첫 번째 컨설팅 프로젝트를 따냈으니 회의가 잘 진행됐음이 틀림없었다.

단지 이틀짜리 과제였을지도 있지만, 이 일을 통해 중요한 교훈을 얻었다.

첫 번째 교훈: 클라이언트가 당신의 일에 개인적인 관심을 갖고 있다면 컨설팅을 팔기가 훨씬 쉽다. 나중에 알고 보니 나의 첫 번째 클라이언트는 색맹이었고, 그는 내가 작성한 소화기에서의 색 구분에 대한 상세 보고서보다 그의 색각을 평가하는 것에 더 관심을 가지지 않았나 싶다.

몇 년 후, 컨설팅에 대한 두 번째 중요한 교훈을 얻었다.

입스위치에 위치한 BT 랩에서 인간 공학 분야의 일을 시작했을 때였다. 그 기간 동안, 다양한 "원맨 밴드" 컨설턴트를 만났던 것으로 기억한다. 그 컨설턴트들이 영국의 대기업에 실질적인 인간 공학적 조언을 제공하고 있다는 것에 감명을 받았고, 심지어 회사들이 그들의 조언에 따라 행동하는 것처럼 보인다는 점에 더 깊은 이상을 받았다.

하지만 솔직히 말하자면 분하기도 했다.

이 많은 컨설턴트가 나처럼 박사 학위가 없었기 때문에 클라이언트를 속였다고 생각했다.

그들의 전문적 기술이 기껏해야 초보적이라고 느꼈다.

그들보다 인간 공학을 훨씬 더 많이 알지만, 컨설턴트로 잘 해나가는 그들이 부러웠다.

그때까지 컨설팅이란 대기업이 똑똑한 사람들에게 그들의 지식을 농축해서 회사가 행동하고 이용할 수 있는 간단한 단어로 뽑아내도록 요청하는 것이라고 생각했었다. 이러한 컨설팅의 관점에서는 기술적 역량이 전부다.

하지만 그 때의 경험은 뭔가 다른 것을 말하고 있었다. 비록 이를 제대로 설명하는 데 몇 년이 걸렸지만, 두 번째 교훈을 배웠다. 기술적 전문 지식은 사용자 경험을 실현하게 만드는 작은 구성요소다. 기술적 전문 지식은 기회를 제공하는 것이지 훌륭한 실무자로 만들어주는 것이 아니다.

모두에게 익숙한 의료 전문가 방문이라는 컨설팅 활동을 보면 요점을 바로 알 수 있다. 분명 의사를 만날 때는 그들이 모든 시험을 통과했고 질병에 대한 조언을 제공할 능력을 갖췄는지 알고 싶어한다. 이것은 의사(또는 컨설팅 룸에 있는 당신)에게 기회를 주는 것이다.

이제 지금까지 만났던 의료 전문가를 돌아보고 누가 최고였는지 떠올려 보라. 그 결정은 개인의 기술적 전문 지식이나 자격에 근거하지 않을 가능성이 있다. 내가 가장 좋아한 사람은 아주 친절한 지역 보건의였다. 그는 시간을 할애해서 설명해주는 것 같았고, 나를 환자가 아닌 인격체로 대했다. 그가 환자를 대하는 태도는 훌륭했다.

사용자 경험 전문가도 접객 태도를 갖고 있다. 그리고 접객 태도는 사용자 경험 역량에 관한 대부분의 현재 논의에서 누락된다. 기술적 전문 지식은 중요하지만, 그것만으로는 충분치 않다. 사용자 경험 실무에서는 3가지 영역을 고려해야 한다.

- 전문 기술
- 프로세스 기술
- 마케팅 기술

업무의 첫 번째 영역: 전문 기술

전문직 종사자라면 누구나 핵심 기술력이 필요하며, 사용자 경험 분야도 예외가 아니다. 이전 에세이인 "사용자 경험 실무자의 전문 능력을 평가하고 개발하는 도구"에서 다음과 같은 역량을 열거했다.

- 사용자 니즈 리서치
- 사용성 평가
- 인포메이션 아키텍처
- 인터랙션 디자인
- 시각 디자인
- 기술문서 작성
- 사용자 인터페이스 프로토타이핑
- 사용자 경험 리더십

비록 세부사항을 두고 논쟁할 지라도, 사용자 경험의 이 영역은 대학 과정과 사용자 경험에 관한 다양한 단기 과정을 통해 적절하게 훈련받을 수 있다. 하지만 사용자 경험 교육 제공자는 사용자 경험 실무의 두 가지 다른 영역인 프로세스와 마케팅을 다루지 않는다.

업무의 두 번째 영역: 프로세스

프로세스 기술은 실무자가 클라이언트와 프로젝트 관리할 때 사용하는 활동이다. 여기에는 다음이 포함된다.

- 능동적인 청취
- 팀이 변화를 실행할 수 있도록 지원
- 적절한 윤리적 선택
- 프로젝트 관리

능동적인 청취

능동적인 청취는 시선 추적과 같이 그럴 듯해 보이지만 근본적인 문제를 해결하지 못하는 사용자 경험 활동을 클라이언트에게 파는 것이 아니라, 실제로 클라이언트의 문제를 이해하려 하고 이를 해결할 솔루션을 제공하는 것을 의미한다. 쉬워 보이지만, 실무자로서 그 상황에 놓이면 상자 안에 있는 도구 중에 하나를 꺼내서 이것이 바로 클라이언트가 원하는 것이라고 말하고 싶은 유혹이 들기 마련이다. 자신이 그 문제를 이해하지 못했으며 더 많은 질문을 해야 한다는 것을 인정하기가 훨씬 더 어렵다. 그 일환으로 클라이언트가 살고 있는 개발 세계, 즉 회사 혹은 디자인 그룹 안에서 어떻게 일이 돌아가는지를 이해하는 것이 중요하다. 설계 변경을 위한 실질적인 제약 조건을 설정하기 위해서는 이 정보가 필요하다.

팀이 변화를 실행할 수 있도록 지원

많은 사용자 경험 활동에서 실제 작업은 활동 후에 시작되기 때문에 클라이언트가 리서치 인사이트를 구현하도록 돕는 것이 중요하다. 사용성 테스트를 수행하는 것으로는 웹사이트를 편리하게 만들 수 없다. 시스템은 보고서나 프리젠테이션이 아니라 인터페이스를 수정하는 개발팀이 개선한다. 따라서 사용자 경험 활동 이후 다음 단계는 팀이 조치를 취할 수 있는 방식으로 결과를 전달하는 것이다. 결과를 40페이지 분량의 서면보고서가 아니라 프레젠테이션 슬라이드로 발표하기로 결정한다는 뜻이 아니다. 개발팀에 문제 해결 방법을 보여주는 기술이 있다. "문제를 해결할 때는 할 수 있는 최소한의 것을 시도하라."는 스티브 크룩의 격언[5]에서 가져온 것이다. 그의 제안은 인터페이스를 재설계하기 보다는 문제를 해결할 수 있는 가장 간단한 변화를 만들라는 것이다. 그것이 경험이 풍부한 컨설턴트가 말하는 것과 현장에 첫 발을 내딛는 사람과의 차이다.

적절한 윤리적 선택

뛰어난 컨설턴트는 올바른 윤리적 판단을 내릴 필요가 있다. 특정 방식으로 리서치를 실시해야 한다는 어떤 클라이언트의 압박이 너무도 강력할 수 있다. 경우에 따라서는 변경이 제한적일 수 있다. 예를 들어, 클라이언트는 지리적 위치나 연령대와 같은 엄격한 마케팅 인구통계에 따라 사용자 경험 활동의 참가자를 모집하길 원할 수 있다. 2장에서 지적한 바와 같이, 인구통계학적 분류는 UX 리서치에서 거의 중요하지 않으며, 행여 중요하다 하더라도 사용성 리서치에 사용된 소규모 표본 크기는 세그먼트와 관련된 결론을 무의미하게 만든다. 그러나 리서치에 대한 최종적인 영향은 무시해도 될 정도로 미미할 것이므로 사소한 점을 하나하나 따질 필요는 없다. 윤리적 문제는 클라이언트가 사용성 테스트 대신에 포커스 그룹 운영하는 것과 같이 리서치 결과에 영향을 미치는 더 근본적인 방법론적 변경을 요구할 때 발생한다. 이 시점이 되면 뛰어난 실무자는 변경을 거부하거나 떠나버릴 것이다.

프로젝트 관리

좋은 실무자는 시간과 프로젝트를 관리하는 방법을 안다. 갠트 차트Gantt chart*와 퍼트 차트PERT chart†의 차이를 아는 것은 중요치 않지만, 프로젝트가 얼마나 걸릴지 예측하고 일정이 지연될 것 같으면 클라이언트에게 계속해서 알리는 방법을 알아야 한다.

제 3의 실무 영역: 마케팅

아직 자신이 세일즈 분야에서 일한다고 생각하는 UX 실무자를 만난 적이 없다. 하지만 좋든 싫든 우리는 세일즈에서 일한다. 사용자 경험

* 프로젝트 일정관리에 사용되는 도표 – 옮긴이

† 결정적인 행로에 주의를 기울이면서 프로젝트 완성까지 계획하고 추적하는 방법 – 옮긴이

실무자가 숙지해야 하는 대표적인 마케팅 활동에는 다음이 포함된다.

- 사용성 활동의 비용 편익 설명
- 제안서 작성
- 새로운 업무 생성
- 자산 남기기

사용성 활동의 비용 편익 설명

우리 모두는 십중팔구 사용자 경험에 집중했을 때 이런 저런 이점이 있다고 읊을 수 있을 것이다. 하지만, 뛰어난 사용자 경험 실무자는 이러한 사례의 타당성을 클라이언트의 분야에서 증명할 수 있다. 이는 클라이언트와의 대화를 통해 성공을 측정하는 방법을 이해한 다음, 결과를 평가하기 위해 데이터를 모으거나 좋은 추정치를 제공한다는 뜻이다.

제안서 작성

신입 사용자 경험 실무자는 제안서 작성과 리서치 계획 수립을 혼동하는 경향이 있다. 리서치 계획은 단순히 프로젝트의 단계를 나열하고, 각 단계가 얼마나 걸릴지 계산한 다음, 전체 비용을 규정한다. 비록 이것이 모든 리서치 프로그램에서 불가피한 부분이지만, 훌륭한 실무자는 제안서는 세일즈 수단이기 때문에 이보다 더 많은 것을 담아야 한다는 것을 알고 있다. 제안서에는 해결돼야 하는 문제를 제대로 파악하고 있다는 확신을 클라이언트에게 주는 점이 포함돼야 하며, 여기에는 작업 결과로서 클라이언트가 얻게 될 이점을 명시적으로 나열해야 한다. 제안서 작성은 피드백을 반영한 제안서 수정, 변경 가능한 것과 불가한 것에 대한 클라이언트와의 협상, 그리고 입찰자가 여럿 있는 경우 클라이언트를 설득하는 것을 포함한다.

새로운 업무 생성

새로운 업무를 창출하는 것은 외부와 내부 실무자 모두에게 필요악이다. 사업을 유지시키기 위해 외부 컨설턴트는 새로운 클라이언트를 찾고 기존 클라이언트에게 더 많이 팔아야 한다. 마찬가지로 내부 컨설턴트는 그 다음의 전사 프로젝트를 파악하고, 사용자 경험 깃발이 프로젝트에서 휘날리게 해야 한다. 클라이언트가 들으려고 하지 않는다면 전문 지식을 갖추는 것은 의미가 없다. 필연적으로 이것은 기술을 파는 것을 포함한다. 판매라는 개념은 많은 부정적인 어감을 포함하는데, 클라이언트는 "거래"되는 것을 경계하고 실무자는 판매하지 못하는 것을 걱정한다. 하지만 진정으로 클라이언트 중심적이면서 진심을 다해 행동함으로써 이러한 상황을 극복할 수 있다(몇 가지 제안 사항은 2장의 '효과적인 이해관계자 인터뷰 수행하기' 에세이 참조).

자산 남기기

실무자는 비즈니스를 육성할 필요가 있다. 이는 회사(혹은 일하는 팀)와 산업 전반을 성장시키는 것을 의미한다. 이를 달성하는 한 가지 방법은 그 분야의 지식 체계를 사용하고 기여하는 것이다. 예를 들어, UX 리서치의 이점을 클라이언트에게 보여주기 위해서 사용 가능한 좋은 자원이 인터넷에 많이 있다. 뛰어난 실무자는 온라인 기사를 작성하고, 프레젠테이션을 게시하고, 자신이 만든 것을 다른 사람들이 재사용하도록 장려함으로써 이러한 자원을 늘릴 수 있다. 궁극적으로 회사, 팀 그리고 관리하는 모든 사람을 더 견고하게 만들기 위해 자산을 남기려는 노력을 기울여야 한다.

실무의 3가지 영역이 의미하는 바는 무엇인가?

기술 역량에 편협하게 집중하는 것보다 실무의 넓은 영역에 기초한 모델을 채택하는 것은 "프로세스"와 "마케팅" 기술에서 역량을 확보하는 것에 대한 많은 시사점을 제기한다.

"프로세스" 및 "마케팅" 기술은 다음과 같다

- 많은 대학 강의에서 발견되는 "칠판에 쓰면서 하는 강연" 스타일은 적절하지 않다. 그렇다면 경험이 부족한 실무자는 기술을 어떻게 발전시킬 것인가?
- 전문 기술보다 측정하기 어렵다. 그렇다면 어떻게 인증 제도에 포함시킬 수 있는가?
- 물렁하고 모호해 보일 수 있다. 그렇다면 관리자를 어떻게 설득해서 직원을 이러한 실무 영역에서 훈련시킬 수 있는가?
- 사용자 경험 실무자를 위한 기존 평가 및 보상 시스템의 일부가 아니다. 이것은 실무자가 프로세스 및 마케팅 기술 개발을 꺼리고, 더 쉽게 거래될 수 있는 전문 기술을 선호할 수 있다는 것을 의미한다.

이러한 기술은 경험과 실습을 요하기 때문에 학생들이 졸업 전에 실무에서 일정 시간을 보내게 하는 요건을 대학 과정에 포함할 수 있다. 이 요건은 일부 대학원 과정에 이미 존재한다. 예를 들어, 대학교 상담 교육 과정에서는 학생들이 졸업 전에 상담 실습에 일정 시간(과정 중에 "이수 시간"을 습득)을 쌓도록 요구한다.

또 다른 대안은 사용자 경험 전문가 협회User Experience Professionals' Association, UXPA와 같은 전문 기관에서 사용자 경험 졸업생이 졸업 후에 이러한 기술을 익힐 수 있도록 "실무 연수" 제도를 개발하는 것이다. 여기에는 감독관, 로그 북, CPD 모니터링 등 인프라에 대한 상당한 투자가 필요하지만, 이를 실현하기 위한 욕구가 존재하길 기대해 보자.

UX 연구원처럼 생각하라

- 데이비드는 그의 일화에서 "기술적 전문 지식은 사용자 경험을 실현하는 작은 구성 요소다."라고 말한다. 팀 전체가 UX 리서치에 참여했던 프로젝트를 떠올려보라. 이것은 오로지 자신의 기술적 공헌 때문이었는가? 아니면 다른 이유 때문이었는가? "다른 이유"는 무엇이었나?
- 이 에세이는 전문 지식의 3가지 영역인 전문 기술, 프로세스 기술, 마케팅 기술을 설명한다. 경험이 있는 실무자를 이 3개 분야에서 평가하도록 요청을 받았다면 어떻게 가중치를 매기겠는가? 3가지 기술은 똑같이 중요한가 아니면 한 가지가 다른 것들보다 더 중요한가? 그 이유는 무엇인가?
- 대기업은 UX 리서치를 계획하고, 전달하고, 다른 분야와 통합하는 프로세스를 도입하기 시작하고 있다("ResearchOps"라는 새로운 용어가 생김). 이것의 목적은 규모에 맞는 일관된 품질의 리서치를 제공하는 것이다. 회사의 리서치 워크플로우에서 발견한 운영 상의 비효율성은 무엇인가? 조직에서 UX 리서치 기능을 다시 설계하도록 요청받았다고 가정해 보자. 어떤 변화를 주겠는가?
- 연간 성과 리뷰에서 자신의 업무를 어떻게 평가할지 생각해 보라. 프로세스 및 마케팅 기술(어쩌면 다른 이름으로)도 리뷰에 포함되는가? 그렇지 않다면 이러한 기술을 쌓기 위해 관리자를 어떻게 설득하겠는가?
- 블로그를 운영하거나 어딘가에 기사를 게시하는가? "자산을 남기기" 위해서 또 무엇을 할 수 있는가?

UX 리서치 포트폴리오로 사람들을 놀라게 하는 방법

사용자 경험 분야에서 일한다면 포트폴리오가 이력서를 대체한다.
시각 디자이너라면 문제가 없지만, UX 리서치가 전문이라면 포트폴리오는
특히 어려운 문제가 될 수 있다. 다음은 성공적인 UX 리서치 포트폴리오를 만드는
방법에 대한 몇 가지 제안사항이다.

포트폴리오는 디자인, 사진과 같은 시각 예술에서 일반적이다. 피카소도 당연히 포트폴리오가 있었다. 그러나 리서치 및 기술과 같은 과학 분야에서는 전례가 없을 정도로 흔치 않다. 아마 아인슈타인은 포트폴리오가 없었을 것이다.

사용자 경험 포트폴리오라는 개념은 어디에서 비롯됐는가? 지난 10년 사이 어느 시점에 무능한 채용 담당자나 고용주가 UX 연구원에게 포트폴리오를 요청했을 거라고 생각한다. 공황 상태에서 지원자가 뭔가를 만들어냈고, 이제는 UX 연구원은 시각 디자인을 만들지 않더라도 자신의 작업을 보여줄 수 있는 포트폴리오를 갖고 있는 것이 당연하다고 간주되고 있다.

그래서 작업에 현장 방문에서의 음성 녹음, 약간의 종이 프로토타입, 스프레드시트의 서식이 포함된다면 포트폴리오를 제작할 것이라는 기대를 받게 된다.

UX 리서치 포트폴리오의 문제점

한 주도 빠짐없이 우리 중 한 명은 채용 후보자로부터 이메일을 받는다. 이메일에는 거의 항상 이력서가 첨부되며, 때로는 포트폴리오도 첨부된다(혹은 포트폴리오 링크가 제공된다).

인상적인 포트폴리오를 보는 경우는 드물다. 날카롭게 평가한다면 대부분 기껏해야 C 등급이 될 것이다.

그게 최선이라면 인터뷰를 볼 기회도 못 얻을 것이다. 포트폴리오에는 거의 언제나 같은 종류의 문제가 보인다. 문제 해결에 대한 몇 가지 제안은 다음과 같다.

시각 디자이너처럼 행동하는 것을 멈춰라

시각 디자이너는 인터페이스를 보기 좋게 만드는 일을 한다. 디자인에 들어간 리서치에 따라서 인터페이스가 실제로는 사용하기 쉽지 않을지도 모르지만, 첫 인상은 영향을 미칠 것이다. 첫 인상이 중요하기 때문에 아마도 많은 연구원이 포트폴리오에 사용자 인터페이스의 사례를 추가하려고 한다.

하지만 이것은 할 수 있는 가장 최악의 일이다.

UX 연구원이라면 화면을 디자인하는 것이 아니라 경험을 디자인한다.

파워포인트로 아마추어 같은 목업을 만들거나 다른 누군가의 디자인을 자기 것처럼 제시하기보다는 포트폴리오를 사용해서 리서치 작업이 관여한 디자인을 뒷받침하는 것을 보여줘라. 비즈니스 목표는 무엇이었는가? 그것이 충족된 것을 어떻게 확인했는가? 프로세스의 어느 시점에서 사용자를 참여시켰는가?

리서치 프로젝트는 여전히 시각적으로 제시될 수 있다. 인터넷 검색에서 "사용성 테스트 인포그래픽"이라고 치면 어떤 의미인지 알 수 있을 것이다. 그리고 UX 리서치에는 본질적으로 시각적인 결과물이 많다. 퍼소나, 사용자 여정 지도, 사용성 전문가 리뷰가 바로 떠오르는 3가지다.

목적지가 아니라 여정을 보여줘라

포트폴리오에서 흔히 볼 수 있는 두 번째 실수는 여정이 아니라 결과물에 초점을 맞추는 것이다.

예를 들어, 리서치 포트폴리오에서 퍼소나에 대한 사례 연구는 잡지에 실려도 좋을 만큼 완벽하게 정리된 최종 퍼소나를 보여줄 수 있다.

하지만 그것은 난제가 아니다.

퍼소나를 개발할 때의 어려움은 현장 리서치를 수행하고, 데이터를 분석하고, 개발팀이 퍼소나를 사용해서 더 좋은 디자인을 만들 수 있게 돕는 것이다. 개발팀이 직접 퍼소나를 만들면 금상첨화다. 따라서 비록 눈에 확 띄지는 않겠지만, 결과물 뒤에 숨은 리서치를 설명할 필요가 있다(당신의 작업을 보여주기 위해서 결과물을 여전히 보여줄 수 있다).

여정을 보여주는 또 다른 이유는 그것이 당신을 솔직하게 해주기 때문이다. 데이비드는 후보자가 어떻게 성공적인 스마트폰 앱을 디자인했는지 보여주는 포트폴리오를 본 적이 있다. 후보자가 깜박하고 언급하지 않은 것은 그가 8명으로 구성된 팀의 일원이며, 그가 주로 한 것은 프로토타입의 사용성 테스트 수행이었다는 점이다.

다른 사람의 작업을 자신의 것으로 주장하는 것은 인터뷰에서 떨어지는 확실한 방법이다.

여정을 보여주기 위해서 다음과 같이 자신의 참여에 대한 **이야기를 해라.**

- 해결하고자 했던 비즈니스 문제를 설명하라. 한두 문장이면 충분하다. 고민이 된다면 프로젝트가 어떻게 시작됐는지 기억을 더듬어 보라. 내부 또는 외부 클라이언트가 문제를 어떻게 설명했는가? 이야기의 맥락에서 이것은 일을 시작되게 하는 계기가 된다.
- 자신의 접근법을 설명하라. 가능한 리서치 방법 중에 왜 그것을 선택했는가? 리서치는 비즈니스 맥락에서 벌어지므로 이상

적인 접근법일 필요가 없다는 점을 기억하라. 최상의 가치를 제공하는 접근법이 필요하다. 이야기에서 이 단계는 탐색 단계로 알려져 있다.

- 결과를 보여줘라. 간략하게 하되, 말하고 있는 내용을 알고 있다는 점을 분명히 하기에 충분할 정도로 상세하게 보여줘라. 이 연구에서 직면했던 주요 문제 중 하나와 이를 어떻게 해결했는지 설명하라. 좋은 이야기에서는 영웅은 항상 어려움을 극복해야 하며, 여기가 당신이 문제 해결사라는 것을 보여줄 곳이다.
- 작업의 효과를 설명하라. 결과를 비즈니스 문제와 연결하라. 문제를 해결했는가? 그렇지 않다면 다음 프로젝트에 적용할 무엇을 알게 됐는가? 어떻게 중요한 비즈니스 지표를 눈에 띌 정도로 변화시켰는지 또는 적어도 어떻게 효과, 효율성, 만족도를 개선했는지 보여줘라. 좋은 사례 연구에는 무엇이 잘못됐는지 또는 다음번에 무엇을 다르게 할 것인지에 대한 설명도 포함될 것이다(사색적인 실무자임을 보여준다). 이것은 자신과 클라이언트 모두가 조금 더 현명해졌다는 당신의 이야기에 대한 선언이다.

꿈의 일자리를 얻을 수 있는 시간이 1분 주어졌다고 가정하라

포트폴리오에 몇 시간을 투자한다. 슬프게도 잠재적인 고용주는 그것을 보는 데 1분을 쓸 것이다. 1분이 지나면 5분을 더 할애할지 아니면 탈락 편지를 보낼지 결정할 것이다. 알지만 잔인하다.

하지만 이런 행동은 웹 페이지에 들어갔을 때와 다르지 않다. 재빨리 훑어보고서 시간을 더 보낼지 아니면 뒤로가기 버튼을 누를지 결정을 내린다. 당신도 잔인해질 수 있다.

이것은 포트폴리오를 빠르게 훑어보는 웹 페이지처럼 디자인해야 한다는 것을 의미한다. 제목, 글머리표 목록, 요점은 굵은 텍스트로 표시해야 한다. 아무리 짧더라도 사람들이 페이지를 전부 읽어볼 거라고 생각하지 마라. 페이지당 10초간 주의를 기울인다고 상상해보라. 이는 더 보게 만들 가능성이 높다는 것을 의미할 뿐만 아니라 사람들이 어떻게 읽는지를 알고 있다는 것을 보여줌으로써 사용자 경험에서 자신의 기술을 입증한다. 이는 매체가 미디어라는 것을 보여주는 좋은 예다.

(사람들이 어떻게 읽는지 모른다면 친구나 가족과 함께 포트폴리오에 대한 사용성 테스트를 하는 것이 어떠한가?)

전체적인 규모 면에서 이것이 큰 도움이 되지 않을 수도 있다는 점을 알고 있지만, 너무 길지도 너무 짧지도 않은 적당한 골디락스 Goldilocks 포트폴리오를 찾고 있다. 이를 달성하는 한 가지 방법은 중복된 프로젝트를 무자비하게 잘라내는 것이다. 3번의 카드 소팅 연구와 2번의 종이 프로토타이핑 활동을 했다면 이를 모두 포함시키고 싶은 유혹이 들 것이다. 하지만 그러지 마라. 대신 각 유형의 사례 연구를 한 번만 보여줘라. 프로젝트당 한두 페이지를 목표로 하고 시각적으로 정리하라. 경험상 목차를 넣어야 할 필요를 느낀다면 포트폴리오가 너무 긴 것이다.

세부사항에 집중하라

이것은 명확해 보인다. 이력서를 정리할 때 이것이 규칙 1번이라는 것을 우리 모두가 알고 있다.

하지만 잠깐 기다려라. 사용자 경험으로 취업 원서를 내면 흥미로운 반전이 있다. 사용자 리서치와 디자인은 모두 본질적으로 세부지향적인 직업이다.

물론 철자법과 문법은 철저하게 검토될 것이다. 하지만 그 이상으로 진행된다.

- 어떤 폰트를 사용할 것인가? (힌트: 코믹 산스체는 아닐 것이다)

- 사례 연구에 어떤 레이아웃 그리드를 사용할 것인가?
- 행동을 유도하는 것은 무엇인가?

다시 한 번 말하지만, 매체는 메시지다.

세부사항과 관련된 것은 포트폴리오에서 사례 연구를 정리하는 방식이다. 사용자 중심 디자인 프로세스의 모든 부분에 대한 전문지식을 보여주기 위해 사례 연구를 정리하는 것을 고려하라. 예를 들어, 리서치 문제를 구체화하는 사례 연구, 퍼소나를 만드는 사례 연구, 사용자 여정 지도를 개발하는 사례 연구, 사용성 지표를 설정하는 사례 연구, 인포메이션 아키텍처 사례 연구, 사용성 테스트 사례 연구, 분석을 끝마치는 사례 연구(다변량 테스트 사례 연구처럼) 순서로 정리하라. 포트폴리오를 완성하는 데 몇 년이 걸릴 수도 있지만, 로드맵을 제공한다.

"거짓말하지 않고 경험 부족을 어떻게 채울 수 있을까?"

이 질문에 대한 변형은 "일상적인 업무가 사용자를 모집하거나, 카드 소팅을 실행하거나, 상급자의 보조 역할일 때, 어떻게 하면 더 폭넓은 것을 보여줄 수 있을까?"이다.

이 역설에 대한 해결책 2가지는 다음과 같다.

한 가지 접근법은 스스로 과제를 부여하는 것이다. 사용성 테스트를 실행해 본 적이 없다고 가정해 보자. 이는 포트폴리오에서 큰 구멍이다. 그런 경우에는 이상적인 클라이언트가 돼 테스트를 실행하라. 주요 미디어 방송사로부터 다시보기 텔레비전 플레이어의 설치 과정에 대한 사용성 테스트 실시를 의뢰받았다고 가정해 보자. 테스트를 어떻게 계획하고 실행했는가? 사용자를 어떻게 모집했는가? 데이터를 어떻게 분석했는가?

많은 면에서 자기 할당 과제를 수행하는 것은 실제 프로젝트를 수행하기 위해 그저 직장에 출근하는 것보다 더 많은 헌신을 보여준다.

그리고, 남의 일을 가로챈 것이 아니라 전부 혼자서 한 일이라는 것도 보여준다. 자기 할당에 대한 아이디어가 필요하다면 온라인 사용자 경험 교육 과정을 수강해 실제 프로젝트에서 사용자 리서치 및 디자인 활동을 수행할 기회를 얻어라.

자기 할당에 대한 아이디어가 동기를 부여하지 않는다면 두 번째 접근법은 자원봉사를 하는 것이다. 사용성 테스트를 통해 제공할 수 있는 인사이트로 기부를 촉진할 수 있는 자선단체와 비영리단체는 무수히 많다.

직장 생활 이력

마지막 포인트다. 사용자 경험 포트폴리오는 직장 생활의 스크랩북 역할도 한다. 이를 업데이트 할 때(대략 6개월마다 업데이트를 해야 한다) 이전 버전도 보관해 둬야 한다. 이것은 얼마나 많이 발전했는지를 보여주는 강력한 방법이다.

UX 연구원처럼 생각하라

- 업무를 깊이 생각해보기 위해 리서치 저널을 시작하라. 주요 사용자 리서치 활동을 마칠 때마다 수행했던 리서치 활동을 기록해 두라. 왜 다른 활동이 아닌 그 사용자 리서치 활동을 선택했는지, 잘 됐거나 잘못된 것은 무엇인지 그리고 다음번에는 다르게 할 것은 무엇인지 적어 두라. 팀(그리고 리서치 참가자)에 자신의 장단점에 대한 추가 피드백을 요청하는 것을 고려하라. 새로운 포트폴리오 항목을 만들고 싶을 때 이 저널을 참조하라.
- 선호하는 워드 프로세서에 사례 연구 템플릿을 만들어라. 템플릿은 해결하려고 했던 비즈니스 문제, 접근법, 결과 그리고 작업의 영향(어떻게 하면 더 좋았을지에 대한 성찰과 함께)이라는 4가지 절으로 이뤄져야 한다. 그런 다음 사례 연구로 템플릿을 채워라. 한 달에 한 번 새로운 사례 연구를 만들어라. 지금 시작해라. 이를 새로운 습관으로 만들어라.
- 포트폴리오 템플릿을 만들고 사례 연구를 추가하기 시작해라. 독자를 끌어들이기 위해 포트폴리오의 첫 페이지를 자신의 사진으로 디자인하라. 그리

고 이메일, 폰, 소셜 관련 소셜 미디어 연락처와 같은 상세 연락처도 추가하라. 두 번째 페이지는 신상에 대한 것이어야 한다. 이를 마지막 페이지에 넣는 실수를 하지 마라. 포트폴리오의 마지막에는 수강하거나 참석했던 교육과정 또는 컨퍼런스 목록을 포함시켜라. 당신에게 만족한 클라이언트와 직장 동료의 추천서를 넣어도 좋다.

- 가장 뛰어난 UX 연구원은 다른 분야의 최고 인력과 마찬가지로 개인적인 추천 또는 소개를 통해 직장을 옮기는 경향이 있다. 그들은 직장을 구할 때 포트폴리오를 요구받은 적이 없기 때문에 갖고 있지 않을 수 있다. 포트폴리오 제출을 요구하는 회사에서 최고의 UX 연구원을 채용하지 못할 위험은 없는가? 자신의 경력을 고려할 때, 이것은 개인적으로 포트폴리오 제작을 무시해도 된다는 것을 의미하는가? 유능한 UX 연구원이라는 것을 증명하기 위해 포트폴리오 외에 어떤 증거를 제시할 수 있는가?
- UX 리서치 포트폴리오의 사용성 테스트를 위해 고용됐다고 가정해보라. 어떻게 하겠는가? 포트폴리오의 "사용자"는 누구인가? 태스크 또는 목표는 무엇인가? 성공과 실패를 구분하기 위해 어떤 기준을 설정하겠는가?

UX 리서치 역할에서 첫 번째 달의 주 단위 가이드

UX 연구원으로 새로운 일을 시작할 때, 직장 동료를 매료시키고(그래야 리서치 결과에 대해 그들이 조치를 취한다), 그들에게 이의를 제기해야 할 필요가 있다(그래야 더 사용자 중심적이 된다). 새 직장에서 첫 4주 동안 어떻게 해야 이를 잘 달성할 수 있는가?

이전의 에세이에서 UX 연구원인 해리 브링널의 인용구를 언급했다. "디자인 팀을 기쁘게 해주고 싶어서 안달이 난 연구원은 쓸모가 없다."

이 인용구를 좋아하는 한 가지 이유는 그것이 UX 연구자로서 당신은 조개 속의 작은 돌과 같다고 주장하기 때문이다. 돌이 조개 자극해서 진주를 자라게 만드는 것과 같은 방식으로 UX 연구자는 계속해서 문제를 찾아내고 있다. 초기 디자인 컨셉의 문제, 이후 디자인에서의 문제 또는 제품의 근본적인 목적에 대한 문제일 수 있다. 당신의 역할은 개발팀을 기쁘게 하는 것이 아니라 사용자를 이해함으로써 그들이 더 나은 일을 하게 만드는 것이다.

그러나 여기에는 명백한 위험이 있다. 자극이 지나칠 수 있다. 새로운 일을 시작할 때는 모든 것을 다 아는 체 하면서 앞서 진행됐던 일에 지나치게 비판적인 입장을 취하지 않는 것이 중요하다. 어쨌든 개발팀이 처해 있는 제약을 아직 모른다. 아마도 그러한 "나쁜" 결정 중 일부는 사실 그 상황에서 내릴 수 있는 "나쁜 것 중에서는 가장 나은" 결정이었을 것이다.

그렇게 새로운 일을 시작했다. 어떻게 하면 동료들을 자극하면서도 퇴근 후에는 친구로 지낼 수 있는가?

1주: 상황을 그려라

UX 연구원으로서 개발팀, 그 외의 많은 사람들과 인터랙션 할 것이다. 업무 중 일부는 이 사람들을 연결하고, 사용자와 그들의 목표에 대한 공동의 이해를 만드는 것이다. 자신을 좋은 사용자 경험이 생겨나게 만드는 접착제라고 생각하라. 이를 달성하기 위한 좋은 방법은 UX 리서치 세션을 계획하고 관찰함으로써 모든 동료를 UX 리서치에 참여시키는 것이다. 그리고 이 일을 이제 막 시작했다면 사람들을 알아가고 자신을 알리는 데 시간을 할애할 때라는 의미다.

따라서 첫 주를 보내는 효과적인 방법은 상황을 그려보는 것이다. 제품은 무엇에 관한 것인가? 다른 제품들과 비교하여 어디에 위치하는가? 누가 결정을 내리고 누구의 의견이 중요한가?

비공식 인터뷰와 회의를 통해 이 정보를 얻을 수 있다. 이러한 회의 중 일부는 개발팀의 바쁜 팀원과 함께 하는 것으로 계획해야 할 수도 있다. 하지만 이 모든 회의가 형식적일 필요는 없다. 커피나 점심을 먹으면서 대화를 나누거나, 냉장고 앞에서 대화를 나누거나, 복도에서 대화를 나누는 것도 모두 효과적일 것이다.

첫 주의 목표는 다음과 같다.

- 팀이 안고 있는 제약 사항을 이해해라. 기술로 할 수 있는 것과 할 수 없는 것은 무엇인가? 무엇이 일정을 몰아붙이는가?
- 팀원과 친해져라. 사용자 경험 및 사용성에 대한 그들의 이해도는 어떠한가? 과거에 사용자를 만났거나 UX 리서치 활동을 관찰한 적이 있는가? 제품에서 사용자 경험의 중요도를 어떻게 평가하는가? 제품, 그리고 그들이 생각하는 UX의 관점에서 성공의 정의는 무엇인가?

- 이해관계자를 파악하라. 개발팀을 뛰어넘어서 프로젝트의 성공과 실패를 좌우할 수 있는 조직 내 사람을 찾아내라.
- 중요한 비즈니스 지표를 알아내라. (힌트: "중요한 비즈니스 지표"는 돈을 더 벌든 비용을 줄이든 간에 일반적으로 통화 표시를 포함한다.)
- 동료들과 점심과 커피를 함께 하되 동일한 사람과 매일 함께 하진 마라. 내부 파벌의 일원이 되는 것을 피해야 한다.
- 다음 주(또는 그보다 뒤에) 워크샵 참석을 위해 2시간을 비워 달라고 미리 알려라. 그들의 일정에 반영해라.
- 프로토타입을 제작할 수 없다면 개발팀에서 할 수 있는 사람을 찾아라. 그들은 곧 가장 친한 친구가 될 것이다.
- 배운 내용을 토대로 팀의 사용자 경험 성숙도를 추정하라.

2주: 팀이 사용자를 이해할 수 있도록 도와라

UX 연구원으로서 가장 중요한 책무는 팀이 사용자를 더 잘 이해할 수 있도록 돕는 것이다. 다양한 사용자 그룹이 있으며, 이러한 그룹 중 일부는 다른 그룹보다 더 중요하며, 하나 또는 두 그룹이 디자인 타깃이 될 것이라는 점을 팀이 제대로 인식해야 한다. 그런 다음 사용자의 목표, 동기 및 능력을 심층적으로 이해할 수 있도록 도와야 한다.

이번 주의 목표는 다음과 같다.

- 과거에 사용자와 함께 수행한 리서치를 모으기 시작하라(2장의 '데스크 리서치 접근법' 참조). 이것은 팀이나 조직, 대학과 같은 외부 연구원이 진행한 리서치일 수 있다.
- 팀과 워크샵을 실시해 상상 속의 퍼소나를 만들어보게 하라. 퍼소나가 완전히 틀렸는지는 중요치 않다. 이 연습은 개발팀에게 자신이 사용자가 아니라는 것을 깨닫게 도와주는 친절한 방법이다(뿐만 아니라 사용자에 대해 몰랐을 것을 발견하게 도와준다).

- 이 워크샵을 이용해서 사용자 환경에 대한 이해를 얻어라. 예를 들어, 사용자가 가장 자주 사용하는 기기는 무엇인가?
- 리서치 벽을 만들어라. 화이트보드를 확보하고 작업을 가시화하라. 상상 속의 퍼소나를 벽에 붙여라.
- 시간과 예산이 있다면 이번 주의 하루나 이틀을 써서 몇 명의 사용자를 방문하라.
- 시간이 없거나 예산이 적으면 하루 동안 게릴라 리서치를 진행하라.
- UX 리서치를 위한 시간이나 예산이 없는 경우, 기존 리서치를 읽고 사용 가능한 사용자 데이터(웹 분석 또는 콜센터 데이터)를 분석하라.

3주: 팀이 사용자의 태스크를 이해하도록 도와라

태스크는 사용자가 자신의 목표 달성을 위해 제품을 가지고 수행하는 활동이다. 팀이 시스템 기능이 아니라 사용자 태스크 관점에서 생각하도록 돕는 것은 팀이 큰 그림을 보도록 만드는 중요한 단계다. 사용자의 태스크는 완료하려면 몇 가지 기능을 사용해야 하므로 기능별로 단절된 사고를 방지하기 때문이다.

이번 주의 전반적인 목표는 사용자가 제품으로 수행하는 주요 태스크를 파악하는 것이다. 이것은 팀에서 모든 기능을 동등하게 중요하다고 취급하는 것을 막고 우선순위를 매겨서 개발을 진행하게 돕는다.

이번 주 목표는 다음과 같다.

- 팀원과 이야기를 나누고 가능한 모든 태스크의 목록을 작성하라. 그런 다음 팀원에게 사용자가 생각하는 10대 태스크를 확인하게 하라.
- 같은 태스크 목록을 사용자에게 보여줘라. 사용자에게 태스크의 우선순위를 매기게 하라. 사용자 현장 방문의 일부로 진행

하거나 일부 사용자에게 주요 태스크를 묻는 서베이를 돌려서 이 작업을 수행할 수 있다.

- 개발팀이 만든 태스크 중요도 순위와 사용자가 매긴 순위를 비교하고 대조하라. 순위가 비슷할수록 팀이 사용자를 더 잘 이해한 것이다.
- (사용자가 순위를 매긴) 상위 태스크 몇 개를 사용성 테스트 시나리오에 반영하라.

4주: 사용성 테스트를 실행하라

사용성 테스트 실행은 새로운 개발팀에 합류할 때 언제나 적절한 초기 활동이다. 사용성 테스트는 영향력 있는 이해관계자들을 찾아내고, 당신의 작업에 사용자를 참여시키는 것에 대한 그들의 태도를 알아내는 데 도움이 되기 때문이다(2장의 '사용자와의 첫 번째 리서치 활동 결정하기' 참조). 또한 가용 예산에 대한 아이디어를 제공할 것이다. 사용성 연구실이 있는가? 또는 사람을 고용할 수 있는가? 그렇지 않다면 원격으로 진행자가 있는 사용성 테스트를 실시할 수 있는가? 아니면 커피숍에서의 게릴라, 팝업 사용성 테스트로 한정되는가?

사용성 테스트를 해야 하는 측면에서 보자.

- 현재 제품 또는 프로토타입을 테스트하라. 아직 제품이 없다면 대략 5명의 사용자로 상위 경쟁업체를 테스트하라.
- 예산이 적다면 원격으로 진행자가 있는 세션을 한 번 수행하고 나서 원격으로 진행자가 없는 테스트를 몇 차례 수행하라.
- 예산이 없다면 친구 및 가족과 함께 사용성 테스트를 수행하라.

이번 주 목표는 다음과 같다.

- 팀이 최소한 한 번의 세션을 가능한 실시간으로 관찰하게 해라. 여의치 않은 경우 팀원 각자가 세션 비디오 중 하나를 리뷰하게 해라. 이것도 어렵다면 주요 결과를 보여주는 하이라이트 영상을 만들어서 발표해라.
- 사용성 문제 분석에 팀을 참여시켜라. 먼저, 각 팀원에게 관찰한 세션에서 문제를 찾아내게 해라. 그리고 나서 그룹으로 관련성 분류를 통해 유사한 관찰 내용을 결합하고, 어떤 문제를 먼저 해결해야 하는지 결정하라.
- 다음 분기의 계획을 수립하라. 사용자와 태스크를 이해하는 데 간극이 있다면 현장 방문을 고려하라. 프로토타입이 필요하면 제작을 계획하라(새로 사귄 친구가 도움이 되는 순간이다). 그리고 조직에서 사용자 참여를 전혀 원하지 않는다면… 다른 직장을 찾아보는 것을 고려해 보라.

이별할 생각

새로운 일을 시작할 때, 사람들은 자신에게 "여기선 일을 어떻게 처리해야 하지?"라고 묻는 경향이 있다. 그리고 나면 대부분은 시간이 지남에 따라 보조를 맞추거나 일하는 방식을 조정함으로써 맨 처음에 채용된 취지를 무효화시키게 된다(조직에서 이미 하고 있는 일을 반복하는 것이 아니라 조직에 가져올 수 있는 새로운 것을 기대하며 채용하기 때문이다).

반면에 너무 빨리 나서서 무언가를 바꾸려고 하는 것은 팀을 귀찮게 하는 확실한 방법이다. 새로운 동료를 짜증나게 하는 것과 그들이 좀 더 사용자 중심적이 되도록 밀어붙이는 것 사이에서 아슬아슬한 곡예를 해야 한다. 이 에세이의 몇 가지 아이디어는 개발팀이 진주를 만드는 데 도움이 될 수 있다.

UX 연구원처럼 생각하라

- 이 에세이에 소개된 몇 가지 아이디어를 실행하려면 새로운 직장 동료에게 적극적이어야 한다. 성격에 맞는다면 괜찮지만, 본래 적극적이지 않다면? 천성대로 행동하는 것과 팀이 성공하도록 돕는 새로운 방법을 시도하는 것의 균형을 어떻게 맞출 수 있는가?
- 새로운 조직에서 일을 시작하면 한 번에 많은 변화를 주고픈 유혹이 든다. 그러나 제이콥 닐슨은 사용자 경험 성숙도에 대한 그의 연구에서 개발팀이 사용자 경험 성숙도 수준을 차례대로 거쳐야 한다고 주장한다. "좋은 비유는 철저한 분석에서 나온다. 잠수병을 겪지 않고서는 수면에 곧장 다다를 수 없다."라고 적는다.[6] 개발팀 또는 조직의 사용자 경험 성숙도를 어떻게 평가하는가? 그리고 팀이나 조직이 다음 단계로 넘어갈 준비가 됐는지 어떻게 알 수 있는가?
- 업무 자율성을 갖고 있다면 여기서 언급한 접근법은 괜찮다. 하지만 새로운 일을 시작했다고 가정해 보자. 관리자는 팀에서 포커스 그룹과 서베이에 대해 많은 아이디어를 갖고 있으며 당신이 이를 수행해 주길 바란다고 말한다. 그럼에도 이 에세이의 아이디어 몇 개를 실행할 수 있겠는가(비록 일정이 더 길어지겠지만)?
- 새로운 직장에 있지 않고 한동안 현재의 역할을 유지했을 가능성이 있다. 과거는 다 잊고 새롭게 출발하면서 이 에세이의 아이디어 몇 가지를 도입할 수 있는가? 사용자 경험에 관한 책을 방금 읽었는데, 거기에 이런 아이디어가 있더라..."와 같이 책에게 책임을 넘기는 것이 제법 좋은 구실이 된다는 사실을 알게 됐다
- 새로 채용돼 다른 UX 연구원과 함께 일하게 될 상황을 상상해 보라. 그 사람은 오랫동안 회사를 다녔으며 조직을 변화시키는 것에 대해 매우 부정적이다. 이 에세이의 아이디어를 언급할 때마다 "그래, 나도 몇 년 전에 시도해봤는데 소용이 없었어." 또는 "다른 회사에선 통할 지도 모르지만 여기선 효과적이지 않아."라고 대답한다. 이런 반대에 어떻게 맞서겠는가?

성찰하는 UX 연구원

직접 해보는 실습은 중요하지만 전문 지식으로 반드시 이어지는 것은 아니다.
최고의 UX 연구원은 작업을 계획적이고 의식적으로 분석한다. UX 리서치 활동을
되돌아봄으로써 상황에 대한 이해도를 높이고, 개인적이고 전문적인 강점을 파악하며,
개선과 교육이 필요한 영역을 찾아낸다.

UX 리서치는 이론과 실무의 흥미로운 조합이다. 실무자는 리서치 결과 해석을 불가능하게 만드는 편향된 프로토콜과 같은 근본적인 실수를 하지 않기 위해 이론을 알 필요가 있다. 그리고 리서치 목표를 충족하기에 충분한 리서치 접근법을 결정하기 위한 경험도 필요하다. 실무 경험의 부재는 UX 연구원이 프로젝트 예산이나 조직의 비즈니스 목표에 맞지 않는 활동을 제안하는 결과를 야기할 수 있다.

따라서 대부분의 실무자가 직장에서 더 나아지는 방법은 일상적인 경험("일을 하면서 배우는 것")을 기술 기반의 교육 과정과 결합해 이론적 지식과의 격차를 메우는 것이라고 믿는 것은 당연하다.

UX 연구원을 훈련시키고 지도하는 사람들로서 분명 이 접근법에 어느 정도 공감한다. 그러나 이것의 한계도 알고 있다. 함께 일하는 사람들 중 일부는 뛰어난 UX 연구원, 개발팀 리더로서 큰 성공을 거두지만, 다른 많은 사람은 UX 리서치에서 중간 정도의 경력을 갖거나 다른 진로를 택한다. 그룹 간의 차이점을 살펴보면 눈에 띄는 경향을 보이는 한 가지 행동이 있다. 대다수의 성공적인 UX 연구원은 단지 교육 과정에만 참석하는 것이 아니라 매일매일 그 일을 한다. 그들은 자신의 작업을 의식적이고 계획적으로 되돌아본다.

성찰하는 UX 연구원이 된다는 것은 무엇을 의미하는가?

UX 연구원이 수행하는 활동을 노트북이나 전자 도구를 사용해서 기록하는 것은 일반적이다. 예를 들어, 일부 UX 연구원은 날짜, 리서치 유형 및 활동에 대한 짧은 설명과 같은 세부 사항이 나열된 스프레드시트를 유지한다. 모든 UX 연구원이 이렇게 해야 하지만, 성찰하는 reflective UX 연구원이 되는 것은 또 다른 이야기다.

그리고 UX 리서치가 잘 됐거나 잘 되지 않았다고 단순히 말한다고 성찰하는 UX 연구원이 되는 것이 아니다.

성찰하는 UX 연구원이 된다는 것은 자신이 수행한 작업에 대해 비판적으로 생각한다는 것을 의미한다. 이는 자신이 한 일에 대해 트집을 잡는 것과 다르다. 성과를 분석하는 것이다. 왜 그런 식으로 했는가? 어떤 이론이 해당 접근 방식을 뒷받침하는가? 그 안에서 작업하기 위해 필요한 조직적 제약은 무엇이었는가? 사용할 수 있었던 다른 방법이 있었는가?

성찰이 매우 강력한 이유는 경험만으로는 항상 학습으로 이어지지 않기 때문이다. 경험에서 배우려면 계획적이고 의식적으로 분석할 필요가 있다.

더 성공한 UX 연구원에게 성찰하는 이유를 물을 때, 다양한 사람들로부터 각기 다른 이유를 듣는다. 그 이유는 다음과 같다.

- 자신의 업무 방식을 개선하기 위해서
- 교육 격차를 파악하기 위해서
- 포트폴리오 항목을 작성하기 위해서
- 다음번 동일한 상황에서 무엇을 해야 하고 무엇을 하지 말아야 할지 결정하기 위해서
- 향후 이와 같은 상황에 적용 가능한 일반적인 리서치 패턴이 있는지 알아보기 위해서
- 컨퍼런스에서의 발표를 위해

- 웹사이트에 올릴 기사를 작성하기 위해
- '만약에…시나리오'를 실행하기 위해(예: 현장 방문을 원했지만 예산 제약으로 인해 실행하지 못했을 수 있다. 되돌아보면 이것이 연구의 최종 영향에 도움을 주거나 방해를 했는가?)

성찰은 어떤 형태를 취하는가?

성찰은 다양한 형태를 취할 수 있으며, 자신의 작업 방식에 맞는 방법을 선택하는 것이 중요하다. 예를 들어, 출퇴근에 매일 1시간을 보낸다면 머리 속에서 성찰할 수 있다. 글로 적는 것이 중요한 것은 아니다. 성찰의 **형태**는 성찰의 **방식**보다 덜 중요하다. 피상적인 성찰 또는 해야 할 것 같아서 하는 성찰은 크게 성공하지 못할 것이다. 최상의 성찰에서는 UX 연구원이 완료한 일을 분석하고, 단서를 이용해서 어떻게 활동을 개선할 수 있었는지를 결정한다.

그럼에도 불구하고, 서면 기록은 몇 가지 이점을 지닌다. 자신의 저널을 주기적으로 다시 살펴보는 행동은 중요하다고 생각했던 것을 상기시킨다. 몇 가지 소셜 미디어 어플리케이션에서 과거 이벤트를 다시 포스팅하는 방식을 떠올려 보라. 지금보다는 어렸던 그 무렵 중요하다고 여겼던 무언가가 바로 연상될 것이다. 경험이 더 쌓일수록 이벤트를 다시 보는 것은 과거의 자신에게 주고 싶은 조언을 떠올릴 기회를 제공한다.

일상의 일부분을 되돌아볼 수 있는 몇 가지 방법은 다음과 같다.

- 몰스킨 다이어리에 기록한다.
- 전자 수첩을 만든다.
- 워드 프로세서에 템플릿을 만든다.
- 동영상 또는 오디오 다이어리를 만든다.
- 리서치 활동을 조직 내 다른 UX 연구원과 논의한다.
- 프로젝트 팀에서 존중하는 사람의 피드백을 받는다.

- 리서치 참가자에게 피드백을 요청한다.
- 참가자 비디오(가지고 있다면)를 돌려보고 사용자 테스트를 진행하거나 사용자 인터뷰를 실행하는 방식에서 좋은 점과 나쁜 점을 찾아낸다.
- 팀이나 조직 외부의 멘토 또는 동료와 대화한다.

사실, 프로젝트 사후 분석이나 스프린트 회고전을 열 수도 있다. 그러나, 이 방법이 프로젝트 레벨에서는 좋은 관례일 수 있지만 수행하는 UX 리서치를 개선하는 이상적인 방식이 아니다. 참석자는 UX 리서치보다 다른 이슈에 대해 논의하길 원할 것이므로 UX 리서치 항목은 겨우 몇 분 가량만 논의될 수 있기 때문이다. 또한, 팀은 UX 리서치에 관심이 없거나 필요한 수준의 비판력을 제공하지 못할 수도 있다.

언제 성찰해야 하는가?

이는 프로젝트 종료 후가 아니라 프로젝트의 각 단계를 마칠 때마다 지속적으로 해야 할 일이다. 예를 들어 이해관계자와 리서치 계획을 확인한 후, 참가자를 모집한 후, 특히 좋거나 나쁜 사용자 세션을 수행한 후 또는 개발팀과 회의를 마친 후에 성찰하는 것을 진행할 수 있다. 경험상 작업 단계에 대한 걱정이 들거나 진행 방식이 마음에 들 때가 아마도 성찰하기에 좋은 시간일 것이다. 애당초 이를 일상routine의 일부로 만들려면 스프린트가 끝날 때마다 성찰을 시도해보라.

성찰의 포맷

좀 더 구체적인 것을 찾고 있다면 사용할 수 있는 포맷이 여기 있다. 하지만 기억하라. 커피샵에서 "자신과의 회의"를 갖는다고 하더라도 자신에게 도움이 되는 방식으로 행하는 것이 중요하다.

- 어떤 UX 리서치 활동을 수행했는가? 날짜, 리서치 유형, 활동에 대한 짧은 설명, 표본 크기, 세션 길이 및 총 소요 시간을 포함시켜라.
- 왜 다른 것이 아닌 그 특정 UX 리서치 활동을 수행했는가?
- 구체적으로 어떤 것이 잘 됐는가? 두세 가지 측면을 찾아보라.
- 구체적으로 어떤 것이 잘못됐는가? 두세 가지 측면을 찾아보라.
- 분석하라. 찾아낸 좋거나 나쁜 측면에 대해 "왜?"라는 질문을 던져라. 피상적인 성찰을 피하고 더 깊은 수준의 이해를 목표로 삼아라. 더 완벽한 이해를 위해 5 Whys[7] 기법 사용을 고려하라.
- 습관으로 만들어라. 무엇이 잘 됐는지 곱씹어 보고 나서 다른 상황에는 어떻게 이를 적용할 수 있는가? 어떤 상황에서는 이러한 접근법이 효과적이지 않을 수 있는가?
- "만약에?"라고 물어보라. 무엇이 잘못됐는지 생각해보고 나서 앞으로 이런 일이 벌어지는 것을 어떻게 막을 수 있는가? 이런 상황에서 다음번에는 무엇을 다르게 하겠는가?

UX 연구원처럼 생각하라

- 앞에서 설명한 포맷을 사용해서 가장 최근의 UX 리서치 활동을 성찰하라. 어떤 부분을 다르게 했는가?
- 윈스턴 처칠은 "휴가 가기에 좋은 때란 없다네. 그러니 어쨌든 하루 쉬게나." 라고 언젠가 말했다. 잠시 멈춰서 하고 있는 것을 되돌아보는 시간을 찾으려 할 때 그의 충고를 차용해서 작업 일정에 적용하는 것도 나쁘지 않다. 지금 바로 자신의 작업 일정을 살펴보라. 매주 시작 또는 종료 시 15분을 할당하고, 이를 "성찰을 위한 시간"이라 불러라.
- 팀의 결과 보고가 프로젝트 성찰과 같지 않은 이유는 무엇인가?
- "거울"을 통해 자신을 찾는 것이 이상하게 들릴 수도 있겠지만, 자신의 성찰을 살펴보라. 다시 말해서, 반성 방법이 얼마나 유용한지 그리고 이를 어떻

게 개선할 수 있는지 생각해보라. 그 기법은 효과적인가? 그렇지 않다면 어떤 것이 방해가 되는가?

- 무언가를 성찰하는 것은 명상이나 마음 챙김과 같은 다른 일반적인 기법과 어떻게 다른가? 특히 UX 리서치 결과와 사용자 경험 경력의 향상에 관해 어떤 다른 자기 평가적 기법이 도움이 될 수 있는가?

각주

1장

1. nisbett, R.E. & Wilson, T.D.(1977). "Telling more than we can know: Verbal reports on mental processes." Psychological Review, 84(3): 231?259.
2. Kahneman, D. & Tversky, A.(1979). "Prospect theory: An analysis of decision under risk." Econometrica, 47(2): 263?291.
3. Fitzpatrick, R.(2013). The Mom Test: How to Talk to Customers and Learn If Your Business Is a Good Idea When Everyone Is Lying to You. CreateSpace Independent Publishing Platform.
4. Spool, J.M.(2011, March). "Fast path to a great UX?increased exposure hours." https://articles.uie.com/user_exposure_hours/.
5. 데이비드는 시각 분야, 필립은 언어 분야의 실험 심리학 박사 학위를 갖고 있다. 언젠가 청각 전문가와 팀을 이뤄서 3마리의 원숭이라고 불리는 컨설팅 밴드를 결성하고 싶다.
6. Conan Doyle, A.(1892). "A Scandal in Bohemia." In The Adventures of Sherlock Holmes. London, UK: George newnes.
7. Conan Doyle, A.(1892). "The Boscombe Valley Mystery." In The Adventures of Sherlock Holmes. London, UK: George newnes.
8. Conan Doyle, A.(1894). "The cardboard box." In The Memoirs of Sherlock Holmes. London, UK: George newnes.
9. Conan Doyle, A.(1894). "The red-headed league." In The Adventures of Sherlock Holmes. London, UK: George newnes.
10. Wikipedia.(2018, May). "Locard's exchange principle." https://en.wikipedia. org/wiki/Locard%27s_exchange_principle.
11. Ries, E.(2011). The Lean Startup: How Constant Innovation Creates Radically Successful Businesses. London, UK: Portfolio Penguin.
12. 좋아하는 사례 중 하나는 "연결된 부엌" 개념이다. 이것을 사람들과 논의할 때, 대부분의 사람은 세탁기가 세탁을 마치면 문자 메시지를 보내주면 멋질 것이라는 것에 동의한다. 하지만 "멋지다"라는 것이 꼭 유용하다는 것을 뜻하진 않는다.

13. Tinbergen, n.(1963). "on aims and methods of ethology." Zeitschrift fur Tierpsychologie, 20: 410?433.

14. Martin, P. & Bateson, P.(1986). Measuring Behavior: An Introductory Guide. Cambridge, UK: Cambridge University Press.

15. 이러한 효과를 실제로 보고싶다면 유튜브에서 이 비디오를 시청하길 추천한다: https://youtu.be/wRqyw-EwgTk. 이 현상이 얼마나 강력한지 보여준다.

16. Lewin, K.(1936/2015). Principles of Topological Psychology. Translated by F. Heider.new York: Martino Fine Books.

17. Design Council.(2005). "A study of the design process". https://www.designcouncil.org.uk/sites/default/files/asset/document/ElevenLessons_Design_Council%20(2).pdf

18. Godin, S.(2009, December). "First, organize 1,000." https://seths. blog/2009/12/first-organize-1000/.

19. Allen, J., Reichheld, F.F., Hamilton, B. & Markey, R.(2005). "Closing the deliverygap: How to achieve true customer-led growth." Bain & Company, Inc. http://bain.com/bainweb/pdfs/cms/hotTopics/closingdeliverygap.pdf.

20. Wikipedia.(2018, June). "Illusory superiority." https://en.wikipedia.org/wiki/Illusory_superiority.

21. Svenson, O.(1981). "Are we all less risky and more skillful than our fellow drivers?" Acta Psychologica, 47(2): 143?148.

2장

1. Anderson, S.(2010, December). "$6.7 billion spent on marketing research each year." http://www.mdxresearch.com/6-7-billion-spent-on-marketingresearcheach-year/

2. Deshpande, R.(2000). Using Market Knowledge. Thousand Oaks, CA: Sage Publications.

3. Badke, W.B.(2011). Research Strategies: Finding Your Way Through the Information Fog. Bloomington, In: iUniverse.

4. Defeo, J.A. & Juran, J.M.(2010). Juran's Quality Handbook: The Complete Guide to Performance Excellence, 6th ed. New York: Mcgraw-Hill Education.

5. Pirsig, R.(1974). Zen and the Art of Motorcycle Maintenance: An Inquiry into Values. New York: William Morrow and Company.

6. ISO 9241-11:2018 Ergonomics of human-system interaction?Part 11: Usability:Definitions and concepts.

7. The Guardian. "How do I become…" https://www.theguardian.com/money/series/how-do-i-become-a

8. The Guardian. "What I'm really thinking." https://www.theguardian.com/lifeandstyle/series/what-im-really-thinking

9. Khalsa, M.(2008). Let's Get Real or Let's Not Play: Transforming the Buyer/ Seller Relationship, Expanded Edition. New York: Portfolio.

10. Ries, E.(2011). The Lean Startup: How Constant Innovation Creates Radically Successful Businesses. London, UK: Portfolio Penguin.

11. BBC News.(2016, May). "Guy Goma: 'greatest' case of mistaken identity on live TV ever?" https://www.youtube.com/watch?v=e6Y2uQn_wvc

12. Wandke, H., Sengpiel, M. & Sonksen, M.(2012). "Myths about older people's use of information and communication technology." Gerontology, 58(6): 564?570.

13. Nielsen, J.(2000, March). "Why you only need to test with 5 users." https://www.nngroup.com/articles/why-you-only-need-to-test-with-5-users/

14. Nielsen, J. & Landauer, T.K.(1993). "A mathematical model of the finding of usability problems." CHI '93 Proceedings of the INTERACT '93 and CHI '93 Conference on Human Factors in Computing Systems, pp. 206?213.

15. Sauro, J.(2010, March). "Why you only need to test with five users(explained)."https://measuringu.com/five-users/

16. Lindgaard, G. & Chattratichart, J.(2007). "Usability testing: What have we overlooked?" CHI '07 Proceedings of the SIGCHI Conference on Human Factors in Computing Systems, pp. 1415?1424.

17. Hertzum, M., Jacobsen, n.E. & Molich, R.(2014). "What you get is what you see: Revisiting the evaluator effect in usability tests." Behaviour & Information Technology, 33(2): 143?161.

3장

1. GDPR은 UX 연구원의 개인 데이터 처리 방법에 대한 많은 요건을 갖추고 있다. UX 연구원에게 적용되는 상황에 대한 적절한 리뷰는 다음을 참조하라. Troeth, S. & Kucharczyk, E.(2018, April). "General Data Protection Regulation(GDPR)and user research." https://medium.com/design-research-matters/general-data-protection-regulation-gdpr-and-user-research-e00a5b29338e.
2. Malinowski, B.(1922). Argonauts of the Western Pacific. new York: E.P. Dutton & Co.
3. Mead, M.(1928). Coming of Age in Samoa. new York: William Morrow and Company.
4. Venkatesh, S.(2009). Gang Leader for a Day. London, UK: Penguin.
5. Hughey, M.(2012). White Bound: Nationalists, Antiracists, and the Shared Meanings of Race. Stanford, CA: Stanford University Press.
6. Corbett, S.(2008, April). "Can the cellphone help end global poverty?" https://www.nytimes.com/2008/04/13/magazine/13anthropology-t.html.
7. Beyer, H. & Holtzblatt, K.(1997). Contextual Design: Defining Customer-Centered Systems. San Francisco, CA: Morgan Kaufmann.
8. Lindgaard, G. & Chattratichart, J.(2007)"Usability testing: What have we overlooked?" CHI '07 Proceedings of the SIGCHI Conference on Human Factors in Computing Systems, pp. 1415?1424.
9. Vicente, K.J.(2004). The Human Factor: Revolutionizing the Way People Live with Technology. new York: Routledge.
10. nielsen, J. & Landauer, T.K.(1993). "A mathematical model of the finding of usability problems." Proceedings ACM/IFIP INTERCHI'93 Conference, Amsterdam, the netherlands, April 24?29, pp. 206?213.
11. nielsen, J.(1995). "10 usability heuristics for user interface design." https://www.nngroup.com/articles/ten-usability-heuristics/.
12. ISo 9241-110.(2006). Ergonomics of human-system interaction?Part 110:Dialogue principles.
13. Kandel, E.R.(2007). In Search of Memory: The Emergence of a New Science of Mind. new York: W. W. norton & Company.
14. Ries, E.(2011). The Lean Startup: How Constant Innovation Creates Radically Successful Businesses. London, UK: Portfolio Penguin.

15. 크레이머는 사인필드의 에피소드에서 이와 비슷한 것을 시도하고 재미난 결과를 얻는다: https://youtu.be/qM79_itR0nc.

16. Cordaro, L. & Ison, J.R.(1963). "Psychology of the scientist: X. observer bias in classical conditioning of the planarian." Psychological Reports, 13(3):787?789.

17. Rosenthal, R.(1966). Experimenter Effects in Behavioral Research. new York:Appleton-Century-Crofts.

18. Goldacre, B.(2013). "Trial sans error: How pharma-funded research cherrypicks positive results." https://www.scientificamerican.com/article/trial-sanserror-howpharma-funded-research-cherry-picks-positive-results/.

19. Lexchin, J., Bero, L.A., Djulbegovic, B. & Clark, o.(2003). "Pharmaceutical industry sponsorship and research outcome and quality: Systematic review." https://www.ncbi.nlm.nih.gov/pmc/articles/PMC156458/.

20. Rea, S.(2015, June). "Researchers find everyone has a bias blind spot." https://www.cmu.edu/news/stories/archives/2015/june/bias-blind-spot.html.

4장

1. Ormerod, P.(2005). Why Most Things Fail: Evolution, Extinction and Economics. London, UK: Faber and Faber.

2. Copernicus Marketing Consulting and Research.(2010, June). "Top 10 reasons for new product failure." https://www.greenbook.org/marketing-research/top-10-reasons-for-new-product-failure.

3. Royer, I.(2003, February). "Why bad projects are so hard to kill." Harvard Business Review, 81: 48?56.

4. Sagan, C.(1997). The Demon-Haunted World: Science as a Candle in the Dark. Westminster, MD: Ballantine Books.

5. 사람들의 호불호가 있는 효모 추출물로 만든 스프레드.

6. Cooper, A.(1999). The Inmates Are Running the Asylum: Why High-tech Products Drive Us Crazy and How to Restore the Sanity. Indianapolis, In: SAMS.

7. Pruitt, J. & Adlin, T.(2006). The Persona Lifecycle: Keeping People in Mind Throughout Product Design. San Francisco, CA: Morgan Kaufmann.

8. Marr, D.(1982). Vision: A Computational Investigation into the Human Representation and Processing of Visual Information. new York: Henry Holt and Co.

9. Spool, J.(2008, January). "Personas are noT a document." https://www.uie.com/brainsparks/2008/01/24/personas-are-not-a-document/.
10. Brignull, H.(2016, July). "The thing that makes user research unique." https://www.90percentofeverything.com/2016/07/12/the-thing-that-makes-userresearchunique/.
11. 이 같이 격식 없는 순위 매기기 방식은 팀에 적합하다. 더 격식을 차린 사용성 문제의 우선순위를 매기는 접근법이 필요한 경우, 이전 에세이의 방법을 따르라.
12. Krug, S.(2009). Rocket Surgery Made Easy: The Do-It-Yourself Guide to Finding and Fixing Usability Problems. Berkeley, CA: new Riders.
13. nielsen, J.(2001, January). "Usability metrics." https://www.nngroup.com/articles/usability-metrics/.
14. Ramsay, A.(2011, July). "The UX of user stories, part 1." http://coderchronicles.org/2011/07/16/the-ux-of-user-stories-part-1/.
15. Spool, J.M.(2009, January). "The $300 million button." https://articles.uie.com/three_hund_million_button/.
16. Powell, D., Yu, J., DeWolf, M. & Holyoak, K.J.(2017). "The love of large numbers: A popularity bias in consumer choice." Psychological Science, 28(10): 1432?1442.
17. Jarrett, C.(2016, April). "The survey octopus – getting valid data from surveys." https://www.slideshare.net/cjforms/the-survey-octopus-getting-valid-data-fromsurveys-60948263.
18. 표본 크기에 대한 자세한 내용은 SurveyMonkey를 참조하라. "표본 크기 계산기" https://www.surveymonkey.co.uk/mp/sample-size-calculator/.
19. office for national Statistics.(2018, May). "Internet users in the UK: 2018." https://www.ons.gov.uk/businessindustryandtrade/itandinternetindustry/bulletins/internetusers/2018.
20. Pew Research Center.(2018, March). "11% of Americans don't use the internet. Who are they?" http://www.pewresearch.org/fact-tank/2018/03/05/someamericans-dont-use-the-internet-who-are-they/.

5장

1. Spool, J.M.(2011, March). "Fast path to a great UX-increased exposure hours." https://articles.uie.com/user_exposure_hours/.

2. Jarrett, C.(2014, July). https://twitter.com/cjforms/status/485001003226648577.

3. These lean methods of reporting will not work in every situation. Some products, such as medical devices, do require a paper trail(known as "The Usability Engineering File")in order to comply with medical device standards, such as ISo/IEC 62366: Medical Devices?Part 1: Application of Usability Engineering to Medical Devices.

4. Michalko, M.(2006). Thinkertoys: A Handbook of Creative-Thinking Techniques, 2nd ed. Berkeley, CA: Ten Speed Press.

5. Scarc.(2008, october). "Clarifying three widespread quotes." https://paulingblog.wordpress.com/2008/10/28/clarifying-three-widespread-quotes/

6. Say, M.(2013, July). "Creativity: How constraints drive genius." https://www.forbes.com/sites/groupthink/2013/07/12/creativity-how-constraints-drive-genius/

7. Michalko, M.(2006). Thinkertoys: A Handbook of Creative-Thinking Techniques, 2nd ed. Berkeley, CA: Ten Speed Press.

8. Sutton, B.(2009, February). "5127 failed prototypes: James Dyson and his vacuum cleaner." http://bobsutton.typepad.com/my_weblog/2009/02/5127-failed-prototypes-james-dyson-and-his-vacuum-cleaner.html.

9. Moore, G.A.(1991). Crossing the Chasm: Marketing and Selling Technology Products to Mainstream Customers. new York: Harper Business Essentials.

10. Wikipedia.(2018, June). "Dick Dale." https://en.wikipedia.org/wiki/Dick_Dale.

11. Vlaskovits, P.(2011, August). "Henry Ford, innovation, and that 'faster horse' quote." https://hbr.org/2011/08/henry-ford-never-said-the-fast.

12. Morris, B.(2008, March). "Steve Jobs speaks out." http://money.cnn.com/galleries/2008/fortune/0803/gallery.jobsqna.fortune/3.html.

13. Prigg, M.(2012, March). "Sir Jonathan Ive: The iMan cometh." https://www.standard.co.uk/lifestyle/london-life/sir-jonathan-ive-the-imancometh-7562170.html

14. Sheff, D.(1985, February). "Playboy interview: Steve Jobs." http://reprints.longform.org/playboy-interview-steve-jobs.

15. Houde, S. & Hill, C.(1997). "What do prototypes prototype?" In Handbook of Human-Computer Interaction(2nd ed.), M. Helander, T. Landauer and P.Prabhu(Eds.). Amsterdam, the netherlands: Elsevier Science.

16. ISo 9241–11:2018 Ergonomics of human–system interaction?Part 11: Usability: Definitions and concepts.

17. Feynman, R.P. & Leighton, R.(1985). "Cargo cult science." In Surely You're Joking, Mr. Feynman! Adventures of a Curious Character. new York: W.W.norton.

18. ISo 9241–210.(2010). Ergonomics of human–system interaction?Part 210: Human–centred design for interactive systems.

6장

1. Peter, L.J. & Hull, R.(2011). The Peter Principle: Why Things Always Go Wrong, Reprint Edition. new York: Harper Business.

2. Wikipedia.(2018, June). "Dunning?Kruger effect." https://en.wikipedia.org/wiki/Dunning?Kruger_effect.

3. Merholz, P. & Skinner, K.(2016). Org Design for Design Orgs: Building and Managing In–House Design Teams. Sebastopol, CA: o'Reilly Media.

4. BCS.(2018). "User experience foundation certificate." https://certifications.bcs.org/category/18446.

5. Krug, S.(2009). Rocket Surgery Made Easy: The Do–It–Yourself Guide to Finding and Fixing Usability Problems. Thousand oaks, CA: new Riders.

6. nielsen, J.(2006, May). "Corporate UX maturity: Stages 5–8." https://www.nngroup.com/articles/ux–maturity–stages–5–8/.

7. Wikipedia. "5 whys." https://en.wikipedia.org/wiki/5_Whys.

찾아보기

ㅇ

UX 리서치

관찰에서 출발하는 디자인 접근법

발 행 | 2021년 1월 28일

지은이 | 데이비드 트래비스 · 필립 호지슨
옮긴이 | 심 규 대

펴낸이 | 권 성 준
편집장 | 황 영 주
편 집 | 조 유 나
임 지 원
디자인 | 윤 서 빈

에이콘출판주식회사
서울특별시 양천구 국회대로 287 (목동)
전화 02-2653-7600, 팩스 02-2653-0433
www.acornpub.co.kr / editor@acornpub.co.kr

ISBN 979-11-6175-493-2
http://www.acornpub.co.kr/book/ux-researcher

책값은 뒤표지에 있습니다.